O PODER
DA RETÓRICA

Dados Internacionais de Catalogação na Publicação (CIP)
(Câmara Brasileira do Livro, SP, Brasil)

Viktorovitch, Clément
  O poder da retórica : como convencer e decodificar o discurso / Clément Viktorovitch ; tradução de Gentil Avelino Titton. — Petrópolis, RJ : Vozes, 2024.

  Título original: Le pouvoir rhétorique.
  ISBN 978-85-326-6852-3

  1. Comunicação - Aspectos sociais 2. Discursos 3. Falar em público 4. Oratória 5. Persuasão (Retórica) 6. Retórica I. Título.

24-205017   CDD-808.51

Índices para catálogo sistemático:
1. Arte de falar em público : Retórica 808.51
2. Falar em público : Oratória : Retórica da expressão oral 808.51

Tábata Alves da Silva - Bibliotecária - CRB-8/9253

Clément Viktorovitch
O PODER DA RETÓRICA

Como convencer
e decodificar
o discurso

Tradução de Gentil Avelino Titton

EDITORA VOZES

Petrópolis

© Éditions du Seuil, 2021

Tradução do original em francês intitulado *Le pouvoir rhétorique – Apprendre à convaincre et à décrypter les discours.*

Direitos de publicação em língua portuguesa – Brasil:
2024, Editora Vozes Ltda.
Rua Frei Luís, 100
25689-900 Petrópolis, RJ
www.vozes.com.br
Brasil

Todos os direitos reservados. Nenhuma parte desta obra poderá ser reproduzida ou transmitida por qualquer forma e/ou quaisquer meios (eletrônico ou mecânico, incluindo fotocópia e gravação) ou arquivada em qualquer sistema ou banco de dados sem permissão escrita da editora.

CONSELHO EDITORIAL

Diretor
Volney J. Berkenbrock

Editores
Aline dos Santos Carneiro
Edrian Josué Pasini
Marilac Loraine Oleniki
Welder Lancieri Marchini

Conselheiros
Elói Dionísio Piva
Francisco Morás
Gilberto Gonçalves Garcia
Ludovico Garmus
Teobaldo Heidemann

Secretário executivo
Leonardo A.R.T. dos Santos

PRODUÇÃO EDITORIAL
Aline L.R. de Barros
Marcelo Telles
Mirela de Oliveira
Otaviano M. Cunha
Rafael de Oliveira
Samuel Rezende
Vanessa Luz
Verônica M. Guedes

Conselho de projetos editoriais
Luísa Ramos M. Lorenzi
Natália França
Priscilla A.F. Alves

Diagramação: Littera Comunicação e Design
Revisão gráfica: Nilton Braz da Rocha
Capa: Lara Gomes

ISBN 978-85-326-6852-3 (Brasil)
ISBN 978-2-02-146587-7 (França)

Este livro foi composto e impresso pela Editora Vozes Ltda.

À minha mãe, pelas palavras.
A meu pai, pela música.
Devo a vocês a retórica.

SUMÁRIO

Introdução: Por uma retórica compartilhada, 9

Capítulo 1 – Compreender a retórica, 25
   I. Uma breve história da disciplina 25
   II. Para uma definição 34
   III. Convencer no cotidiano 43
   Conclusão 51

Capítulo 2 – Escolher os argumentos, 53
   I. Encontrar os bons argumentos 54
   II. Elaborar uma linha argumentativa 73
   III. Contra-argumentar 82
   IV. Manejar os fatos 99
   Conclusão 105

Capítulo 3 – Estruturar seu pensamento, 107
   I. Enquadrar nosso discurso 108
   II. Organizar sua intervenção 114
   III. Começar com maestria 128
   IV. Concluir com elegância 140
   Conclusão 152

Capítulo 4 – Polir seu texto, 153
   I. O domínio do implícito 153
   II. A escolha das palavras 157
   III. A escolha dos verbos 172
   IV. A escolha da modalização 181
   V. A escolha dos sons 191
   VI. A escolha das imagens 196
   Conclusão 207

Capítulo 5 – Mobilizar as emoções, 209
    I. Um vetor de convicção 210
    II. Um instrumento de manipulação 220
    III. Na origem dos afetos. 228
    IV. Mostrar e atribuir emoções. 237
    V. Invocar as emoções 245
    VI. Chamar à ação 264
    Conclusão 273

Capítulo 6 – Trabalhar sua imagem, 275
    I. A psicologia da aparência. 275
    II. A imagem de si na retórica. 289
    Conclusão 317

Capítulo 7 – Reconhecer o embuste, 319
    I. A arte de maltratar a lógica 320
    II. Os raciocínios fraudulentos. 327
    III. As palavras artificiosas. 342
    Conclusão 350

Capítulo 8 – Dominar o debate   **351**
    I. Os princípios da competição. 352
    II. Os fundamentos da estratégia 357
    III. O ataque 364
    IV. A defesa 375
    V. A invasão. 386
    VI. Responder às perguntas 392
    Conclusão: as normas da discussão deliberativa 400

Conclusão: O alquimista e o jardineiro, 405
Glossário, 409
Agradecimentos, 419

INTRODUÇÃO

Por uma retórica compartilhada

A retórica tem má fama. Para uns, ela evoca um saber assustador, a arte sombria da manipulação, o segredo maldito dos advogados e dos políticos. Para outros, ela seria, ao contrário, uma disciplina obsoleta, o estudo obsessivo das figuras de estilo, o prazer culpado dos livreiros e dos professores de Francês. Acusada de ser ao mesmo tempo todo-poderosa e insignificante, perigosa e poeirenta, a retórica acabou sendo objeto de consenso. Contra ela.

E no entanto... Para além dos fantasmas e dos preconceitos, chegou o momento de considerar a retórica pelo que ela é: a arte de apresentar nosso pensamento da maneira mais pertinente possível, a fim de facilitar sua aceitação por nossos ouvintes e nossos interlocutores. Assim definida, a retórica se encontra por toda parte. Nas reuniões profissionais como nos jantares de família. Nos comerciais publicitários como nas tagarelices entre amigos. Nas entrevistas de contratação como nos encontros amorosos. Não passa um dia sem que utilizemos a retórica ou a ela sejamos submetidos. Convencer nossa companheira ou nosso companheiro a nos acompanharem, num jantar enfadonho, é retórica. Convencer nosso patrão a nos conceder um aumento, é retórica. Convencer eleitores a depositar um voto na urna, é também retórica. A retórica é simplesmente *a arte de convencer*.

A palavra "arte" não é empregada aqui de maneira metafórica. Como toda arte, a retórica possui uma parte de estética, de subjetividade, e até mesmo de mistério. Mas, como toda arte, ela se apoia igualmente numa técnica. Saber convencer não é nem totalmente inato nem totalmente inexplicável. Existem procedimentos, regras, instrumentos que nos permitem melhorar nossa argumentação. É possível aprender a convencer. É este o objetivo do presente livro.

Portanto, não podemos deixar de nos perguntar. Transmitir a toda pessoa que o desejar a arte de conquistar a convicção: é razoável, realmente? Este saber não corre o risco de cair nas mãos de indivíduos mal-intencionados? Não teria sido mais sábio limitar-se a um inofensivo manual de análise, que se contenta em fustigar as manobras falaciosas da política, da publicidade ou da administração? Sem dúvida, isto teria sido mais simples. Mais lucrativo, talvez. Mais hipócrita, certamente.

Os livros são como a criatura do doutor Frankenstein: escapam de seus criadores. Aquelas e aqueles que os folheiam se apoderam deles à sua maneira, sem pedir permissão. Fazem deles o que querem. E neles encontram o que procuram. Nesse caso, certamente! Poderíamos ter-nos contentado em explicar como desarmar os dissimulados artifícios subterrâneos. Mas o que teria impedido as leitoras e os leitores de utilizá-los por sua vez? Nada. Os primeiros a apoderar-se das obras destinadas à luta contra a manipulação são aliás, muitas vezes..., os próprios manipuladores, que ali respigam recursos preciosos. Por isso a "decodificação", sozinha, é um engodo. Um voto piedoso. Uma impostura confortável. Saber ler através dos discursos é saber produzi-los. Aprender a analisar as argumentações é aprender a argumentar. Este livro assume isso: ele é dedicado tanto à crítica quanto à prática da retórica. Uma é inseparável da outra.

Porque, contrariamente às ideias recebidas, a retórica não tem nada de secreto ou de misterioso. Ela é ensinada, aprendida, transmitida. Um pequeno número de indivíduos tem desde já acesso a ela. Formaram-se minuciosamente para isso, às vezes nos bancos da escola, muitas vezes no local de trabalho. Advogados, publicitários, comunicadores, jornalistas, responsáveis políticos ou sindicais: todos fizeram da arte de convencer uma profissão. Ao longo de seu trajeto pessoal, escolar ou profissional, estes poucos privilegiados adquiriram uma tremenda compreensão dessa arte. Quanto aos outros, os mais numerosos: tanto pior para eles. Precisarão virar-se com seu domínio instintivo dos mecanismos de convicção. Confiar naquilo que eles acreditam saber, sem nunca tê-lo aprendido realmente. O problema é que, nesta matéria, não somos todos iguais.

A retórica possui, com efeito, a particularidade de estar repartida de maneira muito desigual na população. Diversos decênios de pesquisa em sociologia trouxeram a prova disso: nós herdamos, em grande parte, da família onde crescemos nossa capacidade de nos exprimir e de argumentar. Para convencer-nos disso, façamos uma comparação. Imaginemos uma criança, nascida na França, filha de um pai francês e de uma mãe estrangeira. A mãe opta por falar com ela exclusivamente em sua língua natal. Aos dez anos, esta criança será perfeitamente bilíngue. No entanto, a ninguém ocorrerá a ideia de, por este único motivo, considerá-la particularmente brilhante. Dir-se-á, de preferência, que ela teve a oportunidade de crescer numa família onde se falavam duas línguas. Sua competência não será atribuída nem a seu mérito nem a seu talento. Apenas à transmissão de seus pais. Imaginemos agora uma segunda criança. Seu pai e sua mãe só falam francês. Mas acontece que a mãe é advogada e o pai é professor de Literatura. Aos dez anos, esta criança disporá de um domínio prodigioso da palavra. Será capaz de articular frases elaboradas, embelezadas com um vocabulário rebuscado. Não encontrará nenhuma dificuldade de defender seu ponto de vista de maneira argumentada. Na escola, colherá os louros. Será felicitada por sua bela expressão e por sua inteligência afiada. Mais tarde, ela se interessará naturalmente pela política, lendo facilmente os discursos nas entrelinhas. Talvez fará ouvir sua própria voz no debate público. No entanto, também esta criança não terá nenhum mérito. Apenas o privilégio de ter-se beneficiado de um aprendizado precioso: não o conhecimento de uma língua, mas o manejo da linguagem. Ele terá recebido a retórica em herança[1].

Estes trabalhos sociológicos devem ser, certamente, nuançados. Objeta-se, com toda razão, que os destinos nunca estão selados. A prova seriam os

---

1. Cf. sobretudo os trabalhos fundamentais de Pierre Bourdieu, em particular: BOURDIEU, Pierre, 1982, *Ce que parler veut dire*, Fayard.

numerosos operários, cujos filhos se tornaram intelectuais, empresários ou ministros. Existem, evidentemente, indivíduos que, por talento ou por trabalho, por cálculo ou por sorte, adquirem por si mesmos uma capacidade virtuosa de se exprimir. Mas são apenas exceções. A generalidade permanece: nós teremos mais chances de aprender a fazer malabarismos com as palavras e com os argumentos se o aprendemos de nossos pais. Estas observações não têm nada de anedótico. Pois a retórica não é apenas um conhecimento, uma competência ou uma arte. Ela é igualmente *um poder*.

I. Uma exigência democrática

Quando manejada com talento, a retórica nos permite influenciar os indivíduos, modificar o curso de seus pensamentos, orientar seus comportamentos. Ela é um poder que é utilizado sobre os outros. Mas é, também, um poder que alguém exerce na sociedade: o de fazer prevalecer seu ponto de vista, sua ideologia ou sua vontade. Interrogar-se sobre a retórica é, portanto, confrontar-se irremediavelmente com interesses políticos.

Para compreender isto, precisaremos fazer uma breve digressão para retornar às raízes de uma palavra constantemente invocada e raramente definida: a democracia. Existem duas maneiras muito diferentes de abordá-la: podemos optar por descrevê-la *tal como ela é*, ou *tal como deveria ser*. Estas duas abordagens – realista e idealista – nos mostram dois sistemas políticos radicalmente distintos. Possuem, no entanto, uma mesma característica. Neles a retórica é um bem comum.

1. Os cidadãos, decodificadores do discurso

Comecemos com a abordagem chamada "realista", a que consiste em considerar a democracia tal qual ela funciona, concretamente, nos países onde se impôs: os Estados Unidos, a França, a Alemanha, o Japão... Procuramos sua seiva, sua substância, as características compartilhadas que fazem com que uma sociedade possa ser qualificada, de maneira consensual, como democrática. Somos obrigados a constatar que chegamos, então, a conclusões pouco entusiasmantes.

De acordo com os autores que se engajaram neste caminho, a democracia tal como a conhecemos poderia ser resumida de maneira abrupta: tratar-se-ia do regime no qual o povo elege, livre e periodicamente, seus dirigentes. Nada mais. Nada menos. Na realidade, os cidadãos não desempenham senão um papel limitado. Suas ideias, suas propostas, suas contribuições não teriam nenhuma importância. Seu único poder verdadeiro seria o de votar, de tempos em tempos, a fim de escolher os que tomarão as decisões em seu lugar.

Evidentemente, assim condensada, esta definição é por demais simplista. Seria necessário acrescentar que, em nossas sociedades democráticas, os responsáveis políticos encontram contrapoderes autênticos. Estão sob a vigilância dos meios de comunicação. Seus atos podem ser controlados pelos tribunais e pelo Parlamento. Suas decisões podem ser contestadas por manifestações. Entretanto, estes detalhes não questionam o cerne do raciocínio: a democracia seria o regime no qual os cidadãos votam para escolher os que vão governá-los[2].

O fato é que esta definição parece descrever, de preferência, o sistema político no qual evoluímos. É perfeitamente possível regozijar-nos ou, pelo menos, satisfazer-nos com ele. Insistiremos então no fato de que, votando entre diversos candidatos, os cidadãos decidem entre programas. A eleição nos permitiria, portanto, resolver grandes orientações políticas da nação, votando em representantes que compartilham nossas convicções e as executarão.

Podemos também optar por ser mais críticos acerca deste funcionamento. Ele comporta, com efeito, pelo menos três grandes distorções. Por um lado, nada garante que todos os pontos de vista estejam representados

---

2. Cf. particularmente SCHUMPETER, Joseph, 1942, *Capitalisme, socialisme et démocratie*; ROSANVALLON, Pierre, 2006, *La Contre-Démocratie. La politique à l'âge de la défiance*, Seuil; MANIN, Bernard, 1995, *Principe du gouvernement représentatif*, Calmann-Lévy. Os três se inscrevem, à sua maneira e com tonalidades diferentes, nesse modelo realista.

por ocasião da eleição. Por outro lado, nada garante que o sistema midiático seja suficientemente equitativo para assegurar a cada candidato uma chance de ser eleito. Enfim, absolutamente nada garante que os dirigentes respeitarão seus compromissos uma vez eleitos pelo povo. Corremos, portanto, o risco de precisar votar em candidatos cujas ideias não compartilhamos plenamente por falta de uma oferta que nos convém. Ou que em nossa opinião não têm nenhuma chance de ser eleitos por falta de uma visibilidade suficiente. Ou que sabemos serem capazes de não respeitar sua palavra por não serem obrigados a isso de nenhuma maneira.

Estas distorções poderiam justificar que nos interroguemos sobre o caráter realmente democrático do que denominamos "democracias". E, no entanto, apesar de todas estas críticas, os cidadãos permanecem titulares de um verdadeiro poder político: o de escolher os dirigentes. Mesmo a mais pessimista das análises não pode negar a existência deste fragmento de liberdade autêntica: no exato instante da eleição, os eleitores dispõem da capacidade de fazer uma escolha entre vários candidatos. Isto não é pouca coisa. É preciso ainda que os cidadãos estejam em condições de tomar uma decisão esclarecida. E, para isso, precisarão apoiar-se nos discursos que lhes são propostos.

Ora, a linguagem nunca é transparente. A comunicação nunca é unívoca. Quando interagimos uns com os outros, nossas mensagens possuem sempre uma parte de ambiguidade. Isto vale particularmente na esfera política. Como já observava Platão, nessa esfera os discursos são forjados por profissionais da palavra, na perspectiva da conquista do poder. Ali a preocupação com a eficácia é mais recompensada do que a busca da verdade. Para expressá-lo de outra forma: nunca podemos excluir que um discurso político tenha sido elaborado de maneira deliberadamente enganosa, obscura, desleal. Se os cidadãos desejam poder escolher livremente entre as diferentes propostas que lhes são submetidas por ocasião de uma eleição, não basta ouvir os discursos. Eles precisam ser capazes de decodificá-los. Precisam conhecer a retórica.

2. Os cidadãos, produtores de discurso

É possível igualmente abordar a democracia com uma abordagem muito mais otimista, trabalhando para descrevê-la como ela deveria ser. Procuramos resgatar o ideal para o qual convém tender, embora sabendo que talvez nunca chegaremos lá. O regime democrático pode, portanto, ser definido de maneira muito simples: é o regime da soberania popular, no sentido mais forte do termo. Nele os cidadãos decidem, em conjunto, seu destino comum. Se quiserem, podem envolver-se diretamente na gestão de sua cidade, de sua região ou de seu país, e participar da elaboração das decisões políticas. Esta concepção chamada "participativa" ou "deliberativa" pode ser resumida em algumas palavras: trata-se do "governo do povo, pelo povo, para o povo"[3].

Evidentemente, um tal modelo não aparece sem seu cortejo de debates. Em primeiro lugar, é ele realizável? Pode-se realmente imaginar procedimentos que permitiriam a todos os cidadãos participar das discussões? Como se precaver dos potenciais desvios de rumo: a confusão, a hesitação, a irracionalidade, numa palavra, a barafunda? E mesmo, supondo que este ideal democrático seja atingível: é ele, por essa razão, desejável? Não é a política muito séria e muito técnica para ser confiada a amadores pouco qualificados? Não deveria permanecer nas mãos de especialistas, dos quais constitui a profissão?

Não decidiremos, aqui, estas questões que, mais uma vez, ocupam a filosofia e a ciência política desde Platão. Em compensação, é importante observar que esta visão ambiciosa da democracia repousa sobre uma condição preliminar: ela supõe que os cidadãos são efetivamente capazes de contribuir para a elaboração das decisões políticas. Ora, esta hipótese não é absolutamente evidente. Participar do debate público implica saber

---

3. De acordo com a fórmula célebre empregada por Abraham Lincoln em seu discurso de Gettysburg, no dia 19 de novembro de 1863. Para um inventário destes modelos, cf., por exemplo: BLONDIAUX, Loïc, 2008, *Le Nouvel Esprit de la démocratie. Actualité de la démocratie participative*, Seuil; GIRARD, Charles, 2019, *Délibérer entre égaux. Enquête sur l'idéal démocratique*, Vrin. Para as fontes do pensamento deliberativo, cf. HABERMAS, Jürgen, 1997, *Direito e democracia*, 2 vols., 2011 e 2012, Tempo Brasileiro.

expor seu ponto de vista, fazer valer seus argumentos, levantar sua voz. A democracia participativa não supõe apenas que os cidadãos sejam livres para se exprimir. Ela exige igualmente garantir que estejam em condições de convencer. Devem conhecer a retórica.

3. A retórica democrática

Resumamos. A concepção mais estrita da democracia implica que os cidadãos sejam capazes de decodificar os discursos. É com esta condição que eles serão verdadeiramente livres para forjar seu próprio julgamento político. A concepção mais ambiciosa da democracia implica que os cidadãos sejam capazes de produzir discursos. É com esta condição que eles serão verdadeiramente livres para participar do debate público. Seja como for que o formulemos, o ideal democrático exige o compartilhamento da retórica. Sem isso a democracia permanece fundamentalmente inigualitária. E, portanto, não existe. Ela não é senão uma palavra, uma miragem, uma ilusão. O *homo democraticus* é, por definição, um *homo rhetoricus*.

A partir daí, só existe uma solução: a transmissão. Não podemos nunca falar de verdadeira democracia sem compartilhar a retórica. Uma vez generalizado seu ensino, todos os cidadãos se tornariam capazes de defender seus pontos de vista e de precaver-se contra os discursos. Eles saberiam como convencer e quando aceitar deixar-se convencer. Disporiam, enfim, de uma oportunidade igual de fazer triunfar suas ideias, suas propostas e seus valores. A retórica se tornaria o fundamento de uma sadia competição democrática e não mais o instrumento de uma implacável dominação política. A retórica democrática é uma retórica compartilhada.

II. Um dilema ético

Se queremos dar corpo ao ideal democrático, é necessário compartilhar a retórica. Ora, desde que nela haurimos poder, extraímos igualmente uma responsabilidade: a de utilizá-la com conhecimento de causa. É uma questão de aprender a convencer, a ponderar e a influenciar. No entanto, significa isso que é legítimo impor sua vontade por todos os meios, a cada instante? E, neste caso, onde situar os limites? Como distinguir entre as retóricas aceitáveis e as inaceitáveis? Todas estas interrogações ricocheteiam, além disso, nos que ensinam esta disciplina. É preciso transmitir o conjunto do saber, ou deixar circular apenas os procedimentos honoráveis? Deve-se procurar difundi-la amplamente, ou tentar privar dela os indivíduos malévolos? Como se pode ver, a retórica nos arrasta de maneira inexorável para tremendos dilemas éticos. Estes são suscetíveis de receber três soluções.

1. A ética fundada nos meios da convicção

Uma primeira resposta, a mais simples, consiste em situar-se no nível dos *procedimentos* retóricos. Procuraremos então traçar uma linha entre as técnicas que seriam honoráveis e as que não o seriam. Como veremos mais adiante, isto equivale, na realidade, a opor a convicção à manipulação. Quando procuramos *convencer*, mobilizamos instrumentos que respeitam as pessoas às quais nos dirigimos. Estas permanecem capazes de distanciar-se, interrogar e, eventualmente, rejeitar as propostas que lhes submetemos. Quando, pelo contrário, procuramos *manipular*, nos apoiamos em procedimentos concebidos para domar, desnortear, ou mesmo ludibriar as faculdades críticas dos indivíduos que nos ouvem. Estes perdem a capacidade de avaliar plena e serenamente as propostas com as quais os assaltamos. Não conseguem mais, portanto, ou pelo menos não totalmente, defender-se delas. Se fundamos nossa ética nos *meios da convicção*, procuraremos em todas as circunstâncias preservar o livre-arbítrio dos nossos ouvintes. Não mobilizaremos jamais, sob pretexto algum, procedimentos manipulatórios. Nenhum fim justificará meios desonrosos.

Esta solução poderia parecer inabalável. No entanto, sofre de um limite importante: é difícil estabelecer uma distinção clara entre os procedimentos que dizem respeito à convicção e os que caem sob a manipulação. A fronteira que os separa, como veremos, se assemelha mais a uma larga faixa cinzenta do que a uma bela linha vermelha. Como saber, portanto, se os meios que mobilizamos são éticos? A resposta é peremptória: nunca temos certeza. Isto não significa, no entanto, que é preciso decidir-se a abandonar definitivamente uma ética do orador fundada nos meios. Devemos simplesmente ter consciência do que ela implica: a necessidade de conciliar-se com as incertezas que ela acarreta. Mas, igualmente, com as interrogações que ela suscita.

Imaginemos que somos porta-vozes de uma grande causa humanitária: por exemplo, a luta contra a fome no mundo. De nossa capacidade de sensibilizar os cidadãos, de mobilizar seu interesse, de pô-los em movimento, em suma, de convencê-los, depende a vida de mulheres e de homens confrontados com a fome. Podemos realmente, nestas condições, nos privar de qualquer instrumento retórico que seja? É aceitável desviar-nos de um procedimento que nos parece manipulatório, mesmo no caso em que nos permitiria fazer prevalecer nossa proposta? Para expressar-nos mais brutalmente ainda: a salvaguarda de nossa ética pessoal justifica o sacrifício de vários milhares de vidas humanas, por não ter conquistado a adesão?

Além disso, na realidade, raramente possuímos o monopólio do esforço retórico. Quando procuramos convencer nossos ouvintes, outros procuram, paralelamente, convencê-los do contrário. E é de temer que estes contraditores não se privarão, por sua vez, de utilizar todas as armas à sua disposição. Amputados deliberadamente de uma parte de nossos trunfos, como poderíamos levar a melhor? Sem dúvida: acontece que Davi triunfa sobre Golias. Às vezes nós prevaleceríamos. Mesmo renunciando a toda uma parte de nosso arsenal. Mesmo contra um adversário que, por sua vez, não tem nenhum escrúpulo. Mas às vezes fracassaríamos. Estamos dispostos a correr este risco?

Por trás destas interrogações começamos a perceber os limites de uma ética do orador centrada nos meios... assim como os contornos de um posicionamento totalmente diferente.

2. A ética fundada no objetivo da convicção

Uma segunda resposta ao dilema ético posto pela retórica consiste em deixar de nos interrogar sobre os procedimentos a que recorremos, para focalizar de preferência o *objetivo* que perseguimos. É ele justo e bom? Positivo para os indivíduos aos quais nos dirigimos? Ou mesmo conforme ao interesse geral? Porque, se é assim, se nossa intenção é nobre, os meios para realizá-la não se tornam aceitáveis? Esta linha de raciocínio nos leva diretamente a uma ética fundada no *objetivo da convicção*. Ela consiste em autorizar-se todos os procedimentos, mesmo os mais litigiosos, para conquistar a adesão. Mas com uma condição: que estejamos convencidos de que, convencendo, faremos o bem. O fim justificará os meios, com a condição de que seja louvável.

Este posicionamento ético possui numerosas virtudes. Ele nos arranca da distinção desconfortável, e até insuperável, entre procedimentos honrosos e procedimentos manipulatórios. Ele nos desvencilha da rigidez inerente à ética centrada nos meios, deixando-nos livres para escolher os instrumentos que, a nosso ver, é legítimo empregar numa dada situação. Sobretudo nos dá a oportunidade de nos adaptarmos às pressões do mundo real, respondendo ponto por ponto à retórica dos nossos adversários. Assim formulada, a ética centrada no objetivo da convicção parece impor-se como nossa única opção razoável. Infelizmente ela não vem sem suscitar, também ela, grandes dificuldades.

Com efeito, esta abordagem implica transferir a integralidade do julgamento ético para os indivíduos. São as oradoras e os oradores, sozinhos, que decidem se o fim visado lhes parece bom. E, portanto, se ele justifica todos os meios, mesmo manipulatórios. Ora, a partir disto, não existe nenhuma barreira. As piores atrocidades podem ser cometidas por indivíduos convencidos, em sua lógica corrompida, de fazer o bem. Imaginemos que acreditamos firmemente que uma parte da população deveria ser exterminada, porque ameaçaria a harmonia de nossa sociedade, a integridade de nossa cultura e até mesmo a pureza de nosso sangue. Poderíamos então embasar nosso arrazoado em todos os procedimentos retóricos disponíveis, inclusive os mais sórdidos. De nosso ponto de vista, não faríamos mais do que agir de acordo com o interesse geral. Se confiamos na ideia de que todos os meios são justificados uma vez que o fim é considerado louvável, não teríamos outra opção senão aceitar essa consequência. Ora, esta não é somente perniciosa de um ponto de vista ético. Ela o é igualmente no plano pedagógico.

Delegando a cada indivíduo a responsabilidade de escolher o que é ético e o que não é, os professores de Retórica se desembaraçam, finalmente, de toda responsabilidade na utilização dos instrumentos que transmitem. Não é mais da sua conta. Assim que recomendaram agir de acordo com o bem, sua missão está cumprida. Podem ensinar todos os estratagemas e tranquilizar-se: não é culpa deles se forem mal utilizados. Evidentemente é um pouco limitado. Uma vez que chegamos lá, torna-se difícil ignorar a hipocrisia de um tal discurso. Vemos perfilar-se então, ao longe, um outro caminho.

3. A ética individualista da convicção

Existe uma terceira maneira de responder ao dilema ético posto pelo ensino da retórica. Consiste em rejeitar a pertinência da questão, pura e simplesmente! Que os procedimentos utilizados sejam honoráveis ou desonrosos, que o objetivo visado seja nobre ou ignóbil: tudo isto não teria sentido algum. Sendo a capacidade de convencer acessível a todos os indivíduos, seria de sua competência e de sua responsabilidade aprender a utilizá-la. Alguns se tornam mestres nessa capacidade e chegam a impor suas vontades, inclusive as mais egoístas? Tanto melhor para eles. Outros não chegam a adquirir esta capacidade, fracassam em divulgar suas ideias, e frequentemente se deixam manipular? As coisas são assim. Acabamos de mergulhar nas águas frias da *ética individualista da convicção*. Ela consiste em autorizar-se todos os instrumentos disponíveis para convencer, sem nenhuma forma de restrição. Os meios serão sempre justificados, seja qual for o fim.

Este posicionamento ético poderia parecer abrupto. Oferece-nos, no entanto, um fundamento sólido para libertar-nos dos questionamentos insolúveis concernentes à legitimidade dos procedimentos ou das finalidades da retórica. Pouco nos importaria, no fundo, saber se determinado instrumento respeita ou não o livre-arbítrio dos ouvintes, se determinada proposta é ou não conforme ao interesse geral: estas são discussões de filosofia. Para as oradoras e os oradores, subsistiria unicamente a lei do mais forte e do mais bem-armado. Esta perspectiva põe assim novamente o acento na imperiosa necessidade, para os cidadãos, de aprender a retórica. Eles são, desde já, a presa de oradores ávidos, dispostos a tudo para obter seu voto, seu dinheiro, seu apoio ou sua atenção. Diante desta realidade, o que fazer? Esperar dos peritos da convicção que se limitem a mobilizar apenas técnicas benévolas? Confiar que só defendam propostas boas, justas e altruístas? Pedir-lhes polidamente que se dignem utilizar sua retórica somente de maneira ética? Ou então armar-se para enfrentá-los? Aprender a replicar, para não se deixar mais manipular e impor suas próprias ideias? A ética individualista chama nossa atenção para o fato de que a retórica é, queiramos ou não, um poder. Preocupemo-nos com nossos interesses, porque ninguém o fará em nosso lugar. Nossos adversários, por sua vez, não deixarão de fazer seu trabalho. Glória aos vencedores e desgraça aos vencidos.

Por sua simplicidade, sua eficácia e sua robustez, a ética individualista exerce uma inegável sedução intelectual. Por essa razão, também ela apresenta seu quinhão de dificuldades. Em primeiro lugar, ela ignora totalmente as realidades sociológicas que lembrávamos acima: nós não somos iguais no manejo da linguagem e da argumentação. Ora, contentar-se em remeter cada um à sua responsabilidade individual, desprezando as desigualdades de partida, é aceitar que estas tendem a reproduzir-se indefinidamente. É também não ver que o debate retórico se tornou radicalmente desequilibrado. Os indivíduos estão expostos à predação de profissionais da comunicação extraordinariamente treinados, muitas vezes formados nas melhores escolas e nas maiores universidades. Suas mensagens são buriladas por dispendiosas agências de aconselhamento, antes de ser difundidas em grande escala nos meios de comunicação de massa. Diante dessa assimetria, como acreditar que os cidadãos possam estar em condição de decidir livremente ou de convencer eficazmente? Como satisfazer-se com este grande mercado da convicção se, desde o início, a concorrência é falsificada? Como resolver gritar "Que vença o melhor!", se o confronto é distorcido?

Estas considerações nos revelam o pecado original do posicionamento individualista: ele equivale, definitivamente, a abdicar de toda possibilidade de uma reflexão ética sobre a retórica. Nesta perspectiva, as oradoras e os oradores não podem mais ser censurados por ter utilizado um procedimento manipulatório, porque a questão dos meios da convicção não se coloca. Também não podem ser acusados de ter posto suas competências a serviço de um objetivo condenável, porque a questão dos objetivos da convicção também não é colocada. Mas existem, na realidade, muitos procedimentos litigiosos e objetivos perniciosos! Embora não chegássemos a pôr-nos de acordo para determinar quais o são, acabaríamos constatando que eles existem. Adotar uma ética individualista é renunciar a levantar tais questões. No conforto desta abordagem, acontece que abdicamos da própria possibilidade de refletir sobre os fundamentos de um debate público de qualidade.

4. A retórica ética

O que fazer então? Que postura adotar? No final desta reflexão, é forçoso admitir que não dispomos de uma solução definida. E isto é perfeitamente normal. A definição de um dilema, *a fortiori* de um dilema ético, é precisamente não admitir nenhuma resposta boa. O dilema nos põe diante de uma escolha intimamente pessoal, onde todas as opções se revelam desconfortáveis. É a cada uma e a cada um de nós que compete, em consciência, deter sua decisão. Definitivamente, tudo se reduz a um único parâmetro: que oradora ou que orador queremos ser?

Resta-nos, no entanto, elucidar nossa interrogação primeira: que retórica deveria ser ensinada numa sociedade democrática? Esta pergunta nos convida a inverter o foco da discussão, para apontá-lo finalmente para os *professores*. Das três éticas da convicção decorrem, para eles, três imperativos pedagógicos.

Primeiramente, uma *exigência de clareza*. Os professores de retórica devem atrair sistematicamente a atenção dos alunos para os instrumentos que, de acordo com eles, decorrem de uma prática respeitável ou, pelo contrário, contestável. Assim as oradoras e os oradores que desejam fundamentar sua ética nos meios da convicção saberão quais são os que eles podem utilizar tranquilamente, quais eles devem manejar com prudência e de quais precisam se afastar resolutamente.

Em seguida, uma *exigência de exaustividade*. Os professores de Retórica devem apresentar aos alunos a integralidade dos instrumentos, técnicas e procedimentos que eles próprios conhecem. Sem omitir nenhum. Assim, as oradoras e os oradores que desejam fundamentar sua ética sobre o objetivo da convicção, ou que optam por aplicar-se ao individualismo, poderão lutar contra seus adversários com armas iguais.

Por fim, uma *exigência de universalidade*. Os professores de Retórica são obrigados a difundir seu ensinamento o mais amplamente possível. O ideal é que todos os indivíduos deveriam chegar a se formar. Assim não precisaríamos mais preocupar-nos com a utilização de procedimentos manipulatórios: os ouvintes estariam plenamente em condições de localizá-los, desarmá-los e censurar os responsáveis. Não precisaríamos mais temer que uma retórica demasiado eficaz seja posta a serviço de um projeto egoísta ou nefasto: os ouvintes estariam plenamente habilitados para discuti-lo, testá-lo e, se julgarem necessário, opor-se a ele. Ensinada universalmente, a retórica deixaria de ser um poder exercido brutalmente por aqueles que dela se apoderaram. Ela se tornaria, pelo contrário, o instrumento que permite o exercício de um debate de qualidade. A retórica compartilhada não é apenas uma retórica democrática. É também a única retórica ética.

Eis o que, no fundo, é esta obra: um compartilhamento da Retórica. Evidentemente trata-se de um tratado prático. As leitoras e os leitores poderão aplicar cada página dele em sua vida cotidiana. Mas seu alcance vai além. Compartilhar a retórica é garantir o caráter ético de um poder que é exercido sobre nós, e que nós exercemos sobre os outros. É igualmente garantir o caráter democrático de um poder de que alguns gozam, atualmente, sobre toda a sociedade. Para onde quer que nosso olhar se volte, contemplamos um mesmo horizonte. A única maneira de assegurar-se de que o poder retórico seja utilizado equitativamente é vigiar para que seja compartilhado por todas e todos.

CAPÍTULO 1

Compreender a retórica

A retórica. Uma palavra muitas vezes encontrada, mas raramente bem-compreendida. Em nossas mentes ela se mistura com outras, que pressentimos estarem vagamente ligadas. Eloquência, persuasão, negociação. Ou mesmo: influência, embuste, manipulação. Antes de debruçar-nos sobre as competências práticas da retórica, sobre seu funcionamento concreto, precisamos chegar a um acordo sobre o sentido destes termos. Eles serão utilizados muitas vezes ao longo deste livro.

I. Uma breve história da disciplina

Não se preocupem: seremos breves. Não se trata, aqui, de impor uma revisão completa do pensamento retórico através dos tempos. Nós nos pouparemos especialmente de explorar a distinção, complexa, entre *retórica e dialética*. Outros autores se encarregaram disso: os curiosos podem, sem moderação, recorrer a eles[4]. Quanto aos apressados, saltem alegremente esta parte histórica: não lhes mostraremos ressentimento.

Mas, se queremos compreender o que é realmente a retórica, e por que ela continua, hoje, pouco ensinada, não temos outra escolha senão remontar à sua origem, há dois mil e quinhentos anos. Porque a história desta disciplina continua marcada com o ferro em brasa de uma repulsa, que nós herdamos.

---

4. C.f., por exemplo: MEYER, Michel (ed.), 2002, *História da retórica*, Temas e debates.

1. Os adversários: *Platão e Descartes*

Dizíamos na introdução: a retórica não tem boa fama. É preciso acrescentar ainda que isto não tem nada de novo. Já Platão a tinha em baixa estima[5]. Para ele a retórica se opõe a outra disciplina mais honorável: a filosofia.

Platão parte do princípio de que existe uma Verdade, e que esta é acessível aos seres humanos. Consagrando-lhe todos os esforços, os indivíduos podem tender à descoberta do Bem, do Belo e do Justo. Para isso eles têm à disposição um instrumento notável: o diálogo. Confrontando seus pensamentos, pondo em comum suas informações e seus raciocínios, eles poderiam chegar a resgatar conhecimentos verdadeiros. Este seria o objeto, nobre, da filosofia.

Ao contrário, Platão desconfia dos discursos de assembleia onde os ouvintes assistem, passivos e silenciosos, o confronto entre alguns indivíduos. Nesse debate, os oradores não dialogam: eles se enfrentam. Maltratando seus adversários. Ridicularizando seus contraditores. E colhem o triunfo. Compreende-se, desde então, que eles estejam submetidos a uma tentação constante: a de fazer tudo para se impor. E tanto pior se isso implica enfeitiçar os ouvintes. Dirigir-se a seus baixos instintos. Dizer-lhes só o que eles querem ouvir. Tanto pior se isto implica abandonar a Verdade, para se contentar com a vitória. Aprender a convencer, sem se preocupar em saber por que nem como se conquista a convicção: esse seria o objeto, vil, da retórica.

No diálogo *Górgias*, este pensamento é desenvolvido com uma imagem marcante. A retórica seria, no fundo, semelhante à cozinha. Para Platão, o cozinheiro é aquele que se preocupa unicamente em deleitar o

---

5. É preciso observar que, sobre a questão da relação com a retórica, o pensamento de Platão parece ter sido em grande parte uma herança do de Sócrates. Por preocupação de simplificação, tomamos aqui como referência os escritos que são evidentemente de Platão, sem procurar separar as contribuições do aluno das de seu mestre. Para uma distinção mais refinada, cf., por exemplo: DORION, Louis-André, 2004, *Socrate*, PUF; BRICKHOUSE, Thomas & SMITH, Nicholas D., 1994, *Plato's Socrates*, Oxford University Press; VLASTOS, Gregory, 1991, *Socrate: Ironie et philosophie morale*, Aubier, cap. 2: "Socrate contre Socrate chez Platon".

palácio, sem se preocupar com o que é realmente bom para o corpo. Da mesma forma, a retórica teria como única preocupação adular os espíritos, sem se preocupar com o que é realmente bom para os homens ou para a *pólis*. A retórica seria assim para a filosofia o que a cozinha é para a medicina: uma habilidade mentirosa, centrada no prazer e estranha à verdade.

Para Platão a retórica é, portanto, uma forma de desvio da palavra. Esta não é mais utilizada para elaborar conhecimentos, mas para manipular as multidões. Não procura mais descobrir o Belo, o Bem e o Justo, mas acumular prestígio, poder e riquezas. A retórica não seria mais do que uma palavra que abdicou da procura da Verdade. Justamente o inverso da filosofia.

Platão não é o único pensador que formulou um julgamento severo acerca da retórica. Juntou-se a ele especialmente, dois milênios mais tarde, René Descartes, cujos trabalhos exerceram uma profunda influência sobre o pensamento ocidental. Descartes parte do mesmo pressuposto do qual parte Platão: a verdade existe, ela é acessível aos seres humanos e é preciso, portanto, partir à sua procura. Para ele, no entanto, esta busca da verdade não passa pelo diálogo, mas pelo método científico.

Matemático brilhante, apaixonado pela física e pelas ciências naturais, Descartes estima que as ciências humanas – em primeiro lugar a filosofia – devem sujeitar-se às mesmas exigências das ciências exatas. É o triunfo do pensamento dito "racional". Para serem aceitáveis, as sentenças devem resultar de um raciocínio irrefutável, no qual cada etapa é a consequência lógica de uma conclusão anterior, ela própria estabelecida de maneira incontestável. Em suma: deveríamos lançar sobre o mundo um olhar semelhante ao que o matemático lança sobre suas equações. Raciocinar com o mesmo rigor. Este método traz um nome: demonstração.

A demonstração é precisamente o contrário da discussão. O que caracteriza uma demonstração é seu caráter indiscutível. Os ouvintes não têm a opção de aceitar ou não as conclusões. Eles podem eventualmente tentar realçar um erro no raciocínio lógico: neste caso, a demonstração se veria invalidada. Mas, não chegando a isso, serão obrigados a considerar justas e justificadas as conclusões demonstradas. Por conseguinte, nem os alunos, nem os professores, nem mesmo os matemáticos têm a opção de aceitar ou não o teorema de Pitágoras. Enquanto nenhuma falha for detectada no raciocínio que a ele conduz, este deverá ser considerado verdadeiro. Quanto às conclusões de uma demonstração, diz-se que elas são *necessárias*. Elas se impõem aos ouvintes sem que estes tenham a possibilidade de opor-se a elas. Eis, para Descartes, a boa maneira de raciocinar no cotidiano. Procurando a verdade com a exigência da demonstração.

Descartes vai até mais longe. Para ele a verdade possui uma especificidade: ela aparece forçosamente como evidente a quem dela é uma testemunha. Estabelecida com certeza de acordo com um método rigoroso, ela não pode ser senão clara e evidente. E impor-se a todos sem resistência. Mas a recíproca vale igualmente. Para Descartes, se um enunciado não é aceito naturalmente pelo público, é muito provável que, na realidade, seja errôneo. Do mesmo modo, quando dois indivíduos se enfrentam mantendo pontos de vista divergentes, há motivos para pensar que os dois não tenham razão. Com efeito, se um deles tivesse da verdade "uma visão clara e precisa, teria conseguido expô-la a seu adversário de tal modo que ela acabaria forçando sua convicção"[6].

Estas considerações levam Descartes a adotar uma posição radical em sua busca de conhecimento. Já que a verdade aparecia naturalmente como evidente, ele recomenda "reputar quase como falso tudo o que era apenas verossímil"[7]. Com isso ele não deixa nenhum espaço à argumentação. Um argumento é, por definição, um enunciado que não é *necessário*. Não se impõe ao público. É sempre possível discuti-lo, rejeitá-lo ou preferir-lhe argumentos divergentes. O que estamos obrigados a argumentar é precisamente aquilo que não chegamos a demonstrar com a ajuda de provas definitivas. Descartes preferirá considerar falso um tal enunciado, em vez de correr o risco de aceitá-lo como verdadeiro quan-

---

6. DESCARTES, René, 2017, *Regras para a direção do espírito*, "Regra 2: Importa lidar unicamente com aqueles objetos para cujo conhecimento certo e indubitável os nossos espíritos parecem ser suficientes".
7. DESCARTES, René, 2018, *Discurso sobre o método*, primeira parte, p. 15, Ed. Vozes.

do poderia não sê-lo. E assim, por amor ao método demonstrativo, ele decide abandonar a argumentação.

Dando preeminência ao diálogo, e depois à demonstração, Platão e Descartes têm assim em comum o fato de banir a retórica do campo do conhecimento. Outros autores, no entanto, formulam um julgamento mais benévolo a seu respeito. Entre eles encontramos justamente o discípulo mais célebre de Platão.

2. Um defensor: Aristóteles

Atenas. Século IV antes de Cristo. A antiga cidade se parece então, de perto, com o que hoje denominaríamos democracia direta. Desde que não sejam nem estrangeiros, nem escravos, nem mulheres, todos os cidadãos são livres para participar da vida política. Podem debater os assuntos públicos, votar leis e, até mesmo, tentar ser sorteados para exercer funções de primeiro plano. É neste contexto que Aristóteles conclui uma obra importante: *Retórica*.

Como seu mestre Platão, Aristóteles avalia que existem domínios do conhecimento nos quais os seres humanos devem tender à verdade: as matemáticas, as ciências naturais ou a filosofia, por exemplo. Eles precisam então procurar efetivamente estabelecer conclusões certas, baseadas em cadeias de deduções rigorosas. É o que ele denomina raciocínios *analíticos*.

Mas Aristóteles observa também que estas exigências não podem ser aplicadas aos assuntos judiciários, à gestão da cidade ou ao cotidiano dos cidadãos, em suma, ao que diz respeito à ação concreta dos seres humanos. Pois nestes domínios o que prevalece é acima de tudo a incerteza. Incerteza concernente, em primeiro lugar, ao conhecimento dos fatos passados. Os indivíduos não podem saber jamais, perfeita e indubitavelmente, como certos fatos aconteceram, quais razões os guiaram, quais motivações os inspiraram. Mesmo após uma pesquisa aprofundada, apoiada nas técnicas de investigação mais modernas, sempre subsistirá uma parte de sombra. Ou porque não temos – e provavelmente nunca teremos – um acesso direto à interioridade dos indivíduos, ao que eles pensam e sentem, consciente ou inconscientemente. Mas esta incerteza diz respeito, igualmente, às consequências futuras das ações presentes. É impossível saber, perfeita e indubitavelmente, qual será a cadeia de acontecimentos que resultará, amanhã, daquilo que decidimos hoje. De modo que, não podendo conhecer totalmente o passado nem prever totalmente o futuro, os homens precisam resignar-se a agir na incerteza.

Estas reflexões constituem uma ruptura importante em relação à filosofia platônica. Elas implicam abandonar toda esperança de chegar a conhecimentos certos, visto que nos aventuramos fora dos raciocínios analíticos apenas. Quer se trate de emitir um julgamento num processo, de escolher uma orientação política ou de resolver nossos problemas cotidianos, precisamos renunciar ao fantasma de saber onde se situam o Bem, o Justo e o Belo. Ou, em outras palavras: a Verdade é inacessível no cotidiano.

Quer dizer, por essa razão, que estamos condenados a tomar nossas decisões sem nenhuma razão, ao sabor da violência ou do acaso? Aristóteles não chega a tomar uma decisão a respeito. Ele considera que, entre a verdade inacessível e o caos inaceitável, existe uma posição intermediária. Aquela em que não se procura determinar o que é Bom, Justo e Belo, mas antes o que é provável, preferível e aceitável. Não mais a busca do Verdadeiro, mas a do verossímil. Para Aristóteles, esses raciocínios não se inscrevem no domínio analítico. Pertencem, ao contrário, ao que ele denomina a *retórica*.

Aristóteles reintroduz, portanto, a racionalidade fora da demonstração apenas. Ele mostra que os seres humanos podem raciocinar convenientemente sem sujeitar-se, no entanto, a exigências insuperáveis. Este posicionamento implica consequências radicais. Dizendo adeus à verdade, devemos igualmente renunciar à ideia de que possa haver uma única resposta para cada interrogação. Uma solução única para cada problema. Em outras palavras: no cotidiano, não podemos estar seguros de nada. Para cada indivíduo que desenvolver um raciocínio e tirar uma conclusão, haverá um outro para defender um raciocínio diferente e chegar a uma conclusão divergente. É possível que uma destas posições nos pareça preferível à outra. No futuro poderemos talvez determinar, retrospectivamente, qual opção era a melhor. Mas no presente é impossível saber com certeza onde se situa a verdade. A única bússola de que dispomos, para tomar nossas decisões, é o verossímil.

É preciso medir as implicações desse pensamento. Se, desde que saímos do domínio da demonstração, não há mais Verdade, então ninguém mais tem *razão*. As conclusões de uma argumentação nunca se impõem a nós. Somos sempre livres para recusá-las. Podemos sempre brandir contra-argumentos. Disso resultam consequências terríveis. Podemos defender uma proposta claramente verossímil, e mesmo assim fracassar em convencer. Inversamente, podemos defender enunciados abertamente discutíveis e chegar a conquistar a convicção. Disso resulta que, no cotidiano, os indivíduos não precisam apenas de um método para raciocinar rigorosamente. Precisam igualmente de uma técnica para conquistar a adesão eficazmente. A retórica é precisamente isso. A arte de determinar o que é *convincente*[8]. No duplo sentido do termo: rigoroso e eficaz[9].

Estas reflexões levam Aristóteles a elaborar uma obra prática: sua *Retórica*, na qual ele estuda os procedimentos que permitem produzir ao mesmo tempo raciocínios sólidos e discursos impactantes. Ele inaugura assim uma tradição importante na Antiguidade: a escrita de tratados dedicados à arte de convencer. Esta vai perdurar até o período romano, através especialmente das obras importantes de Cícero (*Do orador*) e Quintiliano (*As instituições oratórias*). No entanto, desde o século I d.C., estas obras se tornam sempre mais raras. A retórica entra em declínio.

3. Esquecimento e redescoberta

No fim da Antiguidade, duas tradições se enfrentavam: a de Platão e a de Aristóteles. Ao primeiro, o primado da filosofia como busca da ver-

---

8. De acordo com os termos de Aristóteles: "A retórica se define como a capacidade de descobrir os possíveis meios de persuasão em qualquer assunto". ARISTÓTELES, *Retórica*, livro I, cap. 2, 1.
9. Sobre esta distinção essencial entre rigor e eficácia, cf. cap. 2, I-1: "Rigor e eficácia".

dade. Ao segundo, o reconhecimento da retórica como pesquisa do verossímil. De um lado, a arte do diálogo. Do outro, as técnicas do discurso. No nível da história, o veredito é definitivo. A escola de Platão, em seguida a de Descartes, se impõem. A de Aristóteles periclita.

Este sono da retórica parece ligado, pelo menos em parte, à história política. Na Europa, a queda dos regimes democráticos – nas cidades gregas – e das instituições republicanas – em Roma – ocasiona um eclipse geral da deliberação na gestão dos assuntos públicos. O debate em assembleias, a discussão em comum e a tomada da palavra diante de um público ocupam um lugar cada vez mais restrito no governo dos homens. É o tempo dos imperadores e dos reis, cuja palavra não sofre contradição. Os soberanos decidem sem precisar prestar contas. Impõem sem precisar convencer. A época não se presta mais ao confronto dos argumentos. Mas à bajulação.

E, no entanto, a retórica não desaparece. Ela definha. Pouco a pouco se vê restrita ao estudo dos procedimentos que permitem ornamentar a linguagem. Ela se torna a arte de bajular os ouvidos, em vez de influenciar os espíritos. São ainda publicados tratados, às vezes de grande qualidade, mas se contentam doravante em registrar as diferentes figuras de estilo[10]. Sempre mais desprezada, cada vez menos ensinada, esta "retórica restrita" acaba caindo progressivamente num esquecimento cruel[11].

É preciso esperar a metade do século XX para ver a retórica sair de sua longa hibernação. Na Europa diversos grupos de pesquisa se estruturam, na linhagem especialmente do semiólogo Roland Barthes e do linguista Oswald Ducrot. Mas são sobretudo os trabalhos de Chaim Perelman, filósofo belga de origem polonesa, que vão constituir uma reviravolta importante. Em 1958 ele publica o *Traité de l'argumentation*, escrito em colaboração com Lucie Olbrechts-Tyteca. Esta importante obra constitui uma ruptura com a filosofia de Platão e Descartes. A primeira contribuição de Chaim Perelman consiste simplesmente em ter relido a *Retórica* de Aristóteles e redescoberto seus méritos. Na sequência da Segunda Guerra

---

10. Cf., por exemplo: FONTANIER, Pierre, 1821-1827, *Les Figures du discours*.
11. GENETTE, Gérard, 1970, "La rhétorique restreinte". *Communications*, vol. 16, p. 158-171.

Mundial a democracia representativa se impõe em toda parte no Ocidente. Neste contexto, o pensamento aristotélico, que reserva um lugar privilegiado à deliberação em assembleia, repercute com toda sua atualidade.

Em certos aspectos, portanto, o trabalho de Chaim Perelman pode aparecer como um desempoeiramento da retórica antiga. Isso seria não levar em consideração uma originalidade fundamental. Porque sua segunda contribuição consiste numa ruptura... com o próprio Aristóteles. Com efeito, o *Traité de l'argumentation* se baseia inteiramente na seguinte ideia: a retórica não pode ser compreendida fora do conceito de *público*, definido como "o conjunto daqueles que o orador quer influenciar mediante sua argumentação"[12]. A partir daí, numerosas dificuldades se resolvem por si mesmas. Aristóteles opunha, como vimos, a retórica à filosofia. A primeira se limitaria a investigar o verossímil, ao passo que a segunda tentaria estabelecer verdades. Ora, de acordo com Chaim Perelman, o que designaríamos concretamente quando falamos de "investigar a verdade na filosofia"? Nada mais, no fundo, do que o fato de produzir argumentos capazes de ser aceitos por todos os seres humanos de todas as épocas, sejam quais forem seus valores, suas opiniões ou suas cosmovisões. A filosofia poderia assim ser definida como uma argumentação que não procuraria mais convencer um público restrito, particular, situado no tempo e no espaço, mas se dirigiria, ao contrário, a toda a humanidade e ao conjunto das épocas. Ou seja: um *público universal*. Quando argumentam, os filósofos se contentariam em utilizar uma forma determinada de retórica.

O trabalho de Chaim Perelman constitui, portanto, uma verdadeira ruptura. Ele não se contenta, como havia feito Aristóteles, em reabilitar a retórica *ao lado* da filosofia. Ele vai mais longe, erigindo a retórica *acima* da filosofia. Esta, finalmente, não é senão a declinação mais exigente. Aquela na qual as argumentações se dirigem ao público mais amplo possível que se possa conceber. Quanto à retórica, ela se torna o meio geral pelo qual os seres humanos chegam a se convencer.

---

12. PERELMAN, Chaim & OLBRECHTS-TYTECA, Lucie, 1958 (2008), *Traité de l'argumentation. La nouvelle rhétorique*, eds. da Universidade de Bruxelas, p. 25.

O *Poder retórico* se inscreve na continuidade direta do pensamento de Chaim Perelman, que nos propomos, modestamente, prolongar. Porque, se o *Traité de l'argumentation* é uma leitura apaixonante para quem deseja forjar para si um conhecimento teórico da retórica, ele permanece acima de tudo a obra de um filósofo e de um lógico. Não foi escrito para ser adaptado às realidades da vida cotidiana. Este é precisamente o nosso objetivo neste livro: propor um ensinamento concreto da retórica. Uma retórica prática.

II. Para uma definição

A retórica é, portanto, a arte de convencer. À primeira vista, nada mais elementar. Mas como definir, exatamente, a convicção? Onde se situam suas fronteiras com os outros domínios dos quais ela parece próxima: a eloquência, a negociação e, até mesmo, a manipulação? Eis todas as questões que precisamos, antes de qualquer outra coisa, elucidar. Começando pelo começo: dizer o que a retórica não é.

1. *É estilística?*

Em meados do século XX Chaim Perelman reabilita a retórica como verdadeira arte de convencer. No entanto, ela continua, hoje, sendo reduzida ao estereótipo daquilo que por muito tempo ela encarnou: o estudo obsessivo das figuras de estilo. De modo que, quando evocamos a retórica, nossos interlocutores esperam ser assaltados por palavras bárbaras como "epanalepses, zeugmas ou cleuasmos". Eles só têm razão em parte.

É verdade que as figuras de estilo são instrumentos frequentemente mobilizados pela retórica. Mas são justamente apenas isso: instrumentos. Ao contrário da estilística, a retórica não se interessa pelo estudo literário por si mesmo. Pouco importa, no fundo, ser capaz de distinguir uma metonímia de uma sinédoque, uma aliteração de uma assonância. O que conta, para nós, é conhecer os efeitos argumentativos produzidos por estas figuras. Compreender em que elas causam um impacto sobre os ouvintes.

A retórica utiliza os procedimentos estilísticos, mas não se limita a isso. Ela os mobiliza em proveito de um projeto bem específico: convencer.

Esta especificação acarreta duas consequências práticas. Em primeiro lugar, os leitores e leitoras não encontrarão, nas páginas que seguem, nenhuma seção dedicada especificamente às figuras de estilo. Elas serão mencionadas ao longo dos desenvolvimentos, como um tipo de instrumentos entre muitos outros. Em segundo lugar, por preocupação de clareza e de pedagogia, optamos por reduzir ao máximo a complexidade das classificações. Cada vez que for possível, as figuras cujos efeitos argumentativos são semelhantes serão englobadas sob uma mesma designação genérica. Assim, todas as analogias que giram em torno de uma só palavra serão, por exemplo, reagrupadas sob sua designação mais corrente: a de "metáfora". Temos consciência de que, aos olhos dos professores de Literatura mais minuciosos, essa iniciativa se assemelhará à selvageria. Mais precisamente: o que nos interessa aqui não é a tecnicidade estilística. Mas antes a eficácia retórica.

2. É eloquência?

O início do século XXI foi marcado pelo fato de a eloquência recuperar a simpatia. Por muito tempo ela foi relegada ao mundo dos advogados, praticada nos tribunais e trabalhada pelos jovens estudantes de direito. Em seguida, documentários, filmes e programas televisivos a revelaram ao grande público. Doravante não há mais nenhuma universidade que não disponha de seu clube de debates. Os liceus, os colégios e até as escolas primárias investem progressivamente na oralidade. Quanto ao universo profissional, das aprendizagens para tomar a palavra em público aos concursos de sinopses, também ele desenvolveu sua própria visão da arte oratória. Mas, se eloquência e retórica possuem pontos de convergência, não cobrem exatamente as mesmas realidades.

A eloquência é a arte de falar bem. De seduzir seu público. De bajular os ouvidos com um vocabulário singular, frases buriladas, uma pronúncia inspirada. É a arte de se exprimir com estilo, graça e virtuosidade. Assim definida, aparece imediatamente que a eloquência é uma *condição* da retórica. Quando pronunciamos um discurso, captar a atenção é um pré-requisito para toda possibilidade de convicção. Poderíamos dispor dos argumentos mais cativantes: se falamos sem ser ouvidos, jamais atingiremos nossos ouvintes.

No entanto, eloquência e retórica não se resumem uma à outra. É possível demonstrar uma grande eloquência sem se inscrever, por isso, num procedimento de convicção. Pensemos, por exemplo, nos comediantes, contistas ou poetas. Suas palavras são uma melopeia com a qual encantam o público. Não há oralidade mais espetacular do que aquela manifestada numa sala de espetáculos, onde as horas passam sem que os espectadores as vejam desfilar. Esta eloquência, no entanto, não é, ou pelo menos não é necessariamente, posta a serviço de um projeto retórico. Mas antes a serviço de uma intenção artística cujo objetivo não é convencer, mas emocionar, surpreender, desorientar, fazer rir ou chorar.

Inversamente, praticar a retórica não supõe necessariamente ser eloquente, na medida em que ela pode servir-se de outros caminhos que não apenas a oralidade. Pensemos, por exemplo, na carta que François Mitterrand dirige a todos os franceses em 1988 para exortá-los a reelegê-lo presidente da República. Trata-se de um empreendimento de convicção, mas passa pelo instrumento da escrita, e não mobiliza, portanto, nenhuma competência oratória. O mesmo vale para a carta de motivação que redigimos quando procuramos um emprego. Ou para as mensagens que trocamos num site de encontro. Elas participam de um projeto plenamente retórico: tentar convencer, por escrito, que nós somos o eleito.

Alguém pode, portanto, ser virtuose de sua palavra, sem por isso procurar convencer, como é possível convencer sem recorrer à oralidade. Retórica e eloquência se sobrepõem parcialmente, sem no entanto confundir-se.

A esta altura, é provavelmente bom abrir um curto parêntese, a fim de evocar um mito tenaz: o dos "7%". Como muitos peritos da tomada da palavra gostam ainda de lembrar, 55% de nossa comunicação passariam por nossa postura, nossos gestos e nossas expressões faciais, e 38% pelas inflexões de nossa voz. Somente 7% da mensagem seriam, na realidade, transmitidos pelas palavras. Quando procuramos convencer, nosso discurso teria infinitamente menos importância do que nossa maneira de declamá-lo e, sobretudo, de nosso talento de encarná-lo. Portanto, para que interessar-se pela retórica? Uma formação na eloquência, onde se aprende a manter a postura correta e falar em voz alta, seria amplamente suficiente!

Infelizmente, os que citam estes números se esquecem geralmente de especificar sua origem. Eles remontam a dois estudos publicados em 1967 pelo psicólogo Albert Mehrabian e sua equipe. Ora, estes estudos são, na maioria das vezes, citados de través[13]. O que interessava realmente a esses pesquisadores é o que eles denominam "mensagens silenciosas", ou seja, a maneira como os indivíduos chegam a fazer compreender suas emoções e seus sentimentos. Para isso estudaram mensagens verbais muito curtas, formuladas numa só palavra: "querido, amor, estúpido, talvez, não..." A conclusão que eles tiraram é a seguinte. Quando o sentido das palavras entrava em contradição com a maneira como eram pronunciadas, ou com o rosto daquele que as pronunciava, os ouvintes tenderam a privilegiar a informação veiculada pelo tom da voz ou pelas expressões do rosto, e não pela própria palavra. Nisto os resultados não têm nada de particularmente contraintuitivo. Imaginemos a cena seguinte. Por ocasião de um torneio de *bridge*[14] – ou de *League of Legends*[15] –, nosso parceiro comete um erro desastroso, que nos custa a partida ou nos elimina da competição. Então ele vem ter conosco e, envergonhado, nos pergunta: "Você está zangado comigo?" Fuzilando-o com os olhos e com a voz vibrante, lhe respondemos: "Não estou zangado contigo absolutamente". Ele se afasta, curvado sob o peso da culpabilidade. O que ele compreendeu é certamente: "Estou terrivelmente zangado com você!"

---

13. MEHRABIAN, Albert & WIENER, Morton, 1967, "Decoding of inconsistent communications". *Journal of Personality and Social Psychology*, vol. 6/1, p. 109-114; MEHRABIAN, Albert & FERRIS, Susan R., 1967, "Inference of attitudes from nonverbal communication in two channels". *Journal of Consulting Psychology*, vol. 31/3, p. 248-252.
14. Jogo de cartas, em que jogam dois contra dois.
15. Jogo eletrônico, em que jogam cinco contra cinco.

Eis, no fundo, o que mostraram realmente Mehrabian e sua equipe. De resto, eles próprios preveniam contra potenciais generalizações de suas pesquisas. Elas só se aplicam a mensagens simples, nas quais emoções ou sentimentos são expressos de maneira discordante. Nunca se aplicam a argumentações articuladas, que têm o objetivo de convencer. Isto não significa que, na retórica, a voz e o corpo não tenham nenhuma importância. Evidentemente eles contam: teremos aliás a oportunidade de voltar ao tema. Mas certamente não para 93% da mensagem. Generalizar as proporções de Albert Mehrabian para toda comunicação oral cheira a contrassenso, no melhor dos casos. E a vigarice, no pior. Fim do parêntese.

3. É negociação?

Retórica e negociação parecem, aparentemente, remeter a duas esferas bem distintas, que têm pouco em comum. São, no entanto, duas modalidades de uma mesma necessidade: a de resolver nossas discordâncias.

A retórica, como dissemos, é a arte de convencer. É possível expressá-la de outra forma, dizendo que é o processo de resolução das divergências por alinhamento das *preferências*. A frase parece complexa, mas será esclarecida com um exemplo simples. Nossa companheira ou nosso companheiro desejam sair à noite para um restaurante. Quanto a nós, temos antes vontade de permanecer tranquilamente em nosso apartamento. Durante a discussão nossa interlocutora ou interlocutor nos lembra que o vizinho do andar de cima organiza, justamente nesta noite, uma festa para comemorar seu vigésimo aniversário. De repente, nos imaginamos praguejando em nosso sofá contra essa juventude barulhenta e sua música ensurdecedora... e aderimos à sábia proposta de ir refugiar-se no restaurante. Fomos convencidos. As preferências se alinharam: resolvemos nosso desacordo chegando ao *consenso*.

A negociação difere da retórica pelo fato de integrar a existência de uma relação de força. Ela permite assim a solução das divergências pelo alinhamento das *posições*, ainda que as preferências permaneçam divergentes. Tomemos, mais uma vez, um exemplo simples. Perambulando por um site de anúncios *online*, damos de cara com uma guitarra de grande raridade, que cobiçávamos há muito tempo, apresentada ao preço de 1.000 euros. É evidentemente cara demais; para nós, o preço justo seria antes 600 euros. Mas sabemos igualmente que esta oportunidade talvez não se repetirá. Entramos, portanto, em contato com o vendedor e, muito a contragosto, consentimos em lhe pagar 900 euros. Pusemo-nos de acordo numa posição comum. No entanto, as preferências permanecem inalteradas: um de nós teria preferido vender mais caro, o outro comprar mais barato. Resolvemos nossa divergência atingindo, não o consenso, mas o *compromisso*.

Na prática, porém, a fronteira entre retórica e negociação tende a turvar-se. No cotidiano as utilizamos muitas vezes de comum acordo. Retomemos nosso primeiro exemplo. Nossa companheira ou nosso companheiro conseguiu, portanto, convencer-nos a passar a noite no restaurante. Nossas preferências se aproximaram. Mas ainda não estão perfeitamente alinhadas. Acontece que ela ou ele gostaria de jantar num restaurante japonês, ao passo que nós preferiríamos comida italiana. É aqui que se detém o consenso: nenhum argumento do mundo poderá convencer-nos de que gostamos de peixe cru. Encontramos finalmente um compromisso: será uma noite num restaurante misto, que serve ao mesmo tempo *sushis* medíocres e pizzas quaisquer. A retórica permitiu-nos aproximar enquanto possível nossas preferências, até tropeçar numa divergência irreconciliável de interesses, de valores ou, neste caso, de gostos. Recorremos então à negociação para tapar o fosso que ainda separa nossas posições. Para concluir, observemos que esta historieta pode ainda terminar de outra maneira. Quando estávamos quase decididos a favor deste jantar sórdido, um de nós tem uma ideia repentina: que tal se aproveitássemos para testar um famoso restaurante libanês que nos foi recomendado recentemente? Nenhum de nós tinha pensado nisso. Mas, uma vez lançada a proposta, nos damos conta de que ela nos satisfaz a ambos perfeitamente. Mais até do que nossas preferências iniciais. No caso ideal, o compromisso produz consenso. A diferença entre negociação e retórica desaparece.

Tenhamos em mente, mesmo assim, que retórica e negociação não coabitam necessariamente. Existem negociações, sobretudo financeiras, que não integram nenhuma dimensão argumentativa e se resumem a simples trocas de números. Inversamente, certas situações retóricas – por exemplo, um discurso diante de uma assembleia silenciosa – não têm estritamente nada a ver com a negociação. Uma e a outra se encontram frequentemente, mas não se sobrepõem inteiramente.

4. É manipulação?

Não nos deixemos iludir: na linguagem corrente, "fazer retórica" raramente é um elogio. Aos olhos de muitos ela seria a arte de perverter as consciências por meio da linguagem. Uma odiosa técnica de manipulação. Esta acusação não é totalmente desprovida de fundamento. Mas deve ser interrogada.

A manipulação faz parte desses conceitos que geralmente são mais empregados com leviandade do que definidos com rigor. Em seu livro *La Parole manipulée*, Philippe Breton a caracteriza da seguinte maneira: "Entrar por arrombamento no espírito de alguém para ali depositar uma opinião ou provocar um comportamento, sem que este alguém saiba que houve arrombamento"[16]. A manipulação designa, portanto, o conjunto dos procedimentos que permitem atuar sobre as opiniões, os desejos, as ideias e os comportamentos de uma pessoa, sem que ela tenha consciência disso. Ou, para expressá-lo à nossa maneira: é a arte de influenciar os indivíduos, contornando, alterando ou neutralizando suas faculdades críticas. Eles não estão mais, ou, pelo menos, não totalmente, em condições de distanciar-se, examinar e, eventualmente, rejeitar o que lhes é proposto. Há aqui uma aposta psicológica, ética e política essencial. O que a manipulação questiona são as próprias condições de nosso livre-arbítrio.

Não há dúvida de que os indivíduos são manipuláveis. Há muito tempo a psicologia ressaltou a existência de vieses cognitivos, que permitem in-

---

[16]. BRETON, Philippe, 1997, *La Parole manipulée*, La Découverte.

fluenciar utilizando os mecanismos automáticos do cérebro[17]. Mais recentemente, a neurologia confirmou que é possível atuar sobre os indivíduos utilizando estímulos subliminares, ou seja, imagens, odores ou sons tão sub-reptícios que são captados pelos sentidos sem que tenhamos consciência disso[18]. É, portanto, por definição, impossível defender-se da manipulação.

Deste ponto de vista, a retórica não depende necessariamente do espectro da manipulação. Pelo contrário, uma grande parte dos procedimentos retóricos tem como finalidade não contornar, mas triunfar sobre as resistências do espírito crítico. Para raciocinar por analogia, se a retórica fosse uma arte marcial, ela seria ao mesmo tempo o caratê e o *aikido*. Saber golpear o interlocutor com argumentos, além de ser capaz de fazê-lo tropeçar em suas próprias contradições. A manipulação, em compensação, se assemelharia de preferência à arte dos ninjas. Atuar na sombra, e golpear sem que a vítima tenha tido sequer consciência da presença de uma ameaça. Como afirma Philippe Breton: é possível aprender a "convencer sem manipular"[19].

No entanto, não demos mostras de uma ingenuidade excessiva. A retórica comporta também seu lado obscuro. Apelo às emoções, utilização de sofismas, exploração do implícito: são todos procedimentos que permitem flexibilizar, enganar, ou mesmo contornar as faculdades críticas. A retórica não é uma manipulação. Mas pode ser manipulatória.

5. *A arte de convencer*

Portanto, a retórica não é a arte de bem falar, nem de ornamentar seu discurso, nem de negociar, nem de manipular. Mas sim de *convencer*. É preciso ainda ser capaz de circunscrever o que o verbo designa. Em seu *Traité de l'argumentation*, Chaim Perelman lhe dá uma definição rigoro-

---

17. CIALDINI, Robert, 1984 (2014), *Influence et manipulation*, Pocket; JOULE, Robert-Vincent & BEAUVOIS, Jean-Léon, 1987, *Petit Traité de manipulation à l'usage des honnêtes gens*, Presses Universitaires de Grenoble.
18. NACCACHE, Lionel, 2006, *Le Nouvel Inconscient: Freud, le Christophe Colomb des neurosciences*, Odile Jacob.
19. BRETON, Philippe, 2008 (2015), *Convaincre sans manipuler. Apprendre à argumenter*, La Découverte.

sa, da qual podemos simplesmente censurar sua relativa complexidade[20]. Propomos a seguinte reformulação: "A retórica é o conjunto dos procedimentos discursivos que permitem suscitar ou reforçar a adesão dos indivíduos às propostas que lhes submetemos".

Esta definição exige diversas observações. Em primeiro lugar, a retórica se concentra nos procedimentos "discursivos", ou seja, sobre os discursos, em todas as suas dimensões: orais e escritas, verbais e não verbais. Em segundo lugar, a retórica trabalha sobre propostas que são submetidas à "adesão" dos indivíduos. Em outras palavras, só se pode falar de um processo de convicção se os indivíduos sobre os quais ele se exerce têm consciência do mesmo. Ou mais simplesmente: a retórica supõe que as pessoas às quais nos dirigimos saibam que nós procuramos convencê-las de alguma coisa. Esse detalhe permite distinguir a retórica das psicologias cognitivas e sociais, que se interessam pelas técnicas capazes de influenciar os comportamentos de maneira sub-reptícia.

Em terceiro lugar, a retórica se interessa pelos procedimentos que visam "suscitar ou reforçar" a adesão. Este detalhe é importante. Equivale a ponderar que nós podemos perfeitamente procurar convencer alguém... que já está de acordo conosco! Isso se explica pelo fato de que a adesão a uma proposta não é um fenômeno binário. Nós não nos contentamos geralmente em estar "inteiramente de acordo" ou "totalmente em desacordo". Entre os dois opostos, existe uma infinidade de graus de convicção. É, portanto, perfeitamente possível procurar aumentar a adesão de um indivíduo a uma ideia que já compartilhamos. Um bom exemplo nos é dado pelos comícios eleitorais. Se certos eleitores aceitam deslocar-se para aplaudir um candidato, é porque geralmente foram, pelo menos em parte, conquistados para a causa. Um dos objetivos destes acontecimentos consiste, então, em acentuar o fervor destes simpatizantes, até fazer deles verdadeiros militantes. Assim talvez aceitarão sacrificar diversas tardes ou noites por semana para fixar cartazes e distribuir panfletos.

---

20. A retórica é definida como "o conjunto de técnicas discursivas que permitem provocar ou aumentar a adesão das mentes às teses que são apresentadas ao seu assentimento". PERELMAN & OLBRECHTS-TYTECA, 1958, *Traité de l'argumentation. La nouvelle rhétorique*, op. cit.

Para concluir, resta-nos delimitar o perímetro da retórica, especificando o que entendemos por "conjunto dos procedimentos". Sobre esse ponto os grandes autores clássicos convergem amplamente. Para Aristóteles, a retórica repousa toda inteira sobre três dimensões: os argumentos que o orador propõe (*logos*), a imagem que o orador envia (*ethos*) e as emoções que o orador suscita (*pathos*). Da mesma maneira Cícero avalia que um bom orador deve cumprir três objetivos: instruir os ouvintes (*docere*), captar sua benevolência (*delectare*) e provocar neles emoções (*movere*).

Argumentar. Agradar. Comover. O tríptico não perdeu nada de sua atualidade. Chaim Perelman o retoma por conta própria em seu *Traité de l'argumentation*. A imensa maioria dos autores contemporâneos faz o mesmo. Nós, por nossa vez, o subscrevemos. Estas são as armas da retórica. Os caminhos da convicção.

III. Convencer no cotidiano

A retórica não é, portanto, o apanágio dos profissionais da comunicação. Inerente à palavra, ela está por toda parte. Todos os dias precisamos convencer ou conceder nossa convicção ao longo de uma variedade infinita de situações. Mas, apesar desta diversidade sem cessar renovada, nem por isso a retórica é um matagal desordenado. No cotidiano, retornam, incansavelmente, as mesmas configurações. Precisaremos compreendê-las se quisermos poder adaptar-nos a elas. Porque não mobilizamos os mesmos instrumentos, as mesmas técnicas, os mesmos procedimentos de acordo com o contexto no qual nos encontramos. Nós o veremos: ser capaz de descobrir num piscar de olhos a dinâmica na qual evoluímos já é ganhar em força de convicção.

1. Os atores

Antes de categorizar as diferentes dinâmicas retóricas, é importante compreender bem os tipos de atores que elas põem em interação. Esta será, por outro lado, a oportunidade de definir com precisão certos termos que encontraremos constantemente e cujo sentido pode se revelar desconcertante.

Ouvintes e espectadores

Já o mencionamos: no *Traité de l'argumentation*, Chaim Perelman definiu o *público* como "o conjunto daqueles que o orador quer influenciar mediante sua argumentação". O conceito de *ouvintes* designa, portanto, simplesmente os indivíduos que procuramos convencer, tanto oralmente quanto por escrito.

Tomemos um exemplo simples. Por ocasião de um processo no tribunal, os ouvintes são as pessoas que decidem a culpabilidade ou a inocência do acusado: no caso presente, os jurados ou os magistrados. São eles que os advogados procuram convencer. Outro exemplo, menos intuitivo: quando um homem político publica um livro em plena campanha eleitoral, seus ouvintes são na realidade... seus leitores!

Certos indivíduos podem igualmente assistir a um empreendimento de convicção sem ser objeto dele. Eles se contentam em ser testemunhas dos intercâmbios. Em termos retóricos, dir-se-á então que eles são *espectadores*. Por ocasião de um processo, é o caso das pessoas que vêm observar a partir dos bancos da sala e não têm nenhuma influência sobre o resultado do julgamento. Os advogados não se preocupam de modo algum em saber se eles estão convencidos ou não.

Oradores e interlocutores

Optamos por definir o conceito de *oradores* em simetria com o de ouvintes, como "o conjunto daqueles que procuram influenciar através de sua argumentação". Os oradores são os indivíduos que procuram convencer, também aqui, tanto oralmente quanto por escrito.

Retomemos nosso exemplo precedente: num tribunal, são oradores todos aqueles que tomam a palavra a fim de conquistar a convicção. Os advogados evidentemente, em primeiro lugar, mas igualmente os acusados, as vítimas e até mesmo, às vezes, as testemunhas. Já que não se contentam em dar um testemunho, mas se exprimem, pelo contrário, com a intenção de convencer, eles se encontram em posição de oradores. De maneira menos intuitiva, quando um jovem diplomado redige uma carta de motivação endereçada a um empregador, também dele dir-se-á que é, neste momento, um orador.

Quando dois oradores interagem, eles se tornam *interlocutores*. Dois advogados que respondem um ao outro em seus arrazoados, dois polemistas que se enfrentam por ocasião de um debate televisivo, dois amigos que discutem sobre a escolha de um restaurante: são todos interlocutores. De maneira menos intuitiva, um orador pode perfeitamente exprimir-se sozinho, mesmo tendo interlocutores. Quando os candidatos numa eleição tomam a palavra num comício, eles estão sozinhos no palco. Mas em geral aproveitam para responder aos ataques de seus adversários, não se privando de lançar, por sua vez, ditos espirituosos bem-escolhidos. Embora estas interações ocorram em lugares e em momentos diferentes, mesmo assim elas tornam os candidatos, em termos retóricos, interlocutores.

A afetação dos papéis retóricos

O interesse destas definições, para a análise retórica de uma situação de convicção, consiste em seu caráter dinâmico. Os papéis desempenhados pelos diferentes indivíduos nunca são fixados de antemão. Dependem inteiramente do contexto e das interações. Tomemos um exemplo.

ESTUDO DE CASO N. 1: Assembleia Nacional. 2 horas da manhã. Faz horas que os deputados debatem um texto orçamentário particularmente complexo. Um deles se levanta para apresentar sua emenda. Ele a defende com o ardor que a paixão e a fadiga lhe inspiram. Do centro do hemiciclo, o ministro responde à proposta: se opôs a ela. O presidente da Assembleia pede que se passe à votação. Os deputados devem arbitrar entre os argumentos apresentados por seu colega e pelo ministro. Este último leva a melhor: a emenda é rejeitada.

DECODIFICAÇÃO: Nesta sequência, o defensor da emenda e o ministro são ao mesmo tempo oradores e interlocutores. Eles têm como ouvintes os outros deputados presentes no hemiciclo: são eles que têm o poder de aceitar ou rejeitar a proposta e, portanto, trata-se de convencê-los. Os poucos telespectadores insones que assistem a este intercâmbio de seu sofá são apenas espectadores: os discursos pronunciados de modo algum se destinam a eles.

ESTUDO DE CASO N. 2: Assembleia Nacional. 15 horas. Começa a sessão de perguntas ao governo. Chegados em grande número, os jornalistas esperam uma sequência forte, que poderão retransmitir no jornal da noite. A palavra é dada a um deputado da oposição. Durante três minutos, ele interpela o governo, troveja, vilipendia, vitupera contra a gestão calamitosa do país. Cada um de seus ditos espirituosos é pontuado por aplausos de seus aliados e por apupos de seus adversários. No tumulto que se prolonga, um ministro se levanta. Com uma voz calma e seca, ele enumera as medidas já tomadas por seu governo, lembra a boa saúde dos indicadores econômicos e condena a exposição caricatural do deputado. Quando ele se senta novamente, a assembleia ecoa ainda gritos escandalizados da oposição e aclamações vitoriosas da maioria.

DECODIFICAÇÃO: Nesta sequência, o deputado e o ministro são, novamente, oradores e interlocutores. Em compensação, os outros deputados presentes não são de modo algum ouvintes. Já forjaram seu julgamento sobre a ação global do governo. Nada do que se dirá poderá levá-los a mudar de opinião. Sabem perfeitamente que assistem a um duelo cujos papéis são conhecidos há muito tempo. Conforme participam ou não das interpelações vindas do hemiciclo, eles são, portanto, ou interlocutores ou simples espectadores. Quem são, então, os ouvintes? A resposta é dupla. Por um lado, os jornalistas presentes nas galerias, cujas mentes é preciso marcar a fim de que retransmitam a sequência. Por outro lado, os cidadãos sentados diante da televisão, cujos votos é preciso conquistar em vista das próximas eleições. Eis como, num mesmo lugar, com os mesmos indivíduos, é possível ver desdobrarem-se situações retóricas totalmente diferentes.

2. As dinâmicas

Oradores, interlocutores, ouvintes, espectadores. Apoiando-nos nestes quatro tipos de atores, é possível reduzir a inesgotável diversidade das situações de convicção a apenas quatro *dinâmicas retóricas* deferentes. Que é absolutamente crucial saber distinguir num piscar de olhos.

A dinâmica monológica

São as situações mais simples: aquelas nas quais um orador procura convencer ouvintes silenciosos, na ausência de qualquer interlocutor. Trata-se de um contexto unilateral: o orador não enfrenta nenhuma contra-argumentação.

A dinâmica monológica é, portanto, a dos discursos, das alocuções e das apresentações: o empresário apresentando um projeto à sua equipe, o empreendedor dirigindo-se a investidores, o editorialista lendo sua mensagem no rádio, o videasta dedicando-se a um arrazoado no YouTube... A retórica escrita é, também ela, principalmente monológica: na maioria das vezes, o escritor se dirige a seus leitores na ausência de qualquer contradição.

A dinâmica deliberativa

Trata-se das situações nas quais os indivíduos são, uns para os outros, ao mesmo tempo oradores, interlocutores e ouvintes. São, portanto, os contextos nos quais trocamos opiniões com pessoas que estão em desacordo conosco, na esperança de chegar ao consenso. Cada orador defende sua posição e procura convencer seus interlocutores, mesmo admitindo a eventualidade, embora mínima, de ter que aceitar deixar-se ele próprio convencer. A dinâmica deliberativa é a dinâmica das situações onde a conflitualidade é excluída, mas onde o acordo é necessário. É ela que, em caso de fracasso, se transforma progressivamente em negociação.

Encontramo-la no cotidiano. Decidir sobre um destino de férias com nosso grupo de amigos; tentar convencer nossa companheira ou companheiro a passar a noite de sábado refugiados no sofá e não numa casa noturna grã-fina; procurar fazer prevalecer nossa proposta em lugar daquela de um colega na condução de um projeto... Sejam quais forem os desacordos iniciais, será preciso chegar a resolvê-los a fim de conseguir uma solução aceita por todos – seja um consenso retórico, ou um compromisso negociado.

A dinâmica competitiva

Ela remete às situações nas quais diversos oradores são, uns para os outros, interlocutores, sem ser ouvintes. Eles confrontam suas posições, mesmo sabendo não ter nenhuma chance de se convencerem mutuamente. A existência de uma tal divergência inconciliável pode explicar-se de numerosas maneiras: valores demasiado distantes, interesses demasiado divergentes, opiniões demasiado definitivas, egos demasiado imponentes... Quanto ao seu público, ele é na verdade exterior ao debate. São indivíduos que assistem silenciosamente ao intercâmbio e deverão decidi-lo. Os oradores não se contentam, portanto, em dialogar: eles se enfrentam. Procuram se *vencer* a fim de *convencer* os que os ouvem, Ao redor da mesa, os contraditores se transformam em adversários. Numa tal situação, mostrar que temos razão equivale a fazer compreender que os outros estão errados. E inversamente.

A dinâmica competitiva é a dinâmica dos grandes duelos retóricos. Os tribunais, onde os advogados disputam entre si a adesão dos juízes ou dos jurados. Os debates políticos, onde os candidatos disputam entre si os sufrágios dos eleitores. As assembleias legislativas, onde os parlamentares disputam entre si os votos de seus pares. Mas ela não é, no entanto, o apanágio dos profissionais da palavra. Aqui somos confrontados com o cotidiano.

Tomemos um exemplo – tanto concreto quanto doloroso. Cinco irmãos e irmãs se reúnem a fim de decidir o que farão com a casa da família após a morte de seus pais. Neste gênero de situação, é raro que todos os indivíduos interessados tenham preferências definitivas. No caso presente, imaginemos que um dos irmãos esteja muito ligado à casa e deseja absolutamente mantê-la para transformá-la num lugar familiar de férias. Um outro, ao contrário, preferiria vendê-la a fim de cobrir as despesas da sucessão e recuperar um pouco de dinheiro. As três últimas pessoas confessam que não têm uma opinião particularmente decidida. O desenrolar-se do jantar é previsível: os dois irmãos vão se enfrentar, cada um esperando alinhar o resto dos irmãos à sua causa. Outro exemplo: acontece que, no quadro profissional, dois colegas não chegam a pôr-se de acordo apesar de diversas horas de discussão. Uma das soluções que se apresentam a eles consiste em organizar uma reunião com seu responsável, confrontar seus argumentos, e aceitar em seguida sua arbitragem. Não nos enganemos: o confronto retórico não é exclusivo dos advogados, dos militantes e dos políticos. Ele faz parte do nosso cotidiano.

A dinâmica conflitual

Trata-se das situações nas quais diversos interlocutores confrontam suas posições, mesmo sabendo de antemão que nunca encontrarão um terreno de entendimento. A diferença em relação à dinâmica competitiva é a seguinte: aqui não há nenhum público externo a convencer! Encontramo-nos, portanto, num caso-limite, onde não há nenhuma possibilidade de chegar a um acordo, de resolver o diferendo ou de tomar uma decisão. Subsistem unicamente o confronto, a violência e o conflito.

Infelizmente esta situação é muito frequente. É a retórica das discussões políticas demasiado apaixonadas, dos jantares em família demasiado inflamados, dos fins de noite em que se bebeu demais. A retórica que se impõe quando, tomando um aperitivo com amigos, um deles defende que o papel natural das mulheres é o de ocupar-se com as crianças; nós, em troca, o acusamos de misoginia; nos injuriamos com violência... só para constatar, longos minutos mais tarde, que doravante nos encontramos sozinhos na sala de estar. Os outros convivas nos deixaram entregues às nossas tensões.

De um ponto de vista retórico, a dinâmica conflitual é um absurdo. Não há nenhum interesse racional em confrontar nossas posições na ausência de qualquer pessoa cuja convicção procuramos conquistar. No melhor dos casos, perderemos nosso tempo. No pior, perdemos relações. Por que, então, fazer dela nosso pão cotidiano? De acordo com o pesquisador Marc Angenot, estes "diálogos de surdos" atestam nossa necessidade irreprimível de nos justificar. A única coisa que nos importaria seria berrar diante do mundo, e no rosto de nosso interlocutor, que nós temos razão. Que ele acabe ou não concordando teria, no fundo, apenas pouca importância[21]. A dinâmica conflitual se apoia, portanto, na exibição de uma retórica agradável, mas impotente. Por falta de um verdadeiro público, ela serve ao único prazer do confronto, sem jamais levar à satisfação da convicção.

Adaptar-se às dinâmicas retóricas

Enquanto oradoras ou oradores, é crucial aprender a descobrir, ao primeiro golpe de vista, as dinâmicas retóricas nas quais nos situamos. Cada uma delas, com efeito, exige práticas específicas. As situações monológicas exigem, em primeiro lugar, que adaptemos nossa argumentação ao público ao qual nos dirigimos. As situações deliberativas, por sua vez, precisam de uma abordagem cautelosa da contradição, na medida em que os indivíduos que enfrentamos são também os que precisamos convencer. Inversamente, as situações competitivas autorizam técnicas muito mais agressivas, que consistem em procurar a desqualificação da argumentação adversa, ou mesmo o descrédito do interlocutor. Enfim, confrontados com uma situação conflitual, deveríamos perguntar-nos se o confronto apresenta algum interesse, ou se não seria melhor contentar-se em registrar o desacordo. Em seguida, passar a outra coisa.

Analisar a situação na qual nos encontramos, por opção ou por acidente. Identificar os papéis desempenhados pelos diferentes atores presentes. Saber adaptar, por conseguinte, nosso comportamento. Esta é a primeira etapa, crucial, para conquistar a convicção.

---

21. ANGENOT, Marc, 2008, *Dialogues de sourds. Traité de rhétorique antilogique*, Mille et Une Nuites.

Conclusão

Sabemos doravante por que a retórica continua hoje sendo tão pouco ensinada, embora constitua um saber essencial: ela foi desqualificada pelos filósofos que enalteciam a busca da Verdade. Sabemos igualmente defini-la. Apesar de seus elos com a eloquência, com a estilística, com a negociação, ou mesmo com a manipulação, a retórica não pode ser reduzida a nenhuma destas disciplinas. Ela possui seu campo próprio: a arte de argumentar, de agradar e de comover, a fim de suscitar ou reforçar a adesão dos indivíduos às propostas que lhes submetemos. Enfim, somos capazes de reduzir a infinita diversidade das situações retóricas a quatro grandes dinâmicas, que exigem cada qual uma abordagem bem específica. Podemos de agora em diante passar ao essencial: aprender a convencer.

CAPÍTULO 2

Escolher os argumentos

"É um bom argumento!" Eis uma frase doce aos nossos ouvidos. É o sinal de que estamos no bom caminho. A promessa de uma convicção possível. A esperança de um triunfo futuro. Prudência no entanto: nada já está adquirido. Os argumentos nunca têm nada de definitivo. No decurso do debate, eles não cessam de corresponder-se uns aos outros, compatíveis às vezes, divergentes muitas vezes, empilhando-se e refutando-se mutuamente sem cessar numa vasta confusão desordenada.

E, no entanto, precisamos chegar a escolhê-los. Os argumentos são os tijolos sobre os quais repousa todo edifício retórico. Sem eles, a imagem que projetamos e as emoções que suscitamos perdem sua ancoragem, seus fundamentos. Se negligenciamos nossa argumentação, podemos seduzir, talvez. Mas convencer, dificilmente.

O objetivo deste capítulo será propor um método capaz de orientar as oradoras e os oradores na elaboração de sua argumentação. Veremos primeiramente como descobrir os "bons argumentos" para apoio de uma posição, antes de aprender a estruturá-los numa verdadeira linha argumentativa. Poderemos então voltar-nos para dois objetivos anexos, mas essenciais: saber contra-argumentar e utilizar bem os fatos. Para ilustrar este capítulo, precisaremos de exemplos ao mesmo tempo ricos, variados e familiares. Tomá-los-emos em grande parte do domínio da ecologia e do meio ambiente, pontuando-os com ilustrações tomadas de outras esferas da vida cotidiana, profissional ou política.

I. Encontrar os bons argumentos

Comecemos apresentando algumas definições simples. Um argumento é uma prova apresentada para apoio de uma proposta. Um contra-argumento é uma prova apresentada para desmentir uma proposta. Uma objeção é uma prova apresentada pata desmentir outro argumento.

Estabelecidas estas preliminares, resta-nos examinar uma questão mais delicada do que parece: O que entendemos exatamente por "bom" argumento?

1. Rigor e eficácia

Assim como Janus, o deus romano de duas faces, a expressão "bom argumento" é equívoca. Ela pode remeter a duas realidades muito diferentes: um argumento rigoroso por um lado, eficaz por outro.

Por "bom argumento" podemos primeiramente designar um argumento *rigoroso*. Ele respeita as regras do raciocínio lógico. É conforme à realidade observável e aos dados verificáveis. Atenção: isto não significa que ele seja objetivo nem que seja verdadeiro, mas simplesmente bem-construído e bem-informado. Sempre é possível procurar refutá-lo, mas será necessário então ser capaz de opor-lhe um contra-argumento igualmente robusto. Observemos que um argumento rigoroso o é rigoroso de maneira absoluta. É uma característica que ele traz em si mesmo. Não depende do olhar que lhe lançamos ou da opinião que dele temos. Ele pode ser, como veremos, mais ou menos *convincente*. Mas seu grau de rigor, por sua vez, não muda.

ESTUDO DE CASO: Sou ministro do Interior. Para responder à insegurança que aumenta no país, proponho ostentar uma política de tolerância zero: patrulhas policiais mais numerosas, dotadas de armamento mais eficaz, que possam interpelar mais facilmente. Convidado a apresentar minha reforma diante dos representantes das forças policiais, decido argumentar minha posição com uma comparação: com estatísticas na mão, vou mostrar que, em todos os países de dimensões comparáveis que executaram uma política semelhante, as tachas de delinquência diminuíram sensivelmente[22].

DECODIFICAÇÃO: Neste exemplo, se as estatísticas são efetivamente exatas, os países comparáveis e as reformas semelhantes, podemos considerar que nosso argumento é rigoroso. Isto não significa de modo algum que ele é incontestável. Poderão objetar-nos que reformas diferentes, levadas a cabo em outros países, tiveram resultados melhores ainda. Ou então que os resultados esperados – uma ligeira baixa da delinquência – não bastam para compensar os riscos que essa política faria pesar sobre as liberdades públicas. Nossos dados podem ser bem-informados e nosso raciocínio bem-construído, mas nem por isso o argumento será verdadeiro, nem justo, nem irrefutável. Será simplesmente rigoroso.

Como "bom argumento" podemos designar igualmente uma coisa totalmente diferente: um argumento *eficaz*. Pouco importa se ele respeita, ou não, as regras da lógica e a realidade dos fatos. Tudo o que importa é que ele disponha de um grande poder de convicção no tocante a determinado público. Ele tem grandes chances de causar impacto sobre aqueles a quem se dirige. Por esta razão, um argumento sempre é eficaz apenas de maneira relativa. Conforme a pessoa que é a destinatária, ele pode revelar-se terrivelmente incisivo, ou desesperadamente impotente. Eficácia diante de alguns. Ineficácia diante de outros.

ESTUDO DE CASO (CONTINUAÇÃO): Preciso agora apresentar minha política de tolerância zero aos cidadãos. Para isso resolvi dar uma entrevista a um canal de notícias vespertinas. Eu poderia, evidentemente, enveredar por uma demonstração enfadonha fundamentada numa longa série de estatísticas internacionais. Mas tenho consciência de que minha intervenção será transmitida entre o jogo das 19h e o filme das 21h. A cada uma de minhas frases o aborrecimento está à espreita: se eu não for suficientemente cativante, os ouvintes passarão para o canal concorrente. Adoto, portanto, uma estratégia diferente. Dirigindo-me com ardor ao

---

22. Este exemplo é puramente fictício. Não se apoia em nenhuma estatística real.

apresentador do jornal, arrisco a tirada seguinte: "Mas afinal, o que vocês querem que eu faça? Devo resignar-me a ver mulheres estupradas nas ruelas? Crianças assaltadas na saída da escola? Homens agredidos ao voltar do trabalho? Nosso país se tornou um lugar perigoso. Ora. Eu não aceito isso. A partir de amanhã, vou propor uma reforma ambiciosa. Para a ralé, as gangues, os cafajestes doravante será tolerância zero!"

DECODIFICAÇÃO: Neste exemplo, nosso argumento não tem nada de rigoroso. Não se apoia em nenhuma estatística. Utiliza fatos não referenciados. De um ponto de vista retórico, nos contentamos em contar uma história, sem nos preocuparmos em mostrar em que medida ela poderia ser generalizada, nem mesmo se ela se apoiava em alguma realidade. Mas nos exprimimos às 20h. Os telespectadores jantam em família, contando uns aos outros as anedotas do dia. Eles nos ouvem com ouvidos distraídos pela degustação de um creme de chocolate. Num tal contexto, nossa argumentação, toda emocionada, apresenta melhores chances de atingi-los. Apesar de uma ausência total de rigor, ela parece a mais eficaz para convencê-los.

2. Os diferentes tipos de argumentos

A retórica não é um objeto finito. Não possui contornos fixos. Os argumentos surgem, crescem, se transformam, morrem, renascem às vezes. Aparecem e depois caducam, se destacam e depois saem de moda. Alguns, outrora temíveis, hoje são caducos. Sejamos realistas e admitamos de imediato esta constatação: é impossível elaborar uma lista exaustiva. Trabalhar num inventário dos diferentes tipos de argumentos é, portanto, confrontar-se necessariamente com os limites de uma época e de um autor. É aceitar que não conhecemos tudo nem pensamos em tudo. É começar no entusiasmo da exploração e terminar diante da angústia do infinito.

Por mais inumeráveis que sejam, os argumentos podem, no entanto, ser agrupados em grandes categorias que permitem circunscrever a ordem dos possíveis. De Aristóteles a Chaim Perelman, numerosos autores propuseram sua própria tipologia. Nós, por nossa vez, nos inspiraremos no trabalho muito sintético de Philippe Breton, que se limita a distinguir quatro famílias de argumentos: enquadramento, comunidade, autoridade, analogia[23].

Preocupados com a simplicidade, nesta parte, tomaremos todos os nossos exemplos de um único estudo de caso: "Desejo apresentar um arrazoado que visa suscitar, na Europa, uma tomada de consciência da urgência climática e ambiental".

Os argumentos de enquadramento

Os argumentos de enquadramento consistem em fundamentar a validade de uma proposta na estrutura do real ou, pelo menos, na apresentação que lhe damos. Vamos salientar os aspectos da realidade que nos convêm, a fim de que nossa tese pareça sustentada simplesmente pelos fatos. E, evidentemente, procuraremos relegar à sombra os outros pontos de vista, que poderiam levar a preferir uma tese diferente. Existem numerosos tipos diferentes de enquadramento: contentemo-nos em citar alguns.

Argumento pelo fato relatado: "Há trinta anos, quando eu viajava de carro no verão, dezenas de moscas e mosquitos se esmagavam contra o meu para-brisa. Hoje, quase não existem mais. É a prova de que o número de insetos diminuiu drasticamente, de que o meio ambiente está em perigo e de que é urgente agir".

Argumento pelo dado estatístico: "De acordo com os dados publicados na revista Nature, entre 2007 e 2018, o número de insetos diminuiu 78% em algumas regiões da Europa. É realmente a prova de que o meio ambiente corre perigo e é urgente agir".

Argumento por definição: "Fala-se com negligência do aquecimento global. Mas sabemos realmente o que ele significa? Milhões de pessoas obrigadas a fugir de terras engolidas pelos oceanos. Países inteiros onde os habitantes morrerão de fome e de sede. Por toda parte: a privação, a

---

23. BRETON, Philippe, 2008 (2015), *Convaincre sans manipuler. Apprendre à argumenter*, op. cit., p. 67.

violência, a guerra. Eis o que é realmente o aquecimento global. Eis por que é urgente agir".

Argumento por associação: "O desmatamento é em parte responsável pela emergência de novas epidemias. Deixar o meio ambiente se degradar é, portanto, aumentar os riscos de conhecer uma segunda pandemia: estas duas questões não podem ser tratadas separadamente".

Argumento por dissociação: Defender a generalização dos transportes ecorresponsáveis não significa impor a bicicleta a todo mundo. A situação não é a mesma nas cidades, onde os trajetos são curtos e as redes de transportes coletivos muito densas, e nas regiões rurais, onde o carro é muitas vezes o único meio de percorrer longas distâncias. Estas duas questões devem ser tratadas separadamente".

Argumento pela comparação histórica: "Jamais, na história, o homem esteve em condições de pôr em perigo as circunstâncias de sua própria sobrevivência em todo o planeta. Precisamos, portanto, aprovar esforços sem precedentes, se queremos enfrentar este perigo inédito".

Argumento pela comparação geográfica: "Nosso país se apresenta como um campeão do meio ambiente. No entanto, outros Estados europeus tomaram medidas muito mais consequentes do que as nossas. Se queremos ser fiéis à nossa ambição, o governo precisará rever sua política".

Argumento pela comparação entre indivíduos ou instituições: "Esta grande companhia agroalimentar salienta a responsabilidade ecológica de seus produtos. No entanto, por sua importação de azeite de dendê, ela participa mais do desmatamento do que suas concorrentes. Enquanto ela não puser seus atos em sintonia com sua comunicação, deveríamos boicotá-la".

Argumento pelo precedente: "Para enfrentar a epidemia do coronavírus, o governo aceitou o descuido dos déficits orçamentários. É bem possível, portanto, apoiar-se na dívida pública, quando as circunstâncias o exigem. Precisamos fazer o mesmo para lutar contra o aquecimento global, que ameaça diretamente nossa sobrevivência".

Argumento pelo direito: "Por ocasião da COP 21, os países da Europa se comprometeram a reduzir radicalmente suas emissões de gases de efeito estufa. Agir em favor do meio ambiente não é, portanto, uma escolha, mas uma obrigação legal".

Argumento pela economia: "As energias renováveis e a indústria da reciclagem constituem importantes reservas de crescimento e de investimento. Inversamente, o custo das catástrofes naturais não cessa de aumentar, chegando a passar de 150 bilhões de dólares em 2020".

Argumento pela saúde: "A poluição do meio ambiente já traz consequências dramáticas para a saúde de bilhões de seres humanos, especialmente para as crianças".

Argumento pela filosofia: "Como diz o filósofo Daniel Quinn, somos prisioneiros de um sistema civilizacional que nos impõe destruir o mundo para poder sobreviver nele. Não bastará, portanto, adaptar marginalmente nossos modos de vida e de consumo: precisaremos revê-los integralmente".

Os argumentos de comunidade

Os argumentos de comunidade consistem em fundamentar a validade de uma proposta na adesão prévia a crenças ou valores. Contrariamente aos argumentos de enquadramento, portanto, eles não se fundamentam unicamente na estrutura do real, mas precisam poder apoiar-se numa norma superior, que serve de referência: a religião, a tradição, a igualdade, a sabedoria popular... Por isso, a eficácia dos argumentos de comunidade depende inteiramente das premissas que os ouvintes subscrevem. Existe uma infinidade de variações possíveis: contentemo-nos em citar alguns argumentos.

Argumento pela tradição: "Por milênios o homem viveu sem comer carne em todas as refeições, sem mudar de guarda-roupa todos os meses, sem viajar de avião todos os anos. Viver de maneira ecológica é voltar às tradições milenares da humanidade".

Argumento pela religião: "Nos salmos do Antigo Testamento se diz: Tu visitas a terra e concedes a abundância. Respeitar nosso planeta é, portanto, fazer a vontade de Deus".

Argumento pela moral: "É intrinsecamente mau pilhar os recursos de nosso planeta, olhar os ecossistemas se degradarem e legar aos nossos filhos um meio ambiente inabitável".

Argumento pela sabedoria dos grandes homens: "Como diz Antoine de Saint-Exupéry, nós não herdamos a terra de nossos pais: nós a emprestamos aos nossos filhos. Devemos fazer tudo para entregá-la a eles num estado ainda habitável".

Argumento pela sabedoria popular: "Como diz o provérbio, é melhor prevenir do que remediar. Melhor fazer hoje esforços para salvar o clima do que sofrer, amanhã, as consequências dramáticas do aquecimento".

Argumento da palavra dada: "Na campanha eleitoral, o presidente comprometeu-se a reduzir nossas emissões de gases de efeito estufa. Trata-se de uma promessa, que doravante precisa ser honrada".

Argumento da igualdade: "Os 10% mais ricos da população mundial emitem mais da metade dos gases de efeito estufa. Ora, as consequências do aquecimento global atingem mais duramente os mais pobres dentre nós. Agir em prol do meio ambiente é também preocupar-se com a igualdade entre os homens".

Argumento da liberdade: "Temos ainda o poder de escolher quais alavancas queremos utilizar para lutar contra o aquecimento global. Se não fizermos nada, seremos obrigados a adaptar-nos como pudermos às evoluções de nosso meio ambiente. É melhor escolher livremente a mudança hoje do que sofrê-la amanhã".

Argumento da fraternidade: "Hoje a população europeia continua em grande parte poupada das consequências do aquecimento global, quando, em outros lugares, alguns já sofrem os efeitos de forma dramática. Agir desde agora em favor do meio ambiente é lembrar-se de que uma parte dos seres humanos sofre, enquanto os outros não fazem nada".

Os argumentos de autoridade

Os argumentos de autoridade consistem em fundamentar a validade de uma proposta na credibilidade de uma pessoa ou de uma instituição, que se vê invocada na argumentação. Se o que apresentamos é pertinente, é porque é igualmente o que pretende uma fonte na qual é possível confiar. Observemos que existem diversos graus possíveis na autoridade mobilizada: quanto mais elevado este for, tanto mais o argumento tende a ser rigoroso. Para permanecer sintéticos, nos contentaremos em distinguir três argumentos.

Argumento pelo testemunho: "Este alpinista nos conta que, em trinta anos de caminhadas no Monte Branco, nunca viu as neves eternas recuarem tanto como neste verão. O aquecimento global é uma realidade, é urgente agir".

Argumento pelo exame de peritos: "Este universitário, reconhecido por seus pares, nos afirma que a vida sobre a terra dificilmente se tornará suportável se não aceitarmos profundas mudanças em nossos modos de vida e de consumo".

Argumento pela ciência: "Este balanço da literatura científica mostra que a imensa maioria dos artigos publicados nas grandes revistas internacionais converge para uma mesma conclusão: a vida sobre a terra dificilmente se tornará suportável se não aceitarmos profundas mudanças em nossos modos de vida e de consumo".

Os argumentos por analogia

Os argumentos por analogia consistem em fundamentar a validade de uma proposta numa comparação operada entre a situação presente e uma outra, que é considerada semelhante. O que vale para a segunda valeria, portanto, também para a primeira. Notemos que é importante estabelecer bem a diferença entre *argumentos por analogia* e *argumentos por comparação*. Estes últimos são simples argumentos de enquadramento da realidade. Limitam-se a aproximar duas situações equivalentes, pertencentes a um mesmo conjunto homogêneo: dois países entre si, duas épocas entre elas... No caso dos argumentos por analogia somos nós que criamos a aproximação de todas as peças: ela não era evidente antes de a enfatizarmos. O que vai decidir sua eficácia será nossa capacidade de produzir uma associação ao mesmo tempo evidente, surpreendente e esclarecedora. Contrariamente às outras famílias de argumentos, os argumentos por analogia são relativamente uniformes: não é necessário fazer a distinção entre diferentes categorias. Contentemo-nos em dar duas ilustrações.

EXEMPLO N. 1: "Nossa casa está queimando e nós olhamos para outros lugares. Eis exatamente qual é nossa atitude a respeito do clima"[24].

EXEMPLO N. 2: "Diante das novas tecnologias agimos como adolescentes caprichosos, que exigem sem cessar novos brinquedos, sem se perguntar se os utilizarão, ou se seus pais têm os meios para comprá-los. O mesmo vale hoje para o 5G: nós o exibimos sem mesmo saber se temos necessidade dele. E sem termos colocado a questão de seu impacto ambiental".

Nestes dois exemplos são as analogias que sustentam o essencial da argumentação, orientando o juízo emitido sobre a situação presente. No presente caso, esta é apresentada como absurda no primeiro caso e irresponsável no segundo. Trata-se de uma das características principais das analogias: elas permitem condensar sentido sobre uma imagem. Por esta razão, muitas vezes é possível desenvolvê-las, explicitá-las, a fim de revelar os raciocínios que lhes subjazem e as estruturam. Por trás das analogias ocultam-se muitas vezes argumentos não formulados – voltaremos a este ponto[25]. Mais precisamente: na ausência deste trabalho de revelação é a própria analogia que faz as vezes de argumento.

Uma lista nunca fechada, sempre movediça

Eis alguns dos argumentos nos quais é possível pensar se procuramos defender uma ação deliberada em favor do clima. Entre eles, alguns são

---

24. Inspirado no discurso pronunciado por Jacques Chirac diante da assembleia plenária da IV Cúpula da Terra, no dia 2 de setembro de 2002, em Joanesburgo na África do Sul.
25. Cf. cap. 4, VI, "A escolha das imagens".

muito rigorosos: o argumento da ciência, por exemplo. Outros o são muito menos: o argumento pela sabedoria popular, especialmente. Alguns deles podem ser eficazes diante de públicos muito amplos: o argumento pela saúde, pelo qual todos nos sentimos interessados. Outros, pelo contrário, só são pertinentes diante de públicos muito específicos: o argumento pela religião é uma boa ilustração disso. Sobretudo, esta lista não é em nenhum caso exaustiva. A imaginação não tem limites. Sempre é possível encontrar novas ideias, ou novas variações. Uma das melhores ilustrações é aliás... a ecologia, que hoje se tornou por inteiro um argumento de comunidade!

ESTUDO DE CASO: Durante uma estadia de férias com amigos, um membro do grupo tem um desejo repentino: que tal se preparássemos um doce de abacaxi para a sobremesa? Todo mundo concorda: que boa ideia! Eu, por minha vez, faço uma careta: odeio abacaxi. Mas sei também que não posso contentar-me em protestar estupidamente. Eu passaria por um cara chato. Estaria me opondo à lei da maioria, e me encontraria vendo os outros se deleitando com sua sobremesa deliciosa. Opto, portanto, por uma tática diferente e finjo surpreender-me: "Realmente? Vocês vão comprar uma fruta cultivada em estufa a milhares de quilômetros? Isso quando é a estação dos damascos! Estes existem em abundância na região: poderíamos talvez fazer uma torta ao invés?" Pouco desejosos de passar por poluidores irresponsáveis, meus amigos adotam minha sugestão. Quanto a mim, apresso-me a degustar minha torta preferida...

DECODIFICAÇÃO: Aqui nos apoiamos no fato de que nossos amigos já estavam convencidos da importância de lutar contra o aquecimento global. A ecologia é aqui um meio de conquistar a convicção. Um argumento de pleno direito!

3. O bom-senso e o exemplo: duas armas muito eficazes?

Entre o número quase ilimitado de argumentos disponíveis, existem dois sobre os quais precisamos deter-nos um pouco mais longamente: o argumento de comunidade pelo bom-senso e o argumento de enquadramento pelo exemplo. Eles têm em comum o fato de servir-se da força implacável da evidência, de onde extraem o poder de se impor à consciência de grandes públicos, embora se baseiem geralmente em fundamentos lógicos discutíveis. Para expressar-nos em outras palavras: o bom-senso e o exemplo são muitas vezes eficazes, mesmo não sendo quase nunca rigorosos. Merecem, portanto, que nos detenhamos neles por um instante.

O argumento pelo bom-senso

O argumento pelo bom-senso consiste em mobilizar em seu proveito as evidências, apoiando-se nas constatações mais imediatas e nos raciocínios mais intuitivos. Ele não atropela em nada, portanto, as percepções iniciais dos ouvintes. Pelo contrário, conforta-os em suas ideias recebidas, em seus preconceitos, em suas opiniões preconcebidas. E, fazendo isso, sufoca todo recurso às suas faculdades críticas. Afinal, por que aborrecer-se em questionar o que é evidente? O que adianta perder seu tempo discutindo sobre o que está fora de dúvida? Deixemos de tergiversar: se uma coisa se impõe a nós como evidente, é porque é verdadeira. Se ela nos parece normal, é porque é justa. Se ela nos parece natural, é porque é boa. E, sobretudo, não reflitamos demais![26]

Impondo-se ao espírito dos ouvintes sem incomodar a mínima ideia preconcebida, aplicando-lhe sua marca indelével, o bom-senso combina, portanto, eficácia massiva... e rigor aproximativo. Se nos aplicamos, um século após o outro, a desenvolver um método científico rigoroso, é justamente porque compreendemos que não podíamos confiar no que nos parecia evidente. A física, a medicina, a história, a sociologia, a filosofia nasceram precisamente da necessidade de desconstruir as evidências. Para construir conhecimentos menos intuitivos, talvez. Porém mais bem-estabelecidos. Ouvindo apenas nosso bom-senso, sem dúvida ainda acre-

---

26. A força persuasiva do bom-senso foi embasada na pesquisa em psicologia, que realçou o conceito de "desenvoltura cognitiva". "Quanto mais uma ideia nos parece clara, fluida e familiar, tanto mais facilmente a aceitamos. Para uma apresentação sintética destes trabalhos, cf. KAHNEMAN, Daniel, 2012, *Système 1, Système 2. Les deux vitesses de la pensée*, Flammarion, cap. 5.

ditaríamos que o sol gira em torno de uma terra plana. É isso, com efeito, o que nossas percepções imediatas nos levam a constatar!

Tomemos alguns exemplos: "As máscaras cirúrgicas são totalmente ineficazes para lutar contra uma epidemia. Se a fumaça do cigarro as atravessa, imaginem que os vírus passam também!"; "Como podemos imaginar que o clima esquenta? Estamos em pleno mês de maio e faz cinco graus!"; "Se há pessoas que fracassam na escola, é culpa delas. Os exames e os concursos são os mesmos para todo mundo, bastava elas trabalharem melhor!" Estes argumentos cheios de bom-senso se encontram brutalmente contestados pela medicina, pela climatologia e pela sociologia. No entanto, para refutá-los, precisaremos passar por longos e complexos desenvolvimentos, quando bastam algumas palavras para formulá-los. Mesmo a evidência mais grosseira, precisamente por parecer evidente, não pode ser rejeitada categoricamente. Tal é o poder do argumento pelo bom-senso: ele impõe a quem gostaria de se opor a ele uma desesperada assimetria de meios. E submete aqueles aos quais se destina a uma tremenda força de convicção. É aliás o que recentemente foi denominado "lei de Brandolini": a quantidade de tempo e de energia necessária para denunciar idiotices é muitíssimo superior à quantidade necessária para enunciá-las[27].

Enquanto oradoras ou oradores, o bom-senso nos remete ao dilema ético da retórica. Argumento muitas vezes eficaz, mas raramente rigoroso, caberá a nós, só a nós, decidir se desejamos utilizá-lo, com o risco de comprometer nossa ética pessoal. Aqui podemos formular precisamente dois conselhos de prudência. O primeiro consiste em tomar cuidado com os perigos que o bom-senso faz pesar sobre nosso empreendimento de convicção. Basta que nossos ouvintes o assinalem – ou, pior, que um dos nossos adversários o desvende – e nós seremos suspeitos de ignorância, ou mesmo de demagogia. O segundo conselho, pelo contrário, con-

---

27. Ironicamente, esta "lei de Brandolini" se assemelha mais à constatação empírica, ou mesmo ao adágio, do que a um resultado experimental. Ela começa, no entanto, a aparecer progressivamente na literatura científica: EARP, Brian D., 2016, "The unbearable asymmetry of bullshit". *Health Watch Newsletter*, vol. 101, p. 4-5. Para seu autor original: BRANDOLINI, Alberto, "The bullshit asymmetry principle". *XP2014 Conference*, Roma, 30 de maio de 2014.

siste em afastar-nos, enquanto possível, das argumentações contraintuitivas, que vão de encontro às evidências e ao bom-senso. Elas equivalem a pôr-nos em dificuldade, já que, antes mesmo de poder apresentar nossos argumentos, precisaremos primeiro desconstruir metodicamente as preconcepções dos nossos ouvintes. Trata-se de uma situação na qual só nos deveríamos colocar em caso de necessidade, e com grande reticência – particularmente se precisamos argumentar num tempo restrito ou diante de um público muito amplo.

Enquanto ouvintes, o argumento pelo bom-senso é um procedimento ao qual precisamos prestar atenção com tanto mais cuidado, porque ele tende a se impor a nós sem que tenhamos consciência. Precisamente porque se apresenta sob os adornos da evidência, é grande o risco de nem sequer pensarmos em interrogá-lo. E aceitaríamos, portanto, deixar-nos convencer, ou mesmo constranger, por ele. Precisamos, portanto, aprender a descobri-lo, a fim de poder interrogá-lo com toda a atenção que ele exige. Felizmente, o bom-senso raramente é discreto. Basta perseguir, nos discursos ou nas intervenções que nos são dirigidos, os marcadores da evidência. Esses são de diversas ordens. Em primeiro lugar, os advérbios e as locuções adverbiais da conivência: "francamente, honestamente, sinceramente...", bem como "não nos enganemos, vamos direto ao assunto, chamemos as coisas pelo nome..." Evidentemente estes elementos são muitas vezes empregados de maneira anódina. Mas podem ser utilizados igualmente para subentender que pôr em dúvida o que se pretende apresentar seria posicionar-se de imediato contra a franqueza, a honestidade ou a sinceridade. Neste sentido, eles atuam como uma poderosa instigação a não pôr em movimento nossas faculdades de reflexão. Em segundo lugar, o apelo ao consenso: "todo mundo sabe muito bem que, não se pode negar que, cada um há de convir..." Estes elementos têm o efeito de conferir a um enunciado a aparência de um saber unanimemente aceito. Não há necessidade de questioná-lo: todo mundo já está de acordo. Trata-se de uma declinação de um procedimento mais vasto, o argumento *ad populum*, cujo efeito é justamente o de impedir o surgimento da contestação — teremos ocasião de voltar ao assunto. Por fim, a utilização de provérbios.

Mobilizando uma sabedoria estabelecida desde tempos imemoriais, os provérbios constituem um convite a relaxar nossa vigilância. Com efeito, por que nos aborreceríamos interrogando o que é aceito desde tão longo tempo? No entanto, de um ponto de vista lógico eles não apresentam nenhuma garantia de rigor. Tomemos um único exemplo: "Não há fumaça sem fogo". Certo! Em compensação a história extravasa rumores, preconceitos e acusações infundadas. Dar crédito a um provérbio equivale assim a tomar como certo um argumento que de forma alguma foi estabelecido. Advérbios da conivência, apelo ao consenso, sabedoria proverbial: quando descobrimos tais procedimentos num discurso é melhor desconfiar. O bom-senso talvez ronde nas proximidades.

O argumento pelo exemplo

O exemplo é um instrumento retórico importante. Ele materializa os argumentos, os tira da abstração, para lhes conferir uma representação concreta. É preciso ainda tomar consciência da existência de uma distinção essencial: a que opõe exemplificação de um argumento, por um lado, e argumentação pelo exemplo, por outro.

Exemplificar um argumento consiste em apresentar um caso particular como *ilustração* de uma generalidade. Trata-se de um desvio indispensável, já que um dos nossos argumentos nos parece demasiado teórico, demasiado desaprumado, demasiado vago para conquistar a adesão dos ouvintes. Em vez de permanecer num alto nível de abstração, utilizamos, portanto, um ou mais exemplos que virão encarnar nosso enunciado geral, reforçá-lo, dar-lhe corpo. E oferecer-lhe a oportunidade – como veremos – de suscitar emoções.

Argumentar pelo exemplo consiste em realçar um caso particular, não mais como ilustração, mas antes como *fundamento* de uma generalidade. Em vez de partir de um argumento ao qual damos vida pelo exemplo, fazemos exatamente o inverso. Começamos com um exemplo específico, a partir do qual decretamos uma proposta geral. O problema é que uma tal construção será, na imensa maioria dos casos, altamente contestável. Como demonstrar, com efeito, que nosso exemplo é bem representativo de uma realidade mais vasta do que ele? Como garantir que ele não é, pelo contrário, um caso isolado? Entre o global e o particular, entre o fato social e os assuntos variados, o que faz a diferença são precisamente os argumentos que exibimos. Só fundamentando-nos em números, estudos, testemunhos, normas jurídicas, tradições, precedentes – e a lista não para aqui – podemos permitir-nos operar aumentos da generalidade. Na ausência de qualquer outro argumento, o exemplo cessa de constituir uma simples ilustração, para tornar-se o próprio argumento. Cujo rigor é, infelizmente, muitas vezes medíocre.

ESTUDO DE CASO N. 1: O país sai de dois meses de confinamento devidos à primeira onda de coronavírus. Enquanto ministro da Economia, apresso-me a anunciar um esforço financeiro considerável em favor do hospital público. Sei que estes anúncios vão provocar um grande descontentamento nos setores que não se beneficiam da medida – o setor de restaurantes e a cultura principalmente. Para neutralizar esta cólera, começo assim meu discurso: "Decidimos fazer um esforço todo particular em favor dos cuidadores. Eles pagaram, de longe, o tributo mais pesado. Estima-se que 20% deles pegaram a doença. É seis vezes mais do que o resto da população". Este argumento pelo número é rigoroso. Parece-me, no entanto, um pouco teórico demais. Tenho medo de que não seja suficiente para convencer os outros trabalhadores, que estimam também eles ter sofrido consideravelmente. Para obter esta eficácia, resolvo, portanto, ilustrar meu argumento com um exemplo concreto e verídico: "E penso hoje em Inês, essa enfermeira que encontrei ao visitar um hospital. Quando outros estavam confinados em casa, Inês estava junto à cabeceira da cama dos doentes. Dia e noite. Após três semanas de trabalho, acabou contraindo a doença. Imaginem que ela não deixou o serviço de reanimação. Ela permaneceu ali. Não mais junto aos pacientes. Mas ela própria como paciente. Ela sobreviveu, felizmente. Penso nela e em todas aquelas e aqueles que sacrificaram sua saúde, e às vezes a vida, para salvar as nossas. Nós lhes somos devedores"!

DECODIFICAÇÃO: Neste exemplo, nossa argumentação é rigorosa. Começamos apresentando um argumento suficientemente geral para nos permitirmos deduzir dele uma proposta. A fim de conferir-lhe mais eficácia, o ilustramos com um exemplo. Este é, certamente, um caso particular. Mas podemos mostrar, com o apoio de números, que é representativo de uma realidade mais vasta. Resta, é verdade, a questão do *pathos*. Aqui, a historieta que relatamos não deixará de tocar nossos ouvintes. Ora, mobilizar as emoções não é justamente o inverso do rigor? Trata-se de uma questão delicada: abordá-la-emos frontalmente mais adiante[28]. Mas é importante observar que, para o que aqui nos interessa, isso não muda nada. O que poderia ser contestável seria a utilização das emoções. Não a própria argumentação.

ESTUDO DE CASO N. 2: Sou um polemista, convidado regularmente a debater num canal de notícias 24h por dia. Por ocasião de uma discussão particularmente tensa, afirmo: "Permitam-me relatar a vocês um fato eloquente. Alguns dias atrás, um aluno de um colégio de periferia foi espancado por seis outros. Seu único erro? Quis comer sua merenda no recreio, como todos os dias. Mas, para esta escória, é crime comer durante o ramadã! Por quanto tempo ainda nos deixaremos levar? Quando afinal vamos lutar contra este Islã radical, que pretende reger a vida nos bairros?" Algumas dezenas de minutos depois, na efervescência do debate, encontro-me novamente na frente de batalha, desta vez a respeito de um outro tema: "Evidentemente existe uma fraude massiva no desemprego! Eu falava há pouco com uma maquiadora: seu sobrinho trabalha seis meses por ano e, no resto do ano, recebe os subsídios e joga vídeo! Afinal, deixem de lado a ingenuidade!"

DECODIFICAÇÃO: Trata-se aqui, é claro, de dois argumentos pelo exemplo. Contentamo-nos em procurar as histórias mais marcantes possíveis, para em seguida propagandear nossas opiniões como se fossem verdades indiscutíveis. Isto não significa que estas opiniões sejam necessariamente infundadas. Talvez sejam sólidas e poderiam ser argumenta-

---

28. Cf. cap. 5: "Mobilizar as emoções".

das de maneira rigorosa. Mas neste contexto, não é o caso. Fora do exemplo, não se encontra vestígio do menor argumento. Nada, neste extrato, deveria justificar deixar-se convencer.

Do ponto de vista das oradoras e dos oradores, a exemplificação dos nossos argumentos depende da boa prática. É assim que nós damos vida, dinamismo e realce a desdobramentos que, caso contrário, poderiam ter-se revelado penosos ou obscuros. Em compensação, a argumentação pelo exemplo nos confronta, por sua vez, com um dilema ético. Apesar de seu déficit de rigor, ela não deixa de ser uma opção ao mesmo tempo simples e rodopiante. Ela pode, em certos contextos, revelar-se terrivelmente eficaz. Deveríamos então ceder a ela? Ou, pelo contrário, afastar-nos com desprezo? Isto depende, novamente, de uma escolha estritamente pessoal. Notemos, no entanto, que o argumento pelo exemplo nos leva a correr os mesmos riscos que o argumento pelo bom-senso. Se for descoberto ou revelado, ele poderia muito bem se voltar contra nós.

Do ponto de vista das e dos ouvintes, é essencial que sejamos capazes de distinguir muito bem exemplificação de um argumento e argumentação pelo exemplo. No primeiro caso, podemos admitir o procedimento como legítimo – tomando cuidado, ao mesmo tempo, que não cause demasiado impacto sobre nossas emoções. No segundo caso, em compensação, deveríamos exigir imediatamente que o orador nos exponha os argumentos que permitem fundamentar um aumento da generalidade. Se é incapaz de apresentá-los, ele não merece provavelmente convencer-nos.

4. Compreender a existência do desacordo

Resta-nos uma questão a considerar. Se os argumentos apresentam todos um grau de rigor bem-estabelecido... por que então nos acontece estar em desacordo? Não bastaria, para cada problema, identificar os argumentos mais rigorosos e ater-nos à posição que eles defendem? Não haveria, aqui, a oportunidade de deixar a esfera embaraçante da argumentação, para retornar ao método tranquilizador da demonstração, no qual um raciocínio irrefutável permite chegar a uma conclusão inelutável? Evidentemente, isso não é tão simples. Se um problema com o qual somos confrontados precisa de recurso à argumentação para ser resolvido, isto é precisamente o sinal de que ele é respaldado por um conjunto de argumentos ao mesmo tempo rigorosos e incompatíveis entre si. O que vai decidir a posição que cada um de nós vai adotar é o peso respectivo que optamos por lhes atribuir. Talvez consigamos estabelecer uma lista consensual dos argumentos pertinentes. Em compensação, nos afligiríamos no momento de determinar quais são os mais importantes. Tudo se reduz, no fundo, a dois desacordos essenciais.

Em primeiro lugar, não hierarquizamos nossos valores da mesma maneira. Evidentemente, é provável que subscrevamos todos, mais ou menos, no mesmo *corpus* de valores fundamentais. Mas como vamos articulá-los entre si? O que terá mais importância aos nossos olhos? A liberdade de cada um ou a igualdade de todos? A salvaguarda das tradições ou a necessidade de inovação? A abertura para o mundo ou a proteção da nação? Este tipo de perguntas não tem resposta boa: somente respostas próprias a uns e aos outros. Em segundo lugar, não percebemos o risco da mesma maneira. Frequentemente é muito difícil chegar a um acordo sobre as probabilidades de que um acontecimento ocorra ou não. Quais as chances de que ocorra uma queda na bolsa de valores? De que ocorra um atentado? De que um país declare uma guerra? É possível avaliá-las, evidentemente. É mais delicado chegar ao consenso quanto a esta avaliação. E ainda que o atingíssemos, restar-nos-ia ainda qualificar esta probabilidade. 30% de chances de que um risco – seja qual for – aconteça: isso nos parece aceitável ou inaceitável? Tranquilizador ou assustador? Razoável ou deletério? Também aqui, a resposta a estas perguntas só pode ser eminentemente pessoal[29].

Eis por que não existe verdade. Nada de posição justa ou boa. De acordo com a maneira como hierarquizamos os valores e percebemos os riscos,

---

29. O caráter eminentemente subjetivo da percepção do risco, inclusive pelos indivíduos mais peritos num domínio, foi muito bem evidenciado por SLOVIC, Paul, 2000, *The Perception of Risk*, Sterling. EarthScan.

uma linha de raciocínio acaba nos parecendo *preferível* às outras. Fixamos nossa posição. E constatamos que, apesar de todos os nossos esforços de rigor, ela terá sempre seus contraditores.

ESTUDO DE CASO: Procuro forjar para mim uma opinião sobre a questão da energia nuclear. É preciso construir novas centrais ou, pelo contrário, fechar progressivamente as que existem? Argumentos muito rigorosos vêm em apoio de cada uma destas posições. Do lado pró-nuclear, insistir-se-á sobretudo no fato de que se trata de uma energia capaz de produzir continuamente sem poluir a atmosfera e emitindo muito pouco CO_2. Do lado antinuclear, lembrar-se-á, pelo contrário, que esta energia já causou três grandes acidentes no mundo, que ela produz resíduos perigosos por milênios e que deveria ser possível substituí-la progressivamente por energias renováveis. Todos estes argumentos são rigorosos. Portanto, o que vai decidir minha posição são considerações pessoais. O risco de um novo acidente nuclear, por mínimo que seja, me parece aceitável? O fato de administrar o lixo radiativo enterrando-o, mesmo que seja em complexos altamente seguros, parece-me tolerável? A hipótese segundo a qual inventaremos em breve as tecnologias necessárias para passar ao totalmente renovável, embora incerta, parece-me razoável? No fundo, onde se situa para mim a prioridade? Continuar a aproveitar uma energia descarbonizada? Ou renunciar a explorar uma tecnologia perigosa? É possível, sendo perfeitamente honestos, responder a cada uma destas perguntas tanto afirmativamente quanto negativamente?[30]

DECODIFICAÇÃO: Como para todas as questões controversas, não existe aqui solução boa ou má. Não há posição verdadeira ou falsa. Somente uma apreciação do preferível que é própria a cada um de nós, e vai determinar a maneira como hierarquizamos entre si os diferentes argumentos. Isto não significa, no entanto, que todos os raciocínios se equivalem. Eles podem ser mais ou menos sólidos, conforme se apoiem ex-

---

30. Evidentemente, a questão da energia nuclear é infinitamente complexa. Reservamos aqui apenas uma pequenina amostra dos argumentos considerados rigorosos aos olhos dos especialistas.

clusivamente em argumentos rigorosos, ou integrem, pelo contrário, elementos contestáveis, errôneos, ou mesmo falaciosos. Acerca de um tema controverso, o que é condenável não é nunca a posição que temos. Mas a maneira como o argumentamos. Ora, como veremos adiante, quanto mais nossos argumentos são frágeis, tanto menos chance eles têm de resistir à contradição. Procurar o rigor, portanto, não é só uma exigência ética. É também, e sobretudo, uma necessidade estratégica.

II. Elaborar uma linha argumentativa

Sabemos doravante discernir os diferentes tipos de argumentos, sendo ao mesmo tempo capazes de distinguir, para cada um deles, o rigor da eficácia. Mas o essencial está ainda diante de nós: saber elaborar uma verdadeira *linha argumentativa*, ou seja, um conjunto de argumentos articulados uns aos outros num sistema coerente.

Com esta finalidade, resgatamos um método que se desdobra em três etapas. Num primeiro tempo, fazemos um inventário de todos os argumentos disponíveis e determinamos seu grau de rigor. Num segundo tempo, estudamos nosso público a fim de avaliar quais argumentos apresentam o mais alto grau de eficácia diante dele. Num terceiro tempo, construímos uma linha ordenada, levando em consideração ao mesmo tempo o rigor dos argumentos, sua eficácia e também nossa própria subjetividade.

1. Determinar o rigor

A elaboração de uma linha argumentativa começa com um recenseamento. Observamos escrupulosamente o conjunto dos argumentos nos quais estamos em condições de pensar. Tudo o que pode vir a apoiar nossa posição é entregue ao repertório. Por ocasião desta primeira etapa, nenhuma triagem deve intervir. Não nos limitamos aos argumentos que julgamos aceitáveis ou admissíveis. Pelo contrário, consideramos todos os possíveis, todos os imagináveis.

Terminada esta primeira operação, contemplamos uma longa lista de argumentos. Procuramos então o conjunto das objeções que nossos interlocutores seriam capazes de lhes opor. Depois refletimos nas respostas que poderíamos dar a estas objeções. Isto equivale, de fato, a determinar o rigor de cada um dos nossos argumentos. Por fim, aproveitamos o tempo para completar este trabalho, adotando o ponto de vista de nossos interlocutores, se o temos: listamos os argumentos em apoio de suas próprias posições, como também as objeções que poderemos nós mesmos lhes opor. No fim desta operação, dispomos de uma representação dinâmica da controvérsia. Sob nossos olhos, se entrecruzam e estão em simetria todos os argumentos e contra-argumentos que nos é possível conceber. Trata-se de uma verdadeira cartografia argumentativa. Ou, para falar como Cícero, de um *inventário*.

Esta cartografia é um instrumento formidável. De um ponto de vista estratégico, ela nos permite saber de antemão quais argumentos nos são favoráveis e deveriam resistir facilmente à contradição. Inversamente, ela nos permite identificar os terrenos escorregadios, onde as objeções são fortes e trazem o risco de nos colocar numa posição desconfortável. Podemos assim polir nossas armas. Chegado o tempo da argumentação, estaremos serenos. Só nos resta aplicar nossos ataques e nossas réplicas, como um esgrimista muito habilidoso. Evidentemente, os debates nunca decorrem conforme o previsto. Apesar de toda nossa seriedade, acabaremos sempre encontrando um argumento ou uma objeção que não havíamos previsto. Será necessário então nos adaptar. Até mesmo reavaliar totalmente nossa estratégia. Não importa: quanto mais bem-preparados estivermos, tanto mais teremos chance de convencer... ou de vencer.

2. Avaliar a eficácia

Já dissemos: os argumentos nunca são eficazes em si mesmos, eles o são unicamente em relação a um determinado público. A segunda etapa na construção de uma linha argumentativa consiste precisamente nisto: selecionar, no conjunto dos argumentos disponíveis, os que causarão impacto sobre as pessoas às quais nos dirigimos, aqui e agora. Para isso, precisamos determinar as alavancas de convicção nas quais vamos poder nos apoiar. De quais informações os ouvintes já dispõem? Quais enunciados eles consideram verdadeiros? Em quais valores eles se reconhecem? A que se assemelha sua visão do mundo? Em termos retóricos, dizemos que procuramos as *premissas* que podemos mobilizar. São elas que determinam os argumentos a privilegiar.

Resta-nos ainda saber como descobrir estas premissas. Aqui, a situação é muito diferente conforme nos dirijamos a ouvintes passivos e silenciosos (*contexto monológico*) ou procuremos convencer interlocutores com os quais dialogamos (*contexto deliberativo*).

Em contexto monológico: uma aproximação

Enquanto oradoras ou oradores, num contexto monológico, só dispomos de informações muito parciais sobre nosso público. Se este é bem vasto – diversas centenas de pessoas num salão de conferências, por exemplo –, os únicos conhecimentos que podemos mobilizar são *sociológicos*. Procuramos determinar, com maior ou menor precisão, o perfil dos ouvintes que se encontram diante de nós: idade, sexo, lugar de residência, nível de graduação acadêmica, categoria socioprofissional, identidade cultural... Este retrato falado, por mais imperfeito que seja, constituirá o pedestal sobre o qual nos fundamentaremos para escolher nossos argumentos. Encontramo-nos diante de um público uniforme e homogêneo? Podemos então recorrer a argumentos muito específicos. Encontramo-nos, pelo contrário, diante de um público mosaico e heterogêneo? Deveremos, neste caso, encontrar uma outra estratégia. Seja utilizando um conjunto de argumentos bem direcionados, cada um adaptado a uma parte do público. Seja escolhendo argumentos de gama variada, capaz de falar a todo mundo, embora não seja particularmente impactante para ninguém.

Se nosso público é mais restrito – um punhado de pessoas numa sala de reunião, por exemplo –, poderemos mobilizar igualmente conhecimentos *psicológicos*. O fato de estarmos fisicamente próximos dos nossos ouvintes, de podermos facilmente ler suas reações, de ter sido possível entreter-nos brevemente com eles antes de tomar a palavra, ou mesmo de conhecê-los pessoalmente: tudo isso nos permitirá adaptar-nos com melhor precisão. Nessa situação, nossa linha argumentativa não pode em caso nenhum ser padronizada. Deve ter sido elaborada para este público particular, e depois ser modificada em tempo real, em função das reações que vemos se manifestarem.

Em contexto deliberativo: uma investigação

A situação muda completamente quando nos encontramos diante de interlocutores com os quais interagimos e que procuramos convencer. Nesse contexto, nossa linha argumentativa não pode mais contentar-se em ter sido adaptada grosseiramente aos nossos ouvintes. Ela deve ter sido confeccionada sob medida para os interlocutores. Para realizar este trabalho de alta-costura dispomos de um instrumento formidável e muitíssimas vezes subestimado: a escuta. Antes de começar a argumentar, vamos primeiramente deixar nossos interlocutores falarem. Poderemos assim analisar com precisão os argumentos que eles empregam, as premissas nas quais se apoiam, as comparações que lhes falam, as expressões que eles utilizam, as palavras que privilegiam...

Ao longo desta investigação, nós construímos progressivamente não o perfil, mas antes o retrato retórico dos nossos interlocutores. E fazemos evoluir, em conformidade, a escolha dos nossos argumentos, mas também de nossa sintaxe, de nosso léxico e de nossas analogias. A ideia não é, evidentemente, macaquear os indivíduos que temos diante de nós. Simplesmente formular as mensagens que melhor lhes convenham. É todo o paradoxo da retórica deliberativa: num primeiro momento, quanto menos falamos... tanto mais temos chance de conquistar sua convicção.

3. Construir a coerência

Montamos o inventário dos argumentos disponíveis para apoiar de nossa posição, determinamos seu grau de rigor, avaliamos sua respectiva eficácia sobre nossos ouvintes. Só resta construir nossa linha argumentativa, selecionando os argumentos que vamos utilizar efetivamente. Eis chegada, enfim, a hora da escolha. Para as oradoras e os oradores, esta etapa crucial será muitas vezes a etapa não de uma dificuldade técnica, mas antes de um dilema ético.

O paradoxo do bom aluno: ter razão e falhar em convencer

Precisamos estar preparados para uma eventualidade: que os argumentos mais rigorosos, teoricamente, se mostram não ser os mais eficazes aos olhos do nosso público. Argumentos muito sólidos podem revelar-se totalmente inadaptados em certas circunstâncias, por exemplo se exigem previamente conhecimentos técnicos aprofundados. Inversamente, argumentos frágeis podem às vezes revelar-se muito incisivos, especialmente quando fundamentados no exemplo ou no bom-senso. É o paradoxo do bom aluno: podemos perfeitamente ter razão – não no sentido de estar do lado da verdade, mas simplesmente de empregar os argumentos mais rigorosos – e falhar em convencer.

Em retórica, os argumentos mais bem-construídos nem sempre serão os que mais convencerão. Ocorrerá que o caminho mais simples para atingir nossos ouvintes passe pela utilização dos argumentos menos sólidos. Neste caso, o que faremos? Cederemos ao apelo da eficácia, correndo o risco de comprometer nossa ética? Ou nos ateremos à nossa exigência de rigor, correndo o risco de trair nossas ideias? Não existe, evidentemente, nenhuma boa resposta a este dilema. Apenas uma escolha. Uma arbitragem entre rigor e eficácia, que deveremos solucionar. E assumir.

O paradoxo do orador cego: ter razão e convencer apenas a si mesmo

Um outro dilema precisa ser elucidado. Talvez o mais difícil de todos. Desde o início deste capítulo, há uma questão que nunca evocamos: a dos argumentos que nós próprios, enquanto oradoras ou oradores, consideramos os mais importantes. Os que têm eficácia sobre nós. E que, portanto, corremos o risco de querer utilizar a todo custo.

Adaptar nossa linha argumentativa ao nosso público não supõe apenas que tenhamos conseguido montar seu perfil ou seu retrato. É necessário igualmente que tenhamos chegado a ver além de nosso próprio sistema de valor e de representação. Nosso ponto de vista subjetivo nos leva muitas vezes a sobrevalorizar o peso dos argumentos que nós próprios julgamos serem convincentes. Muitas vezes, aliás, porque são os que nos convenceram. É o paradoxo do orador cego: podemos perfeitamente ter razão – não no sentido de estar do lado da verdade, mas simplesmente de empregar os argumentos que consideramos os mais eficazes – e falhar em convencer.

Convencer, portanto, supõe abandonar, por um tempo, nosso próprio ponto de vista, a fim de adotar o dos nossos ouvintes. Infelizmente, isto se revela muitas vezes mais fácil de dizer do que de executar. Pode ser doloroso deixar de lado um argumento que, aos nossos olhos, parece incontornável. Poderíamos até ir mais longe e perguntar-nos se isso seria totalmente ético. Em que medida seria sadio, a fim de convencer, esquecer-nos de nós próprios? Renunciar aos nossos argumentos do coração, que fazem parte de nós mesmos, para contentar-nos em bajular nosso público. Não tocaríamos aqui a fronteira que separa a retórica da demagogia?

Felizmente é possível atenuar a crueldade desse dilema explicitando que, no centro de nossa linha argumentativa, os argumentos não têm necessariamente o mesmo peso, nem o mesmo lugar. Muito pelo contrário. Admitamos que precisamos absolutamente apresentar um argumento específico, mesmo sabendo que ele corre o risco de se revelar pouco eficaz, ou mesmo contraproducente. Em vez de obstinar-nos em querer articular nossa linha em torno deste argumento do coração, comecemos apresentando uma argumentação eficaz, apta a convencer nossos ouvintes. Num segundo tempo, quando julgarmos que esta linha produziu seus frutos e que nosso trabalho de convicção foi concluído, talvez encontremos a ocasião para acrescentar um último argumento. Aquele no qual tanto nos apoiamos. Ele não terá então o objetivo de convencer: apenas de ser aceito. Não vem apoiar nossa posição: decorre dela.

Esta técnica não deixa de ter seus perigos. Cada vez que acrescentamos um argumento suplementar, não só aumentamos o tempo de que precisamos para conquistar a convicção. Mas, além disso, nos expomos a novas objeções – voltaremos ao tema. Nosso argumento do coração corre, portanto, o risco de prejudicar a eficácia da nossa linha global, em vez de para ela contribuir. Por essa razão, aliás, é melhor cuidar para formulá-lo da maneira mais breve e simples possível. Se for bem utilizada, esta estrutura nos permite permanecer alinhados com os argumentos que contam mais aos nossos olhos, sem precisar fazer compromissos demasiado custosos.

Por fim, não podemos abster-nos de dizer algumas palavras, aqui, sobre um fator psicológico cuja importância pode revelar-se decisiva. Quando apresentamos um argumento do coração, é provável que o façamos com tanto mais ardor, entusiasmo, paixão, numa palavra, convicção. Ora, como veremos mais adiante, um dos princípios-chave da retórica assegura justamente que, quanto mais parecemos convencidos, tanto mais tendemos a tornar-nos convincentes[31]. É uma coisa que não devemos esquecer. O "bom argumento" pode ser rigoroso, eficaz... ou encarnado.

A linha argumentativa: uma arbitragem entre rigor, eficácia e subjetividade

Definitivamente, elaborar uma linha argumentativa implica chegar a conciliar três necessidades: o imperativo de eficácia, a exigência de rigor e a atração da subjetividade. Ora, esta arbitragem depende menos de um cálculo frio e objetivo... do que de uma forma de negociação conosco mesmos. A qual conflito vamos dar prioridade? O de contribuir para a qualidade do debate, apresentando os argumentos que nos parecem mais sólidos? O de estar antes de tudo alinhados conosco mesmos, com nosso ponto de vista, com nossas convicções? Ou o de fazer triunfar nossa posição, custe o que custar? Não existe nenhuma fórmula mágica que permite

---

31. Cf. cap. 4, IV-1, "Quanto mais nos afirmamos, tanto mais triunfamos sobre as reticências".

responder, em todas as circunstâncias, a estas perguntas. Somente um método, capaz de nos orientar na elaboração de nossa linha argumentativa.

Em primeiro lugar, isolamos todos os argumentos que julgamos suficientemente rigorosos para ser utilizados. Entre eles, selecionamos os que serão os mais eficazes em vista dos nossos ouvintes. Se, infelizmente, nenhum argumento rigoroso nos parece suficientemente impactante, é preciso então perguntar-nos em que medida aceitamos beber na fonte de outros argumentos menos bem-construídos. No termo destas operações, resta-nos ainda reexaminar os argumentos que teríamos sido levados a descartar ainda que nos fossem particularmente caros. Se nossa linha argumentativa nos parece robusta, talvez possamos permitir-nos reintroduzi-los, sob uma forma breve e simplificada.

4. Um exemplo de construção

Por ocasião de uma noitada com amigos, tento convencê-los de que deveríamos suprimir a carne de nossa alimentação. Existem, em apoio desta posição, três argumentos principais. Em primeiro lugar, um argumento pela ecologia, muito rigoroso: numerosos estudos estão de acordo sobre o fato de que o consumo de carne é uma fonte importante de gases de efeito estufa. Em seguida, um argumento pela moral, igualmente rigoroso: centenas de documentos mostram que o abate dos animais e, muitas vezes, sua criação ocorrem em condições de extremo sofrimento. Enfim, um argumento pela saúde: um consumo exagerado de carne exporia a numerosos problemas de saúde. Este argumento, por sua vez, é mais contestável: se é verdade que uma alimentação vegetariana pode ser perfeitamente equilibrada, o mesmo vale para um regime à base de carne.

Imaginemos agora que, no meu caso pessoal, foi o problema ecológico que me levou a interromper o consumo de carne. Infelizmente, conheço meus amigos: eles não estão nada preocupados com o aquecimento global. Apesar de seu rigor, este argumento seria, portanto, perfeitamente ineficaz. Pior ainda: ele traria o risco de me fazer passar por um desmancha-prazeres e prejudicaria minhas chances de conquistar a convicção.

Em compensação, sei que uma parte de meus interlocutores se sente tocada pelo sofrimento dos animais. Com eles, vou poder apoiar-me no argumento moral, chamando sua atenção para as condições insuportáveis nas quais os animais são abatidos. Caber-me-á, evidentemente, temperar este ponto com uma mistura de sutileza, para não ofender meus ouvintes, e de insistência, a fim de que conserve todo o seu impacto – veremos como atingir este equilíbrio ao longo dos capítulos seguintes. Feito isto, restar-me-á ainda dirigir-me aos meus amigos que não se preocupam nem com o meio ambiente nem com o bem-estar animal. Com eles posso sempre salientar o argumento de saúde pública, explicando-lhes que o consumo de carne prejudica diretamente sua esperança de vida. Não se trataria, propriamente falando, de um raciocínio errôneo: nos países ocidentais, numerosas pessoas têm um regime baseado demais no consumo de carne. No entanto, não é rigoroso: meus amigos poderiam reequilibrar sua alimentação sem interromper completamente o consumo de carne. O argumento é frágil, portanto, ou mesmo falacioso. Vou utilizá-lo apesar de tudo? Servir-me-ei dele como uma alavanca para convencer de uma posição que considero virtuosa, mesmo tendo consciência de comprometer-me com uma argumentação insidiosa? Imprensado entre meus ouvintes e minha ética, só cabe a mim interromper uma posição retórica.

Para terminar, acrescentemos duas observações. Em primeiro lugar, se o argumento pela saúde continua criticável quando é empregado para embasar minha proposta, ele pode, em compensação, ser utilizado com todo rigor para neutralizar certas objeções. Trata-se, com efeito, de uma resposta perfeitamente admissível ao contra-argumento clássico, mas errôneo, segundo o qual: "É preciso comer carne para ser forte e ter boa saúde". Em segundo lugar: o argumento ecológico, embora ineficaz no contexto que havíamos imaginado, nem por isso está condenado a ser banido de minha linha argumentativa. Se sinto que meu arrazoado causou impacto, que meus interlocutores já começaram a revisar suas opiniões iniciais e que ainda dispõem de um pouco de atenção a me dispensar, posso tentar ampliar meu projeto mencionando sucintamente o fato de que uma alimentação vegetariana é boa para o meio ambiente. O argumento não participará provavelmente do trabalho de conquistar a convicção. Mas poderá, no entanto, ser recebido como aceitável. Terei sido fiel às minhas opiniões, não renunciando a mencionar meu argumento do coração. Melhor ainda: a longo prazo, trata-se de um pequeno grão que acabo de plantar. Quem sabe, dentro de alguns meses ou anos, terei o prazer de ver germinar novas convicções ecológicas.

III. Contra-argumentar

Até agora consideramos a argumentação sob um ângulo essencialmente estático: enquanto oradoras ou oradores, quais argumentos vamos escolher diante de determinado público? Esta etapa era necessária, mas não pode ser suficiente. Porque a argumentação é, sempre, um movimento dinâmico. Tudo o que dizemos pode ser contradito. O adversário que tentamos fustigar no debate não deixará de nos opor uma luta vigorosa. O interlocutor que procuramos levar a aderir à nossa posição não se privará de pô-la à prova. Os ouvintes que nos ouvem silenciosamente não se absterão, em seu foro interior, de nos responder passo a passo.

Quando argumentamos diante de alguém, precisamos manter em mente que existe nele uma força contrária, composta de um conjunto de argumentos simétricos aos nossos e capazes de neutralizá-los. Inversamente, nós próprios precisamos ser capazes de nos opor a uma proposta que desperta em nós uma dúvida, uma reserva ou um desacordo. Esse é um elemento essencial: não contradizemos forçadamente com o objetivo de destruir a posição do interlocutor. Podemos igualmente procurar introduzir nela uma correção, uma variante ou uma especificação. Ou mesmo, simplesmente, querer testá-la com o ferro de nossas objeções. Verificar seu rigor, sua solidez, sua pertinência. É preciso compreender bem o seguinte: a contra-argumentação não tem, em si mesma, nada de conflitual. Ela faz parte da ordem natural da retórica. Trata-se de uma prova que precisamos estar dispostos a enfrentar, se desejamos convencer. Ou a fazer aprovar, se sonhamos em deixar-nos convencer.

Nesta perspectiva, examinaremos sucessivamente as três grandes maneiras de contradizer. Primeiramente, as objeções *ad rem*, que consistem em atacar a validade dos argumentos. Em seguida, as objeções *ad hominem*, que consistem em atacar a coerência das linhas argumentativas. Por fim, as objeções *ad personam*, que consistem em atacar a credibilidade do interlocutor[32].

1. As objeções ad rem

Apresentar uma objeção *ad rem* consiste em atacar diretamente os argumentos expostos por nosso interlocutor. Trata-se da pedra angular de toda contra-argumentação. O instrumento que cada oradora e orador devem aprender a dominar. Existem, para isso, três especificações que é necessário compreender bem.

Primeira especificação: as objeções *ad rem* podem ser utilizadas tanto para avaliar a resistência de um argumento como também para discutir sua pertinência ou para opor-se à sua influência. Elas se inserem, portanto, tanto numa dinâmica deliberativa quanto numa dinâmica competitiva. Podem ser utilizadas tanto para convencer um interlocutor quanto para vencer um adversário. Tanto para produzir inteligência coletiva quanto para fazer triunfar uma posição pessoal.

Segunda especificação: uma objeção *ad rem* não terá o mesmo efeito se contesta um argumento quanto ao seu rigor ou quanto à sua eficácia. Um argumento atacado quanto ao seu rigor corre o risco de ser varrido totalmente. Se nosso interlocutor consegue mostrar que aquilo que acabamos de dizer é contrário aos fatos ou à lógica, e que nós não chegamos a responder-lhe, será complicado para nós não evitar a retratação. Mantendo nosso discurso, correríamos o risco de ser acusados de má-fé ou, pior,

---

32. Se a tripartição entre *ad rem*, *ad hominem* e *ad personam* é clássica, a fronteira entre as diferentes categorias varia de uma tradição a outra. Aqui nos apoiamos na conceitualização proposta por Arthur Schopenhauer: embora antiga, ela é particularmente cômoda para uma apreensão prática da retórica. SCHOPENHAUER, A. *A arte de ter razão. 38 estratagemas*.

de idiotice. Em compensação, um argumento atacado quanto à sua eficácia nunca será totalmente desqualificado: ele se contentará em perder um pouco do impacto. Nosso interlocutor pode muito bem argumentar que o que acabamos de dizer é redutor, incompleto, simplista, superficial, fútil, parcial: isto não nos impede de manter firmemente nossa posição. Mas tomando cuidado: se a objeção foi apresentada com habilidade, nosso argumento corre o risco de perder muito em eficácia.

Terceira especificação: uma objeção *ad rem* pode ser, ela própria, contradita por outra objeção *ad rem*... e assim por diante! Os contra-argumentos não cessam de se entrecruzar, em ataque ou em defesa de uma mesma proposta. O resultado deste balé só comporta duas modalidades: ser bem-sucedido ou falhar em conquistar a convicção.

ESTUDO DE CASO: No final de um ano passado numa grande empresa como profissional júnior, avalio que mereço um aumento substancial de salário. Solicito uma entrevista com o diretor dos recursos humanos. Quando ele me recebe, apresento-lhe meu pedido, explicitando-lhe que meus resultados são 12% superiores à média de meu serviço, enquanto sou o assalariado menos bem pago (*argumento inicial fundamentado numa comparação entre indivíduos*). Depois de ouvir-me atentamente, meu interlocutor opina: meus resultados são certamente encorajadores (*acordo quanto aos fatos*). No entanto, nesta empresa, os salários são determinados pela antiguidade: um aumento excepcional seria contrário à prática (*objeção ad rem que ataca a eficácia pela tradição*). Eu me surpreendo: três anos antes, um dos meus colegas não foi beneficiado com um grande aumento embora tivesse apenas um ano de antiguidade (*objeção ad rem que ataca o rigor pelo precedente*)? Meu interlocutor parece desconfortável, hesita, e depois concede: é verdade que houve exceções no passado (*objeção pela tradição abandonada, por falta de rigor*). Mas isto não muda nada: encontrando-se a empresa numa situação econômica muito difícil, será impossível conceder um aumento excepcional neste ano (*nova objeção ad rem que ataca a eficácia de meu argumento inicial pela economia*). Guardo silêncio. E reflito cuidadosamente sobre o que vou responder...

DECODIFICAÇÃO: No final desta discussão, o que decidiremos fazer? Aceitaremos deixar-nos convencer pelo argumento do diretor dos recursos humanos? Ou retornaremos ao nosso argumento inicial, cujo rigor nunca foi contradito: na medida em que nossos resultados são extraordinários, solicitamos uma exceção? Atenção, é um caminho no qual não nos deveríamos empenhar a não ser após madura reflexão. Corremos o risco de tropeçar num desacordo irredutível com nosso interlocutor, cada um de nós insistindo em argumentos rigorosos, mas divergentes. Não teríamos então outra escolha, para resolver esta divergência, senão fazer intervir a relação de força: se não obtemos satisfação, começaremos a procurar trabalho em outro lugar. A interação deixaria o domínio da retórica para entrar no da negociação. Com um risco a considerar: o de fracassar em fazer valer nossa posição. E encontrar-nos sem emprego no final da discussão.

2. As objeções ad hominem

Apresentar uma objeção *ad hominem* consiste em atacar a coerência da linha argumentativa exibida por nosso interlocutor. Não se trata mais de trabalhar sobre os próprios argumentos, individualmente, contestando sua pertinência ou seu rigor. Mas, antes, de procurar mostrar que, perfilados um após o outro, eles constituem um conjunto contraditório, inconsistente. Nisto as objeções *ad hominem* são instrumentos temíveis. Porque, sejamos francos: pode revelar-se fastidioso atacar diretamente os argumentos, desconstruí-los um a um, passo a passo, numa lenga-lenga penosa. Em compensação, se percebemos uma incoerência nas palavras de nosso interlocutor, bastarão geralmente algumas frases para realçá-la. Se este não chega a nos responder, para desfazer a ambiguidade ou resolver a contradição, toda sua linha argumentativa estará ameaçada de desagregação. O procedimento é particularmente poderoso – ou perigoso, se somos nós que o sofremos. É preciso, também aqui, trazer duas especificações.

Primeira especificação: existem dois tipos muito diferentes de objeções *ad hominem*. As primeiras, que denominaremos objeções *ad hominem* internas, consistem em realçar uma contradição endógena à argumentação de nosso interlocutor. Mostraremos que sua linha argumentativa abriga dois elementos que não deveriam poder coabitar. A objeção *ad hominem* interna questiona, portanto, o rigor da linha argumentativa, tal como foi construída. Inversamente, as objeções *ad hominem* externas consistem em sublinhar uma incoerência entre a linha argumentativa de nosso interlocutor e outros elementos que lhe são exógenos. Isto equivale a mostrar que o que ele diz, aqui e agora, é ostensivamente contradito pelo que ele dizia ou fazia, em outro lugar ou ontem. Levantar uma objeção *ad hominem* externa equivale, portanto, a procurar uma incoerência entre diferentes palavras, ou entre palavras e atos.

Segunda especificação: a utilização de uma objeção *ad hominem* varia muito conforme nos encontremos num contexto deliberativo ou competitivo. Numa dinâmica deliberativa, este procedimento pode revelar-se perfeitamente legítimo e terrivelmente eficaz. Diante de um interlocutor que procurava conquistar nossa convicção, se chegamos a apontar uma contradição à qual ele não é capaz de responder, temos todas as razões para duvidar de sua proposta. A recíproca é evidentemente verdadeira: quando nós mesmos somos submetidos a uma objeção *ad hominem*, é preciso encontrar um meio de revogá-la imediatamente, sob pena de vermos amputada uma grande parte de nossas chances de convicção.

Numa dinâmica competitiva, a utilização da objeção *ad hominem* se colore, muitíssimas vezes, de nuanças mais conflituais. Nosso interlocutor é então um adversário. Evidenciar uma incoerência de sua parte, não terá apenas a consequência de fissurar sua linha argumentativa. Contribuirá também para minar a confiança que os ouvintes põem nele. Com efeito, por que estes aceitariam deixar-se convencer por um orador cujo raciocínio é tão mal-elaborado? Ou, pior ainda, cujas contradições traduzem uma falta de constância, ou mesmo de autenticidade? Esta observação nos mostra o quanto, no debate competitivo, a objeção *ad hominem* externa não é apenas uma arma eficaz. É também, potencialmente, falaciosa. Com efeito, será quase sempre possível encontrar uma contradição entre o que nosso contraditor afirma hoje e o que ele disse ou fez algum dia em sua vida. A política é um bom exemplo. Não passa uma eleição sem que um candidato seja acusado de, um mês, um ano ou uma década antes, ter apresentado propostas contrárias às que ele apresenta hoje.

Nessa situação, se somos ouvintes, cabe a nós decidir sobre o que vamos fazer com essa revelação. Trata-se, aos nossos olhos, de um duplo discurso condenável, de uma contradição culpável entre o que é dito em voz alta e o que é pensado em segredo? Ou de um simples testemunho do tempo que passa, inexoravelmente? Devemos censurar alguém por ter mudado de opinião ao longo do tempo? É evidentemente impossível dar de antemão respostas a estas perguntas: elas nos pertencem sempre, com toda a honestidade. *A contrario*, se somos oradoras ou oradores, deveríamos nós mesmos ser prudentes na utilização deste gênero de acusações. Elas só serão eficazes com uma condição: é preciso que a incoerência apresentada apareça evidente e avassaladora aos olhos dos ouvintes. Se estes últimos julgarem, pelo contrário, que nossa alegada contradição é um pouco sofisticada, ou mesmo francamente injustificada, ela traz o risco de voltar-se contra nós. Seremos acusados de ter mobilizado um estratagema insidioso, daremos a impressão de faltar com a seriedade e teremos perdido uma oportunidade de manter-nos calados. Ou de fazer coisa melhor.

ESTUDO DE CASO N. 1: Por ocasião de um jantar com amigos, meu vizinho de mesa me explica que todos os cidadãos deveriam se esforçar drasticamente para limitar suas emissões de carbono. Ele próprio me explica que vai ao trabalho de bicicleta, não acende mais seus radiadores e adotou uma alimentação vegetariana. Diante de meu prato, no qual pontifica um magistral pedaço de carne, sinto um impulso de culpabilidade. Meu interlocutor acrescenta que, evidentemente, a única exceção é o avião. Ele continua fazendo duas belas viagens por ano. Afinal ele trabalha muito, tem também o direito de espairecer e aliás não se pode impedir que as pessoas descubram o mundo. Respondo-lhe que todos estes argumentos são perfeitamente compreensíveis. Mas que, com quatro trajetos de avião por ano, ele já emite mais carbono do que 90% dos terráqueos. Não contesto de modo algum seu desejo de viajar. Em compensação, realço que este desejo me parece dificilmente compatível com grandes lições sobre a ecologia. Meu interlocutor balbucia algumas palavras inarticuladas... e mergulha novamente em seu prato de saladas.

DECODIFICAÇÃO: Apresentamos uma objeção *ad hominem* interna em contexto deliberativo, já que nos contentamos em apontar uma contradição no próprio discurso de nosso interlocutor. Apanhado desprevenido, este se vê ceifado em pleno impulso. Um exemplo eloquente, que deveria nos instigar a prestar atenção: quando argumentamos, a coerência de nossa linha não pode sofrer a mínima fissura.

ESTUDO DE CASO N. 2: Militante ecologista de primeira hora, galguei um a um os degraus do partido, até ser hoje candidato à eleição presidencial. Por ocasião de um debate contra um de meus adversários, quando eu estava levando vantagem, este de repente me acusa: "Escute, não tenho nenhuma lição a aprender de um ecologista que passou anos percorrendo o mundo de avião para participar de reuniões *hippies*. Se você quer realmente salvar o planeta, comece dando o exemplo!" Esboço um sorriso, respiro profundamente e replico calmamente: "Caro cavalheiro, o que o senhor denomina reuniões *hippies* são conferências de cúpula na presença dos maiores cientistas internacionais. Eu poderia, efetivamente, permanecer em meu jardim cultivando meu quintal. Mas acredito que sou mais útil cruzando o mundo para sensibilizar acerca do aquecimento global. Quanto às minhas viagens de avião, se o senhor quiser saber tudo, eu as compenso financiando o reflorestamento da Floresta Amazônica. Elas são, portanto, neutras em carbono!" No meu íntimo, sei que meu adversário não está completamente errado. Algumas destas reuniões de cúpula talvez não eram indispensáveis... Quanto às minhas emissões de carbono, teria sido preferível limitá-las, para não precisar compensá-las... Felizmente, estas falhas escancaradas escapam a meu interlocutor: ele não as replica e passa a outro assunto. Acabo de escapar de uma armadilha desonesta.

DECODIFICAÇÃO: Aqui o ataque de nosso adversário é tremendo. Se não tivéssemos encontrado nada para responder, teríamos passado por hipócritas e perdido imediatamente a confiança dos nossos ouvintes. É este o efeito, terrível, de uma objeção *ad hominem* externa que atinge seu alvo no decurso de um debate competitivo: ela compromete a credibilidade da pessoa presa em flagrante delito de contradição.

ESTUDO DE CASO N. 3: Discuto, com minha companheira, o destino de nossas férias de verão. Com um sorriso nos lábios, ela me anuncia que tem uma ideia original: que tal se fugíssemos da canícula, partindo para explorar as geleiras eternas da Sibéria? Interiormente, faço beicinho: quanto a mim, a praia e o sol me cairiam bem... Tento, portanto, alguma coisa: "A Sibéria, por que não! Mas estou surpreso: você não me tinha dito, no entanto, que queria fazer esforços pelo meio ambiente? Desligar nossos radiadores no inverno é bom, mas se é para fazer uma viagem de ida e volta Paris-Moscou no verão, não é um pouco hipócrita? Ao invés, poderíamos talvez pegar o trem? Por exemplo... para o sul da França?" Minha companheira hesita e me diz que vai pensar. Teria eu encontrado o meio de livrar-me do frio penetrante das planícies geladas?

DECODIFICAÇÃO: Utilizamos um instrumento prodigiosamente eficaz: a objeção *ad hominem* externa em contexto deliberativo. Existem, com efeito, poucas pessoas que chegam a viver serenamente o fato de estarem em contradição consigo mesmas. Este fenômeno foi aliás estudado pela psicologia social, que o batizou como "princípio de coerência". Presos em flagrante delito de comportamentos ou declarações contraditórias, os indivíduos tendem a passar por um intenso sentimento de desconforto, que os leva a realinhar suas posições para sair da incoerência[33]. Estes trabalhos permitem compreender melhor por que a objeção *ad hominem* é um excelente meio de conquistar a convicção de nosso interlocutor: este preferirá muitas vezes mudar de opinião em vez de admitir sua inconstância.

Este procedimento é tão eficaz que pode até chegar a assumir tons manipulatórios. Quantos indivíduos, com efeito, podem vangloriar-se de ser perfeitamente coerentes? De não conhecer nenhuma fricção entre suas palavras e suas ações? Entre seus ideais e suas pulsões? Em certos as-

---

33. Para uma breve apresentação do princípio de coerência em psicologia: CIALDINI, 1984 (2014), *Influence et manipulation*, op. cit., cap. 3: "Engagement et cohérence".

pectos, convencer alguém explorando estas tensões se revela quase fácil demais. Enquanto ouvintes, portanto, ao sermos confrontados com uma objeção deste tipo, devemos interrogar-nos cuidadosamente. Nosso interlocutor está salientando em nós uma contradição importante, que nós mesmos consideramos grave demais para não ser corrigida? Ou ele está explorando em seu proveito um dos nossos numerosos, mas inelutáveis, conflitos interiores? Nesse caso, talvez poderíamos pensar em recorrer a uma exibição retórica tão desconcertante quanto legítima: reivindicar, de cabeça erguida... o direito à incoerência!

3. *As objeções* ad personam

Suscitar uma objeção *ad personam* consiste em questionar diretamente a credibilidade dos oradores. Já não se trata de discutir a validade dos argumentos, nem de contestar a coerência das linhas argumentativas, mas de atacar o próprio interlocutor. Em vez de preocupar-nos em refutar sua argumentação, procuramos descredibilizá-lo pessoalmente, a fim de desacreditar a integralidade de suas palavras num só movimento.

Mas a objeção *ad personam* não é só uma arma de desqualificação: é também, as mais das vezes, percebida como uma arma desqualificante. Ao procurar desonrar nossos adversários, é grande o risco de atrair a desonra sobre nós mesmos. No debate público, este procedimento foi fulminado por desgraça. Ser acusado de ter cometido um ataque pessoal é expor-se a perder toda a própria credibilidade. Ora, a realidade é mais complexa do que isso. É necessário introduzir uma distinção crucial entre as objeções *ad personam* externas, que são efetivamente falaciosas em muitos aspectos, e as objeções *ad personam* internas, que podem, por sua vez, ser consideradas mais rigorosas.

A objeção *ad personam* interna consiste em denunciar, no interlocutor, uma característica que mantém uma relação direta com a argumentação que ele está desenvolvendo. Nesta medida, ela pode parecer perfeitamente aceitável. Imaginemos que, por ocasião de um almoço com amigos, anunciamos que nos sentimos doentes. Um dos convivas nos pede que lhe especifiquemos os sintomas que sentimos. Depois nos sugere uma lista de medicamentos. Se o amigo em questão é médico, anotaremos sem dúvida cuidadosamente seus conselhos, antes de passar na farmácia do bairro. Em compensação, se ele é professor de Matemática, é provável que ouviremos suas recomendações distraidamente... antes de ir consultar um médico diplomado! Nestas duas interações, os argumentos trocados são estritamente idênticos. O que ocasiona nossa rejeição, no segundo caso, é a própria pessoa do orador. Em nosso foro interior, formulamos uma objeção *ad personam*: ele não é médico e, portanto, não confiamos em sua medicina. Observemos que esta objeção não diz uma palavra sobre certo ou errado, sobre verdadeiro ou falso. Um cuidador experimentado pode perfeitamente dar uma receita errada. E um remédio da avó pode revelar-se um conselho sensato. Mas, se a objeção *ad personam* interna nunca tem nada de *definitivo*, ela pode apesar de tudo parecer *rigorosa*. Constituir um dos elementos pertinentes para decidir se desejamos deixar-nos convencer. Da mesma forma que os argumentos.

    A objeção *ad personam* externa consiste, *a contrario*, em denunciar no interlocutor uma característica que não mantém nenhum elo direto com o tema em discussão. Trata-se então de um procedimento inegavelmente falacioso. Nós nos contentamos em fazer tudo para desacreditar nosso interlocutor. Fazê-lo parecer detestável, ridículo, ignorante, incapaz, angustiante. Observemos que, aqui, pouco importa que nossas alegações sejam fundamentadas ou mentirosas. Embora os fatos de que acusamos nosso adversário estejam perfeitamente estabelecidos, a única questão que vale é a de saber se eles têm uma relação com a controvérsia. Retomemos o argumento iniciado acima, e imaginemos agora que o amigo que nos dá um conselho de medicina seja efetivamente médico... mas que, por outro lado, tenha sido condenado por fraude fiscal. Trata-se de um fato embaraçante? Evidentemente. Poderia eu acusá-lo se ele me censurar de baixar filmes ilegalmente? Sem dúvida. Mas seria isso motivo pertinente para desqualificar sua receita médica? De modo algum. Em definitivo, a objeção *ad personam* externa não é senão a irrupção da maledicência, da calúnia, e mesmo da difamação no processo de convicção.

ESTUDO DE CASO N. 1: Por ocasião de um jantar em família, meu irmão monopoliza a palavra. Foi tomado por uma nova paixão: as tecnologias que permitem captar o carbono diretamente na atmosfera. De acordo com ele, trata-se da uma solução milagrosa para o aquecimento global. Mas também, e sobretudo, de uma lucrativa oportunidade de investimento. Ele aconselha, aliás, nossos pais a investir com urgência nas empresas deste setor: os benefícios estão assegurados! Para mim, é uma má ideia. Lembro-me de ter lido alguns artigos sobre estas tecnologias. Elas são ainda balbuciantes, e nada garante que sejam um dia rentáveis, ou mesmo operacionais. Eu preferiria evitar, no entanto, engajar-me num longo debate de perito com meu irmão. Ele correria o risco de levar a melhor, afogando-me em exemplos que não domino. Contento-me, portanto, em dizer: "É muito aliciante. Mas ainda assim... Você nos havia sugerido investir na informática pouco antes da explosão da bolha da internet. Nos *subprimes* (título hipotecário de risco) pouco antes da crise de 2008. E na criptomoeda pouco antes da derrocada do bitcoin. Você está seguro de ser a melhor pessoa para nos ajudar a administrar nosso dinheiro?" Meu irmão se lança numa tirada interminável. Mas é tarde demais, o negócio está fechado: pelo olhar dubitativo que meus pais lhe lançam, sei que suas economias estão em segurança.

DECODIFICAÇÃO: Nesse debate competitivo, optamos por abandonar deliberadamente a objeção *ad rem*, que nos teria levado ao terreno predileto de nosso adversário, para preferir-lhe uma objeção *ad personam* sucinta e desembaraçada. Esta poderia parecer uma confissão de fraqueza. Incapazes de vencer no terreno da argumentação, escolhemos o caminho da desqualificação. Trata-se, no entanto, de uma objeção interna, que contém sua parte de rigor. Afinal de contas, não parece despropositado duvidar dos conselhos de um mau conselheiro! Mas não esqueçamos que, por mais legítima que possa ser, a objeção *ad personam* nunca tem nada de definitivo. Não é porque nosso interlocutor estivesse sistematicamente errado no passado que não poderia estar certo hoje. Então, a que devemos dar prioridade? A uma argumentação documentada? Ou a uma objeção *ad personam* justificada? Esta pergunta, mais uma vez, não admite nem boa resposta nem má resposta: apenas a mais convincente do que a outra aos olhos dos ouvintes.

ESTUDO DE CASO N. 2: Por ocasião de um jantar na cidade, levemente embriagado, entabulo uma discussão com meu vizinho, que acaba de assumir uma posição muito categórica sobre a crise política na Líbia. Bastam alguns minutos para demonstrar que ele domina o tema bem melhor do que eu e se prepara para me ridicularizar. Mudo, portanto, de estratégia: "Seja o que for que você diga, por trás de suas belas palavras, você se coloca do lado dos perseguidores! Ao mesmo tempo, poder-se-ia esperar outra coisa da parte de um homem bem conhecido por seu comportamento com as mulheres?"

DECODIFICAÇÃO: Procedimento sedutor a objeção *ad personam* externa! Ajustamos nossas contas sem gastar muito e optamos pela vitória, economizando o trabalho de produzir uma argumentação embasada. Esta arma, no entanto, não vem sem um preço a pagar. No plano da eficácia, por um lado: se nossos ouvintes descobrem o estratagema, nós passaremos ao mesmo tempo por um grosseirão e um trapaceiro. No plano ético, por outro lado: esse procedimento pouco honra a oradora ou o orador que se rebaixa a utilizá-lo. No entanto: quer nos felicitemos por ela, ou a deploremos, a objeção *ad personam* externa é realmente um instrumento do debate contraditório – teremos, também neste caso, a ocasião de voltar ao tema[34].

4. Antecipar-se às objeções

A contradição é parte integrante da argumentação. Para a oradora ou o orador, é essencial estar pronto para enfrentar as objeções. Isto passa, como vimos, por um cuidadoso trabalho de preparação: quanto mais antecipamos os contra-argumentos, tanto melhor saberemos responder a eles. Mas isto levanta também uma questão de estratégia. E se a melhor maneira de responder à crítica for também antecipar-se a ela? Antecipar as objeções antes mesmo de serem levantadas? Impedir que os ataques

---

34. Cf. cap. 8, V-3, "Triunfar sobre uma injúria oportuna".

sejam lançados, a fim de proteger nossos argumentos? Em retórica, essa estratégia traz um nome: trata-se de uma prolepse.

A prolepse é o procedimento que consiste em formular a objeção do interlocutor em seu lugar, a fim de responder a ela antes que possa ser enunciada. Ela se encarna em estruturas como: "Evidentemente, objetar-me-ão que... mas a isso responderei que..."; "Vocês me objetarão que... e, no entanto, é preciso reconhecer que..."; "Entendo os que dizem que... mas não esqueçam que..." Todas estas formulações dependem de uma mesma dinâmica: privar o interlocutor da ocasião de nos contrariar. Elas lhe puxam o tapete e amputam ditos espirituosos que ele nos reservava sorrateiramente. Neste caso, a prolepse constitui um instrumento de opção, que precisamos aprender a manejar com sagacidade. Porque, longe de ser uma arma onipotente, ela requer, pelo contrário, uma utilização cautelosa e adaptada à situação.

A prolepse em contexto monológico

Quando nos expressamos sozinhos, diante de um público que nos escuta silenciosamente, a utilização de prolepses não é só possível: é mesmo necessária. Porque não nos iludamos. Nossos ouvintes não nos escutam com ar tranquilo e feliz, bebendo nossas palavras e esperando sabiamente deixar-se convencer. Pelo contrário: enquanto lhes falamos, eles submetem cada um dos nossos argumentos à sua crítica. Mesmo permanecendo silenciosos, eles não deixam de nos contradizer.

Para nós o ideal é então chegar a *prevenir* o surgimento de objeções, apresentando nossa argumentação de uma maneira tão fluida que pareça não dar lugar a nenhuma contradição. Infelizmente, isso é mais fácil de dizer do que de executar. Especialmente porque, na maioria dos casos, nós não partimos de uma página em branco. Nossos ouvintes nos ouvem a partir de seu próprio ponto de vista, irrigados por informações recolhidas e por argumentos ouvidos anteriormente. Antes mesmo de formular nossa primeira palavra, eles já têm ideias prévias, mais ou menos bem-articuladas, sobre o tema que nos dispomos a abordar.

Para as oradoras e os oradores, o método a seguir é, portanto, o seguinte. Se estamos convencidos de que, enquanto falamos, nossos ouvintes pensam numa objeção capaz de ameaçar a eficácia de nossa argumentação, é crucial então desenvolver uma prolepse, a fim de dissipar as resistências. Se não o fizermos, a crítica não cessará de surgir na mente de nossos ouvintes, carimbando com o selo da dúvida cada palavra que pronunciamos. Para nossa argumentação, trata-se de um veneno lento. E potencialmente mortal.

Dito isto, atenção: quando optamos por desenvolver uma prolepse, precisamos ter certeza de que a objeção à qual respondemos está realmente presente na mente de nossos ouvintes. Caso contrário, o procedimento se revelará contraproducente. Não só perderemos um tempo precioso desenvolvendo uma refutação inútil, mas, além disso, chamaremos a atenção dos nossos ouvintes para uma objeção com a qual eles nem sequer tinham sonhado! Esse erro é frequente, inclusive na vida cotidiana. O vendedor especificando a seus clientes: "Não procuro vender a vocês o que me convêm". O médico acrescentando espontaneamente: "Você pode confiar em minha receita, não tenho nenhum elo com a indústria farmacêutica". O dirigente associativo dizendo a um de seus parceiros: "Não procuramos de modo algum desviar o projeto em nosso proveito". Tantas prolepses que, empregadas de maneira supérflua, correm o risco não de tirar uma dúvida, mas antes de semeá-la.

ESTUDO DE CASO: Sou candidato à eleição presidencial. Após um começo tonitruante, minha campanha patina. Faz, com efeito, diversos dias que meus adversários encontraram um novo ângulo de ataque. Não cessam de repetir, com todos os tons e em todos os lugares, que nunca fui ministro – o que é exato, infelizmente. E que, portanto, eu não seria competente para exercer a função suprema – o que é absurdo, naturalmente. Sei que, cada vez que tomarei a palavra, os eleitores doravante não poderão mais abster-se de se perguntar: é ele realmente apto para tal missão? Em pleno comício lanço, portanto, esta tirada: "Ouço alguns repetirem que nunca fui ministro. Eles têm razão. Durante os últimos trinta anos, fui simplesmente chefe de empresa, diretor de uma grande escola, deputado, secretário-geral de partido político, presidente de comissão parlamentar e presidente da Assembleia Nacional. Perdoem minha inexperiência! Mas vocês sabem que não estou sozinho: imaginem que o próprio General De Gaulle nunca foi ministro antes de tornar-se presidente e fundador da V República! Pois bem. É uma das numerosas coisas que temos em comum!"

DECODIFICAÇÃO: Esta prolepse era necessária. Respondendo com força, asseguramos nossos eleitores da legitimidade de nossa candidatura e privamos nossos adversários de um ângulo de ataque bem cômodo. Era crucial, no entanto, esperar que a objeção fosse lançada abundantemente no debate público antes de confrontá-la. Se tivéssemos exibido a mesma tirada desde o início da campanha, não nos teríamos contentado em sugerir a crítica aos nossos adversários: nós a teríamos, por nós mesmos, induzida na mente de nossos ouvintes.

A prolepse em contexto competitivo

É evidentemente no quadro do debate contraditório que as objeções mais nos aterrorizam. Elas serão formuladas por um adversário que está diante de nós. Também ele busca a vitória. Ele não nos poupará. Se perceber uma falha em nossa armadura, golpeará com toda a sua força. Afinal de contas, é legítimo: nós estamos resolvidos a fazer a mesma coisa.

Neste contexto, pode ser extremamente tentador recorrer a prolepses. Por que não tomar a dianteira e antecipar nós mesmos uma objeção embaraçosa? Poderíamos assim empregar as palavras apropriadas. As que nos convêm, as que nos poupam. E impediríamos que o adversário utilize as suas, mais cruéis e perigosas. Infelizmente, por mais sedutor que seja, esta opção se revelará muitas vezes um impasse. Ou até, pior ainda, se voltará contra nós. E isso por três razões.

Em primeiro lugar, perderemos um tempo considerável. Dilapidaríamos segundos preciosos justificando-nos contra objeções hipotéticas, quando poderíamos tê-los utilizado para desenvolver nossa argumentação. Em segundo lugar, corremos o risco, também aqui, de sugerir ao nosso adversário uma objeção na qual ele não havia pensado... e não deixará de fazer bom uso dela. Porque, em terceiro lugar: diante de um debatedor experimentado, nossa prolepse, de qualquer forma, não terá nenhuma utilidade. Ele fará como se ela nunca tivesse sido formulada. E, pior, aproveitará para retomar a objeção por sua conta, com palavras mais pesadas do que as nossas. No entanto, já não respondemos? Não desarmamos justamente a objeção? Num plano lógico: sim, é verdade. Mas, como veremos mais tarde[35], o debate competitivo não obedece, ou pelo menos não obedece apenas, às normas lógicas. Quer nos felicitemos ou o deploremos, nestes enfrentamentos a eficácia tem muitas vezes mais peso do que o rigor. Nosso adversário poderá simplesmente permitir-se desdenhar a prolepse que desenvolvemos com muito trabalho. Ignorá-la, pura e simplesmente. Não só teremos perdido tempo, mas, além disso, não escaparemos do ataque. É até pior do que isso: nós o teremos introduzido. Por estas três razões, a prolepse não deveria ser utilizada senão com grande prudência, ou mesmo com extrema reticência, no quadro de um debate competitivo.

ESTUDO DE CASO (SEQUÊNCIA): Finalmente consegui passar no primeiro turno da eleição presidencial. Agora preciso enfrentar minha concorrente por ocasião do tradicional debate entre os dois turnos, no qual espero ser atacado acerca de um dossiê embaraçoso. Em meu programa defendo uma severa reforma das aposentadorias, ao passo que, quatro anos antes, pronunciei um vibrante discurso na Assembleia Nacional para defender o sistema atual. No momento em que os jornalistas abordam este tema, opto, portanto, por me antecipar: "Sei, madame, o que a senhora vai dizer. Vai mencionar aquele velho discurso que pronunciei há anos na Assembleia Nacional. Mas veja que a situação mudou muito desde então: as contas do nosso país se degradaram consideravelmente, a sobrevivência do sistema não está mais assegurada, e é preciso resolver-nos a tomar decisões difíceis. É o que farei quando for presidente da República". Minha contraditora ostenta um sorriso cruel e me responde: "Senhor, se as coisas se degradaram

---

35. Cf. cap. 8, I: "Os princípios da competição".

foi por causa da má gestão do governo que o senhor apoiou. Por outro lado, sim, o senhor tem razão; vou tornar a falar deste discurso. Eu não mudo de opinião a todo momento. Não digo uma coisa e logo depois o seu contrário. Ao contrário do senhor, eu não sou um cata-vento: digo o que penso. O senhor diz o que pensa que precisa ser dito para ser eleito!"

DECODIFICAÇÃO: Aqui estamos numa grande dificuldade. Nossa adversária rejeitou categoricamente nossa prolepse. Pior ainda: nós lhe oferecemos a ocasião de formular sua objeção, que se revelou tão dolorosa como temíamos. Nesta situação teria sido preferível deixar à nossa contraditora o cuidado de desferir o ataque por primeiro. Assim ela é que teria sido obrigada a gastar tempo para explicar o contexto. E nós, em seguida, teríamos estado em situação ideal para replicar.

Esta norma geral sofre, no entanto, de uma exceção importante: as situações nas quais as oradoras e oradores dispõem de um único turno de palavra. O exemplo típico deste tipo de interações são os processos. Antes de os membros do júri se retirarem para deliberar, os advogados se enfrentam por uma última vez para arrazoados interpostos. Trata-se, em termos retóricos, de um debate competitivo: dois oradores tentam vencer um ao outro para convencer os ouvintes que os escutam. Ora, numa tal configuração, corremos um grave risco se somos nós que falamos por primeiro. Sabemos, de antemão, que não teremos jamais a oportunidade de responder aos argumentos e às objeções que serão lançados contra nós. Para enfrentá-los, não temos outra opção senão resolver-nos a desenvolver um sistema de prolepses. É assim que encontramos classicamente, nos arrazoados de acusação, este gênero de sequências: "Meu confrade vos falará sem dúvida das desgraças que abatem seu cliente. Ele vos descreverá detalhadamente sua infância roubada, sua adolescência traumatizada, sua vida transtornada. Mas não esqueçam, não esqueçam nunca: muitos de nós temos vivido dramas. Temos enfrentado vidas difíceis. Nem por isso optamos por tornar-nos assassinos. O acusado, por sua vez, fez esta escolha. É a única coisa que conta". Isto nem sempre bastará, evidentemente. Mas será melhor do que nada.

IV. Manejar os fatos

Quando selecionamos nossos argumentos, é preciso igualmente escolher os fatos que iremos utilizar para embasá-los. Na maioria das vezes, este trabalho dependerá menos de uma lógica de argumentação do que de documentação. O problema principal será chegar a encontrar informações bastante fortes para dar peso aos nossos argumentos e bastante confiáveis para não serem questionadas. Para isso precisaremos muitas vezes considerar a possibilidade de beber em todas as fontes: jornalísticas, científicas, estatísticas, históricas, jurídicas, artísticas...

As dificuldades começam, em compensação, quando consideramos a argumentação numa perspectiva dinâmica. Muitíssimas vezes, como vimos, outros oradores se encontram diante de nós, defendem posições opostas às nossas e não hesitam em entrar numa lógica de contradição. Os fatos se tornam então um objeto de luta e de confronto. Na maioria das vezes, neste caso, os raciocínios divergentes estarão embasados, na realidade, em fatos diferentes. A questão não será apenas saber quais são verdadeiros – todos eles podem ser verdadeiros ao mesmo tempo. Precisaremos sobretudo determinar quais nos parecem os mais pertinentes.

ESTUDO DE CASO: Durante um jantar em família, meu tio decreta que nosso país tem um problema de integração e que estaríamos melhor se todos os imigrados fossem mandados de volta para seus países. A prova, acrescenta ele: "os negros e os árabes" estão super-representados na prisão. Eu lhe respondo que nosso país tem sobretudo um problema social e que estaríamos melhor se déssemos mais recursos para lutar contra a precariedade e o fracasso escolar. A prova, digo eu: "os pobres e os não diplomados" são os que estão super-representados na prisão.

DECODIFICAÇÃO: Esta discussão é um caso exemplar. É perfeitamente possível que os fatos relatados por nosso interlocutor e por nós sejam ambos fundamentados. Para isto, basta que os bairros desfavorecidos sejam habitados principalmente por pessoas vinda da imigração – o que ocorre em numerosas cidades. O debate, portanto, não recai sobre a exatidão dos fatos, mas sobre a importância que resolvemos dar aos fatos. Pensamos que os indivíduos cometem delitos porque estão mal-integrados? Ou, pelo contrário, porque não têm nenhuma perspectiva de sair da pobreza? Esta é a fonte de nosso desacordo. O que ela revela é provavelmente uma divergência de valores e de visão do mundo. Infelizmente há pouca chance de resolvê-la em torno de um prato de queijos.

Muitas vezes, portanto, o problema será o de encontrar fatos que nos permitirão sustentar, em relação aos nossos contraditores, uma interpretação diferente da realidade. Acontecerá, no entanto, que esta estratégia não seja suficiente. O que acontecerá se nossos adversários nos apresentam um fato terrível para nós? Um fato que nos acusa, nos abate e nos desqualifica? Será necessário apossar-nos dele e responder, da melhor maneira possível. Propriamente falando: a particularidade da retórica é que os fatos nunca são congelados. São, pelo contrário, um material flexível. Poderemos trabalhá-los, curvá-los até servirem ao nosso empreendimento de convicção. Ou, pelo menos, deixem de ser-lhe um obstáculo. Para isso dispomos de três estratégias diferentes: a negação, a interpretação e a relativização.

1. *A negação*

A primeira das estratégias, quando somos confrontados com um fato embaraçoso, é também a mais simples: negar. Enquanto pudermos. Olhamos nosso interlocutor com firmeza e aprumo e nos contentamos em responder-lhe: "Isso não é verdade".

ESTUDO DE CASO: Eminente ministro das Finanças do governo, acordo certa manhã com uma surpresa desagradável. Um grande jornal diário me acusa de ser titular de uma conta bem-abastecida num banco de um paraíso fiscal. As acusações são graves. Mas as provas pouco sólidas. Na mesma tarde, na Assembleia Nacional, os deputados da oposição não se abstêm de interrogar-me sobre esta questão. Eu me levanto e respondo com voz solene: "Ouçam-me. Eu digo a vocês, olho no olho. Nunca – estão ouvindo? – nunca possuí conta no exterior. Para mim, pagar meus impostos não é só um dever. É também um orgulho". Na sala, reina o silêncio. Parece que minha tomada da palavra bastou para apagar o incêndio.

DECODIFICAÇÃO: Com a condição de que as provas que nos acusam não sejam demasiado arrasadoras, esta estratégia pode revelar-se terrivelmente eficaz. Negando com força e indignação, instilamos hesitação na mente dos nossos ouvintes. E se somos nós que temos razão? E se fomos, efetivamente, vítimas de uma odiosa calúnia? Isto equivale, no fundo, a reivindicar em seu proveito o benefício da dúvida.

Atenção, no entanto. Se as provas que nos visam são demasiado arrasadoras, a negação corre o risco de revelar-se contraproducente. Daremos a impressão de nos debater, perderemos toda credibilidade e pareceremos mais culpados do que nunca. Sempre nos resta a possibilidade, neste caso, de utilizar uma variante desta estratégia: a negação parcial. Tratar-se-á então de procurar, entre os fatos que nos são censurados ou entre os documentos que nos são objetados, o elo fraco. O elemento suficientemente falso ou frágil para que o possamos denunciar. Em suma, respondemos: "Isso não é realmente verdade". Se procedemos com suficiente estardalhaço e indignação é possível que a contestação deste elemento menor seja suficiente para desacreditar nossos acusadores e desestabilizar o conjunto de sua estratégia.

ESTUDO DE CASO (SEQUÊNCIA): Os aborrecimentos continuam. O jornal acaba de publicar um segundo artigo, bastante longo, no qual renova suas acusações e as apoia desta vez com documentos arrasadores. Minha estratégia de negação se torna caduca. Mas um elemento chama minha atenção. No artigo se menciona uma soma de dinheiro, de montante bem preciso, que eu teria recebido e transferido para o exterior sete meses antes. Esta informação é errônea. Decido, portanto, manter minha linha de defesa, apoiando-me neste elo frágil. Contesto esta informação, declaro que estou pronto a jogar o jogo da transparência, vou até transmitir ao jornal a integralidade dos extratos bancários concernentes. E, evidentemente, afirmo que, como esta transferência imaginária, as acusações em sua integralidade logo desmoronarão como um castelo de cartas.

DECODIFICAÇÃO: Esta estratégia é ao mesmo tempo mais refinada... e menos eficaz do que a precedente. Se manobrarmos bem e argumentarmos com força, ela pode bastar para desqualificar nossos contraditores. Mas, em muitos casos, eles se contentarão em reconhecer um erro em seu dossiê. Amputarão um argumento que se tornou frágil. À maneira de uma planta que refloresce depois de cortarmos um galho morto, suas acusações reencontrarão todo o seu vigor. A negação parcial corre o risco de não ser suficiente para nos valer o benefício da dúvida. Em compensação, ela pode permitir-nos ganhar um tempo precioso. Precisaremos dele para preparar a sequência de nossa defesa.

2. A interpretação

Segunda estratégia possível que podemos exibir independentemente ou como sequência da precedente: a interpretação. Aqui reconhecemos a exatidão do fato que nos é recriminado. É verdadeiro, não o contestamos. Em compensação, vamos fornecer uma outra interpretação, que vai esclarecê-lo com uma luz nova e, idealmente, restaurar nossa respeitabilidade. Para isso vamos muitas vezes trabalhar sobre a intencionalidade por trás do fato: o que nos é recriminado é exato, mas o que procurávamos fazer foi malcompreendido. No fundo, esta estratégia consiste em responder: "Não é realmente isso".

ESTUDO DE CASO (SEQUÊNCIA): Minha situação agravou-se consideravelmente. Confrontado com as revelações sucessivas do jornal, minha linha de defesa se tornava insustentável. Com um lacônico comunicado à imprensa acabei confessando: os fatos são exatos, sou sim detentor de diversas centenas de milhares de euros depositados numa conta no exterior. Na mesma tarde aceito dar uma entrevista num grande telejornal. Diante da jornalista minhas declarações têm o efeito de uma bomba: "Senhora, desejo dizer toda a verdade. Com efeito, sou sim detentor dessa conta bancária. Mas a senhora se perguntou por que eu a abri? E de onde vem este fundo? Muito bem. Vou dizer-lhe. Há vinte anos meu mentor na política – hoje falecido, descanse em paz – me encarregou de proceder a uma discreta coleta de fundos. Ele queria poder financiar sua entrada em campanha, na eventualidade de se decidir a ser candidato. Finalmente, não se candidatou. Em compensação, eu havia feito minha parte do trabalho. É a ela que corresponde este dinheiro. São fundos políticos reunidos há duas décadas, e nos quais não toquei desde então. Quanto a mim, repito: sempre paguei todos os meus impostos na França, com honestidade e orgulho".

DECODIFICAÇÃO: A interpretação é a estratégia de defesa principal, visto que os fatos que nos são incriminados não podem ser negados. Tem a vantagem de ser muitas vezes surpreendente: enquanto nossos acusadores pensavam ter-nos encurralado, nós revertemos de repente a situação. Por outro lado, argumentando sobre a intenção por trás dos fatos em vez de sobre os próprios fatos, deixamos poucas brechas à contradição. É, com efeito, difícil refutar uma intencionalidade. Como provar que alguém não queria fazer aquilo que ele afirma que quis fazer? Por não conseguirem apresentar provas, deveríamos, também aqui, reivindicar o benefício da dúvida. E sair de uma situação crítica.

Acontece, no entanto, que somos confrontados com fatos avassaladores cuja intencionalidade deixa pouca dúvida. Neste caso não teremos outra opção senão passar à terceira estratégia de defesa.

3. A relativização

A última estratégia de defesa é também a mais arriscada: é a relativização. Ela implica reconhecer que somos culpados das acusações que pesam sobre nós. Mas nós as colocamos imediatamente diante de outros fatos, mais pesados ainda. Por contraste, nossos próprios erros parecerão irrisórios, insignificantes, desculpáveis. Nossa linha de defesa se resume então a: "Isso não é realmente grave".

ESTUDO DE CASO (SEQUÊNCIA): Eu pensava ter chegado ao fim de meus sofrimentos. Enganara-me. Depois de minhas confissões, o ministério público financeiro instaurou uma informação judiciária. Utilizando seus apoios diplomáticos, os investigadores descobriram vestígios de outra conta no exterior, que eu pensava ter dissimulado muito melhor. Infelizmente, eu havia continuado a alimentá-la até bem recentemente. Impossível, portanto, continuar a invocar o pretenso financiamento de uma hipotética campanha de meu antigo mentor... Doravante é diante de um tribunal que precisarei me defender. Abandonei toda esperança de ser inocentado. Meu único objetivo é evitar uma pena de prisão fechada. Com voz trêmula dirijo-me assim aos juízes: "Cometi um erro, confesso. Eu tinha uma parte de sombra. Ela foi descoberta. Mas quem, aqui, nunca cometeu um erro? Quem nunca conheceu, pelo menos uma vez, esta espiral de mentiras, que lamentamos amargamente, sem com isso chegar a libertar-nos dela? Pois não! Fraudei. Paguei menos imposto do que devia. Mas a fraude fiscal, convenhamos! Cada ano, biliardários transferem ao exterior dezenas de milhões de euros. E quando são pegos, o que lhes acontece? Um puxão de orelhas, só isso! Ao lado destas somas, meu próprio erro não representa nem mesmo uma gota de água. E sou eu quem deveria ir para a prisão? Ora, deixem-me pagar. Eu o mereço. Tudo o que vos peço é não ser tratado injustamente".

DECODIFICAÇÃO: Aqui tentamos uma dupla relativização. A primeira, lembrando que somos falíveis, mas da mesma forma que todos os seres humanos. A segunda, confessando que erramos, inegavelmente, mas menos do que outros! Não procuramos, portanto, instilar a dúvida nos nossos ouvintes. Contentamo-nos em solicitar sua indulgência.

Este procedimento constitui nosso último refúgio. Se falhar, e não chegamos a instilar dúvida nem obter a indulgência, deveremos então tentar o tudo por tudo: confessar, lastimavelmente, implorando o perdão e a clemência dos nossos ouvintes. Saímos então da retórica: renunciamos a procurar convencer, e aceitamos enfrentar a sentença que nos será imposta.

4. Exibir uma linha estratégica

Isso não é verdade. Isso não é realmente verdade. Não é realmente isso. Isso não é realmente grave. Mesmo encurralados por fatos avassaladores, as oradoras e oradores nunca são, portanto, totalmente desarmados. No decurso das páginas precedentes, a fim de realçar o funcionamento destas três estratégias, propusemos deliberadamente um estudo de caso espetacular. Mas não nos iludamos: estes procedimentos se aplicam também à retórica do cotidiano. Nosso patrão nos acusa de ter cometido um erro, a polícia suspeita de termos cometido uma infração, nossos amigos suspeitam que fizemos uma falcatrua no Banco imobiliário... Raramente passa uma semana sem que sejamos levados a negar, interpretar ou relativizar um fato.

Partindo disso, enquanto oradoras ou oradores, a questão que se nos coloca é de ordem estratégica: precisaremos definir o ponto de partida de nossa linha de defesa. Começaremos por contestar os fatos de que nos censuram? Aceitaremos, pelo contrário, homologá-los, para tentar propor uma outra interpretação? Consideraremos que o jogo está muito mal-encaminhado e que é melhor passar imediatamente à relativização? Ou então resolveremos renunciar a toda estratégia, para pedir perdão mais uma vez? Estas perguntas são delicadas. Quanto mais avançamos nessa linha de defesa, tanto mais deveremos assumir uma parte importante de responsabilidade. Mas, inversamente, nunca é bom precisar modificar nossa estratégia durante o trajeto. Confrontados com novos elementos que invalidam a posição que mantínhamos até então, seríamos obrigados a proceder a uma reviravolta que afetará nossa credibilidade. O risco é que nossas palavras acabem não tendo nenhum peso. É sábio, portanto, antecipar a evolução dos acontecimentos e não começar com uma estratégia demasiado otimista. Evidentemente, temos a possibilidade de simplesmente dizer a verdade. Ao fazê-lo, deixaríamos o domínio da reflexão estratégica, para entrar no do posicionamento ético.

Enquanto ouvintes, quando descobrimos estas linhas de defesa num orador, devemos ter em mente que elas são bem clássicas. Na esfera pública, elas pertencem ao que denominamos "comunicação de crise". Isto não significa necessariamente que sejam falsas. Mas também não quer dizer que sejam verdadeiras. Não temos então outra escolha senão permanecer prudentes, cruzar as fontes, procurar forjar nosso próprio julgamento. O mais esclarecido possível.

Conclusão

Em matéria de argumentação, o absoluto não é deste mundo. Não existe nenhuma fórmula mágica, nenhuma receita milagrosa, nenhuma técnica tão justa e tão perfeita que nos permitiria chegar sistematicamente ao nosso fim: conquistar a convicção. E no entanto, apesar da infinidade das situações e da imprevisibilidade dos indivíduos, precisamos realmente fazer uma escolha. Selecionar argumentos. Elaborar uma linha. Como, então, procederemos? Sem certeza. Mas com método.

Isso se resume, no fundo, a uma série de perguntas. Qual é o conjunto dos argumentos que temos à nossa disposição? Entre eles, quais nos parecem rigorosos em relação às informações que conhecemos? Quais nos parecem eficazes em relação ao público ao qual nos dirigimos? Quais nos parecem importantes diante de nossas próprias convicções? E, sobretudo, como vamos conciliar estas três exigências? Por outro lado, quais objeções devemos esperar? Como responderemos a elas? Deveríamos procurar antecipar-nos a elas, ou esperar que sejam expressas? Por fim, quais fatos escolheremos em apoio de nossos argumentos? Com que meios nos defenderemos das acusações?

Estas são as perguntas que deveríamos ter em mente quando nos preparamos para argumentar. O simples fato de colocá-las diante de nós, de maneira clara e metódica, nos permitirá ganhar em eficácia. E dar um grande passo rumo ao nosso objetivo: convencer.

CAPÍTULO 3

Estruturar seu pensamento

"Todas as palavras que me ocorrerem, vou lançá-las a esmo, sem dispô-las num ramalhete!"[36] Assim fala Cyrano de Bergerac sob a varanda de Roxane. Protegido pela noite, submerso pelo amor, ele deixa a onda de suas emoções fluir sem entraves. A cena é pungente. A declaração é desconcertante. A história é dilacerante. Mas, infelizmente, nós não somos Cyrano. Se desejamos convencer, não podemos contentar-nos em lançar nossos argumentos a esmo. Precisaremos aprender a fazer deles um ramalhete. A organizar nosso pensamento.

No capítulo precedente, vimos como constituir um *inventário* de todos os argumentos disponíveis, a fim de avançar em seguida para a elaboração de uma verdadeira *linha argumentativa*, ou seja, um conjunto de argumentos coerentes entre si e adaptados ao público. Resta-nos ainda dar a estes argumentos uma estrutura, uma organização, uma articulação. Dar-lhes como introdução um gancho surpreendente e concluí-los com um encerramento impactante. Todo este trabalho é o que os antigos, especialmente Cícero, denominavam a *disposição*: a segunda etapa a seguir na construção de uma argumentação.

Neste capítulo nos concentraremos principalmente nas tomadas das palavras monológicas, sejam orais ou escritas: um discurso, uma apresentação ou um vídeo, mas também uma carta, um comunicado ou um deba-

---

36. ROSTAND, Edmond, *Cyrano de Bergerac*, 1897, ato III, cena 7.

te. A questão das interações com um interlocutor, seja para convencê-lo ou para vencê-lo, será tratada mais adiante[37].

I. Enquadrar nosso discurso

No capítulo precedente consideramos sobretudo a questão da seleção dos argumentos, perguntando-nos quais eram os que era oportuno mobilizar diante de um público determinado. Esta etapa era essencial, mas ela ainda deixa na sombra diversas perguntas bem concretas que, enquanto oradoras ou oradores, precisamos enfrentar por ocasião da preparação de nossa intervenção. Como formular nossa ideia diretriz? Quantos argumentos optaremos por desenvolver? A quais qualidades devemos dar prioridade: à clareza, à elegância, à concisão, à exaustividade? São todas interrogações das quais dependem, em parte, nossas chances de sucesso.

1. Identificar a ideia diretriz

A procura da convicção pode assumir muitas formas. Das mais concisas às mais longas. Das mais formais às mais descontraídas. Das mais livres às mais codificadas. Todas, no entanto, têm uma coisa em comum: são orientadas por uma linha diretriz. Uma linha de força, um fio condutor que atravessa a intervenção e vem cristalizar, em poucas palavras apenas, a posição defendida. É esta ideia diretriz que devemos ter em mente, gravada em letras incandescentes, quando tomamos a pena ou a palavra.

Muito concretamente, isto implica que deveríamos ser capazes de formalizar nossa posição numa só e única frase. Uma frase para exprimir aquilo de que queremos convencer. Uma frase para condensar nosso pensamento. Assim, e para parafrasear o poeta Nicolas Boileau, em retórica, o que se concebe bem... precisa caber no espaço que separa a maiúscula do ponto.

Esta questão é muito mais importante do que parece. Forçando-nos a reunir assim toda a nossa argumentação, obrigamo-nos a ir ao cerne do

---

37. Cf. cap. 8: "Dominar o debate".

essencial. A deixar de lado os detalhes, as especificações, as nuanças que, certamente, têm sua importância, mas não deveriam nunca nos levar a esquecer o mais crucial: o impacto que procuramos causar no nosso público. Mantendo em mente esta ideia diretriz, forçando-nos a mantê-la sob os olhos quando começamos a estruturar nossa argumentação, certos dilemas delicados se resolverão por si mesmos. Quais passagens vamos desenvolver ou, ao contrário, resumir? Quais exemplos devemos conservar ou, ao contrário, suprimir? O que precisamos dizer como conclusão? Como introdução? São todas interrogações cujas respostas decorrem, direta ou indiretamente, de nossa ideia diretriz. Tendo aproveitado o tempo para formalizá-la, já aumentamos, conscientemente ou não, a força de convicção.

ESTUDO DE CASO: Perito em eloquência, preparo-me para tomar a palavra por ocasião de um dia de conferências. Diante de mim se encontram chefes de empresas, diretores de recursos humanos, responsáveis políticos, sindicais e associativos. Meu objetivo é claro: estimular os ouvintes a seguir uma formação de tomada da palavra. Ou, para ser mais preciso: a seguir *minha* formação na tomada da palavra. No momento de preparar minha intervenção, as ideias se acotovelam em minha mente. Eu gostaria de dar alguns conselhos práticos; falar do exemplo de Martin Luther King; mostrar a importância da palavra no cotidiano; evocar minha história pessoal; abordar a importância do corpo e da voz... Quando começo a me afogar nestas reflexões, uma frase se impõe então como uma evidência: "Todo mundo pode tornar-se um bom orador ou uma boa oradora: basta aprender a respeitar alguns conselhos simples". É disso que tenho realmente vontade de convencer. Munida com esta linha diretriz, a organização de minha intervenção me aparece de repente com mais clareza...

DECODIFICAÇÃO: A operação à qual nos entregamos aqui pode parecer de uma grande banalidade. Mas não nos iludamos: desvencilhar nossa ideia diretriz é muitas vezes menos simples do que parece. Quanto mais trabalhamos nosso tema, acumulamos conhecimentos, desenvolvemos uma perícia, tanto mais corremos o risco de perder de vista o ponto de onde havíamos partido: o essencial, o crucial, o plano, que reduz nossa ideia à sua expressão mais simples. É a isso que devemos retornar, se nosso desejo é conquistar a convicção.

2. Escolher o bom número de argumentos

Existe um exercício malicioso com o qual os professores de Retórica podem confrontar seus alunos. Consiste simplesmente em perguntar: "Na opinião de vocês, de quantos argumentos vocês precisam para convencer?" Imediatamente as respostas irrompem: "Dois! Três!" Às vezes uma ponta de audácia: "Quatro!" Ou mesmo uma pitada de provocação: "Quarenta e dois! Seiscentos e sessenta e seis!" Até que, por fim, com uma voz muitas vezes pouco segura, se faz ouvir o início de uma resposta sensata: "Mas... um só pode ser suficiente, não é?"

Este exercício não é anódino. Ele ilustra o peso que a camisa de força da dissertação argumentada, na qual somos formados no decurso de nossos estudos, faz pesar sobre nossas mentes. Sua metodologia é invariável. E o plano é fixado de antemão. De acordo com a preferência do professor, com a tradição da disciplina e com a inspiração do aluno, comportará a escolha de duas ou três partes. Nenhuma a mais. Plano dialético (tese, antítese, síntese) ou antitético (por um lado, por outro): fora destas veredas balizadas há décadas por milhões de cópias não há salvação. Por isso tendemos, espontaneamente, a imaginar que dois ou três argumentos constituem o pedestal ideal para uma boa intervenção. Ora, isto não tem nenhum sentido. Enquanto oradoras ou oradores, o essencial não é conformar-nos com um número teórico de argumentos. Mas, evidentemente, adaptar-nos sempre ao contexto e ao tema da intervenção.

Em primeiro lugar, o contexto. É evidente que, para defender uma determinada posição, não iremos empregar a mesma argumentação se temos à disposição um minuto ou uma hora, dez linhas ou dez páginas. Neste contexto a questão do número de argumentos se coloca em termos muito diferentes da questão da elaboração da linha argumentativa. Imaginemos que, diante de uma folha de papel, articulamos nossa linha em torno de cinco argumentos centrais, que nos parecem ao mesmo tempo eficazes, rigorosos e coerentes entre si. Na realidade, não será necessariamente possível, nem oportuno, desenvolvê-los todos. Se nossa dissertação for curta ou nossos ouvintes forem distraídos, precisaremos resolver-nos a não dizer tudo. Precisaremos fazer escolhas. Neste sentido, o bom número de argumentos é aquele que é adaptado ao tempo de que dispomos e à atenção que os ouvintes nos manifestam.

Em segundo lugar, o tema da intervenção. Quando elaboramos nossa linha argumentativa, é possível que ela acabe se reduzindo apenas a dois ou três argumentos, que consideramos capazes de causar impacto sobre nosso público. Estaremos então em terreno conhecido. Pode ocorrer igualmente que a linha argumentativa seja muito mais extensa: quatro, cinco, sete argumentos... Neste caso, tanto melhor: poderemos escolher os que nos parecem mais bem-adaptados ao contexto no qual falamos ou escrevemos. Mas pode igualmente surgir uma situação na qual, acerca de determinado tema, diante de certo público, nossa linha argumentativa se reduza... a um único argumento! Este sozinho nos parecerá suficientemente rigoroso ou eficaz para poder ser empregado. Neste caso, será grande a tentação de ir repescar um ou dois elementos descartados à primeira vista. Confrontados com o medo da falta, do vazio ou da insuficiência, poderíamos consentir em diminuir nossas exigências. Aceitar deixar que um ou dois argumentos mais frágeis escapem de nossa boca ou de nossa pena. Esse seria um erro grave. Menos rigorosos ou eficazes por definição, estes argumentos suplementares correriam o risco de desvalorizar a integralidade de nossa linha argumentativa. Constituiriam os elos fracos. Suscitariam a dúvida em nossos ouvintes. E o contra-ataque de nossos adversários. Nossa linha argumentativa não é constituída senão de um só argumento? Pois bem! Nós o empregaremos em todos os tons, em todas as formas, com todos os exemplos. Mas, aconteça o que acontecer, não enfraqueceremos nós mesmos nossa linha acrescentando-lhe argumentos suplementares, frágeis ou pouco impactantes. A boa prática, no fundo é simples: o bom número de argumentos... é o número de bons argumentos!

ESTUDO DE CASO: Ao sair do trabalho, com alguns colegas, resolvemos ir beber alguma coisa. A discussão se afasta do curso normal e, de garrafa de vinho em tábua de queijos, acaba abordando um tema sensível: a pena de morte. Como a imensa maioria das pessoas presentes, eu me oponho. Um dos convivas declara que ele, pelo contrário, é a favor de seu restabelecimento e defende sua opinião com entusiasmo. Vendo que uma parte dos ouvintes não é insensível aos seus argumentos, decido intrometer-me. Eu poderia, evidentemente, começar dissertando sobre a ausência de valor dissuasivo da pena de morte, prosseguir esboçando uma grande comparação internacional e concluir evocando o valor sagrado da vida humana. Mas todos estes argumentos precisam de tempo e de precaução para serem desenvolvidos eficazmente. Aqui, num bar, após o terceiro copo, já posso antecipar o que vai acontecer: serei interrompido, caricaturado, ridicularizado e vencido. Decido, portanto, entrincheirar-me num argumento abolicionista que me parece simples e mais contundente: "Como nenhum tribunal é infalível, uma justiça que executa os culpados assassina também inocentes. Ninguém pode negá-lo e ninguém deveria aceitá-lo". Farei deste único argumento meu baluarte. Enquanto meu interlocutor não chegar a abalá-lo, o que não é coisa fácil, deverei conservar o favor dos ouvintes.

DECODIFICAÇÃO: Nesta situação, não poderemos evidentemente contentar-nos em repetir nosso argumento indefinidamente. Se não queremos dar a impressão de papaguear, precisamos introduzir sem cessar novas variações: diversificar nossas fórmulas, convocar numerosos exemplos, forjar metáforas, encontrar citações... Desta capacidade de renovar nossa argumentação dependerão nossas chances de conquistar a convicção. Empregar um único argumento não implica dizer uma única coisa!

3. Privilegiar a clareza e a concisão

Quando preparamos o plano de uma intervenção, temos geralmente duas exigências na mente: a exaustividade e a elegância. Queremos ter certeza de dizer tudo, sem esquecer nem deixar nada de lado. Procuramos igualmente organizar nossas ideias com originalidade, a fim de marcar as mentes pela argúcia de nosso pensamento. Por mais louváveis que pareçam, esses objetivos se revelam deletérios.

"Parece que a perfeição é atingida não no instante em que não há mais nada a acrescentar à máquina e sim quando não há mais nada a suprimir", dizia Antoine de Saint-Exupéry[38]. Este preceito se aplica à retórica com uma importância toda particular. Se nossa intervenção for longa demais, perderemos a atenção dos ouvintes. Se estiver atravancada de desenvolvimentos supérfluos, eclipsaremos os pontos essenciais. Se for prolixa ou redundante, despertaremos o tédio. Ao contrário, quanto mais nossa argumentação for lacônica, limitada, condensada, tanto mais será contundente, incisiva, memorável. Quando preparamos o plano de nossa intervenção, é preciso, portanto, lutar contra nossa tendência natural de tender à exaustividade, a fim de visar, pelo contrário, a concisão. Dizer tudo o que é necessário, mas só o que é necessário. Evidentemente, devemos também nos precaver contra o excesso inverso. Se for densa demais, nossa argumentação corre o risco de ser malcompreendida e dificilmente aceita. Mas geralmente é antes por superabundância que as oradoras e oradores tendem a pecar. Podemos também reter o seguinte conselho: como regra geral, quanto menos nos alongarmos, tanto mais seremos convincentes.

"A simplicidade é a sofisticação suprema", dizia Leonardo da Vinci. Também aqui, este conselho encontra um eco todo particular no que concerne à estruturação de nossa argumentação. Quando trabalhamos nosso plano, podemos ser tentados a afastar-nos das arquiteturas demasiado clássicas ou evidentes, para buscar a complexidade ou a originalidade. Fazendo isso, nos equivocamos sobre o próprio papel do plano na retórica. Sua principal virtude não é impressionar os que nos ouvem. Mas orientá-los. Nosso objetivo primeiro deveria ser minimizar os esforços que nossos ouvintes precisam desenvolver para se encontrar em nosso discurso, compreender a articulação do nosso pensamento e captar a lógica de nosso raciocínio. A elegância, a sofisticação, a singularidade virão

---

38. SAINT-EXUPÉRY, Antoine de, *Terra dos homens*, 1939, cap. 3.

depois. Na escolha das figuras, na cinzelagem das fórmulas, na inventividade dos exemplos. Mas, no que concerne ao plano, é a clareza que deveríamos visar. Quanto menos dificuldades nossos ouvintes tiverem de nos compreender, tanto mais chances teremos de convencê-los.

II. Organizar sua intervenção

Existem, na retórica, tantos planos diferentes quantas ocasiões de discorrer: uma infinidade. Sobre esta questão, como sobre muitas outras, devemos, portanto, decidir-nos a trabalhar de maneira esquemática, contentando-nos em distinguir os grandes tipos de planos. Com suas forças e suas fraquezas. Mais ou menos adaptados à situação na qual nos encontramos. Mas, antes de examiná-los metodicamente, precisamos evocar brevemente a estrutura que lhes serve de base: as seis etapas do discurso.

1. As seis etapas do discurso

A partir de Cícero, considera-se que todo discurso precisa ser constituído de seis partes. Em primeiro lugar, o *exórdio*, no qual precisamos introduzir o objetivo, captar a atenção do público e suscitar a benevolência. Em seguida, a *narrativa*, para expor os fatos, a situação ou o problema. A *divisão*, para traçar os contornos da questão, lembrar os pontos que já foram solucionados, afastar os elementos irrelevantes e especificar o que resta examinar. A *confirmação*, para propor os argumentos e apresentar as provas. A *refutação*, para remover as objeções que foram apresentadas. E, enfim, a *peroração*, para resumir o objetivo e concluí-lo com elegância.

Contrariamente ao que muitas vezes se escreveu, estas seis partes não constituem um plano. Elas são aliás, por natureza, de tamanhos muito desequilibrados. O exórdio, como veremos, pode perfeitamente ser condensado em algumas palavras, da mesma forma que a divisão e a peroração. Inversamente, a confirmação constituirá muitas vezes todo o corpo do discurso, já que remete, no fundo, à exposição de nossa linha argumentativa. Da mesma forma, a ordem destas partes não é absolutamente gravada em pedra – com exceção, evidentemente, do exórdio, que inicia nossa intervenção, e da peroração, que a conclui. Poderá até acontecer que optemos por não levar em consideração uma ou outra destas etapas – especialmente a refutação, porque vimos que nem sempre era conveniente responder às objeções antes de serem levantadas explicitamente.

Por isso, para tratar da organização do discurso, não podemos de modo algum limitar-nos a enumerar estas seis etapas canônicas. Precisamos mostrar também como é possível organizar concretamente, entre eles, os diferentes elementos de nosso discurso: argumentos, exemplos, informações... É a isto que vamos dedicar-nos, distinguindo três grandes tipos de planos: lógicos, descritivos e narrativos.

2. Os planos lógicos

Comecemos com a estrutura mais clássica: a dos planos lógicos. São aqueles nos quais todos os alunos são formados, quando estudam o exercício da dissertação argumentada. Neste tipo de plano, apresentamos uma reflexão construída metodicamente. As informações e os argumentos se encadeiam progressivamente, etapa após etapa. As diferentes partes são articuladas entre si por inferências, ou seja, elos construídos de acordo com um raciocínio específico. Existem assim diversos tipos de planos lógicos, correspondentes aos diferentes tipos de raciocínios sobre os quais se fundamentam. Limitar-nos-emos a examinar os quatro planos mais correntes: os planos analíticos, dialéticos, cronológicos e temáticos.

Num plano *analítico*, nosso pensamento se organiza de acordo com uma *lógica linear*. Cada elemento é a consequência daquilo que precede e o fundamento daquilo que segue. As partes são estruturadas como outras tantas grandes etapas na articulação de um raciocínio global. A encarnação mais simples desse plano analítico é a estrutura "problema, causas, consequências, recomendações". Mas existem inúmeras variantes, às vezes mais sutis, em função do tema que precisamos tratar. Quando, em conclusão, chegamos à nossa proposta, esta aparece como a consequência natural daquilo que acabamos de desenvolver.

Num plano *dialético*, nosso pensamento se constrói sobre uma *lógica de oposição*. Ela segue um movimento de pêndulo. Num primeiro tempo, apresentamos nossa tese, que constitui nosso ponto de vista inicial sobre o tema. Em seguida, a confrontamos com sua antítese, que permite mostrar suas nuanças, seus limites, seus pontos cegos, ou mesmo seus erros. Isto nos permite chegar à síntese, na qual apresentamos nossa proposta final, que aparece muitas vezes como a superação da oposição inicial.

Num plano *cronológico*, nosso pensamento depende de uma *lógica temporal*. Ele segue o fluxo natural do tempo. Depois de ter identificado o período que consideramos pertinente, dividimo-lo em diversas grandes etapas, que corresponderão às nossas diferentes partes. Todo o problema de nosso raciocínio consistirá em chegar a restituir a coerência dos acontecimentos entre si. Será preciso não só nos contentarmos em mostrar como eles se sucederam, mas procurar explicar por quê. Isto deve naturalmente nos levar, em conclusão, a formular nossa proposta, que será ou um julgamento sobre o passado, ou uma recomendação para o presente, ou uma antecipação do futuro.

Num plano *temático*, enfim, nosso pensamento se estrutura de acordo com uma *lógica de classificação*. Nossas diferentes partes correspondem aos grandes temas que, encadeados um após o outro, manifestam o tema em sua globalidade. Todo o problema consiste então em forjar categorias que não coincidem, permanecem coerentes e, no conjunto, esgotam toda a complexidade da questão. A partir daí, nos restará mostrar em que estes diferentes temas nos permitem resgatar diferentes conclusões que, juntas, convergem todas para uma proposta única.

A força dos planos lógicos depende, como vemos, do rigor de sua construção. Eles são perfeitamente adaptados às situações nas quais precisamos justificar reflexões complexas e estruturadas. Mas este rigor vem com um preço a pagar. Em primeiro lugar, a construção de um plano lógico necessita de um cuidado todo particular e supõe, portanto, que dispomos de um tempo suficiente de preparação. Por outro lado, e este é um ponto crucial, os planos lógicos exigem que possamos apresentar nosso raciocínio em sua integralidade. Caso contrário, nossa proposta, que decorre dela diretamente, se veria amputada de uma grande parte de sua força de convicção. Por isso, quando optamos por recorrer a um plano lógico, precisamos assegurar-nos de que o ambiente nos permitirá expressar-nos serenamente. Ainda nos restará, evidentemente, manter a atenção de nossos ouvintes até o fim de nossa intervenção. O contexto não faz tudo: precisamos igualmente, aqui talvez mais do que alhures, ser uma boa oradora ou um bom orador.

ESTUDO DE CASO (SEQUÊNCIA): Sou perito em eloquência, e tomo a palavra durante um dia de conferências, no fim do qual espero conseguir vender aprendizagens. Minha ideia diretriz é a seguinte: "Todo mundo pode tornar-se oradora ou orador: basta aprender a respeitar alguns conselhos simples".

OPÇÃO N. 1: Posso optar por um plano analítico. Neste caso, começo constatando que muitas pessoas têm medo de tomar a palavra em público. Interrogo-me então sobre a origem de um temor tão difuso e mostro que ele se explica pelo fato de que a oralidade não é ensinada no curso escolar. Ora, acrescentarei, esta carência é prejudicial numa sociedade como a nossa, que se baseia cada vez mais na tomada da palavra em público. É essencial, portanto, preenchê-la com formação contínua. E isto vem a propósito: todo mundo pode tornar-se uma boa oradora ou um bom orador...

OPÇÃO N. 2: Posso optar por um plano dialético. Neste caso, começo apresentando todas as situações profissionais e cidadãs nas quais é essencial dominar a eloquência, e concluo que se trata doravante de uma competência incontornável. Mas matizo imediatamente esta posição, reconhecendo que, para certas pessoas, exprimir-se em público constitui um verdadeiro calvário. Exploro, portanto, as estratégias que permitem contornar este traumatismo: desenvolver suas competências na escrita, investir no domínio numérico, refugiar-se na videoconferência... Depois, num terceiro tempo, ultrapasso esta oposição para mostrar que ninguém é condenado a não saber tomar a palavra. Pelo contrário: todo mundo pode tornar-se uma boa oradora ou um bom orador...

OPÇÃO N. 3: Posso optar por um plano cronológico. Neste caso, remonto à época da realeza, para mostrar que, durante séculos, os indivíduos raramente tiveram a ocasião de fazer valer seu ponto de vista em público. Depois, num segundo tempo, interesso-me pelo advento da democracia, realçando o fato de que ela deu novamente uma importância crucial à eloquência. Por fim, numa terceira parte, concentro-me na época atual, para defender a ideia de que, com as redes sociais, as novas formas de empreendedorismo e os mecanismos de democracia participativa, a arte oratória se tornou uma competência mais essencial do que nunca. Ora, isto vem a propósito: todo mundo pode tornar-se uma boa oradora ou um bom orador...

OPÇÃO N. 4: Posso optar por um plano temático. Neste caso, começo examinando a importância da arte oratória na esfera política e observo que, na hora da democracia, dos movimentos sociais e da internet, tornou-se crucial para todos os cidadãos saber tomar a palavra. Volto-me em seguida para a esfera profissional e observo que, entre as apresentações, as entrevistas, as aprendizagens, as reuniões e as videoconferências, há cada vez menos trabalhadores que podem permitir-se não ser eloquentes. Examino, por fim, a esfera pessoal e observo que, entre os discursos de casamento e as orações fúnebres, precisaremos todos, um dia ou outro, pronunciar um discurso. Para onde quer que nos voltemos, portanto, somos confrontados, hoje, com a exigência de saber falar em público. Ora, isto vem a propósito: todo mundo pode tornar-se uma boa oradora ou um bom orador...

DECODIFICAÇÃO: Como constatamos, é perfeitamente possível estruturar uma mesma tomada da palavra utilizando numerosos planos lógicos diferentes. Isto não significa, evidentemente, que sejam todos pertinentes, aqui e agora. No presente caso, o plano cronológico seria sem dúvida mais apropriado num contexto intelectual ou acadêmico do que numa ótica de vendas, onde a profundidade temporal não traz grande coisa. O plano dialético, por sua vez, provavelmente não é o mais bem-adaptado à questão que tínhamos a tratar, na medida em que esta permanece muito pouco sujeita à controvérsia. Em compensação, os planos analíticos e temáticos parecem funcionar bem no contexto de uma conferência em que procuramos vender uma prestação. Enquanto oradora ou orador, se optamos por voltar-nos para um plano lógico, não bastará, portanto, elaborar uma estrutura sólida e coerente. Precisaremos também assegurar-nos de que ela seja adaptada à situação em que nos encontramos.

3. O plano enumerativo

O segundo tipo de plano é o mais simples de todos: trata-se do plano enumerativo – ou descritivo, como às vezes se lê. Aqui, não vamos mais preocupar-nos em construir progressivamente, parte por parte, um pensamento lógico rigoroso e metódico. Pelo contrário, preocupados com eficácia, vamos trabalhar por simples acumulação.

O plano enumerativo terá, portanto, sempre a mesma estrutura. Após um gancho (*exórdio*) que visa captar a atenção do público, apresentamos imediatamente nossa ideia diretriz, que expomos sem rodeios. Passamos, em seguida, ao corpo de nossa intervenção: nossa seleção dos argumentos mais eficazes possíveis, que juntamos uns aos outros, sem tergiversação. Para cada um destes argumentos procuramos encontrar uma fórmula contundente, que os condensa, bem como um exemplo marcante, que os ilustra. Por fim, à guisa de conclusão, repetimos simplesmente nossa ideia diretriz: esclarecida pelo trabalho argumentativo que acabamos de produzir, ela deveria aparecer tanto mais convincente.

Aparentemente, este tipo de estrutura pode parecer aproximar-se do plano temático, onde as partes se sucedem sem linearidade. Trata-se, no entanto, de duas organizações radicalmente diferentes. No plano temático, nos esforçamos por dividir metodicamente a intervenção em diversas partes, que no conjunto cobrem nosso tema em toda a sua complexidade. No plano enumerativo, pelo contrário, utilizamos uma estrutura muito simples, onde os argumentos não precisam ser nem totalmente exaustivos, nem particularmente articulados, nem mesmo cuidadosamente ordenados.

É, no entanto, desta simplicidade que provém toda a força do plano enumerativo. Aqui a elegância é sacrificada sobre o altar da eficácia. Nossos ouvintes são imediatamente expostos à nossa proposta forte, permitindo-nos captar de novo sua atenção. A clareza do nosso plano o torna fácil de seguir, garantindo-nos que ninguém se perca pelo caminho. A conclusão lembra o objetivo do discurso, assegurando-nos que nossa mensagem seja bem-integrada. Trata-se assim de uma estrutura adaptada aos contextos nos quais devemos marcar as mentes num tempo muito curto. Por outro lado, o plano enumerativo tem de cômodo o fato de que bastam alguns minutos, ou mesmo alguns segundos, para rabiscá-lo num pedaço de papel. É, portanto, um instrumento precioso nas circunstâncias em que precisamos tomar a palavra de improviso. Por fim, o plano enumerativo tem a vantagem de ser flexível, ao ponto de poder ser modificado durante o trajeto. Neste sentido, é uma solução apropriada se não sabemos de antemão quais serão o quadro e a duração de nossa tomada da palavra. Bastará, se for o caso, suprimir ou acrescentar um argumento para encurtar ou alongar nossa intervenção. Tomadas da palavra numa reunião, apresentações no formato "sinopse", vídeos ou textos difundidos nas redes sociais: eis, portanto, algumas das numerosas situações nas quais esta estrutura se ilustra particularmente.

Evidentemente, o plano enumerativo encontra também importantes limites. Sua organização rudimentar o torna um instrumento mal-adaptado aos temas complexos, que precisam de uma argumentação refinada e estruturada. Corre igualmente o risco de ser pouco apropriado nas situações em que precisamos desenvolver uma intervenção longa. Passada a eficácia dos primeiros minutos, corremos o risco de naufragar progressivamente na monotonia de um discurso desvitalizado, sem brilho nem alma; onde, pelo contrário, um plano mais complexo teria permitido manter a atenção.

ESTUDO DE CASO (SEQUÊNCIA), OPÇÃO N. 5: Se disponho de alguns minutos apenas para minha intervenção, sem dúvida tenho interesse em adotar um plano enumerativo. Minha introdução poderá então assemelhar-se a isto: "É duro tomar a palavra, não é? Vocês sabiam que existem muitas pessoas para as quais o medo de falar em público é mais intenso do que o medo da morte? E, no entanto, isto não é uma fatalidade. Hoje, eu gostaria de mostrar a vocês que todo mundo pode tornar-se uma boa oradora ou um bom orador! É até muito simples: basta que aprendam a dominar alguns grandes princípios, que vou apresentar-lhes brevemente. Em primeiro lugar..." Enumero, em seguida, meus conselhos um depois do outro, enriquecendo-os cada vez com uma fórmula forte e um exemplo memorável. Minha argumentação comporta cinco pontos; mas sei que, se o apresentador me faz um sinal para eu interromper antes do fim, isso não será um drama. Mesmo incompleta, minha intervenção permaneceria eficaz. Para concluir, contento-me em retomar a ideia diretriz: "Como vocês veem, estes conselhos são muito simples. Com treinamento, todo mundo pode dominá-los. Cada uma e cada um de vocês, aqui, pode aprender a falar em público. Basta esforçar-se!"

4. O plano narrativo

O terceiro tipo de plano difere radicalmente dos precedentes: trata-se do plano narrativo. Aqui procuraremos articular nossas diferentes partes entre si, em vez de nos contentarmos em juntá-las sem outra forma de processo. No entanto, esta articulação não seguirá as normas do pensamento lógico. Ela decorrerá, de preferência, dos códigos do relato. No fundo, num plano narrativo, não apresentamos uma enumeração, nem desenvolvemos um raciocínio. Nós contamos uma história. Ou, para empregar um conceito de comunicação contemporânea: fazemos *storytelling*.

Para isso, vamos nos apoiar num instrumento elaborado pela pesquisa em literatura nos anos de 1960 e 1970: o esquema narrativo. Estudando um grande número de contos, mitos e lendas, os especialistas se deram conta de que grande parte das narrativas é na realidade estruturada de acordo com as mesmas cinco etapas. Primeiramente, uma *situação inicial*, perturbada por um *elemento desencadeador*, o qual leva a uma série de *peripécias*, que encontram sua solução num *desfecho*, desembocando na *situação final* da história[39]. Num plano narrativo é exatamente este esquema que vamos utilizar para organizar nosso discurso. Começamos por expor a *tensão* que se situa na origem de nossa argumentação: dificuldade a resolver, desafio a aceitar, oportunidade a aproveitar... Em seguida, apresentamos as *repercussões*, positivas ou negativas, provocadas por esta tensão: ameaças que ela faz pairar, temores que ela suscita, esperanças que ela desperta... Por fim, apresentamos nossa *recomendação* para sustar estas ameaças, banir estes temores ou realizar estas esperanças: será a proposta que oferecemos. Tensão, repercussões, recomendação: eis as três etapas que estruturam nossa narrativa e precisam ser respeitadas com a maior clareza.

Por sua própria natureza, o plano narrativo é particularmente adaptado às intervenções que encenam uma narrativa pessoal – quer se trate de contar nossa própria história ou de relatar uma da qual somos depositários. Mas pode ser utilizado também mais amplamente, para realçar a história de uma instituição, de uma empresa, de um projeto ou de uma ideia. Inúmeras intervenções são, na realidade, suscetíveis de ser estruturadas à maneira de uma narrativa.

Trata-se de um ponto notável. Frequentemente, com efeito, vemos o *storytelling* reduzido a um tipo de sequência em particular: aquele que começa com as palavras "eu gostaria agora de contar-lhes uma história". Ele se limitaria ao fato de abrir um parêntese em nosso discurso no decorrer do qual exibiríamos uma curta narrativa à guisa de ilustração. No fundo, o *storytelling* não passaria de uma apresentação de historietas. Ora, como vemos, a utilização retórica dos procedimentos narrativos vai muito além disto. É possível utilizar a arte da narrativa não como um simples instrumento no interior de nossa argumentação, mas como uma maneira de estruturá-la, em sua integralidade. É a própria intervenção que se torna uma história, cujo herói pode ser uma pessoa, ou um grupo de indivíduos, mas também uma entidade muito mais etérea: uma marca, uma instituição, uma ideia.

---

39. LARIVAILLE, Paul, 1974, "L'analyse (morpho)logique du récit". *Poétique*, vol. 19, p. 368-388. Cf. também os trabalhos anteriores de Vladimir Propp.

A força de um plano narrativo vem precisamente disto. Ele confere à nossa argumentação o poder e o sopro da narrativa. Bem dominado, ele permite manter a atenção dos ouvintes e mobilizar neles intensas emoções. Nisto ele é adaptado particularmente às situações nas quais procuramos suscitar um certo fervor: comício político, conferência para apresentar um novo produto, discurso de casamento... Mas é preciso ter em mente que o plano narrativo comporta importantes limites. Em primeiro lugar, como vale para os planos lógicos, nossa proposta forte só é enunciada no final da intervenção. Se perdemos a atenção dos ouvintes durante o trajeto, eles nem sequer terão sido expostos ao nosso projeto, e teremos falado por nada. Por outro lado, não é tão simples chegar a estruturar uma narrativa – e menos ainda uma *boa* narrativa. As três etapas constitutivas de uma estrutura narrativa clara e dinâmica nem sempre se imporão a nós naturalmente. Este tipo de plano não é, portanto, necessariamente adaptado às situações nas quais dispomos de pouco tempo de preparação. Basta que nossa narrativa seja malconstruída para que, em vez de ser épica e mobilizadora, se torne obscura e enfadonha.

ESTUDO DE CASO (SEQUÊNCIA), OPÇÃO N. 6: Se minha história pessoal o justifique, posso eventualmente arriscar-me no terreno do plano narrativo. Começo então falando de minha infância: conto até que ponto eu era um rapaz tímido, que não ousava dirigir-se aos outros e menos ainda tomar a palavra na classe (*tensão*). Explico o quanto isso me tornou infeliz e como tomei a decisão de observar meus camaradas a fim de aprender, por mim mesmo, o que era aparentemente tão natural para os outros (*repercussões*). Concluo dizendo que assim não só me tornei um verdadeiro orador, mas que, além disso, isto me levou a inventar um método que permite até aos mais tímidos adquirir o domínio da palavra. É este método que doravante desejo transmitir (*recomendação*).

ESTUDO DE CASO (SEQUÊNCIA), OPÇÃO N. 7: O plano narrativo pode igualmente revelar-se apropriado para contar não minha própria história..., mas a história da própria eloquência. Começo explicando que, por muito tempo, ela fora reservada sobretudo a uma pequena categoria de privilegiados: as pessoas que tiveram a oportunidade de estudá-la na faculdade de direito ou numa grande escola (*tensão*). Ora, o que se observa? Que são principalmente estes indivíduos que encontramos em seguida em altas funções – seja um mandato político, um posto de direção numa empresa ou um lugar nas mídias (*repercussões*). É urgente, portanto, liberar a eloquência, democratizá-la, para que afinal todos os cidadãos se beneficiem de uma chance igual de fazer ouvir sua voz. É o que me dedico a fazer, com minhas aprendizagens (*recomendação*).

5. A ausência de plano: a concatenação

Terminamos esta visão panorâmica evocando uma opção muitas vezes prejudicial, mas às vezes temível: a ausência de plano. O orador ou a oradora se contentam em deixar fluir o fio de seu pensamento. As ideias e os argumentos não se encadeiam em nenhuma ordem lógica, narrativa ou enumerativa. O primeiro desenvolvimento chama um segundo, que leva a um terceiro, e assim por diante, até que a onda se esgote. A conclusão muitas vezes não é uma conclusão: ela se contenta em ser a última ideia a ter sido pronunciada. Nos termos da estilística, fala-se então de *plano por concatenação*.

A concatenação é uma figura de estilo que consiste em enfileirar, uma depois da outra, frases ou ideias, fazendo com que o início de cada segmento seja idêntico ao fim do segmento precedente. A título de exemplo, podemos citar a tirada de Sganarelle, no *Dom Juan* de Molière: "Saiba, senhor, que tantas vezes vai o cântaro à fonte, que um dia quebra. Como diz muito bem esse autor que não sei qual é, o homem está no mundo como o pássaro no galho; o galho, como o senhor não ignora, está preso à árvore; quem se apoia na árvore segue os bons preceitos; os bons preceitos valem mais do que as belas palavras; as belas palavras ouvem-se na corte; na corte, claro, estão os cortesãos; os cortesãos seguem a moda; a moda nasce da fantasia; a fantasia é uma faculdade almática, da alma; a alma é o que nos dá a vida; a vida termina com a morte; a morte nos faz pensar no Céu; o céu está acima da terra; a terra não é o mar; o mar é assolado por tempestades; as tempestades ameaçam os navios; os navios precisam de bons pilotos; bons pilotos têm prudência; a prudência não é uma virtude dos jovens; os jovens devem obediência aos velhos; os velhos amam a riqueza; os que têm riqueza são ricos; os ricos não são pobres; os pobres passam necessidade; a necessidade não tem lei; quem não tem lei vive como animal selvagem; e, por conseguinte, o senhor vai acabar no inferno"[40].

Em Molière, a concatenação é levada ao extremo. As ideias se encadeiam num ritmo desenfreado. Elas não têm estritamente nenhum elo entre si, senão a co-ocorrência das palavras-chave. E, apesar da ausência de toda coerência, elas levam a um julgamento categórico ("o senhor vai acabar no inferno") apresentado como conclusão de um raciocínio lógico ("por conseguinte"). O conjunto da sequência, por seu exagero caricatural e seu absurdo total, produz um efeito cômico. Nem por isso deixa de atrair a atenção para os possíveis desvios de rumo da concatenação – voltaremos ao tema.

Como nos sugere este exemplo, a concatenação é mais a particularidade de uma expressão artística do que de um pensamento retórico. Encontramos, por exemplo, esta estrutura em numerosos textos de *rap*, onde os autores evocam muitas vezes diversos temas num mesmo trecho, ou até numa mesma estrofe. É utilizada igualmente na *stand up comedy*. Nesta variação contemporânea do espetáculo cômico, os comediantes, geralmente sozinhos no palco, tendem a passar de um tema a outro por simples associação mental. Não é raro, aliás, que estes espetáculos terminem com um sóbrio: "Isto é tudo para mim nesta noite, obrigado por me ouvir!" É o sinal de uma estrutura concatenada, onde o autor não procura progredir para uma conclusão lógica, mas se contenta em deixar de falar após a última tirada de humor. E, evidentemente, encontramos este traço também na poesia, onde os autores podem se deixar levar a despejar suas palavras ao sabor das imagens e das emoções que as atravessam.

---

40. MOLIÈRE, *Dom Juan ou le Festin de Pierre*, 1665, ato V, cena 2.

Numa expressão artística, onde o problema é antes de tudo a transmissão de emoções, a concatenação apresenta evidentes atrativos. Ela permite ao autor desenvolver livremente sua criatividade, não sendo refreado senão por sua imaginação. Para o espectador, ela traz o passatempo de deixar-se levar por uma linearidade, sem precisar fazer o esforço de procurar nela uma coerência. Em compensação, numa construção retórica, onde o problema é a busca da convicção, a concatenação constitui um grande perigo. Não estando nem ordenados nem estruturados, os diferentes elementos labutarão para constituir uma verdadeira linha argumentativa. No final da intervenção, os ouvintes terão talvez ouvido alguns desenvolvimentos capazes de interessá-los. Mas provavelmente não um raciocínio apropriado para convencê-los.

Por esta razão, deveríamos resistir à tentação de nos exprimir sem ter em mente uma estrutura argumentativa, ainda que sumária. Pode ser grande talvez o desejo de apanhar o microfone no ar e de falar de improviso, dizendo-nos que temos, sim, nosso ponto de partida, uma vaga ideia do que queremos desenvolver, somos experientes, tudo deverá correr bem. Acontece que tal audácia seja coroada de sucesso. Mas pode também resultar num desastre.

Dito isto, as características muito particulares de um plano por concatenação podem também ser exploradas num autêntico projeto retórico. De maneira paradoxal, tratar-se-á então de nos *apoiarmos* na ausência de rigor para fazer desta estrutura um poderoso instrumento de convicção e, convenhamos, de manipulação. Lembremo-nos de que, do ponto de vista do público, uma intervenção concatenada parece perfeitamente relaxante. O ritmo das associações mentais segue o fio natural do pensamento. Os ouvintes se deixam levar pela corrente dos nossos argumentos, dando-se cada vez menos ao trabalho de interrogar sua pertinência e sua coerência. Progressivamente suas faculdades críticas se abrandam. Quando, enfim, lhes apresentamos nossa conclusão, esta parece evidente. Os ouvintes não sabem realmente como chegamos a ela. Para eles é impossível reconstruir nosso raciocínio. E, no entanto, esta proposta final lhes parece convincente. Mesmo que não saibam por quê. Esta utilização retórica da concatenação é exatamente aquilo a que se aplicava, de maneira caricatural e burlesca, Sganarelle em *Dom Juan*.

Não nos enganemos: uma tal estrutura argumentativa não tem nada a ver com uma intervenção improvisada, na qual nos deixaríamos levar ao sabor das flutuações do nosso pensamento. Ela é, pelo contrário, particularmente complexa de executar e depende de uma verdadeira construção. O objetivo consistirá em espalhar nossos argumentos-chave em lugares muito diferentes da concatenação. Ao fazermos isso, os ouvintes não sabem nunca se estamos lhes apresentando um elemento importante de nosso raciocínio ou uma simples digressão. Perdidos, eles aceitam deixar-se levar. Só quando chega nossa conclusão é que as peças do quebra-cabeça se juntam, em parte inconscientemente. A proposta lhes parece evidente. Sem que seja possível saber por quê.

Para as oradoras e os oradores, vê-se muito bem qual possa ser o interesse de tal construção. Embora pouco rigorosa, ela é eficaz. Ocultando os argumentos por trás da onda de um pensamento concatenado, ela permite lançar com força uma proposta que, no entanto, sabemos ser frágil. É, portanto, uma construção à qual deveríamos estar particularmente atentos enquanto ouvintes. Encontramo-la, por exemplo, em certos filmes documentários épicos. Neste tipo de produção, sucede-se um grande número de participantes, sem que possamos lembrar quem disse o quê. As sequências sérias e comoventes se encadeiam, sem que tenhamos tempo de retomar o fôlego. As imagens de arquivos e as encenações se alternam, sem que pensemos em distingui-las muito bem. Uma voz em *off* intervém pontualmente para orientar nossa interpretação, sem que sonhemos em desconfiar dela. No final do filme, o que subsiste em nossa mente não é um raciocínio claro. É, antes, uma ideia difusa, à qual estivemos plenamente expostos, sem poder nos defender convenientemente. Desconfiemos, portanto, quando descobrimos uma estrutura argumentativa por concatenação. Ela é às vezes menos sinal de preguiça e mais de destreza.

III. Começar com maestria

Na mitologia grega, Nestor é um rei lendário. Herói e general durante a guerra de Troia, ele é conhecido sobretudo por ter organizado seu exército com grande sabedoria. Estava bem-informado de que suas tropas eram constituídas em parte por combatentes inexperientes e por mercenários indisciplinados. Para prepará-las, decidiu repartir seus soldados mais calejados nas primeiras linhas e nas últimas. Enquadradas por batalhões de elite, as tropas desiguais do general Nestor chegaram a manter sua coesão no campo de batalha e se tornaram uma força temida e respeitada.

A influência de Nestor não se limitou unicamente à alçada militar. De maneira surpreendente, sua estratégia foi retomada igualmente... por numerosos oradores da Antiguidade! Inspiraram-se nela para resgatar o que se chama ordem nestoriana, que consiste em começar e terminar seu discurso pelos elementos mais marcantes possíveis[41]. Nosso percurso chegou, doravante, a inspirar-se no cerne desta sabedoria antiga, começando por debruçar-nos sobre o gancho de nossa intervenção.

1. A arte de captar a atenção: os ex abrupto

"Até quando, Catilina, abusarás de nossa paciência?"[42] Eis como Cícero iniciou um de seus discursos mais célebres: a primeira Catilinária, na qual denuncia a conspiração tramada pelo senador Catilina contra a República romana. Se esta frase se tornou lendária, ao ponto de ainda ser citada frequentemente, é por diversas razões. A primeira é de ordem histórica: trata-se de uma das tomadas da palavra mais influentes de Cícero, num contexto em que a República romana era diretamente ameaçada. A segunda é de ordem patrimonial: as quatro catilinárias fazem parte de seus discursos mais bem-conservados. A terceira é de ordem retórica: tra-

---

41. PERELMAN, Chaim, 1977, *L'Empire rhétorique*, Vrin, p. 163. Cf. também COBAST, Éric, 2019, *Les 100 Mots de l'éloquence*, PUF, "Que sais-je?".
42. "Quousque tandem abutere, Catilina, patientia nostra?" CÍCERO, *Primeira Catilinária*, 63 a.C.

ta-se de um dos primeiros exemplos documentados nos quais o orador desdenha toda conveniência, para entrar imediatamente no cerne de seu tema. É o que se denomina gancho, ou um *exórdio, ex abrupto*.

Na época da primeira catilinária, os discursos pronunciados no Senado tendiam a apresentar um gancho muito codificado. Era de bom-tom, para atrair a simpatia do público, começar sua intervenção elogiando a qualidade e a sabedoria de seus contraditores, antes de confessar sua própria humildade. Em termos técnicos é o que se denomina cleuasmo – a figura da falsa modéstia. Ora, desgastado, este gancho acabara se desvitalizando. Tornara-se um simples código, desprovido de todo poder de convicção. Compreende-se, portanto, a habilidade do exórdio escolhido por Cícero. Mergulhando o mais abruptamente possível em sua matéria, ele rompia com a tradição e se assegurava de concentrar sobre si toda a atenção.

À maneira de Nestor, que havia disposto seus soldados mais temíveis nas primeiras linhas, Cícero, por sua vez, se havia assegurado de introduzir uma de suas fórmulas mais memoráveis em *sua* primeira linha. É neste exemplo que nós, por nossa vez, vamos nos inspirar, examinando de que maneira podemos adaptar o gancho *ex abrupto* à retórica contemporânea. O objetivo é sempre o mesmo: captar a atenção e a benevolência.

2. Os diferentes tipos de gancho

Quer nos exprimamos por escrito ou oralmente, num palco ou em torno a uma mesa, com solenidade ou descontração, existirá sempre um meio de atrair os favores de nossos ouvintes desde as primeiras palavras de nossa intervenção. Mas neste grande painel de procedimentos, nem todos serão adaptados à situação em que nos encontramos. A fim de ajudar as oradoras e oradores a escolher o gancho mais criterioso num dado contexto, compilamos aqui as principais opções que permitem iniciar um discurso *ex abrupto*. Elas serão apresentadas ao longo de um único estudo de caso.

ESTUDO DE CASO: Uma das pessoas mais próximas de mim me escolheu como testemunha de seu casamento. Sinto-me feliz por ela, evidentemente. Mas também inquieto quanto a mim. Sei muito bem que esta honra é acompanhada da mais aterrorizante das corveias: o tradicional discurso em honra dos casados. No dia da cerimônia, durante o jantar, após a entrada, as discussões cessam repentinamente, abafadas pelo tilintar insistente de uma faca num copo de cristal. Num silêncio sepulcral, com o microfone na mão, levanto-me, e começo.

O gancho descritivo: "Boa-noite... Boa-noite a todas e a todos... Aos que não me conhecem, me apresento: sou a testemunha de Dominique. Pediram-me que fizesse um pequeno discurso. Então, em honra dos casados, vou contar-lhes algumas historietas..."

Não usemos de rodeios: nosso discurso começa mal. Este gancho é denominado "descritivo", porque consiste em começar nossa intervenção especificando por que tomamos a palavra, a que título e com que objetivo. Ora, em si não há nenhum inconveniente nisto. Em certos contextos, muito bem codificados, não teremos aliás outra escolha senão aceitar sujeitar-nos a isso. O fato é que a este gênero de gancho falta cruelmente entusiasmo. Cada vez que tivermos a possibilidade, é melhor vasculhar entre os outros procedimentos.

A *citação*: "Antoine de Saint-Exupéry dizia: 'Amar não é olhar um para o outro, mas olhar na mesma direção'. Muito bem. Desde que os conheço, Dominique, Camille, sempre os vi assim. Lado a lado. Os olhos fixos ao longe".

Começar lembrando palavras ilustres constitui, sem dúvida, um dos ganchos mais clássicos. E não é um acaso: é também um dos mais cômodos. Abrigando-nos de imediato por trás da sabedoria de um grande autor, nós nos protegemos, crescemos e, além disso, evitamos perder-nos em divagações. Trata-se, por outro lado, de um procedimento com aplicações muito amplas, na medida em que quase todos os contextos lhe são propícios. Atenção, no entanto: o efeito produzido dependerá em grande parte da escolha de nossa citação. Se for muito gasta, cairemos na banalidade. Se estiver muito longe do tema, cairemos na obscuridade.

A *pergunta retórica*: "Já vivemos um dia menos surpreendente do que hoje? Pois bem, meus amigos, creio que não! Desde o primeiro dia em que

Camille e Dominique se encontraram, sabíamos todos que as coisas acabariam assim. Com um casamento. Vou fazer-lhes uma confidência: acredito que nunca, em minha vida, fui mais feliz por não ter sido surpreendido!"

A pergunta retórica, ou pergunta oratória, é uma figura de estilo que consiste em fazer uma pergunta a si mesmo. Fazendo isto, suscitamos imediatamente uma tensão. Qual poderá ser nossa resposta? Será convencional? Imprevisível? Provocadora? Esta tensão vai gerar a atenção: é precisamente o que desejamos. A pergunta retórica é, portanto, um procedimento muito eficaz como gancho de intervenção, tanto mais que ela é fácil de empregar. É raro não chegarmos a encontrar uma maneira de formular uma ou outra de nossas afirmações em forma interrogativa. Conservemos esta figura: ela é uma das maneiras mais simples de marcar as mentes.

A metaforização: "Diz-se muitas vezes que o casamento é uma fortaleza sitiada. Os que estão fora querem entrar. E os que estão dentro... querem sair! Mas quando olho para vocês nesta noite, Camille e Dominique, o que vejo não são os muros frios de uma fortaleza. Mas as paredes de uma pequena casa no campo, cujas janelas deixariam filtrar o clarão de um fogo de lareira. Nesta casa acredito que todo mundo sonharia em entrar. E ninguém sonharia em sair".

A metáfora é uma das figuras de estilo mais essenciais. Teremos a oportunidade de retornar ao tema detalhadamente no capítulo seguinte. Por enquanto, contentemo-nos em dizer que ela consiste, grosseiramente, em estabelecer uma analogia ou uma comparação. Neste exemplo é mesmo uma metáfora estendida que apresentamos: diversas imagens se sucedem, dependendo todas de uma única temática. Um dos interesses da metáfora é o de produzir um efeito de presença. Ela marca a mente dos ouvintes, fazendo nascer neles uma representação mental que vai produzir surpresa, suscitar curiosidade em seguida e, eventualmente, conquistar a adesão. Por todas estas razões, trata-se de um procedimento particularmente eficaz para captar a atenção dos ouvintes no início de uma intervenção.

A suspensão continuada: "Eu gostaria, nesta noite, de falar-lhes de um objeto. Um objeto tão ordinário, tão anódino, tão cotidiano, que quase esquecemos que ele se encontra aqui, em algum lugar. E no entanto! No entanto, é graças a ele que estamos reunidos nesta noite. Este objeto, meus amigos, é... o saca-rolhas. Sim o saca-rolhas! Foi, vejam bem, em busca de um saca-rolhas que, na noite de sua mudança de casa, Camille bateu na porta do apartamento vizinho. Atrás da porta havia duas coisas. Um saca-rolhas. E Dominique. O que aconteceu a seguir, nós sabemos..."

A suspensão continuada é uma figura de estilo que consiste em falar de alguma coisa sem especificar, num primeiro momento, do que se trata. Fazendo isto, destilamos mistério e curiosidade na mente de nossos ouvintes. Quando, enfim, lhes revelamos o objeto de nossas reflexões, a surpresa os une e somos assegurados de sua escuta apaixonada. Mais uma vez, criamos uma tensão para captar a atenção. No entanto, tomemos cuidado: a suspensão continuada não é um procedimento fácil de manipular. Se revelamos seu objeto muito cedo, nossos ouvintes não terão tido o tempo necessário para se sentirem importunados pela curiosidade. Se, pelo contrário, revelamos seu objeto tarde demais, nossos ouvintes acabarão se cansando de nossos mistérios. Se seu objeto é evidente demais, será adivinhado antes mesmo de o revelarmos. Mas se for requintado demais, pareceremos abstrusos. A suspensão continuada exige, portanto, de nossa parte, certo domínio do tempo e da surpresa. Sem isso, nosso procedimento não terá o efeito esperado: em vez de captar a atenção, a perderemos.

A suspensão simples: "238 minutos... (silêncio)... Eis que celebramos hoje... (silêncio)... 238 minutos, é o tempo que bastou para que Camille e Dominique se apaixonassem. 238 minutos que separaram seu primeiro aperto de mão de seu primeiro beijo. 238 minutos para se encontrar. E doravante, uma vida para se amar".

A suspensão simples é, como seu nome indica, uma variação depurada do procedimento precedente. Em vez de falar longamente de alguma coisa sem nomeá-la, fazemos o inverso. Começamos citando um dado, uma data, uma pessoa, um objeto... mas sem explicitar a que isso corresponde. Fazemos então um silêncio, que vai produzir uma tensão nos nossos ouvintes. Do que podemos estar falando? O que aconteceu nessa misteriosa data? O que pode significar esta estatística? Em seguida, rompemos o silêncio explicitando nosso enunciado misterioso e em seguida retomamos a sequência de nosso discurso. O interesse da suspensão simples é que ela pode ser utilizada num vasto leque de situações. É muito simples de pôr em prática. Basta apenas um punhado de frases. E, seja qual for o contexto ou o tema de nossa intervenção, chegaremos quase sempre a encontrar um elemento no qual nos apoiar.

A narrativa: "Caros amigos, eu gostaria de contar-lhes uma história. Ela aconteceu há três anos. São duas horas da manhã. Com um colega de escritório, deixamos o bar onde acabávamos de festejar como príncipes, não para voltar para casa, mas para entrar no bar do lado. Firmemente apoiados no balcão, pedimos a quinta e última cerveja da noite. Meu colega conta uma piada à garçonete. Esqueci de dizer, ele se chama Camille. Mais tarde ele se tornou meu melhor amigo. A garçonete, por sua vez, se chama Dominique. Hoje, ela se tornou sua esposa".

A utilização de uma narrativa, como gancho de nossa intervenção, pode ser desdobrada de acordo com os tipos de relatos possíveis: literários, históricos, mitológicos... mas igualmente, como é o caso aqui, anedóticos. Com a ascensão do *storytelling* na comunicação contemporânea, tornou-se muito popular alguém iniciar seu discurso com uma historieta, na maioria das vezes pessoal. Não sem motivo, aliás: trata-se de um procedimento tremendamente eficaz. A historieta permite fazer ressoar, em cada um dos nossos ouvintes, a criança que ainda subsiste e gosta de ouvir contar histórias. Se a historieta é suficientemente pessoal, ela será, além disso, recebida com a importância conferida a um segredo compartilhado. O simples fato de começar nossa intervenção com as palavras "eu gostaria de lhes contar uma história" contribui assim, desde já, para captar a atenção dos ouvintes. Atenção, no entanto. O procedimento traz o seguinte perigo: o fato de ser utilizado com muita – talvez demasiada – frequência. Exibido sem gosto nem sutileza, corre o risco de ter o sabor insípido de um clichê gasto. Não é exatamente o efeito procurado.

A descrição: "Duas pessoas sentadas num sofá diante da lareira. Duas pessoas encostadas uma na outra, discutindo durante horas. Uma lambisca chocolate. A outra traz dois pares de meias, porque sempre sente frio. É a isso que se assemelha, para mim, a felicidade simples de uma vida a dois. Assemelha-se a Camille e Dominique, num sofá, diante da lareira, no pequeno chalé que alugamos no inverno passado".

A descrição é outro procedimento importado diretamente da arte do relato. Ela difere da narrativa pelo fato de não ocorrer nenhuma ação. Trata-se simplesmente de descrever uma cena, da maneira mais colorida e viva possível, a fim de impregnar com ela a mente dos nossos ouvintes. Fascinados com o quadro que lhes descrevemos, impacientes por saber por que lhes falamos sobre ele, voltam para nós toda a sua atenção: é precisamente o que procurávamos. Dito isto, tomemos cuidado. Contrariamente à narrativa, que pode ser desdobrada de muitas formas, das mais simples às mais sofisticadas, o gancho por descrição comporta uma dimensão intrinsecamente literária. Neste aspecto ele é adaptado sobretudo aos contextos solenes ou monumentais, nos quais podemos permitir-nos dar um pouco de ênfase. Convenhamos que esse gancho correria o risco de parecer deslocado numa reunião de trabalho num pequeno grupo. Por outro lado, ele precisa de uma pena afiada, sem o que corre o risco de parecer mais grotesco do que cativante.

A contraintuição: "Detesto o amor. Eu o detesto. O amor leva a fazer coisas estúpidas. Por amor, milhares de autores talentosos escreveram poemas lacrimejantes ou trechos lenitivos. Por amor, milhares de homens e de mulheres razoáveis disseram coisas tão absurdas como "sempre" ou "para sempre". Por amor, John Lennon deixou os Beatles. Mas esta noite, Camille e Dominique, permitam-me fazer-lhes uma confissão. Quando os vejo assim, irradiando felicidade, sim, eu também: desejo amar o amor!"

O gancho por contraintuição consiste em começar nosso discurso de maneira paradoxal, seja dizendo o inverso do que deveríamos querer demonstrar, seja dando a pensar que estamos nos enganando de tema. No fundo, o objetivo é sempre o mesmo: desestabilizar nossos ouvintes a fim de suscitar neles surpresa, curiosidade e atenção. Precisaremos, no entanto, tomar cuidado de voltar rapidamente ao cerne de nossa intervenção, senão poderíamos nos perder pelo caminho. Deixando de lado esta reserva, o procedimento comporta pouco risco e pode ser utilizado num grande painel de situações. Com a condição, evidentemente, de ter a audácia de servir-se dele.

A provocação: "Talvez vocês saibam: 50% dos casamentos terminam em divórcio. Quanto à outra metade, não é muito melhor, porque se concluem, no fundo, por um óbito. Camille, Dominique, digo-lhes sem cerimônia: que coragem! Ninguém pode censurá-los por não ter o gosto do risco. Ou mesmo... o senso do absurdo! E palavra de honra: vocês têm razão. Quando vemos vocês nesta noite, luminosos como dois sóis, uma única certeza se impõe: o amor vale a pena ser vivido!"

Procedimento delicado a provocação! Ela consiste em transtornar nosso público dizendo-lhe exatamente o inverso do que ele gostaria de ouvir. Fazendo isto, captamos sua atenção, certamente. Mas corremos o risco também de alienar sua simpatia, irrevogavelmente. Trata-se, portanto, de um instrumento a ser manejado com a maior precaução, em tempos bem curtos e, sobretudo, com muita benevolência. Mas, se nosso gancho é orientado pela esperteza em vez da animosidade e pela subtileza em vez da brutalidade, ele pode produzir um efeito formidável sobre os nossos ouvintes.

O apelo ao imaginário: "Eu gostaria que vocês fizessem alguma coisa por mim. Eu gostaria que olhassem Camille e Dominique. Olhem-nos atentamente. E agora, dediquem um instante a imaginá-los... daqui a quarenta anos! Vamos! Imaginem! Eles estão sentados num sofá. Seus rostos estão enrugados. Suas mãos crispadas. Do quarto ao lado, pode-se distinguir a voz de seu filho, que conta uma história a seu filho. Tudo mudou em torno deles. Mas uma coisa subsiste. Inalterável. Esta coisa é o olhar com que se entreolham. Afetuoso. Intenso. Profundo. Este olhar, meus caros amigos, é à prova do tempo".

O apelo ao imaginário é um procedimento radicalmente diferente dos precedentes pelo fato de implicar uma participação ativa dos nossos ouvintes. Enquanto até o momento eles não tinham nada a fazer senão ouvir, exigimos agora um esforço de sua parte: o de se representar a cena que lhes sugerimos. Não nos enganemos: o procedimento é tremendamente eficaz. Estimula nossos ouvintes a construir conosco, em sua mente, uma parte do nosso edifício argumentativo. Nós os tornamos corresponsáveis de uma seção inteira de nosso discurso. E aumentamos na mesma proporção as chances de eles aceitarem, na sequência, a conclusão para a qual os orientamos. Permaneçamos prudentes, no entanto: isto não é tão simples de executar. Solicitar a participação, por mínima que seja, de um público que esperava permanecer passivo nunca é evidente. Devemos, portanto, estar prontos a lançar nosso apelo com certa insistência; do contrário, nossos ouvintes correm realmente o risco de fazer de conta que não lhes tivéssemos pedido nada. Mas é preciso cuidar de não fazer pressão demasiada sobre eles, senão haveria o risco de oporem resistência. É aliás a razão pela qual desaconselhamos exigir que nossos ouvintes fechem os olhos – uma variante, infelizmente muito comum. Isto equivale a aumentar mais o investimento exigido, sem colhermos o menor benefício tangível. De acordo com as últimas notícias, todo mundo ainda pode fazer funcionar seu imaginário com os olhos abertos.

A pergunta direta: "Caros amigos, eu gostaria de fazer-lhes uma pergunta. E gostaria que respondessem honestamente. Quem de vocês, há quatro anos, teria apostado no casamento de Camille e Dominique? Vamos, levantem a mão! Ninguém? Mas isto não é de fato surpreendente? Não estavam eles constantemente discutindo, por causa de um sim ou de um não? E, no entanto, reparem neles hoje! É com um sim e por um sim que eles decidiram unir-se para a vida!"

Diferentemente da pergunta retórica, que dirigimos a nós mesmos, a pergunta direta é um enunciado destinado ao público, do qual esperamos, em troca, uma resposta. Ela visa o mesmo objetivo do apelo ao imaginário: implicar os ouvintes na nossa tomada da palavra. Constituí-los não só como receptores, mas também como atores de nossa argumentação. Aqui sua participação é até de uma intensidade superior, porque pedimos que tomem posição publicamente. Então, certamente, o procedimento pode parecer gasto. Foi usado em excesso por uma geração inteira de conferencistas, que encontraram nele um meio cômodo de produzir cumplicidade. Permanece, no entanto, consideravelmente eficaz, com a condição de respeitar bem duas precauções. A primeira: como no apelo ao imaginário, precisamos estar prontos a mostrar-nos insistentes. Nada seria pior do que lançar uma pergunta, não obter nenhuma reação... e precisar prosseguir lamentavelmente nossa intervenção. Se for preciso, portanto, iremos procurar as respostas com a força de nossa vontade. Por esta razão, aliás, deveríamos sempre solicitar a manifestação menos comprometedora possível para nossos ouvintes: um braço levantado, aplausos, uma anuência. Em compensação, evitemos a todo custo a pergunta aberta. Ela correria o risco de levar a um mau momento de hesitação, ninguém querendo se exprimir em voz alta. Ou até, pior ainda, à confiscação da palavra por um público tagarela. Segunda precaução: seja o que for que o nosso público responda, devemos absolutamente ter preparado uma réplica que nos permita retomar o fio de nossa intervenção. Para retomar nosso exemplo, imaginemos que, para nossa estupefação, uma grande parte dos convivas levante a mão para responder "sim" à pergunta que acabamos de fazer. Nós teríamos retomado assim o fio do discurso: "Mas é claro! Era evidente que eram feitos um para o outro"! A sequência perde sua desenvoltura. Mas a honra está salva.

O traço de humor: "Quando um casal, depois de dez dias, dá mostras de felicidade, sabemos por quê. Quando um casal, depois de dez anos, dá mostras de felicidade... perguntamo-nos por quê! Pois bem. Camille e Dominique, eu lhes digo: acredito que ninguém, dentre nós, se surpreenderá vendo-os felizes também daqui a dez anos!"

Terminamos com o gancho que poderia parecer o mais evidente: o traço de humor. Então, com certeza: quando é coroado de sucesso, colhemos não só os risos dos nossos ouvintes. Ganharemos também sua benevolência, sua atenção e, até mesmo, sua simpatia. Mas, caso contrário? Se, por acaso, sabemos o que todos os humoristas temem: um fiasco? Teremos começado nossa intervenção da maneira menos bajuladora possível. Por esta razão, é melhor ser prudente com a utilização do humor à guisa de gancho. Poderia ser mais sábio deixar passar algumas frases, antes de disparar um dardo. Poderíamos assim preparar o terreno e pôr de nosso lado todas as chances de atingir nosso alvo. Embora fracassemos, não seria então um drama. Uma vez estabelecida a cumplicidade com nossos ouvintes, existem mil maneiras de virar esta situação a nosso favor – a mais simples sendo a autodepreciação. Em compensação, em todo início de intervenção, corremos o risco de precisar receber o golpe. E ele é brutal.

3. Compor um gancho adaptado à situação

Existe, portanto, um grande número de exórdios *ex abrupto* diferentes, que podem nos permitir captar a atenção dos ouvintes desde as primeiras palavras. A pergunta que se coloca, portanto, é a da escolha: entre estas numerosas opções, qual escolher? A resposta depende em grande parte do contexto.

Os ganchos por pergunta retórica ou por suspensão simples são muitas vezes adaptados às situações pouco formais: tomadas da palavra em reuniões, intervenções diante de um pequeno número de espectadores, mas também mensagens de blog ou vídeos postados nas redes sociais. Os ganchos por apelo ao imaginário, pergunta direta ou suspensão continuada, em compensação, condizem mais com contextos solenes: conferências, discursos, mesas-redondas. Os ganchos por citação, narrativa ou metaforização são, por sua vez, muito flexíveis: trabalhados de maneira correta, podem ser apropriados para um vasto leque de situações diferentes. Os ganchos por descrição, contraintuição e provocação, enfim, devem ser manipulados com grande prudência: eles exigem, antes de tudo, uma oradora ou um orador capaz de delicadeza. Na realidade, chegaremos quase sempre a encontrar um *ex abrupto* que se adapta ao mesmo tempo ao contexto, ao nosso discurso e aos nossos gostos. Há pouco motivo, portanto, para recorrer ao enfadonho gancho descritivo – com exceção de casos específicos, sobretudo as situações muito informais ou, pelo contrário, protocolares.

Precisamos ainda ser capazes de desenvolver este tipo de gancho corretamente. Muitas vezes, em particular quando nos expressamos oralmente, é delicado começar nossa intervenção de maneira totalmente abrupta. Correríamos o risco de tratar com aspereza nosso público e suscitar desconforto. No entanto, isto não significa que, numa tal situação, somos obrigados a renunciar a um gancho *ex abrupto*. Vamos simplesmente antepor-lhe uma menção preliminar, extremamente breve, que não terá outra finalidade senão preparar nossos ouvintes para acolherem nossa palavra.

ESTUDO DE CASO: Estou numa reunião profissional, cercado de cinco colegas e meu diretor. Este me passa a palavra: "Caro amigo, você poderia determinar-nos as coordenadas sobre as aprendizagens em eloquência?" Decidindo aplicar ao pé da letra minhas próprias técnicas, deixo passar um silêncio pesado, e depois começo abruptamente: "Dois sobre três... dois sobre três é a taxa de mobilização de ofertas que perdemos cada mês. É absolutamente necessário superar isso..." Ao redor da mesa, meus colegas me olham, estupefatos. Manifestamente, meu procedimento não surte efeito: eu pensava aureolar minha intervenção com mistérios, mas parece antes que suscitei confusão. Dou-me conta então de que, para evitar esse vexame, teria bastado uma curta menção preliminar: "Evidentemente, senhor diretor: é com efeito um tema importante... (silêncio)... Dois sobre três... dois sobre três é a taxa de mobilização de ofertas que perdemos cada mês..."

DECODIFICAÇÃO: A menção preliminar pode assumir muitas formas, de acordo com os contextos. Desde a menos formal: "Estou feliz por você me ter feito esta pergunta!" À mais protocolar: "Muito obrigado, Senhor presidente. Senhora ministra, senhor presidente da câmara, meus caros colegas, senhoras e senhores..." Ela constitui, no fundo, um concentrado de polidez. Numa frase, ela permite agradecer às pessoas às quais se deve agradecer e avisar a todas as outras que nos dispomos a falar. Precisamos apenas, em seguida, deixar passar um silêncio curto – mas crucial – antes de engatar nosso *ex abrupto*. O efeito produzido será exatamente aquele que procuramos: dinâmico, sem ser brutal. Bem selecionado, bem forjado, nosso gancho está pronto. É aqui que começa nosso empreendimento de convicção.

IV. Concluir com elegância

Acabamos de ver até que ponto era importante, para uma oradora ou um orador, saber captar a atenção e suscitar a benevolência desde as primeiras palavras. Mas o encerramento de nossa intervenção é igualmente crucial: ele deve marcar a mente dos ouvintes, a fim de que se lembrem de nós. É o segundo pilar da ordem nestoriana. Não só começar, mas, igualmente, concluir pelos elementos mais memoráveis possíveis.

1. *A arte de marcar as mentes:* os claptraps

Que poder estranho e aterrador o de saber fazer-se aplaudir. Suscitar a seu bel-prazer o entusiasmo dos ouvintes. Concluir seu discurso sob os hurras da multidão. Um poder tão fabuloso, na realidade, que só pode permanecer misterioso. Nenhuma fórmula mágica, receita milagrosa ou equação oculta poderá jamais resumir sua infinita complexidade... não é? E, no entanto, sim.

Existem diversos trabalhos, a meio caminho entre a retórica e a ciência política, que se debruçaram sobre a arte de se fazer aplaudir durante um comício eleitoral. Seu objeto de estudo não é, portanto, exatamente o encerramento do discurso, mas antes as reações espontâneas da multidão à fala de um orador. As duas questões estão, no entanto, diretamente ligadas. Quando concluímos nossa intervenção, procuramos geralmente preencher dois objetivos. O primeiro: deixar nas mentes uma lembrança flamejante. O segundo: poupar-nos o desconforto de um encerramento insuficientemente definido – este momento atroz de hesitação durante o qual o público não sabe se deve aplaudir ou não. Tanto num caso como no outro, o que precisamos dominar são as técnicas que permitem despertar sob comando o entusiasmo dos ouvintes. A retórica algo-saxã denomina isto *claptraps*: artifícios para conquistar aplausos[43].

Para funcionar, um *claptrap* é construído no nível de um *período*, ou seja, uma sequência autônoma e coerente no interior do discurso. Este período deve ser caracterizado por dois elementos: a saliência e a resolução. A *saliência*, primeiramente. Precisaremos moldar uma passagem notável, destoante, distinta do resto de nossa intervenção. É assim que ela produzirá entusiasmo em nossos ouvintes, marcará sua memória e lhes dará vontade de aplaudir. A *resolução*, em seguida. Depois de termos levado nosso período a seu apogeu, deveremos marcar seu ponto-final com clareza. Saber concluí-lo. Resolvê-lo. É desta maneira que nossos ouvintes compreenderão intuitivamente, sem que precisemos pedir-lhes, que é tempo de aplaudirem. Criar saliência e dar um sentimento de resolução: eis os dois elementos que precisaremos respeitar no momento de redigir o encerramento, ou peroração, de nossa intervenção.

Resta-nos, portanto, elaborar a lista dos diferentes procedimentos que permitem atingir ambos estes objetivos. Catalogamos, aqui, os instrumentos mais comumente utilizados[44]. Como fizemos na seção precedente, serão ilustrados com a ajuda de um único estudo de caso.

ESTUDO DE CASO: Candidato à eleição presidencial francesa, preparo-me para realizar o maior comício de minha campanha. Consciente da necessidade de marcar duradouramente as mentes, opto por um encerra-

---

43. Para os trabalhos fundamentais: ATKINSON, Max J., 1984, *Our master's voices: The language and body language of politics*, Methuen; ATKINSON, Max J., 2004, *Lend me your ears: All you need to know about making speeches and presentations*, Vermillion. Cf. também: HERITAGE, John & GREATBATCH, David, 1986, "Generating applause: A study of rhetoric and response at party political conferences". *American Journal of Language and Social Psychology*, vol. 92, p. 110-157.

44. Pelo menos, no contexto da retórica ocidental. Os *claptraps* parecem, com efeito, ser elementos retóricos particularmente dependentes do contexto cultural. BULL, Peter & FELDMAN, Ofer, 2011, "Invitations to affiliative audience responses in Japanese political speeches". *Journal of Language and Social Psychology*, vol. 30, p. 158-176.

mento grandioso: três minutos de apoteose emocional, pontuados pelos aplausos repetidos do público. Eis como procedo:

"E, para eliminar toda ambiguidade, respondo à pergunta. Qual é, definitivamente, nosso projeto político? Queremos construir a França de amanhã! Uma França do trabalho, do mérito, do esforço, onde o direito de cada um se apoiará na igualdade de todos. Uma França da justiça, onde o dinheiro será posto em seu lugar, que é o de um servidor e não de um patrão. Uma França da solidariedade, onde nenhum dos filhos da Nação será deixado de lado. Uma França do civismo, onde cada um perguntará não o que a República pode fazer por ele, mas o que ele pode fazer pela República! Uma França da diversidade, onde os filhos de imigrados se sentirão orgulhosos! Orgulhosos de serem franceses! Franceses, porque é o mais belo nome que se pode dar a um cidadão do mundo! Uma França do exemplo, onde o país se encontra naquilo que o reúne, naquilo que o constrói, naquilo que o ultrapassa! A França, a França não é um problema: a França é a solução! Meus amigos, ouçam-me. Temos diante de nós a mais importante das escolhas. Sempre a mesma, desde que a democracia existe. Temos a escolha entre o medo e a esperança! Entre a resignação e o sobressalto! Entre a agitação e a mudança! Pois bem, a mudança, a mudança é agora! A esperança é agora! O futuro é agora! É agora! É agora! Viva a República e viva a França!"[45]

2. Criar saliência

O crescendo: O primeiro procedimento que permite criar saliência é ao mesmo tempo um dos mais essenciais e um dos menos explicáveis: trata-se do *crescendo*. Vamos organizar uma escalada progressiva em intensidade em nosso discurso, a fim de despertar as emoções do público. Este aumento em poder passará por todas as dimensões daquilo que denominamos a *ação oratória*, ou seja, o pronunciamento do discurso.

---

45. Inspirado diretamente no discurso de François Hollande em Le Bourget, no dia 22 de janeiro de 2012, quando era ainda candidato à eleição presidencial. A primeira frase é, por sua vez, tirada do discurso da deputada Roselyne Bachelot, no dia 7 de novembro de 1988, na Assembleia Nacional, por ocasião do exame da lei sobre o PACS (Pacto Civil de Solidariedade).

No plano *verbal*, em primeiro lugar: as frases se encurtam, se tornam cada vez mais breves, estafantes, ao mesmo tempo que se empanturram com os outros procedimentos de saliências, que examinaremos a seguir. Mas isso não é tudo. O *crescendo* deve igualmente ser sustentado pela dimensão *paraverbal* do discurso. As entonações de nossa voz se acentuam, se fazem cada vez mais marcadas, a fim de quebrar toda monotonia do discurso. O volume aumenta, se torna cada vez mais forte, a fim de que a escalada em decibéis acompanhe a escalada em emoção. O ritmo se acelera, se torna cada vez mais rápido e saturado, de modo que cada interstício de silêncio se torna um sinal de aplauso. Este *crescendo* paraverbal deve ser sustentado pela terceira dimensão da ação oratória: o *não verbal*, a encarnação corporal de nosso discurso. Também aqui, todos os elementos devem ser aproveitados: a postura, cada vez mais vertical e assertiva; os gestos, cada vez mais amplos e bruscos; o olhar, cada vez mais intenso e aguçado. Às vezes o *crescendo* pode até ser integrado diretamente na estrutura do texto. Se desejamos elogiar as vantagens de um produto ou de uma proposta, por exemplo, podemos apresentá-los sob a forma de um simples plano enumerativo, em que cada novo elemento é introduzido pela fórmula: "Mas esperem! Há algo melhor!" Na quarta ou quinta ocorrência, se o procedimento foi desenvolvido corretamente, o entusiasmo deverá atingir um ponto de efervescência.

Como se pode ver: verbal, paraverbal e não verbal, todas as dimensões da ação oratória devem ser mobilizadas para levar o público ao seu apogeu emocional. E nos merecer nossos aplausos.

As hipérboles: Em retórica, a hipérbole é a figura da amplificação. Ela consiste em exagerar propositalmente uma imagem ou uma ideia, a fim de pô-la em destaque. É, portanto, um procedimento natural da saliência: permite tornar marcante uma frase, participar no *crescendo* e mobilizar emoções intensas[46]. Nosso estudo de caso está pontilhado com elas: "a mais importante das escolhas"; "franceses, porque é o mais belo nome"...

---

46. Sobre a utilização das hipérboles para produzir emoções, cf. cap. 5, V-3, "A amplificação".

As metáforas: Como já vimos, a utilização de uma metáfora permite suscitar um efeito de presença em nossos ouvintes. Se ela for suficientemente clara, forte e original, a imagem que sugerimos vai impor-se nas mentes e afetá-las com toda a sua força. A metáfora, portanto, se impõe, intrinsecamente, como um procedimento de saliência: contribui para dar destaque ao nosso discurso, torná-lo memorável e despertar emoções. Outros tantos elementos cruciais se desejamos colher aplausos[47]. Nosso estudo de caso contém um bom exemplo: "Uma França da justiça, onde o dinheiro será posto em seu lugar, que é o de um servidor e não de um patrão".

As repetições: Por mais surpreendente que possa parecer, a repetição é um dos procedimentos de saliência mais tremendos que existem. O simples fato de martelar várias vezes seguidas uma palavra ou um segmento de frase permite conferir-lhe uma importância capital, ou mesmo um caráter místico, que pode bastar para mergulhar nossos ouvintes num estado de exaltação[48]. Partindo daqui, dois tipos de repetições se nos apresentam.

A mais elementar é a *epanalepse*. Ela consiste simplesmente em repetir um elemento-chave – o mais das vezes por três vezes seguidas; voltaremos ao tema – até que os ouvintes adquiram plena consciência de seu alcance. Encontramos uma ocorrência em nosso estudo de caso: "O futuro é agora! É agora! É agora!" Mas poderíamos igualmente citar dois exemplos históricos célebres. Um nas palavras do general De Gaulle: "Pois a França não está sozinha! Não está sozinha! Não está sozinha!"[49] O outro no revolucionário Danton: "Audácia! Ainda audácia! Sempre audácia! E a França está salva!"[50]

O segundo tipo de repetição, mais sutil, é a *anadiplose*. Trata-se de um procedimento de insistência e de ligação ao mesmo tempo, que consiste em utilizar a mesma palavra no final de uma proposição e no início

---

47. Sobre a utilização das metáforas, cf. cap. 4, VI, "A escolha das imagens".
48. Sobre a utilização das repetições, cf. também cap. 5, V-3, "A amplificação".
49. Charles De Gaulle, Apelo aos franceses, 18 de junho de 1940.
50. Danton, discurso na Assembleia legislativa, 2 de setembro de 1792.

da seguinte[51]. Também aqui encontramos diversas ocorrências no nosso estudo de caso: "Onde os filhos de imigrados se sentirão orgulhosos! Orgulhosos de serem franceses! Franceses, porque é o mais belo nome..." Mas poderíamos mencionar também exemplos encontrados no teatro de Victor Hugo: "Matar uma mulher, uma mulher sem defesa!"[52] Ou no cinema de George Lucas: "O medo leva à cólera, a cólera leva ao ódio, o ódio leva ao sofrimento"[53].

As assonâncias: Em vez de contentar-nos em reiterar segmentos de frases, podemos também utilizar uma sequência de palavras na qual são os sons que se repetem. Fala-se então, de uma maneira geral, de *assonâncias*. Trata-se, também aqui, de um procedimento natural de saliência. Criando uma impressão de elegância, ele acrescenta musicalidade ao discurso e por isso chama a atenção[54]. Nosso estudo de caso comporta diversas ocorrências. Uma, relativamente desajeitada, com a assonância em [an] para sugerir o elã ou impulso: "le changement, le changement, c'est maintenant! L'espérance, c'est maintenant!" [Em nossa tradução: "a mudança, a mudança é agora! A esperança é agora!"] A outra ocorrência, mais sutil, com a assonância em [r] para sugerir o ardor: "Uma França do trabalho, do mérito, do esforço".

As referências mobilizadoras: Um dos procedimentos mais comumente utilizados para dar saliência a um período consiste em semear nele referências mobilizadoras. Trata-se de conceitos, pessoas, acontecimentos, obras, objetos, cuja simples evocação sabemos que bastará para despertar o entusiasmo do público. Colocar-se sob o patrocínio de um personagem ilustre, recordar a lembrança de um passado glorioso, inscrever-se na perspectiva de uma obra inesquecível... São todas elas maneiras de

---

51. Este procedimento deve ser aproximado naturalmente da concatenação, da qual falávamos acima, e que não é senão uma sucessão de anadiploses encadeadas umas às outras.
52. HUGO, Victor, *Lucrèce Borgia*, 1883, ato III, cena 3.
53. LUCAS, George, *Star Wars*, Episódio 1: *La Menace fantôme*, 1999.
54. Para a escolha do termo "assonância" como conceito genérico, e para mais especificações deste instrumento, cf. cap. 4, V, "A escolha dos sons".

mobilizar, em nosso proveito, marcadores capazes de fazer vibrar a fibra identitária, clânica, ou mesmo tribal de nossos ouvintes.

Precisamos também, é claro, conhecer suficientemente bem as pessoas às quais nos dirigimos, para saber quais referências as sensibilizarão. Se temos alguma dúvida, poderemos sempre limitar-nos a um rosário de conceitos mobilizadores. Denominamos assim os conceitos que são vagos, imprecisos e maldefinidos, embora permaneçam conotados positivamente. As oradoras e oradores podem empregá-los sem temor: causarão prazer a todo mundo, mesmo não tendo o mesmo significado para todos. Para dizer a verdade, nosso estudo de caso é constituído quase totalmente por esse tipo de conceitos: "mérito, esforço, igualdade, justiça, solidariedade, nação, civismo, diversidade, cidadão do mundo, exemplo, esperança, futuro, mudança..." Todas estas palavras têm bastante fôlego para fazer vibrar as cordas emocionais, ao mesmo tempo que permanecem suficientemente genéricas para não pôr ninguém em desacordo. Sem deixar de ter, definitivamente, este surpreendente paradoxo: se as suprimimos, não resta mais nada de nosso encerramento. Durante estes três minutos de discurso, nós falamos, emocionamos, mas não dissemos nada – voltaremos ao tema[55].

3. Dar um sentimento de resolução

A anáfora: A anáfora é uma figura de estilo que consiste em começar uma série de frases com a mesma sequência de palavras: "Uma França da justiça, onde o dinheiro... Uma França da solidariedade, onde nenhum dos filhos... Uma França do civismo, onde cada um perguntará..." É possível igualmente colocar o eixo nos fins de frase e, neste caso, se quisermos empregar um vocabulário técnico, falaremos de preferência de uma *epífora*: "A mudança é agora! A esperança é agora! O futuro é agora!"

A anáfora já é, em si mesma, um procedimento de saliência. Ela forma, no discurso, um período propício ao *crescendo*. Para isso, construiremos

---

55. Cf. cap. 7, III-1, "Os conceitos mobilizadores".

nossa anáfora à maneira de uma maré montante, cujas ondas avançam e refluem, conquistando cada vez um pouco mais de terreno. Precisaremos, portanto, crescer em intensidade no decurso de nossa frase 1, a fim de terminar num primeiro apogeu emocional, antes de deixar baixar naturalmente a pressão no início da frase 2, com a ressalva de que vamos aumentar ainda mais a intensidade desta segunda frase, antes de recomeçar com a frase 3 e assim por diante. Para os ouvintes, isto cria uma impressão de intensificação e de acumulação, que faz aumentar progressivamente neles as emoções, sem que saibam jamais quando isso vai parar. Bem dominado, este *crescendo* pode provocar um efeito muito forte de saliência.

Mas isso não é tudo. Porque, por sua própria estrutura, a anáfora pede um encerramento. Quando sentimos que as emoções do público chegaram ao grau mais alto, e que atingimos o apogeu absoluto do período, precisaremos encerrá-lo novamente. Para isso, utilizamos uma frase conclusiva, que retoma geralmente o eixo ao redor do qual havíamos construído nossa figura, mas introduzindo uma variação: "A França, a França não é um problema: a França é a solução!"; "O futuro é agora! É agora! É agora!" Esta frase conclusiva vai dar ao público um sentimento de resolução muito claro, que produzirá um clímax emocional e servirá de indício infalível para desencadear aplausos.

Por atuar ao mesmo tempo como um procedimento de saliência e de resolução, a anáfora aparece como um dos *claptraps* mais poderosos. É usada geralmente nos discursos que procuram mobilizar o entusiasmo dos ouvintes, em primeiro lugar os discursos políticos, que às vezes são construídos como uma simples sucessão de anáforas. A título de exemplo, no célebre discurso que Martin Luther King pronunciou no dia 28 de agosto de 1963 diante do Lincoln Memorial, o período "I have a dream" é anafórico.

Dito isto, atenção: para ser eficaz a anáfora exige certa habilidade. Se fracassarmos em dar-lhe fôlego, ou se a prolongamos demais, o efeito de *crescendo* vai desaparecer, para dar lugar a um cruel sentimento de monotonia. A frase conclusiva terá então menos o efeito de uma resolução e mais o de uma entrega e, em vez de aplausos, corremos o risco de colher sobretudo um franzir das sobrancelhas dubitativamente.

A enumeração ternária: Outro procedimento que permite dar um forte sentimento de encerramento: a enumeração ternária, denominada mais comumente lista tríplice. Quando começamos uma enumeração, os ouvintes esperam naturalmente que ela contenha três termos. Se paramos no segundo, nossa fórmula parecerá inacabada. Se vamos até o quarto, parecerá sobrecarregada. Em compensação, o terceiro termo suscita, espontaneamente, um sentimento de completude. É, surpreendentemente, bastante difícil explicar por quê. Isto parece ligado à própria estrutura da enumeração: o primeiro termo põe os fundamentos, o segundo cria lógica, o terceiro confirma a coerência, tornando supérfluo o recurso a um quarto termo. A pesquisa em psicologia social, aliás, o confirmou recentemente: as listas tríplices se impõem a nós com uma forma de evidência[56].

A enumeração ternária constitui um instrumento tremendo para dar aos nossos ouvintes um sentimento de resolução. Quando vem o terceiro termo, parece-lhes que este marca naturalmente o fim do período. Na medida em que criamos suficientemente saliência antes, temos grandes chances de ser saudados com uma reação de entusiasmo: "Uma França do trabalho, do mérito, do esforço"; "Uma França do exemplo, onde o país se encontra naquilo que o reúne, naquilo que o constrói, naquilo que o ultrapassa!" Numerosas enumerações ternárias permaneceram aliás nas memórias, entre as quais: uma frase de Júlio César, "vim, vi e venci"; o lema dos jogos olímpicos, "mais rápido, mais alto, mais forte"; ou o título de um filme célebre, *O Bom, o Mau e o Vilão*.

A oposição binária: Em retórica, a antítese é uma figura que consiste em colocar em oposição dois termos ou duas propostas. Conforme o caso,

---

[56]. CARLSON, Kurt A. & SHU, Suzanne B., 2014, "When three charms but four alarms: Identifying the optimal number of claims in persuasion settings". *Journal of Marketing*, vol. 78/1, p. 127-139; SHETH, Jagdish N. & RAJENDRA, Sisodia, 2002, *The rule of three: surviving and thriving in competitive markets*, Simon and Schuster; BOOKER, Christopher, 2005, *The seven basic plots: why we tell stories*, Continuum International Publishing Group, "The rule of three", p. 229-235.

ela pode assemelhar-se a uma simples comparação: "O dinheiro será posto em seu lugar, que é o de um servidor e não de um patrão". Ou então assumir formas mais complexas, contendo paralelismos de construção: "Conforme você for poderoso ou miserável, os julgamentos de corte o tornarão branco ou preto"[57]. Ela pode igualmente se desdobrar num segmento longo, ou ser contida toda numa única frase.

Sobretudo, em sua própria estrutura, a antítese permite insuflar um sentimento de resolução. Uma vez enunciado nosso segundo termo, o público compreende que chegamos ao fim de nosso período. Trata-se, aliás, de uma das formas mais simples possíveis de resoluções: já que não era isto, deve então ser aquilo. Exatamente como ocorria com a enumeração ternária, trata-se de um sinal muito forte dado ao público: se nosso período era suficientemente saliente, e nossa antítese bastante clara, temos grandes chances de colher o assentimento.

Observemos que nosso estudo de caso contém uma antítese um pouco particular: "Uma França do civismo, onde cada um perguntará não o que a República pode fazer por ele, mas o que ele pode fazer pela República!"[58] Em retórica, trata-se de uma figura de estilo de pleno direito: é denominada *quiasmo*, ou seja, uma dupla repetição em ordem inversa (A-B; B-A). Na prática, o quiasmo não é senão uma antítese cujo paralelismo de construção foi levado a seu paroxismo. Nisto, ele tende a resgatar uma impressão de grande elegância. Reencontramo-lo, aliás, muitas vezes no *rap*, ao qual forneceu versos poderosos: "Antes de ser um francês mediano, será necessário que me dessem o meio de ser um francês"[59]; "Eles dizem que você pode sair-se bem se o merecer, mas você merece sair-se bem"[60]. É preciso não negligenciar seu interesse: bem-construído, bem-dominado, o quiasmo é um *claptrap* tremendo.

---

57. LA FONTAINE, Jean de, "Les animaux malades de la peste", 1678.
58. Fórmula pronunciada originalmente por John Fitzgerald Kennedy por ocasião de seu discurso de posse, no dia 20 de janeiro de 1961, e retomada por François Hollande em seu discurso em Le Bourget.
59. YOUSSOUPHA, em parceria com TUNISIANO, "Ils nous condamnent", 2013.
60. ORELSAN, em parceria com Kery JAMES, "À qui la faute?", 2019.

O anúncio: Uma das maneiras mais simples de criar um sentimento de resolução consiste em anunciar o que nos preparamos para dizer... antes de o dizer efetivamente. Concretamente, este procedimento sobrepõe duas figuras de estilo que já consideramos à maneira de gancho: a pergunta retórica e a suspensão.

Com a pergunta retórica, enunciamos uma interrogação, antes de respondê-la nós mesmos: "Qual é, definitivamente, nosso projeto político? Queremos construir a França de amanhã!" Com a suspensão, falamos de alguma coisa sem dizer do que se trata, antes de proceder finalmente à revelação: "Temos diante de nós a mais importante das escolhas. Sempre a mesma, desde que a democracia existe. Temos a escolha entre o medo e a esperança!" Às vezes, esta suspensão pode até se encarnar numa estrutura extremamente rudimentar, do tipo: "Permitam-me dizer o que penso de... (silêncio) Penso que..." Em todos os casos, o efeito é o mesmo. Começamos introduzindo mistério, anunciando que vamos dizer alguma coisa. Em seguida, revelamos o mistério, dizendo efetivamente o que havíamos anunciado. Fazendo isso, pomos um fim ao período, criamos um sentimento de resolução e, se a sequência foi bem conduzida, colhemos nossos aplausos.

As combinações: Notemos, por fim, que todos esses procedimentos de resolução podem ser combinados entre si, a fim de multiplicar a eficácia. Em nosso estudo de caso, encontra-se assim uma anáfora cuja frase conclusiva revela ser uma antítese: "A França não é um problema: a França é a solução!" É possível até descobrir uma anáfora construída sobre uma estrutura ternária, na qual cada um dos termos assume a forma de uma antítese: "Temos diante de nós a escolha entre o medo e a esperança! Entre a resignação e o sobressalto! Entre a agitação e a mudança!" Compreendamos corretamente: estas combinações não são floreios estilísticos, destinados a bajular o ouvido dos professores de Literatura. Elas têm uma intenção prática. Fundindo estes procedimentos, multiplicamos na mesma proporção o sentimento de resolução que eles suscitam. E o efeito que eles causam sobre nosso público.

4. Do claptrap *ao encerramento*

Dispomos doravante de todos os instrumentos para configurar um verdadeiro *claptrap*, um artifício para conquistar o aplauso. Num primeiro tempo, utilizamos procedimentos de saliência para abrir um período, chamar a atenção dos ouvintes e começar a construir um *crescendo* que vai levá-los progressivamente a um clímax emocional. Quando chegamos a este ponto, fechamos nosso período mobilizando um ou diversos procedimentos aptos a despertar um sentimento de resolução. Deveríamos então colher uma manifestação de assentimento da parte do nosso público.

Esta estrutura – é todo o seu interesse – é extremamente flexível. Ela pode ser exibida à maneira de encerramento, a fim de suscitar naturalmente os aplausos e deixar uma lembrança memorável de nossa intervenção. Pode igualmente ser utilizada ao longo de nosso discurso, cada vez que desejamos ver nossa fala pontuada por uma reação do público. Mas é igualmente possível combinar estas duas abordagens, construindo toda a nossa conclusão sobre uma sucessão de *claptraps*. Se trabalhamos corretamente, deveríamos então provocar uma série de salvas de palmas, cada uma mais importante do que a precedente, até terminar nossa intervenção sob os gritos de um público em estado de êxtase. É o que propusemos em nosso estudo de caso. Esta construção requer, no entanto, duas condições muito particulares. A primeira: um contexto particularmente monumental. É difícil imaginar esta cena como encerramento de uma apresentação diante de um punhado de espectadores. A segunda: uma aptidão virtuosa da oradora ou do orador de manejar a ênfase, o lirismo, ou mesmo a grandiloquência. Caso contrário, o procedimento correria o risco de fracassar completamente. Permaneceríamos sozinhos, no palco, esfalfando-nos diante de olhares incomodados. Uma desventura que não desejamos a ninguém.

Por fim, especifiquemos que, durante toda esta seção, partimos do princípio de que a oradora ou o orador tinha por objetivo provocar aplausos. Na maior parte dos contextos, esse será efetivamente o caso. Existem, no entanto, situações como os elogios fúnebres ou os sermões religiosos, nos quais o assentimento do público se manifestará com muito mais sobriedade e moderação: acenos com a cabeça, algumas lágrimas, ou mesmo um pesado silêncio de catedral. O que decidirá a maneira como os ouvintes manifestarão seu assentimento é sobretudo o tipo de emoção que tivermos procurado suscitar em nosso discurso: teremos ocasião de retornar ao tema. Os procedimentos que permitem levar a um clímax emocional, em compensação, permanecerão os mesmos: saliência e sentimento de resolução.

Conclusão

Quando desejamos convencer, não basta articular uma argumentação. Precisamos ainda estruturar nossa tomada da palavra – seja por escrito ou, tanto mais, oralmente. Para isso, começaremos respeitando alguns princípios simples, mas essenciais: formular bem nossa ideia diretriz, identificar o número conveniente de argumentos, ter em mente a prioridade dada à clareza e à concisão. Só então é que podemos começar a elaborar o plano de nossa intervenção, que deve imperativamente ser adaptada ao contexto no qual nos encontramos. Para intervenções longas ou complexas, privilegiamos o plano lógico. Para intervenções curtas ou pouco preparadas, optamos, de preferência, por um plano enumerativo. Para intervenções cativantes e muito elaboradas, podemos arriscar um plano narrativo. Em compensação, desconfiemos, como se fosse uma peste, do plano por concatenação, que raramente é uma boa ideia. Só nos restará, então, escolher um gancho capaz de captar a atenção e a benevolência de nosso público: para isso, temos os procedimentos *ex abrupto*. Como também elaborar um encerramento apto a marcar a mente do público e a suscitar seu assentimento: a isso chegaremos graças aos *claptraps*. Nossa argumentação está preparada. Nossa estrutura fixada. Podemos, enfim, pegar a pena. E redigir.

CAPÍTULO 4

Polir seu texto

Na mitologia judaica, o *golem* é um ser artificial que tem a missão de assistir e defender seu criador. É a mão do homem que, trabalhando a argila, lhe confere sua forma humanoide e seu tamanho gigantesco. Mas só depois de inscrita sobre sua testa a palavra hebraica "emeth", a "verdade", é que ele se anima. O gesto lhe dá forma. Mas só o verbo lhe insufla a vida. O mesmo vale para a retórica.

Uma vez elaborada a linha argumentativa e articulado nosso plano, resta ainda moldar o texto que vai encarná-los. Para isso será necessário escolher, cuidadosamente, cada um dos elementos que o constituirão. As palavras que vamos utilizar. As frases que vamos forjar. As sonoridades que vamos harmonizar. As imagens que vamos suscitar. É aqui que a retórica se torna verdadeiramente um trabalho de ourivesaria. Já não se trata apenas de escolher os bons argumentos. Mas sim de dar-lhes o porta-joias onde poderão revelar todo o seu brilho. Deslumbrar os ouvintes. E conquistar sua convicção.

I. O domínio do implícito

Antes de entrar no cerne do tema, precisamos evocar, à guisa de preâmbulo, uma questão fundamental: a do *implícito*. Em linguística, o implícito é uma dimensão da linguagem[61]. Ela designa as mensagens que

---

61. Por outro lado, falaríamos antes de um "tipo de conteúdo". Sobre esta questão infinitamente vasta, cf. especialmente KERBRAT-ORECCHIONI, Catherine, 1986, *L'Implicite*, Armand Colin.

chegamos a fazer compreender sem precisar formulá-las. Ou, em outras palavras: o que *comunicamos* sem o *dizer*.

1. Comunicar sem dizer

Tomemos uma situação simples. Numa reunião um dos participantes diz: "Faz um pouco de frio, não é?" O anfitrião então se levanta e vai espontaneamente fechar a janela. No entanto, nenhum pedido havia sido expresso explicitamente. Formalmente, o locutor nem sequer enunciou um fato ou uma sensação. Contentou-se em compartilhar uma interrogação. Por trás deste conteúdo literal se esconde, no entanto, uma mensagem muito mais complexa: "Sinto frio. Constato que a janela está aberta. Alguém poderia fechá-la?" Neste contexto preciso, todo mundo compreende perfeitamente o sentido implícito da frase.

Em retórica, o implícito é um instrumento fundamental. Permite, de acordo com o linguista Oswald Ducrot, "dizer alguma coisa sem assumir, no entanto, a responsabilidade de tê-la dito, o que equivale a beneficiar-se, ao mesmo tempo, da eficácia da palavra e da inocência do silêncio"[62]. É um instrumento de proteção, que permite transmitir uma mensagem delicada minimizando os perigos incorridos. Ora, é precisamente nas entranhas de nosso texto que o implícito vem se aninhar. Na escolha de nosso léxico, de nossa sintaxe e mesmo de nossas sonoridades. É o que precisaremos aprender a trabalhar.

2. O que especificamos é o que não é evidente

As palavras não são inocentes. Nunca falamos simplesmente para não dizer nada. Toda frase explícita, seja qual for, traz em si pelo menos um implícito: estas palavras valiam a pena ser ditas. Estas considerações poderiam parecer triviais. Elas fundamentam, no entanto, duas regras de

---

62. DUCROT, Oswald, 1991 (1972), *Dire et ne pas dire. Principes de sémantique linguistique*, Hermann, p. 12.

ouro da retórica. Primeira: "o que especificamos é o que não é evidente". A segunda, que dela decorre: "o que enunciamos é o que questionamos".

A consequência destas duas regras é a seguinte: existem certos enunciados que, de um ponto de vista retórico, não devem de forma alguma ser formulados. O simples fato de pronunciá-los equivale a reconhecer que não dependem da evidência. Que são objeto de dúvidas e estão sujeitos a debate. Veremos que, se não tomarmos cuidado, esse erro poderá voltar-se gravemente contra nós. Mas, primeiramente, notemos que esta observação não se aplica aos enunciados que dependem da vivência emocional: "estou feliz", "eu te amo". Ou do sensorial: "sinto dor", "estou com fome". Uma vez que se trata do que sentimos ou experimentamos, ou seja, da interioridade dos indivíduos, nada mais é evidente e toda especificação pode potencialmente se revelar pertinente.

ESTUDO DE CASO: Como importante ministro do governo, aceitei o convite de uma grande transmissão política na televisão. Sei que corro risco. Uma das sequências de destaque deste programa me obriga a debater com um adversário cuja identidade não me é fornecida de antemão. Na noite da transmissão, meus temores se confirmam: esse convidado misterioso não é outro senão um polemista célebre, conhecido por sua arte do debate e seu gosto pelo exagero. Desde os primeiros minutos, ele passa ao ataque, oscilando sem cessar entre ironia, agressão e desprezo. Faço o possível para manter a calma, até que meu interlocutor dispara contra mim: "O senhor falhou na retomada da economia, o senhor falhou na reforma da educação, o senhor falhou na negociação com a União Europeia. Eis, no fundo, o que vocês são: um governo de fracassados". Diante da virulência das palavras, perco meu sangue-frio e, vermelho de raiva, respondo sem refletir: "Mas, enfim, que comportamento é este? O senhor está falando com um ministro da República, o senhor me deve o respeito!" Com um sorriso nos lábios, meu adversário responde na mesma moeda: "Ah, sério? E por que isso? O que respeito, num homem político, são os resultados e a coragem. Ora, os resultados do senhor são patéticos. E sua coragem é inexistente!"

DECODIFICAÇÃO: Que desastre! "O senhor está falando com um ministro da República, o senhor me deve o respeito!" No momento em que pronunciamos estas palavras, aceitamos ao mesmo tempo o implícito que as acompanha: era necessário proferi-las. Haviam deixado de ser evidentes. O resultado é que nunca parecemos tão pouco respeitáveis como quando somos obrigados a mendigar respeito. E tão pouco ministro como quando nos vemos obrigados a lembrar nosso *status* de ministro. Visto que o erro não para por aí. Pronunciando estes dois enunciados, nós os pomos igualmente, de fato, em discussão. É assim que nosso adversário, longe de ser reduzido ao silêncio, pode pelo contrário aumentar sua vantagem fazendo de nossa respeitabilidade um objeto de debate. Mais adiante veremos como, numa tal situação, poderíamos ter sido bem-sucedidos em devolver o ataque contra nosso agressor[63]. Por enquanto, atenhamo-nos ao essencial: cometemos, aqui, o erro de formular uma observação que devia decorrer da evidência e, portanto, não ter sido explicitada. Sem dúvida teria sido preferível recorrer à dimensão implícita da linguagem. A mensagem teria sido transmitida, teria sido compreendida, sem que precisássemos formulá-la explicitamente.

"Provar que tenho razão seria conceder que posso estar errada!" Eis como Suzanne tenta interromper bruscamente uma discussão com Fígaro, na célebre peça de Beaumarchais[64]. De um ponto de vista retórico, sua observação é perfeitamente fundamentada. As palavras que despejamos na discussão, corremos o risco de vê-las discutidas. Por isso é tão importante refletir cuidadosamente na formulação de nossos argumentos. Trabalhar o léxico, as frases, as sonoridades e as imagens. E investir a dimensão implícita da linguagem. Isto nos permitirá, evidentemente, dizer da melhor forma possível o que queremos comunicar. Mas, igualmente, comunicar de forma eficaz o que não podemos permitir-nos dizer.

---

63. Cf. cap. 8, V-3, "Triunfar sobre uma injúria oportuna".
64. BEAUMARCHAIS, *Le Mariage de Figaro*, 1784, ato I, cena 1.

II. A escolha das palavras

"As palavras têm um sentido". Eis o que geralmente respondemos ao interlocutor que nos lança palavras pesadas com demasiada leviandade. Uma frase tantas vezes ouvida que se tornou um estereótipo. Ora, ela é contestável. Por um lado, porque as palavras têm muitas vezes diversos sentidos. Por exemplo, entre dois arrazoados, um advogado pode muito bem almoçar uma "salade d'avocat" [*avocat* significa advogado e também abacate]. Existem, aliás, palavras que podem significar uma coisa e seu exato contrário. Assim, a palavra "hóspede" designa ao mesmo tempo aquele que oferece hospitalidade e aquele que a recebe. Mas, sobretudo, porque todas as palavras possuem, se não dois sentidos, pelo menos dois *conteúdos*: a denotação e a conotação.

1. *Denotação e conotação*

Em linguística, o conceito de *denotação* designa o sentido literal de uma palavra, que se pode definir e sobre o qual todo mundo se entende. A *conotação*, em compensação, designa o conjunto das representações que estão ligadas a esta palavra e sobre as quais pode haver divergências, ou mesmo desacordos.

Tomemos um exemplo. As palavras "obra" ("ouvrage"), "alfarrábio" ("bouquin") e "livro" ("livre") possuem a mesma denotação. As três designam um objeto constituído por uma cobertura, com páginas encadernadas, contendo textos ou imagens – em suma, o que as leitoras e os leitores provavelmente têm em mãos neste momento. Em compensação, estes termos apresentam cada qual uma conotação ligeiramente diferente. Temos a tendência de tomar emprestada na biblioteca uma obra de filosofia, mas levar para a praia um alfarrábio do verão e, na dúvida, perguntar aos nossos amigos qual foi o último livro que leram. A palavra "obra" evoca antes uma leitura séria e exigente; "alfarrábio" evoca um conteúdo mais leve e divertido; quanto a "livro", permanece relativamente neutro. Cada vez, a denotação é a mesma. Em compensação, as conotações são diferentes.

Brincando com a articulação entre denotação e conotação, a língua nos oferece assim a possibilidade de dizer uma mesma coisa, de mil maneiras diferentes. Ou, mais exatamente, dizer, de mil maneiras, mil coisas ligeiramente diferentes. Para as oradoras e os oradores, existe aqui um verdadeiro tesouro a explorar. Se desejamos aperfeiçoar nossa força de convicção, devemos ser capazes de escolher as palavras mais adequadas. As que darão mais peso à nossa argumentação. Pelo significado que elas têm. Mas também pelas representações que trazem.

2. Pôr as conotações a seu favor

Em retórica, a seleção do léxico não é apenas uma questão de estilo, de estetismo ou de ornamentação. É também, e até sobretudo, um componente da argumentação. Da escolha de nossas palavras depende, evidentemente, a clareza dos nossos raciocínios. A denotação de nosso léxico deve ser precisa, a fim de tornar nosso discurso o mais inteligível possível. Mas as palavras não são simples tijolos que empilhamos para edificar argumentos. Cada uma delas é um mundo em si. Elas infundem, na mente dos ouvintes, um conjunto de representações que vão colorir, nuançar ou alterar nosso raciocínio. Se estas representações estão a nosso favor, poderemos construir sobre fundamentos sólidos. Se jogarem contra nós, em compensação, precisaremos construir sobre areias movediças. Embora tenha sido elaborado impecavelmente, nosso edifício argumentativo correria o risco, a todo momento, de ser engolido por representações mal-escolhidas. Precisamos, portanto, estar particularmente atentos à conotação de nosso léxico. Ela tem o poder de sustentar ou, pelo contrário, solapar todo um empreendimento de convicção.

Escolher termos positivos

Estas considerações poderiam parecer anódinas. No entanto, nos levam a uma das regras mais essenciais da retórica: "as próprias palavras contribuem para conquistar ou afastar a convicção". Independentemente do raciocínio que temos, dos argumentos que empregamos e das frases que pronunciamos, as palavras que saem de nossa boca ou de nossa pena causam um efeito próprio sobre o público. O psicólogo Thierry Melchior fala, a este respeito, da função *proferencial* da linguagem. O simples fato de proferir uma palavra basta para materializar a realidade que ela designa[65]. Isto significa que, quando procuramos conquistar a convicção, devemos, a todo instante, prestar atenção às representações que acionamos. Se nos escapar uma única palavra mal-conotada, são lanços inteiros de nossa argumentação que podem desmoronar[66].

ESTUDO DE CASO: Apaixonado desde a infância pelas touradas, sou hoje um toureiro respeitado. Consagração suprema: fui convidado por um programa televisivo de grande público a falar de minha paixão por esta bela tradição. Mesmo assim fico um pouco preocupado. Há grandes chances, eu sei, de eu ser atacado sob o ângulo do sofrimento animal. No dia da filmagem, meus temores se revelam infundados. Todo mundo é muito benevolente, o programa corre bem e eu começo a relaxar. Um dos jornalistas me faz então a seguinte pergunta: "O senhor diz que a tourada reúne todas as gerações. Mas, mesmo assim, assistir à morte de um animal é realmente um espetáculo familiar?" Com demasiada confiança respondo com solicitude: "Oh! Mas o senhor sabe que apresentar a tourada desta maneira é muito redutor. A agonia do touro é apenas uma pequena parte do espetáculo". Ao meu redor os olhares mudam. Mostram-se surpresos. Em seguida belicosos. Eu congelo: sei que acabo de cometer um erro terrível.

DECODIFICAÇÃO: "Agonia". O termo é terrivelmente mal-escolhido. Veicula conotações de sofrimento extremo e de espetáculo sangrento: tudo o que procurávamos precisamente afastar. Numa palavra: abrimos um rombo na integralidade de nosso trabalho argumentativo. E oferece-

---

65. MELCHIOR, Thierry, 1998, *Créer le réel. Hypnose et thérapie*. Seuil, p. 145 e p. 302-315.
66. Trata-se de um resultado solidamente estabelecido pela pesquisa em psicologia cognitiva, que evidenciou o poder do "pensamento associativo". Numerosas experiências mostram que as palavras às quais somos expostos carregam consigo um universo de sentido, e que este universo de sentido influencia nossa compreensão, nossas emoções e mesmo nosso comportamento. Para uma síntese cf. KAHNEMAN, 2012, "La machine associative", em *Système 1, Système 2. Les deux vitesses de la pensée*, op. cit., cap. 4.

mos um ângulo para nos atacarem com uma eficácia terrível. Tanto mais que fomos nós mesmos, livre e espontaneamente, que optamos por empregar esta palavra. Corremos o risco de dificilmente poder contestá-la ou fazer com que seja esquecida. Quando falarmos, é doravante o sofrimento e o sangue que nossos ouvintes terão em mente.

Redefinir os termos negativos

Acontece, infelizmente, que não temos o luxo de escolher os termos com os quais argumentamos. Pelo contrário, eles nos são impostos. Pode ser o caso da instituição onde fazemos nossa intervenção, na qual existem denominações oficiais, das quais pode ser difícil se desfazer. Mas igualmente de um superior hierárquico, que evoca nosso trabalho num léxico não necessariamente a nosso favor. Ou mesmo de um contraditor, que nos lança em rosto um qualificativo pejorativo. Em cada uma destas situações, é possível permanecer na defensiva, contestando o termo incriminado, para substituí-lo por outro, mais bem-conotado: "O senhor utiliza a palavra... Compreendo muito bem o que o senhor quer dizer. A título pessoal, prefiro falar de..." É possível igualmente recorrer a um outro instrumento: a definição retórica. Consiste, simplesmente, em aceitar o termo utilizado, mas propor-lhe uma redefinição que reforça nossa argumentação, em vez de prejudicá-la.

ESTUDO DE CASO: Jornalista de uma revista popular, apresentei à minha redatora-chefe uma proposta de tema que, embora um pouco técnica, me é muito cara. Durante a conferência de redação, na qual decidimos sobre a composição do próximo fascículo, ela retorna ao assunto: "Ah, sim, temos sua proposta sobre... o que era mesmo? Os microtrabalhadores que alimentam os algoritmos com dados? Temo que seja um pouco intelectual, mesmo assim..." Eis-me num embaraço. Se entro em confronto direto, corro o risco de ela ficar com ciúme e rejeitá-la categoricamente. Mas se concordo com seu julgamento, o assunto será decidido: minha investigação não é adaptada. Num caso como no outro, posso desde já dizer adeus ao artigo. Escolho, portanto, um terceiro caminho: "Então, se por 'intelectual' a senhora entende que é um artigo exigente e profundo, concordo com efeito com a senhora! Mas parece-me que são precisamente os valores pelos quais lutamos nesta revista, não é?" Minha redatora-chefe esboça uma pequena careta, ao mesmo tempo chateada e divertida. Acabo talvez de salvar meu artigo...

DECODIFICAÇÃO: Isso não parece grande coisa, mas na realidade acabamos de exibir uma estratégia tremenda. Em primeiro lugar, porque alistamos de nosso lado os valores fundamentais da organização: a exigência e a profundidade. A não ser que se demonstre que nossa proposta não satisfaz nem uma nem a outra, torna-se delicado opor-se a ela. Mas, além disso, nossa redefinição do termo "intelectual" é particularmente bem-construída. Trata-se, com efeito, de uma dessas numerosas palavras nas quais coabitam conotações ambivalentes, algumas negativas, outras positivas. Neste caso, ela pode designar ao mesmo tempo um conteúdo abstruso e enfadonho ou, como sublinhamos, profundo e exigente. Nossa interlocutora foi, portanto, pega numa armadilha. Ela não pode recusar o termo: foi ela mesma que o pôs na mesa. Quanto à redefinição, por sua vez, ela poderia arriscar-se, evidentemente, mas pareceria extremamente minuciosa. Sempre é possível recusar, evidentemente: "Compreendo muito bem, mas mesmo assim penso que o tema é um pouco árido demais". Simplesmente, isso exigirá dela que mostre mais vontade. E que esteja pronta para argumentar. Não a convencemos forçosamente da legitimidade de nossa posição. Em compensação, talvez a tenhamos dissuadido de opor-se a ela: é tudo o que desejávamos.

Evidentemente esta estratégia nem sempre será possível. É adaptada sobretudo quando somos confrontados com termos equívocos, nos quais residem conotações divergentes, ou mesmo opostas. Inversamente, algumas palavras carregam consigo um universo tão pejorativo que desestimulam todo trabalho de redefinição: nós nos encontraríamos irremediavelmente esmagados sob as representações que pretendíamos descartar. A menos que, evidentemente, estejamos dispostos a engajar-nos numa luta gradual, visando introduzir à força conotações felizes num termo execrado. É a estratégia da reviravolta do estigma, que consiste em reapropriar-se de uma palavra injuriosa, mudando-lhe o sentido. Podemos pensar, por exemplo, nos autores francófonos negros de meados do século XX, que decidiram reivindicar orgulhosamente sua "negritude"[67]. Um tal empreendimento, no entanto, ultrapassa em muito o quadro daquilo que um indivíduo pode realizar sozinho. Deixamos o terreno da argumentação para entrar no da mobilização coletiva e do debate público.

De maneira mais geral, nunca insistiremos suficientemente: enquanto oradoras ou oradores, refletir na conotação do léxico é uma aposta essencial. Está em jogo o êxito de nosso empreendimento de convicção. Ou seu fracasso.

3. Dominar a negação

Acabamos de ver que a linguagem possui uma função proferencial. Se uma palavra é pronunciada, é porque ela remete a "alguma coisa". Podemos não captar o que ela designa, suspeitar que o próprio locutor não a compreende, ou mesmo convencer-nos de que ela não esconde de fato nenhuma realidade. Mas, uma vez que é pronunciada, ela faz existir esta "coisa", mesmo que apenas no plano da linguagem ou do imaginário. Decorre aquilo que Thierry Melchior denomina princípio de proferência: "Não podemos não falar de alguma coisa".

Esta reflexão pode parecer abstrata, mas uma historieta permite ilustrá-la. No dia 31 de maio de 2017, pouco depois da meia-noite, Donald Trump publica um *tweet* incompreensível: "Despite the constant negative press covfefe". [Ou em português: "Apesar da imprensa negativa constante *covfefe*".] A mensagem é apagada algumas horas mais tarde, mas o presidente dos Estados Unidos, pouco inclinado a confessar o menor erro, afirma que ela era perfeitamente intencional. Imediatamente a palavra-chave #covfefe

---

[67]. O conceito de estigma nos vem principalmente dos trabalhos do sociólogo GOFFMAN, Erving, 1963, *Stigma: Notes on the Management of Spoiled Identity*, Upper Saddle River. Sobre a estratégia de reviravolta: FASSIN, Didier & RECHTMAN, Richard, *L'Empire du traumatisme: enquête sur la condition de victime*, Flammarion.

viraliza. Toda a internet se apropria dela, primeiro para se perguntar do que se trata e depois para rir. O termo passa rapidamente para o léxico político e jornalístico, onde é utilizado para ridicularizar as gafes ou denunciar as mentiras das personalidades públicas, Donald Trump à frente. Análises posteriores acabam desvendando o mistério. Evidentemente trata-se de um *tweet* inacabado, enviado por acidente, no qual "covfefe" é um erro de datilografia em vez do "coverage". O que dá: "Apesar da cobertura negativa constante da imprensa..." Finalmente, esta palavra misteriosa não queria dizer nada. Mas o que importa: no instante em que foi proferida e assumida, ela existia. Era possível discutir sobre ela, debater sobre ela ou zombar dela. É verdade, portanto, que ela devia designar "alguma coisa". Mesmo que ninguém no mundo, literalmente, soubesse o quê.

Do ponto de vista da retórica, a função proferencial da linguagem possui uma implicação prática fundamental: ela chama nossa atenção para os perigos mortais da negação. Enquanto oradoras ou oradores, é terrivelmente perigoso aventurar-nos numa frase com "não".

Descartar as negações nefastas

Em virtude do princípio da proferência, desde o instante em que pronunciamos um termo conotado pejorativamente, nós o fazemos existir. Suas conotações começam imediatamente a se instalar na mente dos ouvintes. E isto, embora o tenhamos empregado numa frase negativa, precisamente com o objetivo de rejeitá-lo. Esta ideia é às vezes resumida numa frase muito simplista, certamente, mas que tem o mérito da clareza: "O cérebro não compreende a negação".

ESTUDO DE CASO: Empregado num grande banco, tenho a surpresa, certa manhã, de ser convocado pela repartição dos recursos humanos. Apresento-me na sala de reunião e de repente vejo diante de mim meu gerente, meu diretor, um quadro da repartição financeira e diversos responsáveis dos recursos humanos. Para minha estupefação, acusam-me de ter desviado várias dezenas de milhares de euros das contas sob minha responsabilidade. Minha camisa fica molhada com a transpiração.

Sou inocente, é claro. Mas como convencê-los? Gaguejo alguns pedaços de frases mal-articuladas, e depois acabo bradando: "Mas afinal não sou um ladrão! Vasculhem meus antecedentes: nunca extorqui ninguém! Não vou iniciar uma carreira de trapaceiro aos 50 anos!" Ao redor da mesa os lábios se comprimem. Percebo que pareço mais do que nunca culpado.

DECODIFICAÇÃO: Acabamos de pronunciar a pior possível das frases. Nossa linha de defesa, neste caso um argumento pela ausência de precedentes, é, no entanto, válida. Mas pesa muito pouco em comparação com as palavras que empregamos: "ladrão, extorqui, trapaceiro". Certamente, estavam inseridas em formas de expressão negativas. Só as utilizamos para nos defender. Mas sua conotação é tão forte que transborda o próprio sentido das frases, tem precedência sobre a denotação e marca com ferro em brasa a mente dos nossos ouvintes. Doravante, tudo aquilo em que podem pensar tem a ver com três verbos: roubar, extorquir, trapacear. No entanto, teria sido tão simples utilizar formulações positivas: "Mas, afinal, sou uma pessoa honesta! Reparem meus antecedentes: sempre fui irrepreensível! Por que vocês quereriam que, aos 50 anos, eu deixe de respeitar a lei?"

O conselho para as oradoras e os oradores é, portanto, o seguinte: descartemos as negações nefastas. Procuremos empregar apenas palavras cujas conotações sejam totalmente a nosso favor. Esta norma só deixa de se aplicar numa circunstância: se sabemos, com certeza, que um termo pejorativo já está na mente de todos os nossos ouvintes. Um interlocutor acaba de jogá-lo na nossa cara, a imprensa o publicou em letras garrafais, ouvimos pronunciá-lo no cantinho do café... Nesta situação, pode ser sensato, pelo contrário, empunhar resolutamente a palavra incriminada. Nós a pronunciamos uma vez, uma única vez, o tempo suficiente para refutá-la definitivamente: "O que os senhores acabam de dizer é escandaloso. Não, não sou um ladrão. Pelo contrário..."

A negação como uma arma: a preterição

Pode acontecer também que o estilo negativo nos seja mais vantajoso. É o caso principalmente quando desejamos transmitir uma mensagem muito dura, sem com isso passar por agressor. Para isso basta inserir inocentemente, após uma negação, uma palavra cruelmente pejorativa: "Não afirmo que o senhor é incompetente. Admiro-me simplesmente que o projeto avance tão lentamente..." Formalmente, não dissemos o que não devíamos dizer. As conotações bastam para fazer passar a ideia. Em retórica é o que se denomina preterição: um procedimento que consiste em enunciar um argumento, pretendendo renunciar a ele.

ESTUDO DE CASO: Sendo porta-voz do governo, sou convidado a debater com uma deputada da oposição na plataforma de um canal de notícias. Acontece que, alguns meses antes, fui acusado – injustamente – de ter cometido um abuso de ativos corporativos na época em que eu era presidente de uma grande associação. Não estando ainda concluídos os procedimentos judiciais, eu esperava que seria delicado, para minha adversária, explorar esta informação. Era não contar com sua habilidade. Com um sorriso zombeteiro nos lábios, ela me lança em rosto: "O senhor tem, caro senhor, palavras muito duras a respeito dos pequenos delinquentes. É irônico que o senhor mesmo esteja no centro de um assunto de abuso de ativos corporativos. Não vou, evidentemente, acusá-lo de ser um ladrão: respeito a justiça, esperemos que ela se pronuncie. Digo apenas que precisamos encontrar exemplaridade, em todos os níveis". Eu me agito, coro de vergonha... e decido mudar de assunto.

DECODIFICAÇÃO: Acabamos de sofrer um ataque odioso. Desta frase os ouvintes só reterão provavelmente a palavra "ladrão". Trata-se de um questionamento extremamente violento. Mas, na medida em que, formalmente, nenhuma acusação foi pronunciada, é muito difícil proteger-nos contra ele. Se procurarmos protestar, nossa interlocutora está em condições de responder algo como: "Ora, o senhor tem perfeitamente razão! Repito: eu não disse que o senhor era um ladrão!" Não só não teríamos esquivado o ataque, mas teríamos dado, além disso, a impressão de esmiuçar em excesso. É precisamente esta a força da preterição: fingindo renunciar ao argumento que ela enuncia, ela suprime toda possibilidade de se defender dele. Ela permite assim "beneficiar-se ao mesmo tempo da eficácia da palavra e da inocência do silêncio": é, como vimos, a própria definição do implícito. Aqui, nossa única possibilidade de reagir teria consistido em revelar às claras esta estratégia, para poder denunciá-la. Um procedimento particularmente enfadonho. Mas potencialmente eficaz: "Cara madame. O que a senhora acaba de fazer é indigno. Evocar, sorrateiramente, um assunto em curso de julgamento. Insinuar, sem ousar dizê-lo realmente, que posso não ser honesto. Mas tenha certeza, ninguém aqui é trouxa. Todo mundo vê muito bem que a mesquinharia da senhora é apenas uma tentativa desesperada de camuflar o vazio de suas propostas políticas!"

As negações nefastas não são, portanto, necessariamente nefastas para nós mesmos. Bem utilizadas, podem ser voltadas contra um adversário. O procedimento é pérfido, certamente. Mas muitas vezes eficaz. Ele nos deixa, mais uma vez, sozinhos diante de nossa ética. Cabe a nós decidir se queremos recorrer a ele. Mas, seja qual for nossa escolha, deveremos de qualquer maneira preparar-nos para enfrentá-lo em nossos interlocutores.

As negações nefastas: um veneno do cotidiano

Explicitemos, enfim, que estas considerações estão longe de limitar-se apenas à comunicação estratégica, nos domínios profissionais e políticos. Elas se aplicam igualmente, e talvez até sobretudo, à retórica do cotidiano. Pensemos em todas estas frases que pronunciamos tão frequentemente: "Não é ruim"; "Não é uma má ideia"; "Não tenha medo"; "Não se estresse"; "Não há problema"; "Não esqueça as chaves". Pelas conotações que veiculam, estas frases correm o risco de produzir o efeito inverso do procurado. Se nosso professor nos felicita com um "Não é ruim", temos a impressão de que poderíamos ter feito melhor. Se um amigo procura nos assegurar com um "Não tenha medo", já sentimos o medo correr em nossas veias. Todos os dias, sem o saber, sem o querer, nós nos influenciamos assim mutuamente. Às vezes para melhor. Muitas vezes para pior. No entanto, seria tão simples colocar cada uma destas frases no positivo: "Está bem". "É inteligente"; "Tudo vai correr bem"; "Isto me convém"; "Pense em levar as chaves". Estas formulações são particularmente mais atraentes. A conotação dos termos permite desta vez redobrar, em vez de contrariar, o cerne de nossa mensagem.

Conservemos sempre na memória o impacto considerável que nossas palavras podem causar em nossas pessoas próximas e vizinhos. As palavras que proferimos determinam nossa percepção do mundo. Só cabe a nós reencantá-la. Eis um bom exemplo do que a retórica pode nos trazer, no cotidiano.

4. Jogar com os valores numéricos

"O que é mais pesado: um quilo de penas ou um quilo de chumbo?" Eis uma armadilha na qual todas as crianças caíram. De um ponto de vista físico e matemático, a resposta certa não deixa nenhuma dúvida: um quilo, seja qual for a matéria de que é constituído, é sempre um quilo. É diferente, em compensação, quando consideramos esta pergunta sob o ângulo da argumentação. Em termos retóricos, por mais estranho que isso possa parecer, um quilo de chumbo é infinitamente mais pesado do que um quilo de penas. Já que se trata de valores numéricos, retornamos, mais uma vez, à distinção entre denotação e conotação.

As dimensões

Primeira variável com a qual as oradoras e os oradores podem jogar: as dimensões pelas quais os valores numéricos são expressos. Existem, nesta matéria, duas normas gerais. A primeira: "Quanto maior é a unidade de medida à qual nos referimos, tanto mais importante parece o valor que ela designa".

ESTUDO DE CASO: Como gerente de uma grande empresa, fui nomeado chefe de um projeto complicado. Numa reunião da direção, diante de meus superiores, mostro-me tranquilizador: "O trabalho avança bem. Resta-nos um ano e meio: é ainda muito tempo". Na realidade, sei que estamos nos atrasando. Retornando ao meu serviço, reúno, portanto, minhas equipes ao meu redor: "As coisas não vão bem! Restam apenas dezoito meses para a entrega do projeto! Se não redobrarmos os esforços desde já, nunca cumpriremos os prazos!"

DECODIFICAÇÃO: "Um ano e meio" – parece uma eternidade. "Dezoito meses" – parece amanhã. Continuando a jogar com a unidade de medida, modificamos consideravelmente as representações associadas a um mesmo valor de tempo. Novamente, a conotação dos termos carrega uma grande parte da mensagem. Observemos que, para acentuar o efeito produzido, poderíamos ter sido tentados a empregar com nossas equipes uma unidade ainda menor: não dezoito meses, mas quinhentos e cinquenta e quatro dias. Isto, no entanto, não teria sido tão eficaz. Ninguém na vida cotidiana fala em centenas de dias. A medida se teria tornado abstrata e teria perdido sua conotação de urgência.

Esta observação nos leva precisamente à nossa norma número dois: "Os ouvintes raramente percebem a medida dos grandes números". Desde que ultrapassamos os valores que costumamos manipular, torna-se difícil percebermos o que os números designam realmente. Para uma oradora ou um orador hábil, existe também aqui uma dimensão a explorar.

Tomemos um exemplo. Quando fazem um comunicado acerca de uma nova medida, os responsáveis políticos se apressam muitas vezes em especificar que ela representa um investimento de "vários milhões de euros". Enquanto cidadãos, nos deixamos facilmente enganar por esses números. Milhões de euros é forçosamente muito dinheiro, não é? E, no entanto, comparado com o orçamento do Estado, não é nada. Nem mesmo o começo de uma gota d'água. Aproveitemos, aliás, para apresentar aqui alguns pontos de referência úteis. No nível de um grande país da União Europeia, se uma decisão política é orçada em milhões de euros, é de ordem simbólica. Em dezenas de milhões, permanece modesta. Em centenas de milhões, torna-se substancial. Em bilhões, pode-se começar a falar de uma verdadeira prioridade.

A precisão

Segunda variável com a qual as oradoras e oradores podem jogar para utilizar em seu proveito os valores numéricos: seu grau de precisão. Também aqui existem duas normas simples, mas que funcionam de maneira contraditória. A primeira: "Quanto mais preciso é um dado, tanto mais exato ele parece".

Tomemos um exemplo. Imaginemos que uma empresa fabricante de eletrodomésticos decide fazer um comunicado sobre a qualidade de sua assistência telefônica. Ela começa pedindo que um instituto de pesquisa realize uma sondagem sobre a satisfação junto a seus clientes. Uma vez obtidos os resultados, coloca-se a questão de saber como serão apresentados nas campanhas de publicidade: "9 em cada 10 clientes estão satisfeitos" ou "92% dos clientes estão satisfeitos"? Em termos estatísticos, as duas opiniões equivalem mais ou menos à mesma coisa. Falamos de pesquisas que são, por natureza, sujeitas a grandes margens de erro. Em compensação, em termos retóricos, as duas expressões carregam representações muito diferentes. Quando optamos por dizer "92%", damos ao nosso discurso a aparência do rigor e da cientificidade. Aos olhos dos ouvintes, parecerá mais sério e menos discutível. Ora, na prática, a precisão não é de modo algum uma garantia de confiança. É possível fornecer números que são ao mesmo tempo muito precisos... e totalmente falsos. Também aqui, o que conta são as conotações. A precisão sugere exatidão. Observemos, entre parênteses, que estes desenvolvimentos se aplicam igualmente à psicologia da negociação. Diversas pesquisas mostraram que, por ocasião de uma transação, se o primeiro preço anunciado é preciso ("meus honorários somam 1.435 euros") em vez de arredondado ("meus honorários somam 1.400 euros"), ele será discutido menos ardorosamente pelo interlocutor, chegando a um acordo final mais vantajoso[68].

No entanto, é preciso não perder de vista a segunda norma: "Quanto mais preciso é um dado, tanto menos fácil de apreender ele é". Os dados complexos representam, para os ouvintes, um acréscimo de informação a integrar. Eles terão assim mais dificuldade de manipular um número decimal ("32,4%") do que um arredondado ("cerca de 30%") ou, *a fortiori*,

---

68. MASON, Malia F. / LEE, Alice J. / WILEY, Elizabeth A. & AMES, Daniel R., 2013, "Precise offers are potent anchors: Conciliatory counteroffers and attributions of knowledge in negotiations". *Journal of Experimental Social Psychology*, vol. 49/4, p. 759-763.

uma aproximação ("quase um entre três"). Para as oradoras e os oradores é um elemento a levar em consideração. Os dados precisos, se conferem uma aparência de rigor e de seriedade à nossa argumentação, a tornam igualmente menos inteligível. O risco consiste em perder em clareza o que teremos ganho em credibilidade.

O bom reflexo é, portanto, o seguinte. Quando queremos dar prova de competência, utilizamos o dado mais preciso possível. Cuidaremos, neste caso, de dar-lhe em nossa frase um lugar secundário e supérfluo – teremos oportunidade de retornar ao tema[69]. Em compensação, quando manipulamos um dado crucial para nosso raciocínio é melhor apresentá-lo sob a forma de um arredondado, ou mesmo de uma aproximação. Facilitaremos assim a compreensão dos ouvintes e aumentaremos nossas chances de conquistar sua convicção[70].

Enquanto oradoras ou oradores, é essencial que dominemos perfeitamente este trabalho sobre a precisão e as dimensões. Ele nos permitirá dar o maior impacto possível aos valores numéricos que utilizamos. Enquanto ouvintes, em compensação, precisamos estar particularmente vigilantes. Não nos deixemos impressionar por séries de dados. E adotemos um hábito simples: quando somos confrontados com valores que temos dificuldade de avaliar, façamos o cálculo. Encontremos pontos de comparação. Arredondemos para o número mais próximo. Convertamos numa outra unidade de medida. Em poucas palavras, não aceitemos nunca deixar-nos envolver nas conotações de um número escolhido para convencer. Se desejamos manter plenamente nosso livre-arbítrio, não podemos poupar-nos do esforço de contar. Também as matemáticas participam da retórica.

5. Da batalha das palavras à guerra das ideias

Terminemos evocando um caso particular, mas fundamental: a política, no sentido amplo do termo. Trata-se de um domínio no qual o léxico

---

69. Cf. cap. 6, II-3, "A competência".
70. Sobre estas questões: ZHANG, Charles & SCHWARTZ, Norbert, 2012, "How and Why 1 year differs from 365 days: A conversational logic analysis of inferences from the granularity of quantitative expressions". *Journal of Consumer Research*, vol. 39/2, p. 248-259.

possui uma importância tão crucial que é objeto de uma competição sem piedade. Chegar a impor as palavras pelas quais os cidadãos pensam espontaneamente num tema equivale a optar pelas representações e as imagens que irão em seguida estruturar o debate. Trata-se de uma vantagem considerável.

Tomemos um exemplo. Já faz quarenta anos que existe, no debate político francês, uma luta encarniçada em torno de uma palavra muito particular: a palavra com a qual são designados os impostos pagos pelas empresas a fim de financiar a previdência social. Uns, situados mais à direita do espectro político, falam de *encargos sociais*. Os outros, identificados mais à esquerda do quadro político, preferem evocar as *cotizações sociais*. Ora, esta escolha não tem nada de casual. Está ligada diretamente às representações acarretadas por cada um destes conceitos. Falar de "encargos" leva nossa mente a enfocar o peso que estes impostos representam para as empresas. Pensamos então naturalmente em todos os empregos perdidos, que não puderam ser criados por empreendedores voluntários, certamente, mas esmagados sob a pressão do Estado. Inversamente, falar de "cotizações" nos conduz antes à ideia de partilha e de solidariedade. Pensamos então espontaneamente na importância de compartilhar as riquezas produzidas pelas empresas, a fim de que nenhum cidadão precise sofrer a miséria enquanto outros se comprazem na opulência. Tanto num caso como no outro, a denotação das palavras é idêntica: cada uma designa os mesmos impostos. As conotações, por sua vez, se opõem radicalmente. Ora – e este é o cerne do debate –, estas representações divergentes sustentam propostas políticas concorrentes. Se é a palavra "encargos sociais" que se impõe, torna-se muito difícil propor torná-los mais pesados. Um fardo não é, de preferência, destinado a ser aliviado? Inversamente, se é a palavra "cotizações sociais" que passa a ter prioridade, torna-se delicado pedir seu alívio. A solidariedade não é, afinal de contas, um valor cardinal de nossa sociedade? Como vemos: aqui, a luta por escolher as palavras não tem nada de superficial. Está, pelo contrário, no próprio cerne do combate retórico. O campo que chega a impor seu léxico tem grandes chances, em seguida, de fazer triunfar sua política.

Tomemos um outro exemplo, desta vez pertencente ao mundo da gestão. Por muito tempo as pessoas que trabalhavam nas grandes empresas eram denominadas *empregados*. Progressivamente este termo se transformou, a ponto de, hoje, se falar preferencialmente de *colaboradores*. Aparentemente, uma mudança bem anódina. Um efeito da moda, nada mais. A denotação é exatamente a mesma nos dois casos. E, no entanto, as conotações são, por sua vez, bem diferentes. Se existem "empregados", é porque existe um "empregador". Por si mesma, esta palavra manifestava a relação de força inerente ao trabalho assalariado. De um lado, encontram-se os que são proprietários dos meios de produção; do outro, os que arrendam sua força de trabalho; e entre os dois existe um contrato, que é sempre o resultado de uma áspera queda de braço. Em compensação, o que acontece se não há mais nenhum empregado, mas somente "colaboradores"? As representações são de repente muito diferentes. A empresa se torna um mundo cooperativo verdejante, onde todos os indivíduos trabalham juntos pela realização de um grande projeto comum. Ora, também aqui, esta mudança de léxico sustenta, na realidade, um combate ideológico. Já que a tensão intrínseca ao assalariado desaparece, substituída pela ideia de colaboração, como continuar a travar a luta no cerne das relações de trabalho? Diante de um empregador, é possível militar, reivindicar, até mesmo fazer greve. Mas por que iríamos submeter a isso uma pessoa com a qual se colabora? A escolha das palavras, mais uma vez, é tudo menos anedótica. Impondo o termo "colaboradores" em vez de "empregados", os teóricos da administração alcançaram seus fins, que podemos formular de duas maneiras. Pacificar as relações humanas na empresa. Ou entravar a possibilidade de lutar pelo melhoramento das condições de trabalho. Cada leitor julgará qual destas duas conotações melhor lhe convém.

Podemos ver: no nível do debate público, vencer a batalha das palavras já é obter uma vantagem importante na guerra das ideias.

III. A escolha dos verbos

A conjugação. Se existe uma palavra capaz de congelar o sangue de qualquer um que a ouve, é justamente esta! Sua simples evocação basta para trazer todo um mundo à nossa mente. A algazarra nas salas de aula. O rangido do giz no quadro-negro. As aulas hipócritas. Os exercícios pérfidos. Os alunos angustiados. E, no entanto, a conjugação, como aliás toda a gramática, não só é o prazer culpado dos letrados esmiuçadores e dos professores... sádicos. É também um tremendo instrumento a serviço da convicção.

Então, agarremo-nos. Nas páginas que seguem, falaremos de conjugação, certamente. Mas abordando-a como ela só é abordada muito raramente. Não como uma exigência linguística. Nem como uma ornamentação estética. Mas como uma arma retórica. Uma de cujas implicações se revela absolutamente fundamental: distribuir, no interior do discurso, a responsabilidade.

1. Distribuir a responsabilidade

O verbo é um elemento central da frase. É ele que está encarregado de expressar uma ação, um estado ou uma transformação. Ele indica *quem faz o quê, quem é o quê* e *quem se torna o quê*. Ele põe em relação um *sujeito* e um *objeto*. Ou, para expressar-nos de outra maneira: o verbo é o instrumento gramatical que permite atribuir a responsabilidade.

De um ponto de vista retórico, trata-se de uma questão crucial. Muitas vezes, o problema de uma argumentação consistirá, em parte pelo menos, em atribuir-se um mérito ou em reabilitar-se de um erro. Em reivindicar para si a responsabilidade por um fato percebido como positivo, ou em rejeitar energicamente a responsabilidade por um fato percebido como negativo. Evidentemente, é possível chegar a esse objetivo de maneira explícita: "Fui eu quem fez isso. Não tenho nada a ver com aquilo". Às vezes será mesmo a melhor das opções: nós o vimos, sobretudo, ao estudar as circunstâncias nas quais pode ser interessante recorrer a uma prolepse[71]. Mas, muitas vezes, tentar atribuir explicitamente as responsabilidades corre o risco de se revelar pesado, grosseiro, ou mesmo perigoso. Não es-

---

71. Cf. cap. 2, III-4, "Antecipar-se às objeções".

queçamos nunca estas duas regras de ouro da retórica: "o que especificamos é o que não é evidente"; "o que enunciamos é o que questionamos".

ESTUDO DE CASO: Como diretor de uma grande empresa, encontro-me numa situação atroz. Ontem, um dos meus empregados suicidou-se no seu lugar de trabalho. Este acontecimento é tanto mais trágico porque se segue a diversos suicídios que ocorreram nas mesmas condições. Esta manhã um cotidiano estampou na primeira página: "A empresa assassina". Em seguida a polêmica se infla. Nas redes sociais e nas plataformas de televisão quem é questionado sou eu. Resolvo, portanto, organizar uma conferência de imprensa. Diante de várias dezenas de jornalistas, diretamente para os canais de comunicação, tomo a palavra. Depois de expressar minhas condolências e honrar a memória do defunto, passo para a parte central de meu discurso: "Ouço, desde esta manhã, as críticas que se fazem ouvir. Evidentemente, o fato de Laurent ter decidido pôr um fim a seus dias aqui mesmo, em seu gabinete, é traumatizante para todos nós. Mas devo lembrar que até o momento presente não há nenhum elemento que permita pensar que esta tragédia possa ser, de qualquer forma que seja, imputada à nossa empresa".

DECODIFICAÇÃO: Nossa declaração é por demais frontal. O que especificamos é o que não é evidente. Reivindicando não ter nenhuma responsabilidade pelo suicídio de nosso empregado, admitimos ao mesmo tempo que a questão tem cabimento. Que ela não é absurda. E que poderíamos muito bem, na realidade, ter uma parcela de culpabilidade. Por outro lado, o que enunciamos é o que se questiona. No instante em que rejeitamos nossos erros, nossos ouvintes, por reação, começarão a procurar objeções. E, no caso, elas existem: o simples fato de o acontecimento ter ocorrido na empresa, e de se acrescentar a outros dramas semelhantes, poderia bastar para despertar interrogações. Definitivamente, nossa frase poderia muito bem, portanto, revelar-se contraproducente, ao acentuar, em vez de suprimir, as dúvidas sobre nossa parte de responsabilidade. Mas então, o que deveríamos ter feito? Renunciar a evocar o tema, pura e simplesmente? Contentar-nos com uma declaração compassiva destinada aos parentes e pessoas próximas do defunto? Isto teria sido ainda pior. Queiramos ou não, a questão de nossa responsabilidade foi introduzida no debate público. Ignorando-a, daríamos a impressão de não ter captado a gravidade da situação, ou de fugir de um debate legítimo. Tanto num caso como no outro, parecemos mais culpados do que nunca.

Como então sair deste impasse, no qual não podemos ignorar nem abordar a questão crucial daquilo que nos deve ser imputado? A resposta é simples: vamos nos comunicar num plano implícito. E para isso utilizar a conjugação dos verbos, que fornece diversos instrumentos notáveis no plano da atribuição da responsabilidade.

2. Selecionar os pronomes

"Eu, tu, ele, ela, se/a gente, nós, vós, eles, elas". Quando, na escola, aprendíamos a conjugação, uma das primeiras lições que estudamos era: a distinção entre a pessoa, o gênero e o número do verbo. Ou, expresso mais simplesmente: os diferentes pronomes. Nada de retórica aqui, seríamos tentados a pensar. A escolha do pronome é ditada pelo sentido da frase, não é? Em grande parte, sim. Mas não totalmente. Dispomos sempre de uma margem de manobra. Uma parte de liberdade. Na qual os poetas e as poetisas saberão encontrar beleza. E as oradoras e oradores, eficácia.

Na língua francesa, nem todos os pronomes se equivalem. Alguns deles são perfeitamente claros, e remetem explicitamente a uma pessoa distinta ("eu"). Outros são muito mais obscuros e designam um conjunto de indivíduos indefinidos ("se/a gente"). Diremos que apresentam diferentes *graus de equivocidade*. De um ponto de vista retórico, isto apresenta um interesse capital. Jogando com a ambiguidade dos diferentes pronomes, vemos abrir-se a possibilidade de distribuir habilmente, e implicitamente, a responsabilidade da ação.

Comecemos com a primeira pessoa do singular: "eu". É o mais explícito dos pronomes. Quando dizemos: "eu penso, eu creio, eu decido", a responsabilidade da ação não deixa nenhuma dúvida: deve ser imputada ao locutor, e somente ao locutor. Isto não se aplica à primeira pessoa do plural: "nós". Em francês trata-se de um pronome muito mais ambíguo. Quando dizemos "nós avaliamos que", de quem falamos? De um coletivo definido: um comitê de direção, os membros de uma associação, os participantes de uma reunião, um casal? De um grupo indefinido: os franceses, os operários, as mulheres, ou mesmo as pessoas em geral? Ou então, falamos só de nós mesmos, o locutor? Neste caso, a primeira pessoa do plural se torna um equivalente implícito do "eu": é o "nós" majestático ou de modéstia. E esta constatação é ainda mais evidente para a terceira pessoa do singular indefinido: "se/a gente". Pode, com efeito, designar alternativamente: um ou diversos indivíduos em particular, ou todo mundo, ou qualquer um! Uma vez que tomamos consciência destas nuanças, podemos começar a urdir nossas frases com uma tremenda sutileza.

ESTUDO DE CASO (VERSÃO ALTERNATIVA): Dirigente de uma empresa questionado no suicídio de um de meus empregados, decido organizar uma conferência de imprensa. Diante de várias dezenas de jornalistas, diretamente para os canais de comunicação, tomo a palavra. "Tomei conhecimento, como vocês, da novidade. Estou abatido com este drama que afeta todos nós. Penso muito na família de Laurent e dirijo à sua família e aos seus parentes todas as minhas condolências. O que aconteceu? Por que Laurent cometeu este gesto trágico? É o que precisamos agora descobrir. O fato de um assalariado cometer esse ato em seu gabinete de trabalho é algo que nos deve interpelar. Pedi que fosse constituída imediatamente uma comissão de investigação independente".

DECODIFICAÇÃO: Neste curto resumo, discretamente, já produzimos um profundo trabalho argumentativo, tanto mais eficaz por se situar num plano implícito. Cada vez que enunciamos um elemento que nos punha em evidência, utilizamos a primeira pessoa do singular. Para mostrar nossa empatia: "estou abatido". Para testemunhar nossa simpatia: "penso muito na família". Ou para dar provas de nosso voluntarismo: "pedi que fosse constituída uma comissão". Em compensação, quando começamos a evocar as razões do drama, passamos à primeira pessoa do plural: "é o que precisamos descobrir; é algo que nos deve interpelar". Fazendo assim, diluímos a responsabilidade num coletivo deliberadamente incerto. O que designa este "nós"? O conselho de administração? Toda a empresa? Nós mesmos, pessoalmente? Deixando voluntariamente pairar a ambiguidade, chegamos a não dar a impressão nem de fugir nem de ser culpado. Mostramos que tomamos consciência dos problemas, sem nos deixar atropelar por eles. O recurso ao implícito nos permite colocar a questão, sem reconhecer, no entanto, que a questão se coloca. É precisamente o que queríamos fazer. Notemos aliás que, nesta passagem, evitamos cuidadosamente empregar palavras de conotação demasiado sangrenta: "o suicídio, pôr um fim a seus dias". Em seu lugar, utilizamos perífrases muito menos pesadas de representação: "este gesto trágico; cometer esse ato". A ideia é exatamente a mesma: mostrar aos nossos ouvintes que encaramos o problema de frente. Sem lhes sugerir imagens congelantes que, seja o que for que disséssemos, prevaleceriam sobre nosso discurso.

Como vemos: os pronomes não são apenas conceitos de gramáticos. Constituem também, e talvez sobretudo, verdadeiros instrumentos retóricos.

3. Utilizar os verbos impessoais

Em gramática, diz-se que um verbo é impessoal quando só pode ser empregado na terceira pessoa do singular. Nesta categoria encontramos muitos termos meteorológicos: "chove", "neva". Nestes casos, em português o sujeito é inexistente; portanto, não aparece na frase. Em francês, o sujeito é expresso pelo pronome na terceira pessoa do singular masculino: "il" pleut, "il neige". Mas também alguns raros exemplos cujo emprego é muito mais amplo. Especialmente: "é preciso" ("il faut").

O interesse de um verbo impessoal é o de poder exprimir uma ação sem especificar seu sujeito. Tomemos a frase "é preciso lutar contra as desigualdades". O francês diz "il faut lutter contre les inégalités", onde "il" (sujeito inexistente em português) não designa nada. E não compromete ninguém. Limitamo-nos, no fundo, a formular um voto ou um desejo. Nenhum indivíduo pode ser considerado responsável por qualquer compromisso. Apesar disso, o verbo "precisar ("falloir") traz consigo conotações muito voluntaristas. Quando o empregamos, aparentamos dar imediatamente prova de força e de firmeza. Muitas vezes, no entanto, teremos falado sem nada dizer.

ESTUDO DE CASO (SEQUÊNCIA): Continuo meu discurso. "Não se pode aceitar que esses dramas ocorram. É preciso fazer tudo para que isso não se repita. Nem aqui, nem em outros lugares. Pedi, portanto, que, a partir de amanhã, seja constituído um grupo de apoio psicológico e que possa acolher todos os que sentirem necessidade de ser ouvidos".

DECODIFICAÇÃO: Reencontramos aqui procedimentos já estudados anteriormente. Especialmente a irrupção da primeira pessoa do singular, visto que apresentamos uma proposta que nos pode ser creditada: "Pedi que, a partir de amanhã". Mas, nesta passagem, resolvemos igualmente instaurar um contraste radical entre o que é dito explicitamente e o que é comunicado implicitamente. De um ponto de vista formal, não propusemos quase nada. Que um grupo de apoio psicológico seja constituído num tal contexto, é o mínimo que se espera. Damos certamente a impressão de aceitar, timidamente, assumir uma parte de responsabilidade: "fazer tudo para que isso não se repita". Mas não deixa de ser subtraída a partir do enunciado seguinte, que indica que, na realidade, nossa fala se situa no nível da sociedade em seu conjunto: "nem aqui, nem em outros lugares". Mas existem as duas primeiras frases. Por seu campo lexical, elas transmitem um sentimento de voluntarismo muito forte: "não aceitar; fazer tudo para que". Por sua estrutura gramatical, em compensação, elas permanecem impessoais e não comprometem, portanto, nenhum sujeito: "não se pode; é preciso". Em nenhum momento nossa responsabilidade é realmente posta sobre a mesa. É assim que chegamos a criar um paradoxo. O de uma sequência na qual parecemos dar prova de uma grande determinação. Ao mesmo tempo que não propusemos grande coisa. E estritamente nada dissemos.

4. Manejar a voz passiva

Eis que, novamente, retornam à nossa memória as piores horas de nosso curso de gramática. Para dizê-lo em termos técnicos: a voz passiva consiste em inverter os actantes na frase, de modo que o objeto paciente se torna o sujeito gramatical. Ilustremos isto imediatamente com um exemplo que não sai de moda, aprendido na escola: "O gato come o rato". Esta frase está na voz ativa. O objeto paciente é um complemento do verbo: "o rato". É permitido, portanto, suprimi-lo. Alguma informação se perderia, mas a frase permaneceria gramaticalmente correta: "O gato come". Em compensação, não é possível suprimir o agente da ação: "o gato". Sem sujeito, o enunciado não teria mais nenhum sentido: "Come o rato". Em outras palavras: nesta frase, o gato não dispõe de nenhum meio gramatical para dissimular sua culpabilidade. Mas o que acontece se utilizamos, de preferência, a voz passiva: "O rato é comido pelo gato"? O objeto paciente se torna sujeito da frase e não pode, portanto, ser suprimido sem tornar o enunciado ininteligível: "É comido pelo gato". Doravante é nosso pobre rato que se encontra prisioneiro da sintaxe. O agente da ação, em compensação, está livre para se eclipsar. Transformado em complemento do verbo, ele pode ser suprimido sem ameaçar a compreensão da frase: "O rato é comido". Eis como, de repente, desaparece a culpabilidade do gato. Ao sabor de uma construção passiva, o felino desapareceu sem deixar rastros.

Tudo isto não tem nada de anedótico. Pelo contrário, estas observações têm consequências fundamentais do ponto de vista da argumentação. Em retórica, a voz ativa situa em plena luz a responsabilidade do agente. A voz passiva, pelo contrário, permite lançá-la na sombra.

ESTUDO DE CASO (SEQUÊNCIA): Terminado meu discurso, os jornalistas dirigem-me suas perguntas. Após algumas perguntas anódinas de precisão, chega finalmente a interrogação que eu temia: "Diversos sindicatos questionaram os métodos de gestão que o senhor instaurou desde sua chegada à chefia da empresa. De acordo com eles, esses métodos submeteriam as equipes a uma tensão permanente e seriam diretamente responsáveis por esta série de suicídios. O que o senhor tem a lhes dizer?"

Eu respiro profundamente e respondo calmamente: "Ouça. Parece-me que a hora é de recolhimento e não de polêmica. Novos métodos de gestão foram efetivamente empregados nos últimos anos, como o foram em centenas de empresas. Mas, repito mais uma vez: pedi a constituição de uma comissão de investigação transparente e independente. Caso se tivesse decidido que a gestão fosse questionada, de qualquer forma que seja, ela seria imediatamente reformada. Repito: será lançada toda a luz sobre este drama".

DECODIFICAÇÃO: Encontramos, mais uma vez, procedimentos já observados. Especialmente a utilização vantajosa da primeira pessoa do singular: "pedi a constituição". E a relativização dos fatos, relacionando-os com um nível mais amplo: "como o foram em centenas de empresas". Mas, sobretudo, cuidamos de utilizar a voz passiva cada vez que se tratava da gestão: "novos métodos de gestão foram efetivamente empregados"; "caso se tivesse decidido que fosse questionada"; "seria imediatamente reformada". Trata-se, evidentemente, apenas de um passe de mágica sintáxico. Fomos *nós* que optamos por exibir estes novos métodos, *nós* é que seremos obrigados a suprimi-los se for o caso e, sobretudo, *nós* é que seremos então questionados. Mas, gramaticalmente, esta responsabilidade não aparece em nenhum momento. A voz passiva nos permitiu apagar destas frases radioativas todos os nossos vestígios. Por ora, no plano do discurso, somos ainda brancos como a neve.

5. *Dos procedimentos implícitos à influência inconsciente*

Escolha dos pronomes, utilização de verbos impessoais, exibição de expressões passivas: são todos instrumentos gramaticais graças aos quais é possível atuar sobre a atribuição da responsabilidade. Para as oradoras e os oradores, este trabalho se assemelha, no fundo, a um número de equilibrista. Por um lado, chegar a apropriar-nos dos méritos sem dar a impressão de nos vangloriarmos. Por outro, conseguir rejeitar os erros sem dar a impressão de descartá-los. Reivindicar a glória sem pavonear-se. Assumir uma parte de responsabilidade sem se deixar esmagar. A este respeito, os instrumentos gramaticais apresentam um considerável interesse: são disseminados ao longo de todo o discurso. É por pequenos toques que eles atuam. Jamais em plena luz do dia, por reivindicação explícita, mas na sombra, num plano implícito.

Definitivamente, se conduzimos bem nosso trabalho, não é uma convicção que nossos ouvintes levam consigo. Antes uma impressão vaga, confusa, indistinta. E com razão: em nenhum momento lhes apresentamos um conjunto de argumentos que eles teriam podido questionar e, eventualmente, rejeitar. Contentamo-nos em ponderar sua percepção, fazendo todo o possível para não atiçar suas faculdades críticas. Para dizê-lo claramente: exercemos sobre nossos ouvintes uma influência parcialmente inconsciente.

Enquanto ouvintes precisamos, portanto, estar particularmente atentos a esses procedimentos. Se relaxarmos nossa vigilância por um instante, nos tornaremos vulneráveis à sugestão. Sem poder defender-nos dela. Ora, a dificuldade vem daqui. No cotidiano, quando lemos ou ouvimos argumentações, é raro estarmos perfeitamente concentrados. Nossa atenção tende a estar indecisa. Nossa escuta, inconstante. Precisamos, portanto, adquirir reflexos, pouco a pouco. Instalar alarmes mentais, que soarão a cada expressão passiva ou verbo impessoal. Pôr-nos à escuta quando suspeitamos que um trabalho implícito pode estar em ação. Tornar-nos, no fundo, decodificadores do discurso. Uma tal competência não se desenvolve de um dia para o outro. Ela exige tempo, trabalho, treino. É, no entanto, o preço que precisamos aceitar pagar, se não queremos ser manipulados.

IV. A escolha da modalização

Em linguística, a modalização designa o conjunto dos procedimentos que permitem a um locutor indicar o juízo que ele emite sobre seus próprios enunciados, do ponto de vista da plausibilidade, da importância e da exatidão. Designam esses juízos, de acordo com ele, alguma coisa certa, provável ou impossível? Prioritária, secundária ou supérflua? Verdadeira, duvidosa ou errônea? Por facilidade de linguagem, utilizaremos a partir de agora este termo num sentido restrito. Falaremos de um discurso *modalizado* quando tende a apresentar-se como discutível. Inversamente, falaremos de um discurso *assertivo* quando ele é proferido de maneira segura.

Para comunicar o caráter modalizado ou assertivo de um enunciado, dispomos de numerosos instrumentos linguísticos. A conjugação evidentemente, utilizando ora o indicativo, ora o condicional, ora o imperativo... Advérbios igualmente como: talvez, certamente, obrigatoriamente... O léxico, com palavras como dever, parecer, poder... Ou ainda a sintaxe, mediante expressões interrogativas, interronegativas, exclamativas... Mas também, e mais amplamente: nossas entonações, nossa atitude, nossos trejeitos... Tomemos um exemplo simples: "Ele vai sair-se bem. Ele vai sair-se bem! Ele precisa sair-se bem. Ele pode sair-se bem. Ele poderia sair-se bem. Não poderia ele sair-se bem? É preciso realmente que ele se saia bem?" A lista segue infinitamente. Ela mostra muito bem até que ponto, combinando estes diferentes instrumentos, podemos exprimir, com precisão, o que pensamos acerca daquilo que dizemos.

Quando emitimos enunciados factuais, estes instrumentos de modalização nos permitem pôr em palavras a realidade em toda a sua complexidade e em todas as suas nuanças. Trata-se especialmente de um problema crucial no jornalismo, onde a menor modalização pode bastar para mudar o sentido de uma informação. Tomemos um novo exemplo: "Primeiros resultados: o presidente reeleito"; "Primeiros resultados: o presidente reeleito?"; "Primeiros resultados: o presidente reeleito!" No primeiro caso, a frase afirmativa nos permite enunciar um fato comprovado. No segundo caso, a forma interrogativa introduz um elemento de incerteza: a apuração dos votos provavelmente não está terminada, os resultados são ainda provisórios. No terceiro caso, a exclamação acrescenta uma nuança emocional: provavelmente surpresa ou alegria. Também aqui, as possibilidades são inúmeras. Mas apresentam poucas dificuldades: tudo o que temos a fazer é escolher as palavras que melhor exprimem o que sabemos e pensamos da realidade.

Não acontece o mesmo quando nos situamos numa perspectiva retórica. Uma vez que nosso objetivo não consiste apenas em transmitir uma informação, mas também em conquistar a convicção, a questão da modalização se coloca em termos estratégicos. Não se trata mais, ou pelo menos não somente, de relatar os fatos com exatidão e conformidade. Mas, igualmente, de formular nossos argumentos e nossas exigências com eficácia.

Por ser complexa e oferecer infinitas variações, a questão da dosagem da modalização no seio da argumentação dificilmente pode ser tratada de maneira exaustiva. Contentar-nos-emos, portanto, em considerar duas normas gerais, que – e nisto consiste toda a dificuldade – funcionam muitas vezes de maneira contraditória.

1. Quanto mais nos afirmamos, tanto mais triunfamos sobre as reticências

Primeira norma em matéria de modalização: "Quanto mais nos afirmamos, tanto mais triunfamos sobre as reticências". Ou, para dizê-lo mais claramente: quando parecemos convencidos, nos tornamos convincentes. Isto parece evidente, mas mesmo assim deve ser lembrado. Quanto mais apresentamos um argumento como importante, e os fatos sobre os quais se baseia como verdadeiros ou prováveis, tanto mais peso lhe damos, e mais eficácia adquire sobre nossos ouvintes. Inversamente, quanto mais apresentamos nossos enunciados como duvidosos, incertos ou secundários, tanto menos serão capazes de causar impacto e conquistar a convicção.

ESTUDO DE CASO: Por ocasião de uma pausa no cantinho do café, a discussão recai sobre as novas limitações de velocidade decididas pelo governo. Adoto a seguinte posição: "Quanto a mim, sou, de preferência, a favor. Afinal de contas, se rodar com menos velocidade na autoestrada puder permitir-nos salvar algumas vidas, isso me parece aceitável, não é?" Um dos meus colegas responde instantaneamente: "Ora, de jeito nenhum! Justamente a imensa maioria dos acidentes fatais não ocorre na autoestrada! Tudo isso é uma decisão absurda, tomada por um tecnocrata em algum gabinete!" Ao meu redor, as outras pessoas sacodem a cabeça em sinal de aprovação. Eu me apresso a mudar de assunto.

DECODIFICAÇÃO: Aqui, o debate de fundo não ocorreu. Teria sido necessário que a discussão prosseguisse, que confrontássemos nossas fontes e nossos argumentos, para que nossos ouvintes pudessem forjar para si um juízo esclarecido sobre cada uma destas duas posições. Desde o início, no entanto, a forma dos enunciados bastou para nos condenar. Modalizando ao extremo nossa fala, optamos por parecer prudente e moderado: "de preferência a favor"; "algumas vidas"; "parece aceitável"; "não é?" Em si, isto não é evidentemente um defeito. Mas acontece que nosso interlocutor optou, por sua vez, por um tom muito assertivo, que não se embaraça com nenhuma precaução: "de jeito nenhum!"; "a imensa maioria"; "tudo isso é". Em contraste, nossa moderação passa por frouxidão. E nossa prudência por ignorância. Evidentemente isto não é uma fatalidade. À força de argumentação, chegaríamos talvez a aliar os ouvintes à nossa causa. Mas isto implicaria remar contra a corrente. Parecendo menos convencido, fomos logo à primeira vista menos convincente.

Enquanto oradoras ou oradores, precisamos, portanto, tomar cuidado de não modalizar em excesso nosso discurso, sob pena de perder gravemente em eficácia. Atenção, no entanto, para não fazer demais. Em matéria de modalização, tudo é questão de dosagem e de adequação. Se nos tornamos demasiadamente afirmativos, corremos muito risco de tropeçar na segunda norma.

2. Quanto mais pressionamos, tanto mais suscitamos resistência

Segunda norma em matéria de modalização: "Quanto mais pressionamos, tanto mais suscitamos resistência". Ela se baseia em fundamentos estabelecidos pela pesquisa em psicologia, há um meio século aproximadamente. Em 1966, o psicólogo Jack Brehm descobre o que ele denomina princípio de *reactância*: desde que percebe uma de suas liberdades como ameaçada ou abolida, um indivíduo tende a manifestar um esforço para reconquistá-la. Quanto mais temos a impressão de que alguma coisa nos é inacessível ou proibida, tanto mais a consideramos desejável ou atraente. Inversamente, quanto mais nos sentimos instigados a crer ou fazer alguma coisa, tanto mais temos tendência a rejeitá-la[72].

Estudos ulteriores refinaram estes primeiros resultados de pesquisa, estudando em que medida a formulação de uma mensagem podia causar um impacto sobre a reactância. Os resultados são explícitos. Se as demandas são expressas de maneira demasiado assertiva, se não deixam nenhuma possibilidade de recusa ou não propõem nenhuma alternativa, os indivíduos tendem a se sentir sob pressão e fazer tudo para rejeitá-las. Quando é excessiva, a vontade de convicção se torna contraproducente.

Quais seriam, então, as soluções eficazes para levar os indivíduos a fazer o que lhes propomos? Os pesquisadores distinguem pelo menos três. Em primeiro lugar, a modalização do discurso tende a reduzir a reactância: "talvez, você poderia, parece-me..." O mesmo vale para o fato de propor alternativas aos ouvintes, em vez de deixá-los desamparados diante de uma única opção. Enfim, o simples fato de sublinhar explicitamente a liberdade de nossos interlocutores diante da questão de nosso pedido melhora as chances de que eles consintam: "você tem a liberdade de recusar; é você que decide; compreendo se isto não lhe convém[73]..."

ESTUDO DE CASO: Sou gerente de um grande fundo de investimento - uma empresa muito rica, portanto. A presidenta do grupo acaba de me confiar uma missão: organizar o seminário anual dos executivos. Oficialmente, este acontecimento deve permitir uma reflexão sobre as orientações estratégicas para o ano vindouro. Oficiosamente, é sobretudo a ocasião de farrear com os colegas em locais magníficos. Desejando não falhar

---

72. BREHM, Jack W., 1966, *A Theory of Psychological Reactance*, Academic Press. Cf. também: BREHM, Sharon S. & BREHM, Jack W., 1981, *Psychological Reactance: A Theory of Freedom and Control*, Academic Press.

73. Para uma revisão da literatura sobre a reactância psicológica: ROSENBERG, Benjamin D. & SIEGEL, Jason T., 2018, "A 50 year review of psychological reactance theory: Do not read this article". *Motivation Science*, vol. 4/4, p. 281-300; REYNOLDS-TYLUS, Tobias, 2019, "Psychological reactance and persuasive health communication: A Review of the Literature". *Frontiers in Communication*, vol. 4, art. 56.

em minha reputação de pândego inigualável, planejo um seminário de sonhos nos Açores: praia, sol, caminhadas, hotel e discoteca privatizados... Tudo é perfeito, com exceção de um pormenor: o orçamento, que ultrapasso alegremente. No meu íntimo, sei muito bem que a empresa tem as finanças para permiti-lo. Mas sinto também que minha presidenta não deixará tão facilmente que eu me saia bem. Reservo, portanto, um tempo para elaborar um segundo roteiro, que respeite os limites que me são dados: um *week-end* na natureza e passeios no sul da França. Quando me dirijo à minha presidenta, apresento-lhe assim a situação: "Tenho duas opções a lhe propor. A primeira é realmente boa e cabe no orçamento. A segunda é incrível... mas ultrapassamos um pouco a verba. Evidentemente, é a senhora quem decide!" Depois de eu expor detalhadamente meus dois roteiros, ela deixa pairar um silêncio de alguns segundos, e depois esboça um sorriso: "Bem... Os Açores, mesmo assim, são algo tentador..." Sorrio por minha vez: minha reputação está salva.

DECODIFICAÇÃO: Este exemplo ilustra muito bem o paradoxo da reactância. Se nos tivéssemos apresentado diante de nossa interlocutora tendo, como única proposta, uma opção que ultrapassa seu orçamento, ela teria provavelmente exigido, por tabela, que revíssemos nossa cópia. Foi precisamente porque se sentiu livre para recusar que ela pôde aceitar com muito gosto a proposta para a qual, na realidade, a orientamos.

Precisamos ter consciência daquilo que estes estudos implicam para a retórica. No plano da modalização, em primeiro lugar, não temos outra opção senão evoluir numa corda bamba. Se não somos bastante assertivos, parecemos insuficientemente convencidos e falhamos em vencer as reticências. Se somos demasiado assertivos, transmitimos o sentimento de pressionar e suscitamos resistência. Num caso como no outro, falhamos em convencer. Precisaremos, portanto, procurar, permanentemente, o ponto de equilíbrio entre estas duas exigências contrárias. Um compromisso tanto mais delicado de encontrar porque dependerá sempre da situação em que nos encontrarmos, da posição que precisaremos defender e dos indivíduos que precisaremos convencer.

Mas além disso, no plano mais geral, é crucial ter plena consciência do fenômeno da reactância. Com efeito, é árduo refrear nosso entusiasmo! Quanto mais uma causa nos é cara, tanto mais temos a tendência de defendê-la com fervor. Quanto mais estamos apegados à nossa posição, tanto mais quereremos fazer pressão. Com as consequências deletérias que conhecemos. Em outras palavras: quando temos mais necessidade de convencer é que corremos o risco de ser menos convincentes. Mantenhamos permanentemente isto em nossa mente. Em retórica, somos às vezes nosso pior inimigo.

3. A arte de formular os pedidos

A questão da modalização se apresenta de maneira crítica num caso específico, mas cotidiano: quando precisamos expressar um pedido diante de um interlocutor. Uma situação difícil, na verdade. Ela implica enfrentar o risco da recusa e todos os medos que ela acarreta. O de desagradar, magoar, descontentar. De passar por um atrevido, um importuno, um petulante. Numa palavra, de ser rejeitado.

Para acalmar estes temores, podemos facilmente deixar-nos levar a modalizar excessivamente nosso enunciado. Por exemplo: "Desculpe-me, senhor diretor, há um último ponto que eu gostaria, eventualmente, de abordar com o senhor. Depois deste ano em que meus resultados foram muito bons, o senhor acha que seria possível considerar um pequeno aumento de salário?" Aqui, o pedido é apresentado como muito incerto e muito secundário. Não inclui nenhuma pressão sobre nosso interlocutor, que não terá nenhuma dificuldade em nos dar uma resposta negativa. Teria sido melhor mostrar-nos mais assertivo: "Senhor diretor, há um último ponto que desejo abordar e que me é muito caro. Depois deste belo ano, em que todos os meus resultados são excelentes, podemos considerar um aumento de salário?" Para nosso interlocutor, já será mais difícil recusar. Formulando nosso pedido de maneira insistente e apresentando-o como importante, desta vez fazemos pairar uma ameaça vaga e implícita sobre a discussão. O que acontecerá se ele recusar? Aceitaremos sua decisão sem reagir? Ou começaremos a considerar alternativas – por exemplo, procurar um emprego em outro lugar? Mediante um simples trabalho sobre a modalização, melhoramos consideravelmente nossas chances de fazer aceitar nossa proposta.

Observemos que, neste exemplo, teria sido possível acentuar mais ainda nosso pedido. Por exemplo, suprimindo totalmente a forma interrogativa: "Após este ano excelente, em que todos os meus resultados são excelentes, eu desejaria receber um aumento". Ou mesmo utilizando uma pergunta com pressuposto, na qual apresentamos como garantido o que nos cabe precisamente fazer aceitar: "Após este excelente ano, em que todos os meus resultados são excelentes, o senhor pode me dizer quanto calcula dar-me de aumento?" Estes dois exemplos são ainda mais assertivos do que o precedente. *A priori*, deveriam, portanto, aumentar mais as chances de eu obter satisfação, não é? E no entanto não, muito pelo contrário: estas formulações correm o risco de alienar nosso interlocutor. Pressionando-o demais, suscitamos sua resistência.

Aqui, portanto, mais do que em outros casos, andamos sobre uma corda estendida entre dois precipícios: o excesso de modalização por um lado e o abuso de assertividade por outro. Um único passo em falso, e a consequência seria lastimável: a rejeição de nosso pedido. Imediatamente.

4. A retórica encantatória

No vocabulário da magia, o encantamento designa o componente verbal de um ato sobrenatural. Pronunciando, muitas vezes repetidamente, fórmulas mágicas ou sagradas, o encantador chega a transformar a realidade. A dobrá-la à sua vontade. No vocabulário da retórica, o encantamento designa... exatamente a mesma coisa.

Enquanto oradoras ou oradores, somos às vezes confrontados com uma situação delicada: a de precisar fazer com que aceitem uma ideia ou uma proposta, sem estarmos em condições de defendê-la. Seja como for que o tomemos, nosso dossiê nos parece demasiado frágil. Nossos raciocínios, demasiado vacilantes. Nossos argumentos, muito pouco convincentes. Em suma: precisamos chegar a fazer com que aceitem o inaceitável. A solução mais simples consiste, então, em desdenhar a realidade. Em não descrevê-la como ela é, mas como gostaríamos que ela seja. O que parece muito improvável, o afirmamos como certo. O que parece totalmente duvidoso, o propomos como verdadeiro. O que é com toda evidência secundário, o apresentamos como principal. No fundo, o que não chegamos a argumentar, contentamo-nos em matraqueá-lo na esperança de criá-lo. Em vez de adaptar nossa vontade às coações da realidade, procuramos transformar a realidade unicamente pela força de nossa vontade.

De um ponto de vista técnico, a retórica encantatória se define, portanto, de maneira muito simples. Ela não é senão um discurso muito assertivo, utilizado para descrever uma realidade muito mais incerta. Tomemos um exemplo histórico. No dia 18 de junho de 1940, quando a França do marechal Pétain acabava de capitular diante da Alemanha nazista e toda esperança parecia perdida, o general De Gaulle se dirige aos franceses a partir da rádio de Londres: "A derrota é definitiva? Não! Acreditem em mim, que lhes falo com conhecimento de causa e lhes digo que nada está perdido para a França. Os mesmos meios que nos venceram podem fazer com que chegue um dia a vitória. Pois a França não está sozinha! Ela não está sozinha! Ela não está sozinha!" No momento em que este discurso é pronunciado, parece haver poucas razões para ser tão otimista. A França, cercada pela Alemanha nazista, pela Itália fascista e pela Espanha franquista, separada de seus aliados e de suas colônias pelos mares e pelo oceano, parece precisamente muito sozinha. No entanto, respondendo ao apelo do general De Gaulle, os resistentes franceses contribuem para inverter o curso da guerra. Tornam possível assim aquilo que, no dia 18 de junho de 1940, parecia muito improvável. O encantamento é coroado de sucesso.

ESTUDO DE CASO: Sou o chefe do serviço de emergência de um grande hospital de Paris. Há poucos meses tivemos que enfrentar a primeira onda de epidemia do coronavírus, que foi uma prova terrível para todas as equipes. Infelizmente, após um verão no qual pudemos considerar a doença sob controle, o número cotidiano de casos volta a aumentar. Não há mais dúvida: precisaremos enfrentar uma segunda onda. Os curadores estão esgotados. Alguns, que haviam contraído a doença, se recuperam com dificuldade. Os investimentos suplementares, prometidos pelo governo, não chegaram. No serviço, a hora não é de mobilização, mas antes de desespero. Decido, portanto, reunir todo o pessoal para lhes transmitir um discurso de estímulo: "Meus amigos, vamos atingir o objetivo! Conseguimos enfrentar a epidemia uma vez, chegaremos lá novamente! A segunda onda será menos penosa, vocês verão. Dispomos de mais meios, estamos mais bem-preparados! E, depois, a vacina chegará sem dúvida rapidamente. Em breve, esta epidemia terá ficado para trás!" Ao meu redor os rostos ficam ainda mais sombrios. Manifestamente, meu discurso não surtiu o efeito esperado.

DECODIFICAÇÃO: Acabamos de esbarrar nos limites do discurso encantatório. Por não podermos apoiar nossos estímulos em argumentos verdadeiros, nos refugiamos atrás de formulações demasiado assertivas. Mas, infelizmente, ninguém é trouxa. Os ouvintes são perfeitamente aptos a discernir a realidade por trás das miragens que lhes prometemos. Eles sabem que nosso discurso não é feito de razão, mas de ilusões.

A grande dificuldade com a qual a retórica encantatória nos confronta é, portanto, a da distância entre o discurso e os fatos. Por hipótese, esta distância existe: é a própria definição do encantamento. Mas, caso se torne grande demais, a distância se torna gritante. Nenhum ouvinte pode mais ignorá-la. Nem mesmo os que, por pessimismo ou desespero, estariam prontos a se deixar embalar por uma realidade embelezada. Num surpreendente paradoxo, o encantamento se torna então sua própria refutação.

Enquanto oradoras ou oradores, não negligenciemos o poder da retórica encantatória. Bem dominada, sabiamente comedida, ela é o material com o qual são forjados os mais belos discursos mobilizadores. Atenção, no entanto, para não abusar dela. Diante de uma realidade cuja aspereza ninguém ignora, a verdade crua se revela às vezes mais convincente do que as quimeras. Por outro lado, não negligenciemos os dilemas éticos com os quais este procedimento nos confronta. Onde se situa, com efeito, fronteira entre o encantamento e a mentira? O que é que separa uma aceitável tendência ao exagero de um discutível recurso à dissimulação? São todas perguntas às quais só nós podemos responder, com toda a honestidade.

Enquanto ouvintes, tomemos cuidado para não nos deixarmos capturar na armadilha de um discurso por demais assertivo. É perfeitamente possível matraquear com muito vigor enunciados desprovidos de todo rigor. Desconfiemos, portanto, dos excessos de petulância. Os indivíduos mais seguros de si mesmos nem sempre são aqueles com quem mais podemos contar. O que deveria conquistar nossa convicção são argumentos pertinentes. Não discursos grandiloquentes.

V. A escolha dos sons

"A música antes de qualquer coisa"[74]. Com um só verso Paul Verlaine nos revela o grande segredo de sua poesia. Se as palavras falam à mente, sua melodia, por sua vez, toca a alma. Quando o poeta se cala, pode ser que não retivemos, ou não compreendemos, o sentido de sua obra. Nunca esqueceremos, em compensação, a emoção sentida diante da valsa dos sons. A poesia, para Verlaine, é música. O mesmo se pode dizer da retórica. Com uma diferença importante, no entanto: nela o belo não é um fim. Mas um meio.

1. Trabalhar as assonâncias

Assonâncias, aliterações, paronomásias. Os alunos conhecem muito bem estas figuras de estilo, cujos contornos aprendem religiosamente e em seguida brandem orgulhosamente a cada atalho de seus comentários de texto. Conformemo-nos, portanto, também nós, com a grande tradição da definição. Estas três figuras designam a repetição de sons idênticos numa

---

74. VERLAINE, Paul, *Arte poética*, 1874.

sequência de palavras próximas. No caso da assonância, a repetição recai sobre vogais: "Tout m'afflige et me nuit et conspire à me nuire" (Tudo me aflige e me prejudica e conspira para me prejudicar)[75]. No caso da aliteração, a repetição recai sobre consoantes: "Qui sont ces serpents qui sifflent sur vos têtes?" (Quem são estas serpentes que silvam sobre vossas cabeças?)[76]. No caso da paronomásia, a repetição recai sobre palavras inteiras, cuja pronúncia é próxima: "Et l'on peut me réduire à vivre sans bonheur, mais non pas à me résoudre à vivre sans honneur" (Podem reduzir-me a viver sem felicidade, mas não resolver-me a viver sem honra)[77]. Existe, no entanto, uma diferença importante entre a estilística e a retórica. A primeira se interessa pelo estilo por aquilo que ele é. A segunda, por aquilo que ele faz. Ora, do ponto de vista da busca da convicção, estas três figuras tendem a produzir efeitos semelhantes. Por razões de simplificação, falaremos, portanto, de "associações" para designar o conjunto do trabalho sobre as sonoridades – incluindo, também, as aliterações e as paronomásias.

Diversos estudos de psicolinguística se interessaram pelo impacto das assonâncias sobre os ouvintes. Os resultados são evidentes. Um enunciado cujas sonoridades foram combinadas harmoniosamente tenderá a ser aceito mais facilmente pelos indivíduos aos quais se dirige. Utilizar assonâncias nos torna mais convincentes: é o que se denomina efeito *rhyme as reason*, rima como argumento"[78]. Se as assonâncias são eficazes a este ponto, isso se deve, ao que parece, ao implícito que elas carregam. A coesão dos sons basta para sugerir a coerência do sentido. Visto que a frase ressoa com justeza, dizemos que seu raciocínio deve ser justo. Visto que ela é elegante, parece-nos evidente[79].

---

75. RACINE, *Fedra*, 1677, ato I, cena 3.
76. RACINE, *Andrômaca*, 1667, ato V, cena 5.
77. CORNEILLE, *El Cid*, ato II, cena 1.
78. McGLONE, Matthew S. & TOFIGHBAKHSH, Jessica, 1999, "The Keats heuristic: Rhyme as reason in aphorism of interpretation". *Poetics*, vol. 26/4, p. 235-244; McGLONE, Matthew S. & TOFIGHBAKHSH, Jessica, 2000, "Birds of a feather flock conjointly: Rhyme as reason in aphorisms". *Psychological Science*, vol. 11/5, p. 424-428.
79. Além deste viés estético, os estudos psicolinguísticos identificam dois outros mecanismos que tendem a explicar o efeito *rhyme as reason*: um viés de memorização e um viés de fluidez. Introduzindo harmonia entre as sonoridades, torna-se mais fácil seguir e rememorar nossa fala.

Tomemos emprestado um exemplo do *rap* francês: "Regarde ce que deviennent nos petits frères. D'abord c'est l'échec scolaire, l'exclusion donc la colère, la violence et les civières, la prison ou le cimetière"[80] (Vejam o que nossos irmãos mais novos estão se tornando. Antes de tudo é o fracasso escolar, a exclusão e, portanto, a raiva, a violência e as macas, a prisão ou o cemitério"). Neste verso de Kery James, são as cinco assonâncias que instilam a ideia de uma ladeira irremediavelmente escorregadia. Sem este paralelismo perderíamos o sentimento de uma constatação inelutável, sobre a qual repousa todo o discurso. Outro exemplo, encontrado desta vez em Stendhal: "Qui s'excuse s'accuse" ("Quem se escusa se acusa")[81]. Se o autor tivesse escrito: "Qui s'excuse paraît coupable" ("Quem se escusa parece culpado"), a impressão de evidência ter-se-ia dissolvido na banalidade. É a assonância que confere sua eficácia a esta sentença. Atenção, no entanto, para manejar este procedimento com moderação. Multiplicando excessivamente os jogos com as sonoridades, correríamos o risco de naufragar no ridículo. Como toda figura de estilo, esta nunca é tão eficaz como quando permanece discreta. Em matéria de assonâncias, a evanescência é melhor do que a grandiloquência – uma frase que, aliás, constitui um perfeito contraexemplo.

A retórica não é a esfera etérea dos puros argumentos. Ela está sempre encarnada em palavras e materializada por sonoridades. Enquanto oradoras ou oradores, lembremo-nos do seguinte: conquistar a mente é um trabalho de ourivesaria. Para conquistar a convicção, não basta estruturar cuidadosamente nossa argumentação. Resta-nos ainda esculpir nossas frases a fim de resgatar delas um ritmo, uma harmonia, uma melodia. Cinzelar finamente nossa prosa. Esta é a marca de uma retórica virtuosa. "A música antes de tudo."

---

80. JAMES, Kery, "Banlieusards", 2008.
81. STENDHAL, *Le Rouge et le Noir*, 1830, cap. LXIV.

2. Massagear as palavras

Acabamos de evocar a utilização das assonâncias na frase, ou seja, a arte de fazer sucederem-se diversas palavras cujas sonoridades se correspondem. Mas o que acontece quando dois termos são tão próximos... que se torna possível fundi-los? Entramos então num outro território retórico. O das palavras-valises.

Na linguagem corrente utilizamos às vezes a expressão "palavra--valise" para designar uma palavra vaga e imprecisa, que pode remeter a tantas significações diferentes que acaba não dizendo absolutamente nada. Veremos que, em retórica, esse instrumento existe efetivamente: é o que se denomina um "conceito mobilizador"[82]. O termo "palavra-valise", em compensação, nos vem do escritor inglês Lewis Caroll, que criou a palavra "portmanteau" ["mot-valise" em francês] em seu romance *Alice através do espelho* – sequência de *Alice no país das maravilhas*. Designa a prática poética que consiste em fundir duas palavras existentes a fim de criar uma nova. No vocabulário da linguística falaríamos de preferência de um "amálgama lexical". A literatura nos oferece numerosos exemplos célebres. Em *L'écume des jours*, Boris Vian inventa assim o "pianocktail": um piano capaz de compor um *cocktail* a partir da melodia que se acaba de tocar nele. Edmond Rostand, em *Cyrano de Bergerac*, propõe, por sua vez, o verbo "ridicoculiser": ridicularizar alguém tornando-o corno (*cocu*). Portanto, a palavra-valise é, antes de tudo, um procedimento literário e poético. Mas pode, também, ser objeto de um uso retórico. Observamos isso sobretudo no domínio político, onde amálgamas lexicais chegam frequentemente a se impor, a fim de nomear os objetos ou conceitos novos que aparecem na atualidade. É, por exemplo, o caso dos termos "Brexit" ou "flexisseguridade". Mas nisto não diferem em nada dos numerosos neologismos que não cessam de surgir: "degagismo ("liberou geral"), editocracia, precariado, reinformação..."

---

82. Cf. cap. 7, III-1, "Os conceitos mobilizadores".

Existe, em compensação, um domínio onde as palavras-valise se distinguem particularmente: o do insulto. Elas permitem, com efeito, lançar um descrédito massivo sobre uma ideia, uma organização ou um grupo de indivíduos que se pretende fustigar. E isto com uma desconcertante facilidade. Para isso basta amalgamar o nome maldito com um termo pejorativo, brutalmente desqualificante, que não mantém em relação a ele nenhuma coerência semântica, mas que apresenta, em compensação, uma proximidade fonética. Por exemplo, em vez de denunciar mediante uma argumentação embasada e laboriosa os comprometimentos do campo midiático, alguns se confinam num insulto: "as mérdias"! Em vez de preocupar-se em provar que uma parte dos responsáveis políticos desencaminhariam seus mandatos por práticas que dependem da corrupção e do clientelismo, alguns se limitam a um insulto: "os corrupolíticos"! Em vez de perder tempo demonstrando um eventual deslise das democracias representativas para práticas de inspiração autoritária, senão ditatorial, alguns se contentam em misturar as duas palavras: "uma democradura"! Evidentemente, não se trata de discutir a legitimidade destes termos, que foram todos utilizados, com mais ou menos sucesso e longevidade, no debate político francês. Trata-se, simplesmente, de constatar sua eficácia. Fundindo dois conceitos num só, as palavras-valise suscitam um efeito de evidência. Se os termos se assemelham tão bem, é porque sua associação deve ter sentido. Se as sonoridades parecem coerentes, é porque o insulto deve ser pertinente.

Encontramos, aqui, uma utilização próxima da utilização das assonâncias. Mas as palavras-valise lhe acrescentam uma nuança suplementar: a introdução de um efeito de dissimulação. O termo pejorativo original, por estar doravante amalgamado, é também parcialmente escamoteado. Ao fazê-lo, torna-se possível empregar no debate público palavras que, isoladamente, teriam sem dúvida despertado uma condenação muito ampla e atraído o opróbrio. Tomemos dois exemplos que pudemos ver circulando no debate público: "feminazista" e "islamocolaborador". O primeiro é utilizado para denunciar militantes feministas supostamente extremistas ou intolerantes. O segundo permite fustigar hipotéticos cúmplices do islamismo. Também aqui, não se trata de discutir a legitimidade destes dois conceitos. Simplesmente de observar que eles mobilizam acusações odiosas. Eis dois termos, "nazista" e "colaborador", dos quais se pode esperar que manchem de indignidade todo indivíduo que os utiliza com tanta leviandade. Mas, uma vez disfarçados por trás de uma palavra-valise, parecem de repente perder uma parte de sua gravidade. E podem, portanto, ser serenamente matraqueados.

As palavras-valise constituem assim um belo porta-joias para os insultos. Por seu efeito de evidência, tendem a tornar crível uma acusação, embora não se baseie em nenhuma argumentação. Por seu efeito de dissimulação, permitem a alguém ser exagerado sem se ver imediatamente desqualificado. Elas se impõem, assim, como um instrumento de escolha do discurso polêmico.

VI. A escolha das imagens

Às vezes basta uma palavra para fazer compreender o que discursos inteiros penam em descrever. Uma palavra, uma só, que chega a cristalizar sobre si argumentações complexas. Condensar em si conceitos inapreensíveis. Abrir uma janela para todo um universo de sentido. Uma palavra que não tem nada de mágico. Ela se contenta em despertar, em nossos ouvintes, a imagem adequada para lhes falar ao coração. Acabamos de entrar, em pé de igualdade, no domínio das metáforas.

A metáfora. Eis provavelmente uma das primeiras palavras que nos vêm à mente, de maneira espontânea, quando sonhamos com a retórica. Ela é a figura de estilo que todo mundo conhece, embora tendo muitas vezes dificuldade de defini-la. Com razão, aliás. Livros inteiros foram escritos para tentar captar sua essência, seja de um ponto de vista linguístico, retórico, artístico ou filosófico[83]. Este trabalho se torna delicado pelo fato

---

83. RICOEUR, Paul, 1975, *A metáfora viva*, Edições Loyola; CHARBONNEL, Nanine, 1991, *Les Aventures de la métaphore*, Presses universitaires de Strasbourg; GARDES TAMINE, Joëlle, 2011, *Au coeur du langage: la métaphore*, Honoré Champion; DETRIE, Catherine, 2001, *Du sens dans le processus métaphorique*, Honoré Champion.

de que, por trás da palavra "metáfora", se ocultam na realidade numerosos conceitos diferentes encaixados uns nos outros. Não procuraremos, aqui, circunscrever seu significado preciso: outros se aplicaram a fazê-lo[84]. Contentemo-nos em lembrar, brevemente, algumas definições.

Em primeiro lugar, a utilização de imagens no discurso depende do que denominamos raciocínio por *analogia*. Este consiste, como vimos, em fazer observar uma semelhança, uma proximidade entre duas coisas diferentes[85]. Certas analogias são apresentadas explicitamente como tais, com a ajuda de palavras do tipo "como" ou "semelhante a". Fala-se então de uma *comparação*. Por exemplo: "A música muitas vezes me atrai como o mar"[86]. Outras são implícitas: uma palavra é desviada de seu sentido próprio para ser empregada no lugar de outra, sem que isso seja anunciado de antemão. A isso se chama *tropo*. É entre os tropos que encontramos a *metáfora*, que consiste em designar uma coisa com o nome de uma outra, com a qual ela mantém uma relação de semelhança. Ambas possuem um atributo ou uma qualidade em comum, que justifica aproximá-las. Por exemplo: "É uma noite de verão; noite cujas vastas asas fazem jorrar no firmamento milhares de centelhas"[87], onde as asas são uma metáfora da penumbra, e as centelhas uma metáfora das estrelas. Entre os tropos, conta-se igualmente a *metonímia*, que consiste em designar uma coisa com o nome de outra, com a qual ela mantém uma relação de correspondência. As duas palavras estão desde agora associadas, o que torna sua aproximação pouco surpreendente. Por exemplo: "Rodrigo, será que você tem coração?"[88], onde o coração é uma metonímia clássica da coragem. Enfim, um terceiro tropo é a *sinédoque*, que consiste em designar uma coisa com o nome de outra, com a qual ela mantém uma relação de conexão. Isto equivale a designar o todo pela parte, o

---

84. PERELMAN & OLBRECHTS-TYTECA, 1958, *Traité de l'argumentation. La nouvelle rhétorique*, op. cit., "Le raisonnement par analogie", § 82-88; FONTANIER, Pierre, 1830, *Les Figures du discours*, "Seconde Partie: Théorie des tropes".
85. Cf. cap. 2, I-2: "Os diferentes tipos de argumentos".
86. BAUDELAIRE, Charles, "La Musique", 1857.
87. LAMARTINE, Alphonse de, "L'infini dans les cieux", 1830.
88. CORNEILLE, *El Cid*, ato I, cena 8.

geral pelo particular, o grupo pelo indivíduo, ou inversamente. Por exemplo: "As velas ao longe descendo para Harfleur"[89], onde as velas são uma sinédoque dos barcos, dos quais são apenas uma parte.

Se, do ponto de vista da estilística, pode revelar-se pertinente distinguir bem estes conceitos uns dos outros, não se pode dizer o mesmo em retórica. Como para as assonâncias, aqui nos interessa menos aquilo que estas figuras são do que aquilo que elas fazem. Ora, os efeitos produzidos pelas comparações, pelas metáforas, pelas metonímias e pelas sinédoques são muito semelhantes. Por razões de simplificação, utilizamos, portanto, a palavra mais conhecida, "metáfora", para designar estas quatro analogias que têm em comum girar em torno de uma única palavra.

Observemos que existe um quinto tipo de analogia, suficientemente específico para que mantenhamos sua denominação: trata-se da *alegoria*. Ao contrário das metáforas, a alegoria se desdobra numa sequência de palavras: uma frase, um parágrafo, ou mesmo um texto inteiro. Ela permite também construir proposições de duplo sentido, O primeiro, literal, assume muitas vezes a forma de uma narrativa concreta. O segundo, implícito, possui muitas vezes implicações morais, espirituais ou políticas. Por exemplo, a célebre fábula de Jean de La Fontaine *O corvo e a raposa* é uma alegoria dos perigos da bajulação.

Nas linhas que seguem nos concentraremos sobretudo nas metáforas, que são ao mesmo tempo muito frequentes e fáceis de ilustrar. Mas guardemos na mente que o essencial destes desenvolvimentos vale igualmente para as alegorias. Embora estas apresentem uma estrutura específica, sua construção e sua utilização permanecem comparáveis às das analogias mais simples.

1. A construção das metáforas

Poucos recursos retóricos podem vangloriar-se de ser, ao mesmo tempo, tão poderosos, simples e complexos como as metáforas. Estas são poderosas

---

89. HUGO, Victor, "Demain, dès l'aube...", 1856.

porque, como veremos, produzem efeitos variados e profundos, ao ponto de que argumentações inteiras se apoiem às vezes numa única imagem. São simples porque, como acabamos de ver, as metáforas nunca passam de uma aproximação operada entre duas coisas diferentes. São complexas na medida em que, por trás da aparente simplicidade, oculta-se na realidade uma construção exigente, que precisa tanto de rigor quanto de inventividade. Para ser explorável num processo de convicção, uma metáfora precisa, com efeito, respeitar três critérios: ser clara, nova e potente.

A exigência de clareza

Se não for clara, legível, evidente, nossa metáfora permanecerá incompreendida pelos ouvintes. Em vez de contribuir para a eficácia de nosso discurso, ela irá, pelo contrário, obscurecê-lo e entravar nossa capacidade de convencer. Esperávamos suscitar a adesão: só colheremos a incompreensão.

Existem duas razões para uma metáfora não ser compreendida. A primeira está ligada a um puro e simples defeito de construção. A imagem escolhida possui uma relação demasiado longínqua com aquilo que ela deve designar. Por exemplo, se dizemos que um jogador de futebol que é um "verdadeiro leopardo" todo mundo compreende que nos referimos à sua velocidade. Mas, se dizemos que ele é "uma panela de pressão" não é certo que nossos ouvintes cheguem a seguir nosso raciocínio. Quanto à segunda razão – e, na realidade, a principal –, ela está ligada a um defeito de adaptação. A imagem escolhida, embora coerente, é simplesmente desconhecida dos ouvintes. Estes compreendem que estão diante de uma metáfora; mas, desprovidos das referências necessárias, falham em decodificar seu sentido.

ESTUDO DE CASO: Sou o diretor-geral de uma grande empresa. Por ocasião de nossa solenidade anual, decidi fazer aos empregados um discurso de mobilização. Apaixonado pelo mar e pela navegação, decido comunicar meu entusiasmo com a ajuda de uma hábil metáfora: "Sei, caros amigos, que a fase que atravessamos não é fácil. Mas já instalamos todos os instrumentos necessários para tirar o corpo fora. O novo esquema de administração será a brigantina: podemos confiar nela!"

DECODIFICAÇÃO: A brigantina. Esta grande vela colocada no mastro traseiro de um navio e que ajuda a manobrá-lo. Sabendo disto, é evidente que nossa metáfora tem sentido. Estamos simplesmente vangloriando a capacidade de nossa empresa de adaptar-se às evoluções do contexto econômico. Mas, com exceção dos raros navegadores presentes na assembleia, esta imagem escapará totalmente aos ouvintes. No melhor dos casos, sofrerão apenas um instante de circunspecção. No pior, teremos perdido definitivamente sua atenção.

A exigência de novidade

Se não for nova, inventiva, original, nossa metáfora perderá todo o impacto. Em vez de realçar uma passagem importante de nossa argumentação, de torná-la saliente, contundente, ela se contentará... em não servir para nada. Pior ainda: por demais aguardada, já vista, desgastada, ela se tornará um clichê. Esperávamos despertar o interesse: só colheremos o tédio.

A ausência de novidade é, na realidade, o principal perigo que nos espreita quando procuramos exibir uma metáfora. Não é tão fácil ser criativo. Se não fizermos o esforço de procurar ativamente sair dos caminhos batidos, corremos um grande risco de permanecer prisioneiros de analogias esvaziadas por gerações de oradoras e oradores. Dizemos que estas metáforas estão *desvitalizadas*. Elas vagueiam em nossos discursos, nem vivas nem mortas. Inúteis. E é forçoso constatar que nossas tomadas da palavra as regurgitam.

ESTUDO DE CASO (SEQUÊNCIA): Os encarregados da comunicação nos convenceram finalmente a renunciar à "brigantina". Não é suficientemente inclusiva, de acordo com eles. Pouco importa: tenho mais de um truque no meu alforge de marinheiro. E acabo de ter uma rica ideia para o apogeu de meu discurso: "Então, caros amigos, estamos sim no meio da tempestade. Mas um capitão nunca abandona seu navio: ele permanece no leme. Fixei um rumo, ater-me-ei a ele! Juntos atravessaremos esta crise!"

DECODIFICAÇÃO: O capitão que mantém o rumo na tempestade. Uma das metáforas mobilizadoras mais antigas e mais usadas que existem. Mais ainda do que um clichê: uma banalidade. O estereótipo da metáfora desvitalizada. Se a figura tivesse sido colocada num outro lugar do discurso, ter-se-ia limitado a ser desajeitada. Mas aqui, ele pretende levar nosso discurso ao seu apogeu. Ela corre o risco de, ao contrário, fixá-lo no chão. Como um grilhão.

A exigência de potência

Quando desenvolvemos uma metáfora, as exigências de clareza e de novidade são, portanto, preliminares. Mas não bastam, ou pelo menos nem sempre. É preciso também que a imagem mobilizada seja suficientemente potente para causar um impacto sobre as consciências. E esta potência haure em duas fontes.

A primeira é a adaptação ao público. Aqui já não se trata, apenas, de nos assegurar que nossa metáfora seja compreensível para as pessoas às quais nos dirigimos. Além disso, precisamos fazer com que se ajuste especificamente a elas, gire em torno do que lhes fala melhor, e se insira no próprio cerne de seu sistema de representações. Nosso interlocutor é apaixonado pelo *jazz*? Fantasiemos uma imagem sobre o jorrar da melodia numa música improvisada. Enamorado da história da arte? Urdamos uma analogia que explore a potência criadora dos mestres da Renascença. Apaixonado pelo futebol? Imaginemos algo em torno da beleza de um passe bem-sucedido, comparado com a vergonha de um chute malogrado. Evidentemente, esse trabalho de adaptação nem sempre será possível. Quando nos dirigimos a públicos vastos e plurais, precisamos decidir-nos a utilizar metáforas de amplo espectro. Por outro lado, cuidemos de dominar bem os campos nos quais nos aventuramos. Nada seria pior do que uma imagem deselegante que simularia desajeitadamente a paixão de nosso interlocutor. Mas, desde que permaneça dominada, não há nada mais forte do que uma metáfora bem-ajustada.

A segunda fonte de potência de uma metáfora depende, por sua vez, do mistério. O que é que, no fundo, determina a força de uma analogia? O que é que decide sobre sua capacidade de marcar as mentes? É aqui que a retórica se encontra com a poesia. Não existe, infelizmente, nenhuma fórmula mágica. Nenhuma receita milagrosa. A escrita de metáforas não tem nada de ciência. É uma arte. Com todo o inexplicável e o subjetivo que isso implica. O que é que tornará nossa metáfora surpreendente, elegante, sedutora? O talento. O impulso. O aparecimento. É aqui que se encontra a fronteira sibilina que separa as declarações eficazes dos discursos brilhantes.

Cuidar de suas metáforas

Para forjar uma metáfora contundente não basta, portanto, agarrar a primeira imagem que nos vem à mente. Precisamos trabalhar. Ou seja, passar por uma autêntica fase de escrita, da qual queremos propor aqui o esboço de um método. Comecemos escolhendo um tema, por exemplo: "esta empresa é um navio na tempestade". Em seguida, puxemos o fio. Estendamos a analogia. Desdobremo-la em todas as direções. Deixemos nossa criatividade à deriva, sem nenhuma limitação. Só depois, quando tivermos diante de nós uma longa lista de metáforas estendidas, é que poderemos selecionar os elementos mais fortes. Estes, e só estes, serão dignos de integrar nosso discurso[90].

Eis, portanto, o que precisamos realizar com nossas analogias. Abandonar as ideias mais evidentes. Explorar novas possibilidades. Assegurar-nos de que elas permaneçam adaptadas ao público. Ou mesmo que tenham sido moldadas para ele. Em seguida, recomeçar a obra, repetidas vezes. Até termos não apenas uma boa imagem, mas uma grande metáfora.

2. Os efeitos das metáforas

Doravante estamos em condições de edificar metáforas eficazes. Certamente... Mas com que finalidade? Com efeito, lembremo-nos que, em retórica, a analogia nunca tem valor apenas por suas virtudes estilísticas. Nós não procuramos bordar hábeis ornamentos. Mas sim forjar armas de

---

90. Este método é sugerido por FERRY, Victor, 2020, *12 Leçons de rhétorique pour prendre le pouvoir*, Eyrolles, p. 156.

convicção. E, deste ponto de vista, é possível distinguir três efeitos diferentes induzidos pelas metáforas: os efeitos de presença, os efeitos de sentido e os efeitos de ausência.

Os efeitos de presença

Seremos breves neste ponto, que já abordamos no momento de evocar a utilização das metáforas em gancho ou em encerramento de uma intervenção[91]. Quando convenientemente trabalhadas, as metáforas suscitam um *efeito de presença*. Criando uma imagem viva, impressionante, elas têm o poder de impor-se à consciência dos ouvintes. Aquilo que falamos se impõe aos seus sentidos. Eles têm a impressão de tê-lo diante dos olhos, no nariz ou nos ouvidos, na pele ou na língua. Como todas as figuras de presença – cruzaremos com outras –, a metáfora possui o estranho poder de fazer "alucinar o real"[92].

Por seu efeito de presença, as metáforas criam saliência. Realçam nossas ideias importantes, nossos desenvolvimentos cruciais. Mas, sobretudo, se impõem à mente dos ouvintes. Elas os marcam, os afetam, os seduzem, sem pedir-lhes permissão. Figuras tanto poéticas quanto retóricas, as metáforas podem suscitar um prazer estético irreprimível. Mesmo que o argumento que trazem nos seja odioso. Isto já as torna, em si, um instrumento de escolha.

Os efeitos de sentido

As metáforas não se limitam a criar efeitos de presença. Podem igualmente fazer parte integrante de nosso raciocínio. Não se contentar mais em ser um instrumento a serviço dos argumentos. Mas tornar-se uma engrenagem da argumentação. Isto pertence ao segundo tipo de efeitos que elas suscitam: os *efeitos de sentido*.

---

91. Cf. cap. 3, III, "Começar com maestria", e IV, "Concluir com elegância".
92. A expressão é de PLANTIN, Christian, 2009, "Un lieu pour les figures dans la théorie de l'argumentation". *Argumentation et analyse du discours*, vol. 2.

Muitas vezes as analogias não são neutras de significado. Até pelo contrário: girando em torno de representações imediatamente compreensíveis e facilmente apreensíveis, elas nos permitem simplificar ideias demasiado complexas. Tornar tangíveis conceitos demasiado abstratos. O que é laborioso explicar com palavras pode ser fácil de traduzir por uma imagem. É o que denominamos condensar sentido numa metáfora.

ESTUDO DE CASO: Responsável político, desejo tomar posição sobre a imigração, defendendo a ideia de que é preciso fixar-lhe um limite. Evidentemente, fiz meu dever de casa: tenho à minha disposição números, estudos, relatórios. Mas sinto que não bastarão para conquistar a convicção. Em primeiro lugar, porque são elementos inertes e desencarnados. Em seguida, porque corro o risco de ser arrastado para uma batalha de números: o que diz uma estatística pode ser contradito por outra. Enfim, porque se trata de uma matéria excessivamente complexa. O cerne de minha linha de argumentação consiste em afirmar que há imigrantes demais no território. Mas como definir este "demais"? Como provar que existe um limiar e que ele foi ultrapassado? Decido economizar tempo e poupar-me destas dificuldades, apoiando de preferência minha posição numa metáfora: "Chamemos as coisas pelo nome: estamos diante de uma verdadeira inundação migratória!"

DECODIFICAÇÃO: A inundação migratória. A onda que arrebenta no território e que leva tudo de roldão. O avanço inelutável da água, esse elemento impiedoso, que nos escorre entre os dedos. Ameaça incessante de afogar-nos. E contra este avanço nada podemos. A não ser erguer diques. A figura é eficaz. Numa imagem, ela suscita todo um universo de sentido. Numa palavra, ela condensa uma argumentação complexa, que teria exigido tempo para ser desenvolvida. E poderia, potencialmente, ver-se refutada. Em vez de correr este risco, preferimos apoiar-nos na dimensão implícita de uma metáfora. Nosso discurso resulta mais simples. Porém mais forte.

Se as analogias são uma arma tão temível, isto se deve em grande parte aos efeitos de sentido. Grande parte das parábolas transmitidas à posteridade o foram porque chegavam a condensar, numa só fórmula, argumentos inteiros. Em seu apelo do dia 18 de junho de 1940, o general De Gaulle proclama por exemplo: "A chama da Resistência francesa não deve se apagar, e não se apagará!" Uma chama. Frágil, vacilante, capaz de se apagar a cada instante. Que bela maneira de reconhecer, sem dizer, o quanto a situação militar da Resistência era precária. Mas uma chama. Que brilha na noite; ilumina o caminho; e poderia muito bem, um dia, acender a fogueira. Um símbolo de fragilidade, sem dúvida. De esperança, também. Numa metáfora, o general De Gaulle havia dito tudo.

Os efeitos de ausência

As metáforas criam, portanto, efeitos de sentido. Elas têm o poder de fazer compreender uma ideia, mesmo complexa e abstrata. Mas esta ideia não se contenta em ser expressa por uma analogia. Ela vai, no mesmo movimento, ver-se dissimulada por ela. É o que denominamos *efeito de ausência*. A imagem está presente na mente. Mas a ideia que ela traz é remetida ao domínio do implícito. Ela está ausente daquilo que é dito.

EXEMPLO: No dia 10 de maio de 1974 ocorreu o primeiro debate televisivo entre os dois candidatos qualificados para o segundo turno da eleição presidencial francesa. O candidato de centro-direita, Valéry Giscard d'Estaing, enfrenta seu adversário socialista, François Mitterrand. Valéry Giscard d'Estaing, que fora ministro das Finanças durante longos anos sob os governos precedentes, sabe que será acusado de ter conduzido uma política mais favorável às empresas e às famílias abastadas do que aos operários. No dia do debate foi exatamente o que ocorreu. François Mitterrand lhe lança em rosto: "Chegou o momento, depois de um longo tempo, em que será preciso utilizar esta riqueza criada por todos a fim de que o maior número de pessoas viva. Não é aceitável que haja uma pequena categoria de privilegiados que são servidos por todas as vossas leis e em particular por vossas leis fiscais". Então, com uma calma olímpica e com um olhar glacial, Valéry Giscard d'Estaing replica: "Devo dizer-lhe uma coisa: considero sempre chocante e ofensivo arrogar-se o monopólio do coração. Vossa Senhoria não tem, Sr. Mitterrand, o monopólio do coração". Seu adversário não responde. Perde o debate. E depois a eleição.

DECODIFICAÇÃO: Este dito, um dos mais célebres da política contemporânea francesa, é particularmente astuto. Baseia-se numa dupla metáfora. O "coração" para significar a compaixão. E o "monopólio" para evocar o fato de ser o único a sentir uma emoção. À primeira vista, esta analogia parece, portanto, contentar-se em trazer um pouco de presença a uma asserção relativamente simples: "Vossa excelência não é o único, Sr. Miterrand, a sentir compaixão". Mas, o que teria acontecido se Valéry Giscard d'Estaing tivesse formulado assim sua réplica? A objeção teria irrompido, evidente e cruel: "Perdão, Sr. Giscard d'Estaing, mas nas suas leis como em seu programa não distingo justamente nenhuma prova de compaixão!" Aqui, a utilização da metáfora "Vossa Senhoria não tem o monopólio do coração" permite ao mesmo tempo dissimular o argumento e não precisar embasá-lo. Isto foi suficiente, em 1974, para reduzir François Mitterrand ao silêncio.

Este exemplo desperta evidentemente uma interrogação: o que fazer quando somos nós o alvo de um tal estratagema? Como ocorre muitas vezes em retórica, temos duas possibilidades: a explicação ou a inversão. Denunciar a utilização do procedimento ou voltá-lo contra seu autor. A primeira possibilidade nos obriga a desdobrar a metáfora a fim de explicitar seu sentido, para, somente em seguida, poder contra-argumentar. No caso presente, François Mitterrand poderia ter dito: "Por monopólio do coração, o senhor quer dizer que também sente compaixão. Ora, perdoe-me, mas em suas leis como em seu programa..." Uma opção possível, certamente. Mas laboriosa. A réplica corre o risco de não ser incisiva. Resta então a segunda solução: voltar o procedimento contra seu autor. Derrotá-lo em seu próprio campo, recorrendo, nós mesmos, a uma metáfora. Neste caso, François Mitterrand poderia ter respondido algo como: "Excelência, o senhor está enganado. Ninguém, aqui, reivindicou o monopólio do coração. Em compensação, parece sim que o senhor se apoderou do monopólio do cinismo. Porque, tanto por suas leis como por seu programa..." Esta estratégia precisa ter resposta pronta. E uma boa dose de audácia. Mas, como todas as inversões argumentativas, se for bem dominado, o procedimento é tremendo.

A metáfora fecunda

Presença. Sentido. Ausência. Eis, portanto, em definitivo, os três tipos de efeitos produzidos pelas analogias. Presença da imagem na mente. Condensação do sentido no texto. Ausência da ideia no plano explícito. Numa única figura, damos relevo ao nosso pensamento, o cristalizamos numa fórmula condensada e o protegemos atrás do véu das palavras sugeridas. Compreendemos, agora, por que as metáforas ocupam um lugar central no sistema retórico. Elas não têm nada de ornamentação. Mas constituem, pelo contrário, incríveis alavancas de convicções. O meio de um pensamento fecundo. Às vezes basta uma imagem para mudar o mundo.

Conclusão

A arte de conquistar a convicção não se resume à arte de cristalizar nosso pensamento em argumentos. Resta-nos ainda encarnar nossos argumentos em palavras. Esta etapa é crucial. É ela que nos permitirá navegar entre as dimensões explícitas e implícitas do discurso. Longe de depender de uma galanteria poética, aqui vai revelar-se todo o nosso talento retórico.

Neste trabalho de ourivesaria, o mais próximo do texto, existe um método para orientar-nos entre as possibilidades infinitas da linguagem. Ele se resume, no fundo, a algumas perguntas simples. Em primeiro lugar, quais são as palavras que nos permitirão assentar nosso pensamento nas conotações mais apropriadas? Em seguida, como trabalhar nossos verbos e sua conjugação, a fim de distribuir melhor as responsabilidades na nossa argumentação? Além disso, de que maneira vamos dosar a modalização de nossas frases, que nos deve permitir afirmar-nos sem fazer demasiada pressão. Por outro lado, como vamos conciliar as sonoridades que fazemos entrar em ressonância, e assim conferir às nossas ideias a força da evidência? Enfim, quais imagens vamos mobilizar, a fim de sublinhar, condensar e proteger nossas ideias-chave?

Com as duas mãos na massa. Às apalpadelas. Guiados por nossa experiência como também por nossa intuição. É assim que, frase após frase, sílaba após sílaba, moldaremos nosso texto. Esculpiremos nosso *golem* retórico. E insuflaremos a vida nesta criatura mitológica. Não mais encarregada, como nas velhas lendas, de assegurar assistência e proteção. Mas sim de conquistar a convicção.

CAPÍTULO 5

Mobilizar as emoções

"O coração tem razões que a própria razão desconhece." Blaise Pascal formula esse aforismo filosófico sobretudo para evocar o mistério da fé em Deus. Mas certas ideias têm um poder de evocação tão grande que vêm ressoar muito além da esfera onde nasceram. É assim que, numa reviravolta singular, alguns pombinhos desnorteados pelos sentimentos que os penetravam puderam encontrar, neste pensamento, uma metáfora luminosa da paixão amorosa. Enquanto oradoras ou oradores, cabe-nos doravante apoderar-nos dela. Se queremos conquistar a convicção, devemos resignar-nos: não poderemos apoiar-nos sempre em nossa argumentação. Será preciso, às vezes, despertar emoções.

Já Aristóteles considerava o *pathos* uma dimensão constitutiva da retórica. Para ele, era ao mesmo tempo legítimo e necessário apoiar-se nos afetos do público para convencê-lo. Em seguida, esta questão se fez acompanhar por uma inextricável dimensão ética. Quando unimos a convicção e as emoções, outros termos rondam, bem próximos. A persuasão. Ou mesmo a manipulação. Surge então uma pergunta: é aceitável conquistar a adesão dirigindo-se aos afetos em vez do intelecto? Para sabê-lo, precisaremos viajar para longe, aventurar-nos no terreno da psicologia cognitiva, estudar o funcionamento do cérebro e interrogar até o próprio conceito de "razão". Só num segundo tempo poderemos, na prática, aprender a utilizar as emoções como um instrumento a serviço da convicção.

I. Um vetor de convicção

A persuasão. Eis uma palavra que, desde o início desta obra, nunca empregamos. Com todo o cuidado a contornamos, avançando como se ela não existisse. Será necessário, no entanto, confrontar-nos com ela. De acordo com uma ideia vulgarmente conhecida, *persuadir* se oporia a *convencer*. Tanto num caso como no outro, tratar-se-ia de uma atividade que permite levar os indivíduos a aderir às propostas que lhes submetemos. Mas, enquanto a convicção chegaria a isso pelo viés de argumentos e de informações, a persuasão recorreria, por sua vez, aos afetos e às paixões. Convencer seria o domínio da razão. Persuadir, o da emoção. Uma seria rigorosa. A outra, mais falaciosa[93]. Veremos que, na realidade, as coisas são um pouco menos maniqueístas.

1. Razão e emoções

A distinção entre convencer e persuadir não é, no fundo, senão o avatar de uma ideia tão velha quanto a própria filosofia: o dualismo entre razão e emoções.

A razão contra as emoções

Já Platão, em seu *Fedro*, comparava a alma a uma carruagem puxada por dois cavalos alados. Um, tranquilo e dócil: a vontade. O outro, fogoso e rebelde: as paixões. Quanto ao cocheiro, é nossa razão. Se dependesse só do cocheiro, ele procuraria, com a ajuda do cavalo-vontade, elevar-se até o belo, o bom e o verdadeiro. Mas ele é importunado pelo cavalo-emoções, que puxa incessantemente a parelha para prazeres terrestres efêmeros

---

[93]. Por exemplo: "Para convencer, o orador apelará à razão de seu público. Apresentará especialmente argumentos e organizará eventualmente uma demonstração. Para persuadir, em compensação, jogará com as emoções e os sentimentos, utilizando numerosos procedimentos expressivos, figuras, imagens". COBAST, 2019, op. cit., p. 11-49. Para uma discussão aprofundada sobre a história e a pertinência desta distinção: O'KEEFE, Daniel J., 2011, "Conviction, persuasion and argumentation: Untangling the ends and means of influence". *Argumentation*, vol. 26/1, p. 19-32.

e fúteis. Descartes, por sua vez, opunha a alma, sede da razão, ao corpo, lugar das paixões e dos sentimentos. Os estoicos, por sua vez, e sobretudo Epicteto, consideram as paixões desvarios que impedem de prestar atenção à razão. Com certeza, reconheçamos: estas três filosofias são, na realidade, menos nítidas sobre esta questão do que sugere esta apresentação sucinta. Apesar disso, de uma maneira ou de outra, elas chegam todas a opor, em nós, o emocional ao racional.

Esta oposição entre razão e emoções se encontra nos retóricos latinos, com uma nuança importante: em vez de deplorá-la, eles optam por acomodar-se a ela. E, até mesmo, a explorá-la. Assim Cícero observa que: "Nada é mais importante nos discursos [...] do que o ouvinte ser favorável ao orador, bem como ser influenciado de tal modo a ser governado por um ímpeto do ânimo ou por uma perturbação do que por um julgamento ou uma deliberação". Quintiliano, por sua vez, é ainda mais explícito: "Fazer violência à mente dos juízes e desviá-la precisamente da contemplação da verdade, é esse o papel próprio do orador. [...] O juiz, tomado pelo sentimento, deixa totalmente de procurar a verdade". Para eles, o *pathos* é uma dimensão tão poderosa que poderia deslocar as faculdades críticas, impor-se aos ouvintes e capturar sua convicção[94].

O postulado de um ser humano cindido entre razão e emoções culminou, no decurso do século XX, com as ciências econômicas. No modelo que se impõe, o indivíduo é conceitualizado como um *homo oeconomicus*, que procura satisfazer ao máximo suas preferências, levando em consideração as coações que se lhe impõem e as informações de que dispõe. Todos nós, sem exceção, deteríamos nossas decisões ao termo de um cálculo entre os custos, os benefícios e os riscos. No entanto, os economistas observam muito bem que, na prática, acontece frequentemente que nos comportamos de maneira irracional. Assumimos riscos impensados ou, inversamente, ficamos paralisados apesar das condições favoráveis. Su-

---

94. CÍCERO, *Do orador*, II, 178; QUINTILIANO, *Instituições oratórias*, VI, 2; citados por PLANTIN, Christian, 2011, *Les Bonnes Raisons des émotions. Principes et méthodes pour l'étude du discours émotionné*, Peter Lang, p. 19-20.

perestimamos ou subestimamos frequentemente nossas chances de sucesso. Agimos com desprezo das probabilidades. De onde vem, então, que algumas de nossas escolhas se revelem, concretamente, contrárias àquilo que o cálculo de utilidade nos deveria ditar? As culpadas são todas designadas: são as emoções, que se introduziriam à força e viriam perturbar a bela harmonia da razão[95]. Num meio século, no entanto, a pesquisa em psicologia mostrou que esta visão era errônea.

A irracionalidade como norma

No final da década de 1960, dois jovens pesquisadores em psicologia, Daniel Kahneman e Amos Tversky, se entregaram a uma experiência surpreendente. Por ocasião de uma conferência organizada pela Sociedade de Matemática em Psicologia, eles submeteram várias dezenas de seus colegas a problemas de probabilidades. Estes são inspirados em situações reais, que encontramos classicamente por ocasião de um trabalho de pesquisa. As respostas esperadas não são análises refinadas, mas antes reações espontâneas. Para estupefação dos dois psicólogos, a maioria dos participantes caiu em todas as armadilhas. Entre eles se encontram, no entanto, excelentes matemáticos e especialmente os autores de dois manuais de estatísticas! Evidentemente, se tivessem reservado um tempo para estudar cuidadosamente cada um dos problemas, tê-los-iam resolvido sem dificuldade. Mas, já que respondiam instintivamente, eles se extraviavam tanto quanto estudantes. A conclusão a tirar é no mínimo desconcertante: até mesmo os estatísticos têm más intuições em estatísticas. Apesar da ausência de todo engajamento emocional, eles raciocinam impulsivamente de maneira irracional[96].

Esta experiência inicial constituiu, para Daniel Kahneman e Amos Tversky, o ponto de partida de três décadas de estudo dos raciocínios hu-

---

95. PETIT, Emmanuel, 2015, *Économie des émotions*, La Découverte, cap. 2: "Les émotions sont-elles rationnelles?"
96. TVERSKY, Amos & KAHNEMAN, Daniel, 1971, "Belief in the law of small numbers". *Psychological Bulletin*, vol. 76/2, p. 105-110.

manos. Eles acabaram de fazer uma descoberta importante: nosso cérebro não funciona todo o tempo da mesma maneira. Para tratar as informações que lhe chegam, e delas tirar conclusões, o cérebro utiliza dois tipos diferentes de processo: o *pensamento deliberado*, ou analítico, e o *pensamento intuitivo*, ou heurístico. O pensamento deliberado é ativado quando nos encontramos diante de problemas complexos ou de situações novas. Nosso cérebro é confrontado com o desafio de emitir um julgamento inédito ou de encontrar uma solução original. Para isso, vai associar as informações à disposição, ativar seus recursos analíticos e enfocar sua atenção na tarefa. O conjunto do processo é notavelmente eficaz: permite-nos chegar à melhor resposta possível, de acordo com o tempo, a resistência e os conhecimentos de que dispomos. Mas é também particularmente lento e penoso.

Ora, no cotidiano, não passa uma hora sem que precisemos emitir um julgamento ou fazer uma escolha. Somos confrontados permanentemente com decisões que, embora parecendo anódinas, comprometem na realidade grandes quantidades de informações. Se ativássemos cada vez nosso pensamento deliberado, estaríamos constantemente saturados. Cada tarefa beberia abundantemente em nossos recursos, de modo que acabaríamos provavelmente desmoronando de fadiga muito antes do final do dia. Para evitar isso, nosso cérebro encontrou a solução: recorre, na maioria das vezes, a atalhos. A fim de conservar um pensamento fluido e natural, ele se contenta em haurir entre as informações facilmente acessíveis e os hábitos bem-ancorados. As respostas se nos impõem como evidentes, límpidas, instantâneas, sem que precisemos procurá-las. O conjunto deste processo acontece, além disso, de maneira automática e inconsciente. Acreditamos refletir racionalmente. Quando, na realidade, pensamos intuitivamente.

A estas operações de simplificação do pensamento, Daniel Kahneman e Amos Tversky dão o nome de *heurísticas de julgamento*. Elas consistem em substituir as perguntas demasiado complicadas por outras, mais fáceis de manipular. Ou, como diz o próprio Kahneman: "Para definir tecnicamente a heurística, podemos dizer que ela é um procedimento simples que permite encontrar respostas adequadas, embora muitas vezes imperfeitas, para perguntas difíceis"[97]. Tomemos um único exemplo. Imaginemos que somos convidados a nos posicionar sobre a pergunta: "A sociedade está se tornando cada vez mais violenta?" Trata-se de uma interrogação incrivelmente complexa. Para responder a ela com seriedade, seria necessário dispormos de um conhecimento excelente das estatísticas da insegurança, chegarmos a considerá-las sem nos deixar influenciar por nossa vivência pessoal e sermos capazes de situá-las em perspectiva com as épocas precedentes. Em suma: uma intensa reflexão, ou mesmo um autêntico trabalho de pesquisa. O que faz, então, nosso cérebro? Sem nos darmos conta, ele a substitui por uma outra pergunta, mais simples. Por exemplo: "Confio nos indivíduos de acordo com os quais a insegurança está aumentando?" Ou ainda: "Ouvi falar muitas vezes de insegurança, nas mídias, nestes últimos tempos?" Acabamos de recorrer a uma heurística de julgamento.

Em si mesmas, estas heurísticas não têm nada de negativo. No fundo, elas são apenas um meio de simplificar a complexidade que transborda da realidade. Na maioria das vezes, elas nos permitem chegar a uma decisão razoável depois de precisar desenvolver um esforço mínimo. Mas podem também fazer com que caiamos em vieses e, ao fazê-lo, levar-nos a conclusões abaixo do ideal, ou mesmo errôneas. É exatamente o que ocorreu com os estatísticos da Sociedade de Matemática em Psicologia. Intimados a responder espontaneamente, não tiveram o tempo de desenvolver um pensamento analítico, limitaram-se ao que seu sistema instintivo lhes soprou... e não puderam evitar as armadilhas que um raciocínio deliberado teria permitido distinguir. É preciso adquirir consciência da importância deste resultado. Ele mostra que a emotividade não é a única responsável pelos comportamentos desviantes daquilo que uma grande parte dos economistas julga ser "a racionalidade". Nossa própria razão pode revelar-se irracional, cada vez que nos deixamos guiar por nossa intuição.

Por ter mostrado que era insensato esperar que os indivíduos se comportem racionalmente, Daniel Kahneman obteve, em 2002, o Prêmio Nobel de

---

97. KAHNEMAN, 2012, *Système 1, Système 2. Les deux vitesses de la pensée*, op. cit., p. 123.

Economia. Amos Tversky o teria recebido com ele, se não tivesse morrido seis anos antes. No entanto, não será a psicologia, mas serão as ciências do cérebro que darão o golpe de misericórdia neste velho modelo dualista, que separa intelecto e afetos. A neurologia, com efeito, mostra que não só a razão não precisa das emoções para se revelar irracional, mas, além disso, que são as emoções que permitem à razão funcionar racionalmente.

A reabilitação das emoções

Em 1994 o neurologista António Damásio publicou uma obra importante: *O erro de Descartes*. Nele Damásio relata o caso de vários pacientes que sofrem de um tipo bem específico de lesões cerebrais – no caso, no córtex cerebral pré-frontal ventromediano. As consequências são surpreendentes. Enquanto conservam sua capacidade intelectual, estes indivíduos perdem todas ou uma parte de suas capacidades de sentir emoções. Ei-los transformados, contra sua vontade, em autênticos *homo oeconomicus*. Seres perfeitamente racionais, cujos raciocínios não podem ser contaminados pelos afetos. Ora, o que constata Damásio? Na verdade, é justamente o contrário que acontece. A capacidade destes pacientes de tomar decisões é gravemente perturbada. Eles não chegam a agir conforme seu próprio interesse, são incapazes de fazer escolhas lógicas e criteriosas, ou mesmo de organizar-se no cotidiano, a tal ponto que Damásio fala de uma forma de "sociopatia". O que é apaixonante é a conclusão que ele tira disso. De acordo com Damásio, é ilusório pretender separar razão e emoções. Uma não existe sem as outras. Nossos afetos são indissociáveis de nossa capacidade de tomar decisões. Em todo cálculo racional, existe uma parte de emocional. Ou, como diz ele próprio: "A expressão e a percepção das emoções são, sem dúvida, parte integrante dos mecanismos da faculdade de raciocínio"[98].

Os trabalhos de António Damásio tiveram uma profunda influência nas ciências humanas e sociais, a tal ponto que se pôde falar, a partir da

---

98. DAMÁSIO, António, 1994, *L'Erreur de Descartes. La raison des émotions*, Odile Jacob, p. 8.

década de 1990, de uma verdadeira "reviravolta emocional"[99]. Do ponto de vista da retórica, estes resultados constituem efetivamente uma contribuição fundamental. Mostram que o *pathos* não é um simples instrumento, mobilizado de vez em quando pelo orador para alcançar seus fins. É, além disso, uma dimensão intrínseca da convicção. Em graus diversos evidentemente, sob formas e com implicações distintas – voltaremos ao tema. Mas, mesmo a argumentação mais árida é acompanhada, no fundo, por uma reação emocional: o interesse, o aborrecimento, a satisfação, a excitação... Em troca, esses afetos vêm interagir com a tomada de decisão. Parece, portanto, que é impossível conquistar a adesão sem, ao mesmo tempo, suscitar emoções.

Precisamos, no entanto, reconhecer que subsiste, aqui, uma forma de ambiguidade. Na linguagem comum, quando se fala de "apelo às emoções", as pessoas se referem geralmente a procedimentos muito mais explícitos. Um discurso político que destila o medo, uma mensagem publicitária que inunda de desejo, uma campanha humanitária que submerge na vergonha: eis o que costumamos designar pelo termo *pathos*. Deste ponto de vista, é efetivamente necessário traçar uma distinção entre dois elementos: por um lado, a dimensão emocional que é inerente à tomada de decisão, e que encontramos, portanto, em todo empreendimento de convicção; por outro, as emoções que são conscientemente suscitadas pelas oradoras ou pelos oradores. São elas que nos fariam oscilar irremediavelmente para o lado obscuro da "persuasão". Ora, gostaríamos de defender a ideia inversa. Comover um público não só não nos parece, em si, censurável. Mas isso nos parece até, às vezes, necessário.

2. Comover para levar a adquirir consciência

Comecemos recordando evidências: os seres humanos não são máquinas. Não percebemos o mundo com o olhar sobranceiro de um computa-

---

99. LEMMINGS, David & BROOKS, Ann, 2014, "The emotional turn in the humanities and social sciences", em LEMMINGS, David & BROOKS, Ann (eds.), *Emotions and Social Change*, Routledge, p. 3-18.

dor. A própria realidade não se reduz a uma sequência de dados alinhados num quadro. Para compreender o que nos cerca não basta nossa razão. Precisamos, também, de nossas emoções.

Dia 2 de setembro de 2015. O mundo inteiro descobre, horrorizado, a foto de um cadáver, encalhado numa praia da Turquia. O de um menininho com camiseta vermelha e calça azul, com o rosto enfiado na areia, os cabelos ainda lambidos pelas ondas. Tratava-se de Alan Kurdi, de 3 anos. Fugindo da guerra civil na Síria, sua família tentou chegar à Europa atravessando o Mediterrâneo num barco inflável. O navio improvisado naufragou. Só o pai escapou. Lancinante, o clichê é compartilhado massivamente nas redes sociais. Nos dias seguintes, sob a pressão das opiniões públicas, os países da União Europeia resolvem adotar uma série de medidas para favorecer o acolhimento dos refugiados. Sejamos claros. Se essas decisões foram boas ou más, apropriadas ou exageradas, necessárias ou deletérias – isso não vem ao caso aqui. Da mesma maneira, o fato de que os Estados envolvidos, na maioria, voltaram atrás nos meses seguintes está fora de questão. O que importa é observar que uma única imagem bastou para provocar uma reação internacional. No entanto, a situação não era nova. Desde o início do ano de 2015 o agravamento do conflito sírio havia levado centenas de milhares de migrantes a tentar chegar à Europa. Estima-se que mais de 2.500 homens, mulheres e crianças já haviam encontrado a morte, engolidos pelas ondas. As associações humanitárias europeias tentavam alertar os povos e os governos europeus sobre a amplidão do drama. Em vão. Apesar dos argumentos, das provas, dos números, nada funcionou. Os cadáveres se acumulavam. Até esta foto. Quando a razão parecia impotente, foi uma emoção mundial que, afinal, fez a diferença[100].

---

100. Para uma análise da resposta europeia à crise migratória de 2015: GREENHILL, Kelly M., 2016, "Open Arms behind barred doors: Fear, Hypocrisy and Policy Schizophrenia in the european migration crisis". *European Law Journal*, vol. 22/3, p. 317-332. A estimativa do número de mortos no Mar Mediterrâneo entre janeiro e setembro de 2015 é citada em MIRZOEFF, Nicholas D., "Don't look away from Aylan Kurdi's image". *The Conversation*, 8 de setembro de 2015.

Seja o que for que pensemos sobre os fatos, do ponto de vista da retórica este exemplo é rico de ensinamentos. Mostra que, para conquistar a adesão, nem sempre basta dirigir-se à razão. Quando nos é demasiado estranha, uma situação se torna inconcebível para nós. Os dados, as estatísticas e até os fatos não podem esgotar a realidade em toda a sua complexidade. Compreender racionalmente é uma coisa. Dar-se conta plenamente é outra. Como mostrou António Damásio, para forjar nosso julgamento precisamos ao mesmo tempo de nosso intelecto e de nossos afetos. Sem isso, não passamos de monstros frios. Por isso não seria nem justo nem criterioso rejeitar em bloco as emoções do lado da persuasão ou da manipulação. Às vezes emocionar nosso público será útil, e mesmo necessário, se queremos permitir-lhe *tomar consciência* da situação que evocamos.

Dito isto, o exemplo que acabamos de desenvolver é, na melhor das hipóteses, um caso particular. A adesão foi obtida pelo viés não de um discurso, mas de uma fotografia. Ora, uma imagem não é uma argumentação, não é? Sem dúvida. Mas mesmo assim: o que foi possível produzir com um clichê, poderíamos igualmente conseguir ao termo de algumas frases cinzeladas.

ESTUDO DE CASO: Sou responsável por um sindicato estudantil, em plena epidemia de coronavírus. Após meses de confinamento, entre os cursos a distância e a rarefação dos biscates, a juventude é atingida por uma grave crise social. Para pressionar o poder político, que tarda em reagir, decido alertar as mídias. Consigo uma primeira entrevista num canal de notícias. Apresento de bandeja meus argumentos: "É preciso tomar consciência da crise. Observamos uma alta de mais de 150% nos pedidos de ajuda alimentar. Vemos chegar jovens em situação de desnutrição. O número de estudantes que sofrem de depressão triplicou. É urgente fazer alguma coisa". A apresentadora me ouve meneando a cabeça. Os outros convidados reagem indolentemente. Nos dias seguintes à minha intervenção, nada acontece. Acabo sendo convidado por outro canal. À beira das lágrimas, falo sem refletir: "Mas o que vocês querem que eu lhes diga? Os jovens não chegam mais a se alimentar! Durante as distribuições das marmitas, alguns confidenciam que estão dois dias sem comer! Temos centenas de apelos de ajuda de estudantes isolados, sem contato, sem atividades, que têm ideias suicidas. E alguns, infelizmente, cometem suicídio. Quantos jovens defenestrados, enforcados ou imolados são ainda necessários antes que o governo se decida a agir?" Quando volto para casa, de noite, sou informado de que minha intervenção já foi retransmitida vários milhares de vezes nas redes sociais. No dia seguinte, o ministro do Ensino Superior anuncia que vai tomar uma série de medidas excepcionais[101].

DECODIFICAÇÃO: No entanto, acabamos de dizer, duas vezes, exatamente a mesma coisa. Os argumentos são idênticos. Só muda sua formulação. No primeiro caso, nos apoiamos em dados tanto rigorosos quanto frios e desapaixonados. Intelectualmente, todos sabem o que eles significam. Mas, por falta de apropriar-se deles emocionalmente, é difícil conceber a extensão do drama que eles cobrem. No segundo caso, contentamo-nos em deixar falar nosso coração e descrever a situação em termos que cada um pode se representar. Ao fazê-lo, desdobramos, sem obrigatoriamente sabê-lo, numerosos procedimentos comoventes. Repleta de afeto, nossa intervenção desperta uma tomada de consciência e conquista a convicção.

Em retórica, a utilização das emoções não é, portanto, necessariamente condenável. Até pelo contrário: isto se mostra às vezes uma necessidade prática como também uma exigência ética. Quando a situação de que falamos é demasiado estranha aos nossos ouvintes, os afetos não são apenas um instrumento para provocar a adesão. São também, mais profundamente, a chave que abre para uma verdadeira compreensão. É por isso que, nesta obra, recusamos firmemente a distinção entre "convencer" e "persuadir". A própria ideia de que haveria uma convicção racional nobre e uma persuasão emocional ignóbil é um absurdo. Em toda argumentação há uma parte mais ou menos notável de emoções. O *pathos* é realmente uma dimensão indissociável da retórica.

---

101. As ordens de grandeza são inspiradas na situação francesa, em janeiro de 2021.

Isto significa, portanto, dizer que jogar com os afetos é sempre legítimo? Isto seria um pouco queimar etapas. Porque, se o elo entre emoção e manipulação está tão presente nas representações, não é totalmente sem motivo.

II. Um instrumento de manipulação

Na mente do grande público, o apelo às emoções está indissociavelmente ligado à ideia de manipulação. Esta, como vimos, designa os procedimentos que permitem influenciar os indivíduos contornando, alterando ou neutralizando suas faculdades críticas. Eles não se encontram mais, ou pelo menos não totalmente, em condições de distanciar, examinar serenamente e, eventualmente, rejeitar o que lhes é proposto. Manipular alguém é tirar-lhe a opção de não estar de acordo. Transformá-lo em objeto que utilizamos e levamos a agir ao nosso bel-prazer. Sem que ele possa mobilizar suas defesas. Às vezes, até, sem que ele tenha consciência disso[102]. Não causa surpresa, portanto, que todos nós tenhamos horror a esta prática. Ora, parece que a utilização retórica das emoções pode efetivamente levar a este tipo de situação. Resta ver sob quais condições.

1. *A alteração das faculdades de julgamento*

Já desde alguns anos, a psicologia cognitiva e social se interessou pela maneira como os afetos interagem na formação do julgamento. Após a reabilitação das emoções, inspirada especialmente pelos trabalhos de António Damásio, veio então o tempo de sua incriminação. Não poderiam elas, também, alterar gravemente a maneira como os indivíduos tratam as informações?

A heurística de afeto

Como já vimos, a razão não precisa das emoções para chegar a conclusões errôneas. Na maioria das vezes, ela opera num modo de funciona-

---

102. Cf. cap. 1, II-4, "É manipulação?"

mento intuitivo, que chega muito bem a isso por si mesmo, recorrendo a heurísticas de julgamento: operações de simplificação que consistem em substituir as perguntas difíceis por outras, muito mais simples. Ora, entre estas substituições, encontramos precisamente a *heurística de afeto*. Em vez de responder à delicada pergunta: "O que é que penso disto?", ela equivale a se perguntar: "Será que aprecio isto?"

Este mecanismo foi demonstrado de maneira brilhante pelo psicólogo Paul Slovic e seus colegas, que estudaram a maneira como os indivíduos percebem as tecnologias potencialmente perigosas: pesticidas, conservantes alimentares, energia nuclear... No decurso de uma série de experiências, eles pedem a participantes que avaliem os benefícios e os riscos apresentados por cada uma destas tecnologias. Ora, observam eles, os indivíduos interrogados não fundamentam seu julgamento unicamente sobre as informações de que dispõem, mas também, e até sobretudo, sobre os afetos que sentem. As pessoas que têm medo particularmente das centrais nucleares, por exemplo, tendem a subestimar consideravelmente suas vantagens. Inversamente, as que são muito entusiastas diante das possibilidades oferecidas pela energia atômica tendem a subestimar grandemente os perigos a que ela expõe. Mesmo sem que os participantes tenham consciência, a pergunta à qual seu cérebro responde não é "O que sei dos benefícios e dos riscos apresentados por estas tecnologias?", mas antes "Será que tenho o sentimento de apreciar estas tecnologias?"[103].

Se nos reintegramos no quadro do debate sobre a natureza da racionalidade, que explorávamos mais acima, trata-se de um resultado importante. Nas numerosas situações em que nos deixamos levar por nosso pensa-

---

103. Para a experiência inicial: FINUCANE, Melissa L.; ALHAKAMI, Ali.; SLOVIC, Paul & JOHNSON, Stephen M., 2000, "The affect heuristic in judgments of risks and benefits". *Journal of Behavioral Decision Making*, vol. 13/1, p. 1-17. Para desenvolvimentos mais gerais: SLOVIC, Paul.; FINUCANE, Melissa L.; PETERS, Ellen & MacGREGOR, Donald G., 2002, "The affect heuristic", em GILOVICH, Thomas.; GRIFFIN, Dale & KAHNEMAN, Daniel (eds.), *Heuristics and Biases: The Psychology of Intuitive Judgment*, Cambridge University Press, p. 397-420; SLOVIC, Paul.; FINUCANE, Melissa L.; PETERS, Ellen & MacGREGOR, Donald G., 2004, "Risk as Analysis and Risk as Feelings: Some thoughts about affect, reason, risk and rationality". *Risk Analysis*, vol. 24/2, p. 311-322.

mento intuitivo, as emoções que sentimos podem influenciar, ou mesmo determinar, os julgamentos que elaboramos. Elas intervêm efetivamente em nossa razão e trazem o risco, neste contexto, de levar-nos a conclusões enviesadas. Ou mesmo, nas mãos de um indivíduo hábil: elas nos expõem à possibilidade de nos deixarmos manipular.

E isso não é tudo. Os trabalhos mais recentes sugerem que as emoções não se contentam em intervir no processo heurístico. Além disso, e de maneira mais geral, poderiam até favorecer a oscilação de nosso cérebro neste modo intuitivo.

A carga cognitiva

As capacidades do cérebro humano, embora formidáveis, não são ilimitadas. Quando estamos em situação de aprendizagem ou devemos resolver problemas, somos capazes de manipular um número restrito de informações ao mesmo tempo. Além disso, nossas faculdades se encontram saturadas. Experimentamos então dificuldades de raciocinar corretamente e integrar novos dados. É o que se denomina teoria da *carga cognitiva*[104].

Ora, os trabalhos mais recentes sugerem que os conteúdos emocionais teriam uma tendência a saturar particularmente nossas capacidades cognitivas. Nossa atenção seria captada pelos afetos, em detrimento das outras informações. Teríamos então mais dificuldade de memorizar os dados aos quais fomos expostos, precisaríamos de mais tempo para verificar o rigor dos raciocínios e, de maneira geral, estaríamos mais desguarnecidos para avaliar os argumentos que nos são propostos. Em suma: quando sentimos emoções intensas, é o conjunto de nossas faculdades críticas que parece se embotar[105].

---

104. PLASS, Jan L.; MORENO, Roxana & BRÜNKEN, Roland, 2010, *Cognitive Load Theory*, Cambridge University Press; SWELLER, John.; AYRES, Paul & KALYUGA, Slava, 2011, *Cognitive Load Theory*, Springer.
105. TRÉMOLIÈRE, Bastien.; GAGNON, Marie-Ève & BLANCHETTE, Isabelle, 2016, "Cognitive load mediates the effect of emotion on analytical thinking". *Experimental Psychology*,

O que faz, então, nosso cérebro? Ele oscila em seu sistema rápido e recorre a atalhos, a fim de simplificar a complexidade do problema que lhe é submetido. Com efeito, diversos trabalhos mostram que, quando confrontados com conteúdos que suscitam fortes afetos, temos a tendência de apoiar-nos mais em nosso julgamento intuitivo. Por não termos os recursos necessários para desenvolver raciocínios analíticos, utilizamos raciocínios heurísticos. Quando as emoções são por demais intensas, escolhemos a opção que nos parece a mais evidente[106].

De um ponto de vista prático, estes resultados têm consequências que não podem ser ignoradas. Os conteúdos emocionais diminuem nossa capacidade de assinalar os raciocínios enviesados. Eles aumentam igualmente nossa porosidade às informações errôneas. Saturando nossas capacidades cognitivas, alteram nossa aptidão para distinguir o que é verdadeiro e rigoroso daquilo que é falso e fraudulento. Tornam-nos vulneráveis aos sofismas e às falsas notícias, dois procedimentos que estão no fundamento das argumentações mais hipócritas[107]. Assim as emoções podem ser utilizadas de maneira estratégica, a fim de enganar nossa vigilância, para mascarar a fraqueza de uma proposta. É a própria definição da manipulação.

---

vol. 63/6, p. 343-350; BLANCHETTE, Isabelle.; CAPAROS, Serge & TRÉMOLIÈRE, Bastien, 2018, "Emotion and Reasoning", em BALL, Linden J. & THOMPSON, Valerie A. (eds.), *The Routledge International Handbook of Thinking and Reasoning*, Routledge, p. 57-70.

106. ELIADES, Marios.; MANSELL, Warren & BLANCHETTE, Isabelle, 2013, "The effect of emotion on statistical reasoning: Findings from a base rates task", *Journal of Cognitive Psychology*, vol. 25/3, p. 277-282; ELIADES, Marios.; MANSELL, Warren.; STEWARD, Andrew J. & BLANCHETTE, Isabelle, 2012, "An Investigation of belief-bias and logicality in reasoning with emotional contents". *Thinking & Reasoning*, vol. 18/4, p. 461-479.

107. Para a vulnerabilidade aos sofismas: QURAISHI, Shireen & OAKSFORD, Mike, 2014, "Emotion as an argumentative strategy: how induced mood affects the evaluation of neutral and inflammatory slippery slope arguments", em BLANCHETTE, Isabelle (ed.), *Emotion and Reasoning. Current Issues in Thinking and Reasoning*, UK Psychology Press, p. 95-118. Para a porosidade a falsas notícias: MARTEL, Cameron.; PENNYCOOK, Gordon & RAND, David G., 2020, "Reliance on emotion promotes belief in fake news", *Cognitive Research. Principles and Implications*, vol. 5/1; PENNYCOOK, Gordon & RAND, David G., 2019, "Lazy, not biased: Susceptibility to partisan fake News is better explained by lack of reasoning than by motivated reasoning". *Cognition*, vol. 188, p. 39-50.

Estes trabalhos devem, certamente, ser tomados com prudência. Trata-se de uma pesquisa ainda em curso. Alguns estudos sugerem que poderia ser necessário introduzir mais fineza na análise para distinguir os efeitos produzidos pelos diferentes tipos de emoções. É possível, por exemplo, que a ansiedade tenda a aumentar, em vez de refrear, nosso recurso às faculdades críticas[108]. Começamos, no entanto, a dispor de um feixe de indícios que tendem a confirmar esta intuição antiga: quando nos deixamos comover por uma argumentação, torna-se mais difícil defender-nos dela. É a porta aberta para todas as deslealdades.

2. Comover para saturar a consciência

Para retomar os termos da retórica, as emoções podem, portanto, produzir uma *saturação de consciência* nos ouvintes e, ao fazê-lo, contrariar suas faculdades críticas. Mas vimos que permitem igualmente suscitar uma *tomada de consciência*, quando somos confrontados com o desafio de fazer compreender uma situação demasiado estranha. Como distinguir então entre estas duas utilizações do *pathos* no discurso, uma respeitosa e salutar, a outra enganadora e deletéria? Onde se situa a fronteira? Propomos aqui traçar duas linhas, para além das quais a mobilização das emoções pode efetivamente decorrer da manipulação. Quando são provocadas por informações enviesadas ou errôneas, por um lado. Quando são de uma intensidade grande demais, por outro.

Manipular com a ajuda de fatos mentirosos

A primeira e a mais evidente situação na qual a utilização do *pathos* pode ser contestável é quando se fundamenta em fatos enviesados ou errôneos. Os elementos nos quais nos apoiamos para provocar emoções não são conformes à realidade objetiva e verificável. Evidentemente,

---

[108]. Sobre o efeito diferenciado das emoções, cf. especialmente a síntese de PHAM, Michel Tuan, 2008, "Emotion and Rationality: A critical review and interpretation of empirical evidence". *Review of General Psychology*, vol. 11/2, p. 155-178.

apresentar afirmações contrafactuais constitui, em si, uma prática eticamente problemática. Mas esta prática se torna ainda mais problemática quando estas afirmações são utilizadas a fim de suscitar afetos, porque estes têm como resultado precisamente perturbar o discernimento entre o verdadeiro e o falso. Nós não só mentimos, mas, além disso, perturbamos a capacidade dos ouvintes de assinalar a mentira.

Tomemos um exemplo histórico. No dia 2 de agosto de 1990, o Iraque invadiu o Kuwait. Foi o início da primeira guerra do Golfo. Rapidamente os Estados Unidos manifestaram seu desejo de intervir. Oficialmente, o objetivo era vir em socorro dos kuwaitianos. Oficiosamente, há vários meses a América olhava com maus olhos o ditador Saddam Hussein, que estava em vias de constituir uma superpotência militar no Oriente Médio, controlando importantes reservas de petróleo. Mas, para passar à ofensiva, o presidente George Bush sênior precisava do apoio da opinião pública internacional. No dia 10 de outubro de 1990, um testemunho cai no momento oportuno: o da jovem Nayirah, de 15 anos, voluntária no hospital kuwaitiano al-Addan. Perante a Comissão dos Direitos Humanos do Congresso americano, com lágrimas nos olhos, ela conta ter sido testemunha de uma cena atroz. Soldados iraquianos, entrando à força na maternidade, levaram embora as incubadoras dos prematuros, deixando os bebês agonizar no chão. O relato, amplamente repetido pelas mídias, congelou o sangue de todo mundo. Nas semanas seguintes, o presidente americano o menciona pelo menos dez vezes em seus discursos. A crueldade da soldadesca iraquiana e a barbárie de Saddam Hussein doravante não deixam dúvidas. Algumas semanas mais tarde, no dia 29 de novembro, o Conselho de Segurança da ONU autoriza o recurso à força contra o Iraque: os Estados Unidos obtiveram ganho de causa. Ora, lance teatral! No ano seguinte, o jornalista John MacArthur revela, no *New York Times*, que o testemunho de Nayirah é totalmente mentiroso. Ela é, na realidade, a filha do embaixador do Kuwait em Washington. Seu relato foi preparado por uma agência de comunicação, a pedido do governo kuwaitiano. Pesquisas ulteriores provaram que suas alegações eram, no mínimo, amplamente exageradas. Senão totalmente falsas.

Atualmente, o fato de saber se George Bush estava ao par do caráter fraudulento deste testemunho e, portanto, o retransmitiu com conhecimento de causa, é ainda debatido. Em compensação, está assentado que se tratava de uma operação de propaganda internacional orquestrada pelo Kuwait. Pelo impacto que teve nas opiniões públicas, esta campanha contribuiu amplamente para levar a aceitar a ideia de uma intervenção armada no Iraque. A descrição de um surto de violência gratuita infligida a bebês só podia produzir uma imagem mental insuportável. Confrontados com essas emoções, nos encontramos incapacitados de recorrer ao nosso pensamento analítico. Ora, estes afetos estavam fundados numa realidade enviesada. Aqui, o recurso à mentira basta para se interrogar sobre a dimensão ética da retórica utilizada. Mas é a procura intencional de uma saturação emocional que, para além disso, justifica falar de uma estratégia de manipulação em grande escala.

Manipular com a ajuda de emoções demasiado intensas

A segunda situação na qual a utilização do *pathos* pode ser contestável é quando ela é de uma intensidade demasiado grande. Como vimos, quando se encontram saturados de emoções, os ouvintes correm o risco de não poder manter a distância, analisar e criticar as argumentações. Ei-los, em parte pelo menos, privados de uma das liberdades mais fundamentais: a de discordar.

Enquanto ouvintes devemos, portanto, ser particularmente vigilantes. Os afetos que sentimos são, certamente, uma porta aberta para a compreensão de realidades que dificilmente poderíamos apreender de outra maneira. Seria absurdo, portanto, procurar eliminá-los. Mas é preciso igualmente manter-se atento a este ponto de inflexão, para além do qual somos a tal ponto transtornados que não chegamos mais a raciocinar corretamente. E manter em mente esta norma essencial: não é porque sentimos emoções que devemos necessariamente conceder nossa convicção.

Enquanto oradoras ou oradores, em compensação, esta constatação nos confronta com um duplo dilema ético. Em primeiro lugar, como determinar se estamos ultrapassando o limite para além do qual o livre-arbítrio dos ouvintes está ameaçado? A partir de qual momento as emoções que suscitamos se tornam demasiado intensas? Infelizmente, nunca o sabemos. Por não dispormos de uma espécie de emocionômetro, que poderíamos conectar diretamente ao cérebro das pessoas às quais nos dirigimos, estamos condenados a evoluir no nevoeiro. É provável, aliás, que os afetos sejam sentidos com uma intensidade diferente por cada indivíduo. Uma mesma mensagem poderá ser recebida por uns com um sorriso de satisfação ou um beliscão de ansiedade e pelos outros com uma explosão de alegria ou um choque de terror. Portanto, como estar seguros de que estamos sempre procurando a convicção e não entregando-nos à manipulação? A resposta é simples: não se pode estar seguros. Desta maneira, a fronteira que separa uma da outra se assemelha menos a uma bela linha vermelha e mais a uma desconfortável faixa cinzenta.

E mesmo que tivéssemos plena consciência de submeter nossos ouvintes a emoções demasiado intensas, ao ponto de saturá-los: resta-nos então o segundo dilema. Estamos prontos a privar-nos delas, mesmo à custa de nossa eficácia? Aceitamos o risco de fracassar? Nossa ética pessoal pesa mais, na balança, do que a causa cuja defesa asseguramos? Imaginemos que somos porta-voz de uma associação humanitária cuja missão consiste em socorrer populações vítimas da fome. Hesitaríamos realmente em mobilizar a tristeza, a vergonha ou a culpabilidade, mesmo sabendo que elas poderiam permitir-nos angariar fundos que salvarão vidas? Não deveríamos, pelo contrário, estar prontos a tudo para levar a opinião pública a confrontar-se com o drama? Não se torna mais ético procurar manipular, se isso permite ajudar indivíduos em perigo? Mas então, também aqui: onde situar o limite? A partir de quais problemas os procedimentos mais contestáveis se tornam repentinamente aceitáveis?

A questão do elo entre emoções e manipulações nos remete, mais uma vez, aos dilemas éticos próprios a todo empreendimento de convicção. E, novamente, não existe boa solução. Somente interrogações pelas quais estamos condenados a ser atormentados. E que só nós, em nosso foro interior, podemos resolver.

III. Na origem dos afetos

As emoções são, portanto, capazes de induzir, nos ouvintes, uma tomada de consciência como uma saturação de consciência. No primeiro caso, nos asseguramos de que eles compreendem plenamente a situação sobre a qual lhes falamos. No segundo, fazemos com que sejam menos críticos acerca dos argumentos que lhes apresentamos. De uma maneira ou de outra, melhoramos nossas chances de suscitar a adesão. Se desejamos convencer, precisaremos, portanto, aprender a comover. Eis que isso, de repente, parece uma missão impossível. Estes afetos inacessíveis, inexplicáveis, indecifráveis, pretenderíamos nós poder reduzi-los a um método? A uma equação? Com efeito: é precisamente o que pretendemos. Enquanto oradoras ou oradores, chegou o tempo de dominar os *efeitos dos afetos*. E, para isso, precisaremos retornar às suas fontes.

1. As diferentes emoções

Antes de entrar no cerne da questão, refinemos nossa análise, examinando a lista das diferentes emoções capazes de ser sentidas pelos seres humanos. Elas são outros tantos instrumentos à nossa disposição, quando buscamos a convicção.

Esta questão é examinada há muito tempo pela pesquisa em psicologia. Numerosos trabalhos se empenharam, sobretudo, em identificar as *emoções primárias*, que estão na origem de todos os outros afetos. Elas têm a especificidade de ser universais, ou seja, compartilhadas pelo conjunto dos seres humanos sobre a terra, seja qual for sua cultura. Tendem, além disso, a vir acompanhadas por expressões faciais que, também elas, são comuns a todos os indivíduos. É assim que somos, instantaneamente, capazes de reconhecer uma emoção quando ela se esboça no rosto de alguém. Entre elas, citam-se invariavelmente a cólera, a repugnância, o medo, a alegria, a tristeza, o desprezo e a surpresa, mas seria necessário sem dúvida acrescentar a diversão, o alívio, a excitação, o orgulho, a culpabilidade, a vergonha, a perplexidade, a inveja, a nostalgia... Tocamos, aqui, os limites destes trabalhos: eles não chegam, neste caso, a concordar acerca de uma classificação estabilizada[109].

E, finalmente, não está aqui o essencial. Do ponto de vista da retórica, pouco importa, no fundo, saber se o deslumbramento é apenas uma intensidade particular da alegria, ou então uma verdadeira emoção primária. O que precisamos, enquanto oradoras ou oradores, é determinar quais emoções procuraremos suscitar num dado contexto. Estas podem ser agrupadas em quatro grandes famílias, das quais veremos que cada uma tem uma utilidade específica: *a ansiedade, o entusiasmo, a aversão* e *a compaixão*[110].

ESTUDO DE CASO: Acaba de ocorrer uma sucessão de acontecimentos dramáticos. Um jovem morreu durante uma abordagem policial, num subúrbio de Paris. As circunstâncias da morte são ainda vagas. A vítima teria sido detida no volante de um carro roubado, mas em seguida sua interpelação teria ocorrido com uma grande brutalidade. Depois deste drama, estouram tumultos, por diversas noites seguidas, nos bairros populares vizinhos. Vinte e quatro viaturas já foram incendiadas. Três lojas saqueadas. Dois policiais feridos. A tensão não parece querer diminuir. Eu sou um ator do debate público e me preparo para tomar a palavra num grande canal de notícias. Fundamentando-me nestes fatos, quais emoções

---

109. O estudo das emoções primárias é indissociável dos trabalhos de Paul Ekman. Para sua publicação fundamental, na qual confirma o elo entre emoção primária e expressões faciais: EKMAN, Paul & FRIESEN, Wallace V., 1971, "Constants across cultures in the face and emotion". *Journal of Personality and Social Psychology*, vol. 17/2, p. 124-129. Cf. igualmente as sínteses e os complementos ulteriores: EKMAN, Paul; FRIESEN, Wallace V. & ELLSWORTH, Phoebe, 1972, *Emotion in the Human face. Guidelines for Research and an Integration of Findings*, Pergamon Press; EKMAN, Paul, "Basic Emotions", em DALGLEISH, Tim & POWER, Mick (eds.), *Handbook of Cognition and Emotion*, John Wiley & Sons. Para um estudo mais recente, que identifica até 27 emoções primárias distintas: COWEN, Alan S. & KELTNER, Dacher, 2017, "Self-report captures 27 distinct categories of emotion bridged by continuous gradients". *Proceedings of the National Academy of Sciences*, vol. 114/38.

110. As três primeiras famílias (entusiasmo, aversão, ansiedade) foram resgatadas por uma das proposições mais fortes, em ciências sociais, concernente ao impacto das emoções: a "teoria da inteligência afetiva". MARCUS, George E., 2002, *The Sentimental Citizen. Emotion in Democratic Politics*, Pennsylvania State University Press; MARCUS, George E.; NEUMAN, W. Russell & MACKUEN, Michael B., 2000, *Affective Intelligence and Political Judgment*, University of Chicago Press. Tomamos a liberdade de acrescentar a compaixão, que nos parece essencial para captar igualmente a argumentação no cotidiano.

vou mobilizar? Tudo depende de meu projeto. Se represento um partido conservador, vou provavelmente suscitar compaixão pelos policiais feridos e medo acerca destes jovens responsáveis pela desordem. Se, pelo contrário, falo em nome de um partido progressista, vou despertar pena a respeito do jovem morto e cólera contra as violências policiais. Enfim, se sou um responsável associativo desejoso de apelar à calma, vou suscitar sobretudo tristeza por esta vida perdida e estes indivíduos feridos, e esperança, a esperança de uma tranquilidade em breve reencontrada.

DECODIFICAÇÃO: Uma mesma situação pode assim suscitar emoções e embasar propostas divergentes, ou mesmo opostas. Tudo dependerá dos elementos factuais nos quais insistimos e de nossa maneira de apresentá-los. Cada vez que nos empenhamos num empreendimento de convicção, precisamos, portanto, determinar quais são as emoções que tenderão a facilitar naturalmente a aceitação de nossa posição[111]. Este questionamento, infelizmente, não pode receber uma resposta estereotipada. Cada contexto sendo único, cada argumentação diferente e cada público singular, cabe às oradoras e aos oradores identificar os afetos mais adaptados. Em compensação, sem nos darmos conta, acabamos de reencontrar um ponto crucial. Para chegar a suscitar emoções, precisaremos interrogar as situações nas quais elas se enraízam.

2. As situações comoventes

Os afetos não nascem sozinhos, de maneira espontânea. Eles se ancoram sempre num contexto particular. Nunca temos medo sem razão, nem estamos alegres sem motivo: existe alguma coisa que nos assusta ou nos alegra. Podemos, evidentemente, fracassar em encontrar a fonte de nossa emoção. Vivê-la, sem compreendê-la. Mas, sob a onda da consciência, esta encontra sempre sua origem numa situação concreta, nem que seja

---

[111]. Para um estudo que realça o leque de emoções que podem ser mobilizadas pelos diferentes atores num mesmo contexto, no caso eleitoral: BALLET, Marion, 2012, *Peur, espoir, compassion, indignation. L'appel aux émotions dans les campagnes présidentielles (1981-2007)*, Dalloz.

observada pelo prisma deformante de nossa interioridade. Em psicologia, diz-se que os afetos têm *antecedentes cognitivos*[112].

Se desejamos aprender a comover nosso público, será necessário, portanto, compreender o que torna comovente uma situação. É assim que saberemos sobre quais fatos devemos insistir, quais fragmentos da realidade salientar, a fim de suscitar afetos e conquistar a convicção. Para empregar o vocabulário da comunicação, diremos que é preciso trabalhar *nosso enquadramento*. Tal qual um fotógrafo, que escolhe o ângulo e o zoom de seu aparelho a fim de mostrar apenas uma parte da cena, nós vamos chamar cuidadosamente a atenção para certos aspectos do acontecimento. E silenciaremos os detalhes que é melhor não mencionar. O enquadramento de um discurso se constrói como o de uma imagem. A retórica se revela, às vezes, tão visual como a composição fotográfica.

Veremos, portanto, como explorar plenamente o potencial emocional das diferentes situações. Este se reduz, no fundo, a seis critérios principais: a proximidade, a intensidade, a identidade, a agentividade, a semelhança, a materialidade[113].

A proximidade

Temos a tendência de comover-nos mais facilmente com o que percebemos como *próximo de nós*, e não com o que nos parece distante ou estranho. Quanto mais um acontecimento nos evoca nosso cotidiano, tanto mais chegamos a no-lo representar e tanto mais ele é capaz de nos tocar. Os acontecimentos nos comovem na medida em que nos concernem. Ou, mais exatamente, na medida em que nos sentimos concernidos. Trata-se de um critério capital. É este, em grande parte, que vai determinar o potencial emocional de

---

112. SCHERER, Klaus R., 1984, "On the nature and function of emotion: A component process approach", em SCHERER, Klaus R. & EKMAN, Paul (eds.), *Approaches to Emotion*, Lawrence Erlbaum, p. 293-317. Cf. também a síntese proposta por MICHELI, Raphaël, 2010, *L'Émotion argumentée. L'abolition de la peine de mort dans de débat parlementaire français*, Editions du Cerf, p. 48-50.
113. Propomos esta lista simplificada, que fundamentamos na síntese proposta por PLANTIN, 2011, op. cit., p. 176-181.

cada situação. Tanto mais que esta proximidade pode se desdobrar em múltiplas dimensões: geográficas, cronológicas, sociológicas, afetivas...

EXEMPLOS: Se dizemos "o atentado ocorreu em algum lugar nos Bálcãs", produzimos menos emoção do que utilizando a frase "o atentado ocorreu a duas horas de Paris". Mudando o referencial geográfico, ancoramos o acontecimento no cotidiano: de repente ele parece mais próximo, mais familiar e, portanto, mais abominável. Da mesma maneira, em vez de afirmar "por falta de um comprador, os empregados se encontrarão desempregados", deveríamos acrescentar "por falta de um comprador dentro de quinze dias, os empregados se encontrarão desempregados". A urgência da situação, a iminência de seu vencimento, torna suas implicações mais palpáveis, reais e, portanto, angustiantes. O mesmo vale se anunciamos "esta velha senhora foi extorquida na rua": suscitaremos compaixão, sem dúvida, mas menos do que se tivéssemos especificado "esta velha senhora foi extorquida na porta de sua casa". Cada um pode compreender o traumatismo representado por uma agressão diante da porta de seu domicílio. Nós nos imaginaremos sendo assaltados ao sair para fazer nossas caminhadas: o acontecimento toma forma em nossa mente e desperta tanto mais empatia. Quanto à frase "um homem foi encontrado morto de fome em sua casa", ela despertará certamente menos afetos do que se especificarmos "um professor primário aposentado foi encontrado morto de fome em sua casa". No momento em que mencionamos sua profissão, a vítima assume carne e osso. Todo mundo se dirá que poderia tratar-se de um professor de sua infância. A situação relatada irrompe na realidade e provocará mais indignação.

Em todos estes exemplos, é o sentimento de proximidade que permite envolver os ouvintes. Para suscitar este sentimento, nos contentamos em trabalhar sobre a quantidade de informações descobertas, seja suprimindo os detalhes que aparentemente afastam a situação ("nos Bálcãs"), seja acrescentando especificações a fim de descrever a cena com cores mais vivas. Cada vez os fatos relatados eram idênticos. A maneira de expressá-los igualmente: frases muito neutras, pouco ornamentadas. Mas, chamando a atenção para este ou aquele aspecto dos acontecimentos, nós lhes aplicamos um enquadramento diferente. Modificamos radicalmente sua percepção. E produzimos mais emoções.

A intensidade

É evidente: temos a tendência de nos emocionarmos mais com o que percebemos como *grave ou intenso* do que com o que nos parece anódino ou moderado. Por mais trivial que pareça esta observação, não deixa de ser verdade que dela decorrem importantes aplicações práticas. Porque o critério de intensidade pode, também ele, desdobrar-se em diversas dimensões diferentes: o número, os símbolos, as consequências...

EXEMPLOS: A frase "um atentado mortífero acaba de ser cometido" se torna mais comovente se acrescentarmos: "um atentado mortífero acaba de ser cometido: trinta e duas pessoas assassinadas". Indicar o número de vítimas permite insistir na amplidão do drama. O mesmo vale para o enunciado "os manifestantes danificaram um monumento": deveríamos especificar "os manifestantes danificaram o túmulo do soldado desconhecido". Especificando a natureza do monumento vandalizado, modificamos consideravelmente a percepção da gravidade do delito: trata-se não só de um túmulo, mas este traz, além disso, uma carga histórica e política. Enfim, se dizemos "treze famílias ainda estão alojadas neste edifício insalubre", já produzimos efeitos. Mas o efeito será multiplicado se acrescentamos "as crianças ficam doentes regularmente, e têm dificuldade de prosseguir sua escolaridade". A própria situação podia suscitar compaixão; mas, especificando todas as suas implicações, caímos na indignação.

Também aqui, o essencial do trabalho recaiu sobre a quantidade de informação que optamos por revelar. No primeiro caso, chamamos a atenção para sua amplidão quantitativa, no segundo para sua gravidade simbólica e, no terceiro, para suas consequências práticas. Cada vez bastou uma especificação suplementar para realçar a intensidade da situação e suscitar um acréscimo de emoções.

A materialidade

O terceiro critério que fundamenta o potencial emocional de uma situação é, também ele, relativamente evidente. Temos a tendência de nos emocionarmos mais facilmente pelo que nos parece *averiguado e preciso* do que pelo que nos parece duvidoso e vago. Quando subsiste uma incerteza acerca da realidade de um fato, mantemos naturalmente certa reserva. Enquanto um drama trágico permanece hipotético, mantemos alguma esperança. Enquanto uma notícia ditosa não é confirmada, evitamos alegrar-nos. E, mesmo que os acontecimentos estejam fora de dúvida, enquanto permanecem vagos, temos dificuldade de no-los representar. Quanto mais uma situação assume materialidade, tanto mais ela chega a nos tocar.

EXEMPLO: Para ilustrar o primeiro caso destas duas dimensões – a certeza – inspiramo-nos numa situação pela qual muitos de nós já passaram. No meio da tarde, recebemos uma mensagem de nossa companheira ou companheiro: "Você volta tarde esta noite? Precisamos conversar". Nossa mente se entusiasma. Em alguns segundos temos uma ideia bastante precisa do tema da discussão. Já faz algumas semanas que sentimos nosso parceiro cada vez menos envolvido na relação. De acordo com todas as probabilidades, podemos desde já preparar-nos para fazer as malas para a mudança. Mas, apesar desta quase-certeza, só depois de ouvir efetivamente as palavras temidas "está terminado" é que sentiremos o tormento nos submergir. O acontecimento precisava tornar-se certo para assumir sua materialidade. Quanto à segunda dimensão – a precisão – já apresentamos várias ilustrações. Ela contribui para explicar por que, de maneira geral, quanto mais detalhes acrescentamos a uma informação, tanto mais ela tende a suscitar emoções.

A identidade

A identidade dos atores envolvidos numa situação contribui igualmente para determinar seu potencial emocional. Também aqui, este critério se desdobra numa multidão de dimensões. No entanto, uma grande parte delas decorre diretamente da importância capital da proximidade. Somos, por exemplo, menos tocados pelo que acontece a perfeitos desconhecidos do que a celebridades, pela simples razão de que nos sentimos próximos destas últimas. Elas fazem parte do nosso cotidiano, nem que seja por meio de nosso aparelho de televisão. Cerca de três bilhões de telespectadores se emocionaram com a união entre o príncipe Harry e Meghan Markle, ao passo que as fotos de casamento de um colega da contabilidade nos encherão de um tédio mortal. Da mesma forma, percebemos mais vivamente as alegrias e as dores de pessoas com as quais compartilhamos a idade, a profissão, a religião, o lugar de nascimento ou de residência.

Existe, no entanto, pelo menos uma dimensão da identidade que não tem nenhum elo com a proximidade, embora determine grandemente a intensidade dos afetos numa determinada situação: trata-se da vulnerabilidade. Tendemos a ficar mais comovidos pelo que acontece a pessoas que percebemos como *frágeis ou vulneráveis* do que pelo que acontece às que nos parecem fortes, sólidas ou resilientes.

EXEMPLO: Se lemos, num dos nossos jornais, "Queda de um A380 no Pacífico: 436 mortos", nos sentimos aflitos. Mas, se o título especifica "436 mortos, dos quais 29 crianças", seremos provavelmente devastados para o dia todo. Mais uma vez, os fatos relatados são os mesmos. Mas uma especificação suplementar sobre a identidade das vítimas basta para decuplicar o impacto emocional.

A agentividade

De maneira menos intuitiva, tendemos a ficar mais facilmente emocionados por aquilo que nos parece *depender de nós* do que por aquilo sobre o qual temos a impressão de não ter domínio. Sentiremos mais ressentimento, ou gratidão, se existe alguém a censurar por um drama, ou a agradecer por um favor. Inversamente, quanto mais uma situação nos parece inexorável, tanto mais a acolheremos com fatalidade e resignação.

EXEMPLO: Ao ligar nosso aparelho de televisão, somos informados de que "um acidente numa fábrica de produtos químicos deixou um morto e dezesseis feridos". Sentimos naturalmente tristeza. O apresentador acrescenta então que, "apesar dos repetidos pedidos da parte dos empregados, o proprietário não havia procedido à vistoria dos equipamentos de segurança". Nossa tristeza é imediatamente decuplicada. E se mistura com raiva. Por termos o sentimento de que o drama podia ter sido evitado, sofremos mais ainda. Por esta simples especificação, foi introduzida agentividade na situação, produzindo um aumento de emoções.

A semelhança

Existem, em nossa memória individual e coletiva, lembranças saturadas de afetos. Sua simples menção basta para lembrar o triunfo, o terror ou o desespero. Um casamento ou um acidente de carro. Uma vitória ou uma derrota na copa do mundo de futebol. Uma guerra ou uma pandemia. Quando uma situação com a qual somos confrontados nos *evoca um destes acontecimentos sobrecarregados de emoções*, ela se torna mais emocionante.

EXEMPLO: Se afirmamos que "determinado país mantém os requerentes de asilo em centros de retenção", não provocaremos muito mais do que um franzir das sobrancelhas. Em compensação, se dizemos que ele os "isola em campos", não deixaremos de suscitar uma onda de emoções. Inevitavelmente, e mesmo sem que precisemos dizê-lo explicitamente, os ouvintes farão a aproximação com o traumatismo dos campos de concentração[114]. Os que considerarem esta comparação fundada se indignarão. Os que a acharem injustificada protestarão. Num caso como no outro, uma única palavra terá bastado para encher de afetos nossa frase.

A arte do enquadramento

Acontecimentos intensos, próximos de nosso cotidiano, precisos e certos, que implicam responsáveis, põem em cena pessoas vulneráveis, evocam lembranças memoráveis: eis o retrato falado de uma situação co-

---

114. Reencontramos aqui, em parte pelo menos, o que havíamos visto acerca da dimensão implícita da linguagem. Cf. cap. 4, I, "O domínio do implícito".

movente. Enquanto oradoras ou oradores, não basta, portanto, determinar quais afetos estão em melhores condições para conquistar a adesão. Resta ainda trabalhar a apresentação dos antecedentes cognitivos situados em suas fontes. Não é necessário de modo algum mentir, nem deformar a verdade. Somente saber selecionar entre o que resolvemos dizer ou não revelar. Mediante este simples trabalho de seleção das informações, já aumentamos nossas chances de despertar emoções. E melhoramos nossa força de convicção.

No fundo, os fatos são como pedras preciosas. Exigem ser lapidadas com cuidado, se desejamos revelar suas superfícies rutilantes. Estas que, captando a luz até ofuscar nosso público, deixam distinguir apenas um único reflexo da realidade: aquele que optamos por mostrar. A arte do enquadramento, em retórica, consiste em dizer apenas o que queremos deixar ver e silenciar o que precisa permanecer na escuridão. Isto, no entanto, não será suficiente para comover. Ainda não. Elaborar o enquadramento do acontecimento não era senão uma preliminar. Precisamos agora dispô-lo em palavras, em sons e em movimentos. Revelar a emoção às claras, por um discurso cristalino. Lapidamos nossa joia. Resta modelar seu escrínio.

IV. Mostrar e atribuir emoções

É o momento, enfim, de considerar o grande enigma. O enigma das palavras que arrebatam, empolgam e inebriam. A arte de atiçar as paixões apenas com a força de uma declaração. A retórica das emoções. Veremos que, para mobilizá-las, podemos apoiar-nos em três vetores diferentes: mostrá-las, atribuí-las, invocá-las[115].

Examinaremos primeiramente os dois primeiros, que têm em comum apoiar-se numa indução mais ou menos direta dos afetos. Em seguida nos

---

115. Aqui nos inspiramos na oposição clássica entre emoção denotada e conotada, proposta especialmente por KERBRAT-ORECCHIONI, Catherine, 2000, "Quelle place pour les émotions dans la linguistique du XXe siècle? Remarques et aperçus, em PLANTIN, Christian.; DOURY, Marianne & TRAVERSO, Dominique (eds.), *Les Émotions dans les interactions*, Presses Universitaires de Lyon.

debruçaremos sobre o terceiro vetor, que consiste em moldar as emoções de maneira muito mais implícita, trabalhando a própria matéria de nosso discurso.

1. O contágio emocional

Comecemos traçando uma distinção da qual nos poupamos até agora: a que opõe discurso emocionante e discurso emocionado. Diremos que uma fala é emocionante quando ela chega a produzir emoções nas pessoas às quais se dirige. Inversamente, falaremos de uma fala *emocionada* quando podemos perceber nela as emoções da pessoa que fala. O primeiro conceito se volta para os afetos dos ouvintes. O segundo para os afetos das oradoras e dos oradores. No entanto, por mais distintos que pareçam, veremos que estes conceitos estão na realidade profundamente misturados[116].

O fenômeno do contágio

Um homem entra numa composição do metrô. Em torno dele, os passageiros exibem a fisionomia apagada dos transportes públicos. O homem, permanecendo em pé, pega um *tablet*. Olha um vídeo que, evidentemente lhe provoca riso. Primeiro suavemente. Depois a plenos pulmões. Os passageiros o observam, estupefatos. Alguns lhe lançam um olhar constrangido. Outros esboçam um sorriso divertido. Aqui e ali, ouvem-se alguns cacarejos nervosos. Agora o homem é sacudido por um louco riso incontrolável. E comunicativo. Em torno dele, progressivamente os passageiros mergulham na hilaridade. Mesmo os mais recalcitrantes acabam cedendo à graça do momento. A tal ponto que, em menos de um minuto, todo o trem ri às gargalhadas.

Esta cena não é ficção. Foi filmada em 2015 no metrô de Antuérpia, na Bélgica. O homem, evidentemente, é um ator. Foi recrutado para soltar gargalhadas. Os passageiros, por sua vez, são autênticos. Sem o saber,

---

116. Novamente, tomamos esta distinção emprestada de PLANTIN, 2011, op. cit., p. 137-142.

acabam de participar de uma experiência, organizada... pela Coca-Cola®. Ela desejava promover seu novo *slogan* : "Happiness starts with a smile", "A felicidade começa com um sorriso". Esta iniciativa comercial audaciosa não deixava de estar fundamentada numa realidade estabelecida pela pesquisa mais séria: as emoções são contagiosas.

Há muito tempo a psicologia realçou o fenômeno do *contágio emocional*. Este decorre de nossa disposição natural de sincronizar com as pessoas que nos cercam. Tendemos, inconscientemente, a reproduzir as expressões de seus rostos, as inflexões de suas vozes, as posturas e os movimentos de seus corpos, a ponto de acabarmos por sentir também suas emoções. Os afetos tendem assim a transmitir-se de uns indivíduos aos outros. Neste sentido, o contágio emocional parece constituir a vertente mecânica e primária de um componente essencial do espírito humano: a empatia[117].

Do ponto de vista da retórica, esta descoberta acarreta uma consequência prática fundamental: os discursos emocionados tendem a ser igualmente emocionantes. Quando estamos comovidos, e o deixamos transparecer, as pessoas ao nosso redor sentem e, pouco a pouco, compartilham nossa emoção. Enquanto oradoras ou oradores, a maneira mais simples de suscitar afetos em nosso público consiste em *mostrar* os que nós próprios sentimos. E isto pode passar por dois canais muito diferentes: reivindicá-los, ou deixá-los filtrar.

Abramos, aqui, um breve parêntese, para especificar que é impossível saber se um discurso é realmente emocionado. A não ser que enchamos com eletrodos o crâneo de um indivíduo que se exprime com alegria, nunca saberemos se ele está autenticamente alegre ou apenas fingindo a alegria. Tudo o que podemos dizer é que sua declaração se mostra, conscientemente ou não, repleta de emoções. Mas, no fundo, isso não muda

---

117. Para a definição do contágio emocional: HATFIELD, Elaine.; CACIOPPO, John T. & RAPSON, Richard L., 1994, *Emotional Contagion*, Cambridge University Press, p. 5. Para sua articulação com o conceito de empatia: FAVRE, Daniel.; JOLY, Jacques.; REYNAUD, Christian & SALVADOR, Luc Laurent, 2005, "Empathie, contagion émotionnelle et coupure par rapport auxs émotions". *Enfance*, vol. 57/4, p. 363-382.

nada. Como já dissemos, a retórica se interroga antes de tudo sobre o efeito dos afetos. O que nos interessa é determinar o que as emoções do orador vão produzir no público. Se estas são autênticas ou fingidas não tem, no fundo, nenhuma importância. O que conta, em compensação, é saber se elas são verossímeis.

Reivindicar suas emoções

"Estou feliz. Você me faz falta. Isso me angustia. Ela me irrita. Eu te amo". A maneira mais simples de manifestar nossos afetos, quando falamos, consiste também em verbalizá-los. Afirmamos, explicitamente, que sentimos uma emoção. Se nossos ouvintes ou nossos interlocutores a consideram verídica, é possível que comecem a experimentá-la eles próprios. Eles se alegram, se entristecem ou tremem por nós. Ou até *conosco*. Tenha sido ou não nosso objetivo consciente, ao reivindicar nosso próprio afeto, nós contribuímos para criá-lo nos que nos escutam. Com a condição, evidentemente, de que tenham acreditado em nós; o que não é pouca coisa.

Não basta, com efeito, enunciar um sentimento emocional para que este seja crível. Evocamos, no primeiro capítulo, os célebres estudos do psicólogo Albert Mehrabian sobre a distribuição da comunicação entre os canais verbais, paraverbais e não verbais. Vimos que estes estudos são muitas vezes citados sem conhecimento de causa, a ponto de levar a crer que nossas palavras e nossas frases não teriam de fato nenhuma importância. No entanto, no caso presente, nos encontramos precisamente no campo de aplicação destes trabalhos. Eles mostram claramente o que cada um de nós pode intuir: quando procuramos exprimir o que sentimos, o que conta é menos o que dizemos do que a maneira como o dizemos. Quando existe uma dissonância entre estas duas dimensões, é principalmente no tom de nossa voz, nas expressões de nosso rosto e nos movimentos de nosso corpo que nossos interlocutores confiam[118].

---

118. Para uma discussão detalhada dos trabalhos de Albert Mehrabian e sua equipe, cf. cap.1, II-2, "Eloquência?".

Cuidemos, aqui, para não pecar por exagero. Esta constatação não deveria dissuadir-nos de exprimir o que sentimos. Não esqueçamos que as pessoas que nos cercam nunca dispõem de um acesso direto à nossa interioridade. Seja por ocasião de um jantar com nossa companheira ou companheiro, ou no palco de uma grande conferência, as emoções que reivindicamos têm importância. Com a condição de que permaneçam em congruência com aquelas que manifestamos.

Deixar filtrar suas emoções

Portanto, se queremos comunicar alegria às pessoas às quais nos dirigimos, não bastará afirmar que estamos alegres. Precisamos também, e sobretudo, ter a aparência de joviais. Uma palavra de ordem mais fácil de enunciar do que de realizar.

Quando sentimos uma emoção, podemos, evidentemente, tentar dissimulá-la. Podemos também optar por deixá-la expressar-se ou, o que é a mesma coisa, deixar que transborde em nós. Então é a integralidade de nossa comunicação que é impactada. Nosso corpo reage, em tensão ou em relaxamento, em contração ou extensão. Traços singulares se esboçam em nosso rosto. Nossa voz vibra com uma ressonância particular. A própria forma de nossa expressão verbal sofre uma reviravolta. Nossas frases passam para a forma exclamativa. Nossa fala se sobrecarrega de exageros e de ênfase. Termos pouco controlados, espontâneos, ou mesmo familiares, transbordam de nosso léxico. Até nossas próprias frases, que se retorcem, se interrompem, esbarram em interjeições, recomeçam; arrancam novamente e depois se desmantelam. A emoção escorre por todos os poros de nossa enunciação. E tudo isto se produz naturalmente, simultaneamente, sem que precisemos sequer sonhar com isso.

Compreendemos melhor, desde então, o desafio que o fato de fingir um afeto pode representar. Se desejamos inventá-lo a partir de nossa imaginação, precisaremos agir de maneira paralela e congruente no conjunto destas dimensões. Esta façanha tem um nome: dissimular. Não é um acaso que, na publicidade, a Coca-Cola® apele para um ator. Levar toda uma composição do metrô à hilaridade exigia um profissional do fingimento emocional. Ora, justamente: não é comediante quem quer! De outra forma, nossas televisões não estariam saturadas de séries baratas, com diálogos mal-escritos, na verdade, mas também mal-interpretados. Reproduzir um afeto de maneira convincente constitui, na realidade, uma proeza prodigiosamente difícil.

Enquanto oradoras ou oradores, quando procuramos arremedar uma emoção, devemos compreender, portanto, que corremos um perigo mortal: o de parecer inautênticos. Se fracassamos, passaremos por seres falsos e mentirosos. Seríamos então cobertos com o ridículo próprio das tentativas grosseiras de mistificação. A única emoção que suscitaríamos seria o desprezo. A nosso respeito.

É o que constatamos: embora apostar no contágio seja efetivamente a maneira mais direta de produzir emoções, não deixa de ser delicado pô-la em prática. A não ser que sintamos realmente os afetos que procuramos suscitar, é melhor recorrer a outros vetores se não quisermos correr o risco de nos desacreditarmos. Isso vem a propósito: também eles são de grande eficácia.

2. *A sugestão emocional*

Nove horas da manhã. Chego ao trabalho. Não estou particularmente em forma, nem especialmente arrasado. Em suma: um dia semelhante a todos os outros. No elevador, cruzo com uma colega da contabilidade. Quando me vê, seu rosto se entristece. Ela me pergunta: "Diga-me. Está tudo bem? Você parece deprimido!" Espontaneamente, respondo: "Oh não, está tudo bem!" Seguindo meu caminho, no entanto, a ideia começa a se impor. É verdade que estou um pouco cansado. Dormi terrivelmente mal, neste momento. E, pensando bem, não há realmente nenhum motivo para se alegrar. As atualidades políticas: que tristeza! O estado de saúde de meu tio: uma tragédia! E existe esta história do aquecimento, que nunca me dou o tempo de regular. Ela tem razão, minha colega da contabilidade: as coisas não vão nada bem!

Evidentemente, exagero. Se uma observação tão anódina chega a mergulhar-me numa tal aflição, é provavelmente porque, sem o confessar, eu estava, com efeito, muito deprimido. No entanto, todos nós temos passado por este tipo de situação. Um colega me diz que tenho uma boa aparência? Sinto-me cheio de ânimo. Minha mãe me acha cansado? O abatimento me espreita. Um amigo me pergunta o que me irrita? Começo a impacientar-me. Este fenômeno tem um nome. Acabo de penetrar no terreno da *sugestão*.

A sugestão. Eis outro termo que, até agora, eu havia deixado cuidadosamente de lado. Na linguagem corrente, é muitas vezes empregado de maneira informal e relaxada. Existe, no entanto, uma disciplina na qual a sugestão foi estudada com cuidado e precisão: a hipnose[119]. O psicólogo e hipnoterapeuta Thierry Melchior a definiu como uma "descrição injuntiva". Consiste em enunciar uma realidade falsa, mas que, pelo próprio fato de ter sido proferida, impõe que o interlocutor se conforme com ela. Por exemplo, quando o hipnotista diz "as pálpebras de você se fecham", ele produz, formalmente, uma simples descrição da situação. Nesta frase, não há nem questão, nem implícito. Simplesmente uma constatação errônea sobre o que está ocorrendo, porque, nesse momento, as pálpebras ainda estão abertas. E, no entanto, basta dizê-lo para que o destinatário da sessão, por si mesmo, obedeça. A descrição se tornou verdadeira. Melhor: *se fez verdadeira*. Outro exemplo, mais próximo de nós. Estou empenhado numa partida frenética de boliche com um amigo. Ele se prepara para lançar sua última bola. Se ele fizer um *strike*, terei perdido. Do meu banco, zombeteiramente, lhe grito: "Você vai falhar. – Cale-se, deixe-me concentrar-me! – Não é preciso concentrar-se: você vai falhar!" Meu amigo resmunga, apruma-se, arremessa... e suspira, vendo sua última bola deslizar lastimavelmente para a calha. Uma grande parte do acompanhamento

---

[119]. Lembremos que, ao contrário das obstinadas ideias recebidas, a hipnose é uma disciplina rigorosa, estudada em laboratório e ensinada em faculdades de medicina. É utilizada no quadro de acompanhamentos terapêuticos, de operações cirúrgicas e, é verdade, de espetáculos de divertimento. Para um inventário dos conhecimentos sobre a hipnose: BARNIER, Amanda J. & NASH, Michael R. (eds.), 2008, *The Oxford Handbook of Hypnosis. Theory, Research and Practice*, Oxford University Press.

hipnótico, mas também, de maneira mais geral, de toda comunicação, se fundamenta na arte de produzir sugestões. Algumas, muito diretas. Outras, muito mais sutis[120].

Propriamente falando: as emoções tendem a ser particularmente sugestivas. Quando nos vemos *atribuir* um afeto, existe uma chance de tendermos a nos conformar com ele. Tomemos, por exemplo, este clássico dos incidentes domésticos, que não sai de moda: "Oh, você está irritado, o que não está indo bem? – Não, está tudo bem, estou bem. – Mas vejo que você está irritado. – Mas afinal você me enerva, porque lhe digo que está tudo bem!" Enquanto oradora ou orador, existe aqui um recurso que podemos explorar. Numa dada situação, se descrevemos as emoções que nossos ouvintes sentem, ou deveriam sentir, contribuiremos para induzi-las[121].

ESTUDO DE CASO N. 1: Minha filha de 8 anos volta da escola. Com as sobrancelhas franzidas e de cara feia, ela me anuncia:

– Hoje, no esporte, fizemos um torneio de pingue-pongue. Fiquei em terceiro lugar...

– Oh, bravo! – eu lhe respondo. Você deve estar contente!

– Mas normalmente sou forte no pingue-pongue! Eu queria estar em primeiro...

– Afinal, você está no pódio! É genial, você pode estar orgulhosa de si mesma!

– Sim, talvez, é verdade – concorda ela, enquanto em seu rosto se projeta, enfim, o esboço de um belo sorriso.

ESTUDO DE CASO N. 2: Candidato em campanha para a eleição presidencial, acabo de ser informado de que uma fábrica de minha região estava ameaçada de fechar. Dirijo-me imediatamente ao lugar. As câmeras dos canais de notícias já estão lá. Tanto melhor. Subo nas tábuas empilhadas que servem de tribuna improvisada. Armado com um megafone começo uma diatribe que concluo da seguinte maneira: "Vocês têm razão de

---

120. MELCHIOR, 1998, op. cit., p. 259-268.
121. Sobre a atribuição das emoções, cf. também MICHELI, 2010, op. cit., p. 159-163.

sentir raiva! Depois de locupletar-se com as ajudas do Estado, o proprietário transfere os empregos de vocês. Vocês têm razão de sentir-se desprezados! Dedicaram sua vida a esta empresa e de um dia para o outro são privados dela! Vocês têm razão de sentir-se enojados! Os políticos todos lhes prometeram a lua, e hoje que a fábrica de vocês está ameaçada, onde estão eles? Quando se fará enfim a única coisa sensata: pedir auxílio à Europa, para sair dos grilhões absurdos e salvar nossos empregos!" Ao meu redor, os grevistas, no início reservados, pontuam agora com seus gritos cada uma de minhas frases. Não estou certo de tê-los convencido a votar em mim. Mas não importa: na televisão, a imagem causará boa impressão...

DECODIFICAÇÃO: Seja na comunicação cotidiana ou em contextos mais solenes, a sugestão direta é uma maneira eficaz de induzir afetos. O segundo estudo de caso, no entanto, chama nossa atenção para uma reserva importante. Não é por termos conseguido comover que chegaremos necessariamente a convencer. Teremos feito uma parte do caminho, certamente, mas restará conquistar a adesão. E levar à ação. Trata-se aqui, no entanto, de um limite que não é próprio apenas da sugestão, mas vale de maneira mais geral para toda a retórica afetiva. Além disso, é preciso reconhecer que este procedimento permanece bastante rudimentar. Na prática, se queremos tocar nossos ouvintes, raramente poderemos nos contentar em despertar neles uma emoção. Será necessário, sem dúvida, mobilizar igualmente os dois outros vetores de produção dos afetos: mostrá-los e, sobretudo, invocá-los.

V. Invocar as emoções

Eis-nos, portanto, ao sopé de uma montanha. O *pathos*, em retórica, não se limita ao fato de se mostrar afetado ou de atribuir afetos. Ele consiste também, e até sobretudo, em despertar as paixões apenas com a força de nossa enunciação. Fazer nosso público vibrar a partir unicamente de nossa verve. Como os encantadores das lendas, que chegavam a materializar criaturas feéricas com suas fórmulas mágicas, precisaremos aprender a transformar as palavras em emoções. Após ter considerado o seu contágio e sua sugestão, é o momento de debruçar-nos sobre sua invocação.

Contra toda expectativa, isto não é tão complicado. Basta partir dos seis critérios situados na origem dos afetos: a proximidade, a intensidade, a identidade, a agentividade, a semelhança, a materialidade. Tudo o que precisamos fazer é utilizar nossa palavra para nos pôr em evidência. Não mais, apenas, selecionando as informações que revelamos. Mas dedicando-nos, por nosso discurso, a revelar, acentuar, ou mesmo moldar o caráter emocionante de um acontecimento. Para isto, bastam alguns procedimentos: a materialização, a descrição, a amplificação e a metaforização[122].

1. A materialização

Excepcionalmente comecemos considerando a exceção, ou seja, os procedimentos emocionantes que não dependem do próprio discurso, mas de seus acessórios. Não esqueçamos: uma situação é mais capaz de nos tocar quando nos parece próxima, familiar ou materializada. Ora, o que temos mais facilidade de nos representar... é também o que está realmente presente.

Quando isso é possível, a maneira mais simples de despertar emoções será mostrar ou fazer ouvir, concretamente, a realidade emocionante. Aproveitaremos, portanto, nossa intervenção para exibir objetos, imagens, vídeos ou trilhas sonoras. Os ouvintes nem precisarão recorrer à sua imaginação: confrontados diretamente com a realidade, lhes bastará constatá-la. O procedimento pode parecer grosseiro, mas não deixa de ser tremendamente eficaz.

EXEMPLO N. 1: França, 26 de novembro de 1974. A Assembleia Nacional começa o exame de um texto histórico: a legalização da interrupção voluntária da gravidez. O aborto. A ministra da Saúde, Simone Veil, defende seu texto contra uma oposição vinda de sua própria maioria. Durante três dias, os debates se desenrolam numa tensão extrema. E, até o fim, a questão permanece incerta. Cada nova intervenção é suscetível de

---

122. Para estabelecer esta lista, nos servimos de PLANTIN, 2011, op. cit., p. 166-172, ele próprio apoiando-se amplamente em LAUSBERG, Heinrich, 1960, *Handbuch der literarischen Rhetorik. Eine Grundlegung der Literaturwissenschaft.*

fazer o voto oscilar para um lado ou para o outro. É neste contexto que o deputado René Feït, membro da maioria, além disso ginecologista, toma a palavra. Ele sobe à tribuna levando, sob o braço, um magnetofone. Em plena intervenção, ele interrompe sua fala e liga seu aparelho. Os parlamentares têm então a surpresa de ouvir, fraca mas distintamente, batimentos de coração: os de um feto de oito semanas. A lei, por sua vez, prevê que o aborto seja possível nas dez primeiras semanas de gravidez. Ela será finalmente votada. Mas diversos deputados revelarão que com este registro, em apenas alguns segundos de sons, René Feït conseguiu comovê-los.

EXEMPLO N. 2: Conselho de Segurança das Nações Unidas, 5 de fevereiro de 2003. O secretário de Estado americano, Colin Powell, toma a palavra. Seu objetivo: convencer que Saddam Hussein possui armas de destruição em massa e deve, portanto, ser tirado de circulação. Em apoio de sua apresentação, ele apresenta numerosas fotos de satélite, dificilmente legíveis, e registros de áudio, pouco conclusivos. Ele explica sobretudo que o Iraque poderia possuir milhares de litros de antrax, um potente agente bacteriológico. Num gesto dramático, ele brande um pequeno frasco contendo um pó branco: "No outono de 2001, o Senado americano recebeu um envelope contendo aproximadamente esta quantidade de antrax. Apenas uma colherzinha. Isto levou várias centenas de pessoas às emergências médicas e matou dois empregados do correio. Saddam Hussein, por sua vez, poderia ter produzido (antrax suficiente) para encher dezenas de milhares de colherzinhas". Mais tarde foi provado que em grande parte as provas apresentadas pela administração americana nesse dia eram falsas. O que o frasco continha realmente permanece incerto. De resto, em seu discurso, Colin Powell não pretendia explicitamente que se tratava de pó de antrax: este pó podia muito bem desempenhar apenas um papel simbólico. Esta imagem do secretário de Estado americano, exibindo um produto inquietante no centro da diplomacia mundial, não deixou de circular em todas as televisões; contribuiu grandemente para suscitar o terror e despertou, em troca, os instintos guerreiros.

Portanto, existe sim uma retórica dos sons, das imagens e dos objetos. O que fazer, no entanto, quando não dispomos de uma prova material para exibir diante dos nosso ouvintes? É aqui, precisamente, que começa a arte do discurso. O que não podemos mostrar, iremos contar.

2. A descrição

Na primeira categoria dos procedimentos que permitem produzir emoção se encontra a arte da descrição. Ela consiste, simplesmente, em mostrar a realidade através do discurso. Palavra após palavra, vamos esculpi-la, ressaltar seus traços salientes, as asperezas, até que ela se imponha à mente dos ouvintes. Quando são moldadas com cuidado, as descrições se tornam figuras de presença. Elas têm o poder de fazer "alucinar o real". Colocam-no diante dos olhos[123]. Os acontecimentos de que falamos adquirem materialidade e proximidade. Parecem ao mesmo tempo mais precisos e mais familiares. E se tornam, portanto, mais emocionantes. Com a condição, evidentemente, de serem capazes de descrever eficazmente.

Existem dois procedimentos estilísticos que pertencem à descrição: a hipotipose e a diatipose. Embora a fronteira entre uma e a outra seja bastante imprecisa, elas não deixam de remeter a duas maneiras muito diferentes de descrever a realidade. A *hipotipose* é a arte da descrição rica e detalhada. Como um quadro naturalista, vamos representar nossa cena da maneira mais minuciosa possível. Pouco a pouco, de frase em frase, o desenhamos com a maior precisão. No final de nossa sequência, todos os nossos ouvintes deveriam ter, portanto, a mesma imagem em mente: a que queríamos instilar neles. A *diatipose*, pelo contrário, é a arte da descrição viva e condensada. À maneira de um quadro impressionista, ou mesmo de um rascunho, vamos contentar-nos em esboçar a situação. Em grandes linhas, traçamos os contornos, insistindo apenas em alguns aspectos salientes. Se forem bem-escolhidos, estes detalhes evocadores e significantes deveriam bastar para que nossos ouvintes reconstruam, por si mesmos, o resto da cena. Todos eles terão então, no pensamento, repre-

---

123. Sobre as figuras de presença, cf. cap. 4, VI-2, "Os efeitos das metáforas".

sentações diferentes, tiradas de seu próprio imaginário. Mas que convergirão para uma mesma direção: a que nós lhes queríamos inspirar.

ESTUDO DE CASO N. 1: Durante uma reunião noturna com amigos, conto-lhes que acabo de saber, através de uma reportagem, que crianças-soldados eram, ainda hoje, alistadas e doutrinadas em diferentes palcos de conflitos. Um dos convivas reage com uma pitada de circunspecção: "Não vejo por que você dá tanta importância a isto. A guerra é suja, pessoas morrem, outras matam, é assim. Se é uma criança ou um adulto que puxa o gatilho, no fundo que diferença isso faz?" Para tentar levá-lo a captar o horror da situação, opto pela imagem mais marcante possível: "É preciso compreender muito bem do que se fala aqui. São garotos. De dia, aterrorizam populações civis a golpes de facões ou de fuzis de assalto. E, de noite, adormecem agarrados a seus brinquedos de pelúcia. Guerra ou não, é insuportável!"

ESTUDO DE CASO N. 2: Enquanto advogado-geral, sustento a acusação de um homem suspeito de ter matado um agente de segurança por ocasião de um assalto malsucedido. Na minha frente, o advogado de defesa é talentoso. Apesar de um dossiê arrasador, ele seria de fato capaz de induzir o júri à clemência. Em meu arrazoado empenho-me em realçar toda a atrocidade do crime: "Senhoras e senhores jurados, vou falar-lhes dos fatos. Somente dos fatos. Estamos numa terça à tarde. O acusado entra na joalheria. Puxa sua pistola. Começa a gritar. Tem o olhar vidrado e os gestos desordenados. Jacques cuida da segurança da loja há anos. Já viveu um assalto à mão armada. Ele sabe que deve obedecer. Mas este homem é instável. A qualquer momento ele poderia desequilibrar-se, atacar um vendedor ou um cliente. Então, o mais discretamente possível, milímetro a milímetro, Jacques aproxima sua mão do alarme silencioso. Mas não de forma suficientemente discreta. Um tiro. A bala lhe perfura o abdômen e lhe rasga os intestinos. Jacques desaba no chão. Torce-se de dor. O sangue besunta sua roupa. Ele só pensa em sobreviver. Permanecer consciente. Reencontrar seus dois filhos. Que não cresçam sem seu pai. Mas não. Logo o assaltante volta em sua direção. Aponta sua arma. E atira novamente.

Duas balas cruéis, bem no peito. Jacques tem os pulmões perfurados. Abre a boca, mas não chega mais a respirar. Está se afogando no próprio sangue. Três minutos de insuportável agonia. Depois, mais nada. Sua filha e seu filho estão órfãos".

DECODIFICAÇÃO: Como vemos no estudo de caso n. 2, a hipotipose requer tempo e solenidade para poder ser desenvolvida convenientemente. Portanto, ela é adaptada sobretudo a contextos formais, solenes ou institucionais, nos quais é possível falar sem ser interrompido. Nada nos impede evidentemente, por ocasião de um almoço de trabalho ou de um jantar em família, de pontuar nossas historietas com longas descrições... com a condição de possuir certo aprumo, além de uma afinidade singular com a arte da narrativa. No cotidiano, como nos mostra o estudo de caso n. 1, é a diatipose que se revelará muitas vezes a mais bem-adaptada. Ela permite suscitar visualizações impressionantes e, portanto, emoções marcantes, sem precisar, no entanto, monopolizar a palavra. A contrapartida é que, confrontados com a infinita complexidade de uma dada situação, devemos ser capazes de discernir os poucos detalhes suficientemente notáveis para que os ouvintes cheguem, mentalmente, a visualizar toda a cena. A hipotipose exige domínio, para permanecer alegre e não cair no tédio. A diatipose exige talento para, em algumas frases, cristalizar o real a ponto de ele adquirir vida.

Observemos que a arte da descrição pode também ser aplicada, não mais aos acontecimentos que evocamos, mas aos indivíduos que neles estão envolvidos. Fala-se então, mais especificamente, de uma *etopeia*. Em estilística, trata-se da figura do retrato. Ela consiste em descrever um personagem, traçando sua biografia, exibindo seus costumes ou expondo seus valores. O objetivo é evidentemente mostrá-lo sob um ângulo todo particular, que vai servir à nossa fala. Poderemos, por exemplo, realçar seu caráter particularmente vulnerável ou ameaçador. Ou então, realçar os elementos que o aproximam ou o afastam dos nossos ouvintes. São todos critérios que, como vimos, determinam, em parte, o potencial emocional de uma situação.

ESTUDO DE CASO N. 2 (SEQUÊNCIA): Advogado penalista, sustento a defesa do homem acusado de ter matado um agente de segurança por ocasião de um assalto. Detido no mesmo dia, com a roupa maculada de pólvora e as solas dos sapatos manchados de sangue, sua culpabilidade é avassaladora. Tudo o que posso fazer é tentar suavizar sua condenação: "Senhoras e senhores jurados, deixemos de rodeios, Sim, esse crime é atroz. Abominável. Imperdoável. Mas não vem do nada. Não somos todos nós, no fundo, o produto de nossa história? Ora, isto vale também para meu cliente. Permitam-me falar-lhes dele, apenas por um instante. Aos seis meses, foi abandonado pela mãe. Aos 8 anos, foi admitido nas emergências, com os ossos do braço direito esmigalhados. Seu pai adotivo o havia golpeado com um rolo de fazer macarrão, repetidas vezes, até seus gritos cessarem e ele perder os sentidos. Retorno ao orfanato. Aos 11 anos, é estuprado por um encarregado da disciplina. Ainda hoje, ele me confidenciou, entre lágrimas, que lhe acontece acordar sentindo o cheiro desagradável de seu perfume barato. Durante toda a vida, só conheceu a violência, a solidão, a pobreza. Evidentemente, isto não desculpa nada. Mas perguntem-se mesmo assim. Se vocês tivessem vivido o que ele viveu, o que vocês se teriam tornado?"

DECODIFICAÇÃO: A infância infeliz. Este clichê utilizado por gerações inteiras de advogados, ao ponto de a frase "não somos o produto de nossa história?" ter-se tornado um lugar-comum dos tribunais. Com razão. Quando coroada de sucesso, esta estratégia equivale a inverter a orientação emocional do processo. Quando toda a compaixão do júri era reservada à vítima, a etopeia a mobiliza igualmente em favor do acusado. Evidentemente este procedimento não é de modo algum reservado aos ambientes silenciosos dos tribunais. Quando estamos em condições de traçar o quadro de uma situação, podemos também tomar o tempo de esboçar o retrato de seus participantes. Mostrados em sua normalidade, mediocridade ou fragilidade, atrairão a compaixão, o desprezo ou a comiseração. Representados em sua excepcionalidade, firmeza ou maldade, despertarão pelo contrário a admiração, o medo ou a repulsa. Cabe a nós determinar quais são as emoções que nos ajudarão a conquistar a convicção.

Quer assuma a forma de uma hipotipose, de uma diatipose ou de uma etopeia, a descrição permite assim mostrar a realidade no que ela tem de mais comovente. Neste caso, trata-se de um dos principais procedimentos mobilizados pela retórica dos afetos. No entanto, está longe de ser o único.

3. A amplificação

Vimos que, quanto mais uma situação parece grave ou importante, tanto mais ela é capaz de despertar emoções. Ora, como no caso dos critérios de proximidade, de materialização e de identidade, a percepção da intensidade não decorre unicamente da seleção das informações. Ela pode ser construída igualmente pela formulação. Para isso, vamos utilizar os procedimentos decorrentes da amplificação, que consistem precisamente em pôr em destaque o alcance, a beleza ou o horror da realidade. São, principalmente, três: a exclamação, a repetição, a hipérbole.

Comecemos pelo procedimento mais fácil: a *exclamação*, que consiste simplesmente... em exclamar! Neste sentido, ela aparece mais como a expressão natural e explícita dos afetos do que como uma autêntica "figura de estilo"[124]. Ela não deixa de apresentar uma eficácia prática inegável, visto que se trata de ressaltar o caráter emocionante de uma situação. Alguns exemplos bastarão para realçar esta propriedade. Em vez de enunciar indolentemente "este homem passa por uma prova difícil", afirmamos impetuosamente: "Este pobre homem!" Em vez de dizer abertamente "esta situação me entristece", reformulamos com ardor: "Que miséria!" Mais curtas, mais condensadas, as expressões exclamativas conferem a aparência de uma maior intensidade. Podemos, de resto, constatá-lo diariamente nas redes sociais e, especialmente, na mais lacônica delas: o Twitter. Domínio da emoção por excelência, as exclamações florescem nele como as marga-

---

[124]. Esta afirmação é discutível: ela precisaria entrar no debate complexo sobre a definição do que é uma "figura de estilo". Optamos por deixar esse debate de lado: por mais apaixonante que seja, seu interesse prático permanece, para nós, limitado. Sobre a definição da exclamação: PAGANI-NAUDET, Cendrine, 2016, "De l'admiration à l'exclamation. Élaboration d'un concept ou construction d'un problème?" *Revue de sémantique et pragmatique*, vol. 40, p. 59-77.

ridas na primavera. Notemos que a exclamação pode também ser dirigida diretamente a um interlocutor, real ou imaginário: fala-se então de uma *interpelação*. Consideremos, por exemplo, a seguinte frase descritiva: "É tempo de a juventude acordar e defender seus direitos". Para aumentar o impacto, é possível apostrofar diretamente nossa ouvinte fictícia: "Juventude! Acorda! Defende teus direitos!" Quando atinge seu alvo, esta variante audaciosa poderá nos merecer gritos e hurras. Tomemos cuidado, no entanto. Ela é adaptada sobretudo aos contextos grandiosos e precisa de uma força de convicção massiva, para chegar a despertar efetivamente a emoção. Do contrário, tudo o que colheremos por ter vociferado será a crueldade de um silêncio constrangido.

Por trás das abordagens anódinas, o segundo procedimento que permite introduzir a amplificação é, também ele, temível: trata-se das *repetições*. Quase sempre, reiterar um elemento de nosso discurso bastará para conferir-lhe uma impressão de importância ou gravidade. Não nos demoraremos neste ponto, que já tivemos ocasião de desenvolver quando examinávamos os *claptraps*, os artifícios para conquistar aplausos[125]. Lembremos precisamente que a forma mais elementar deste procedimento é a *epanalepse*, que consiste simplesmente em repetir um segmento de texto. Por exemplo, imaginemos que, durante uma reunião, um colega se permite um gracejo racista ou sexista contra mim. Imediatamente lhe falo cara a cara: "Este tipo de observação, comigo, não! Não quero mais ouvir isso. Você me entende? Não quero mais, nunca mais, ouvir isso". Aqui, o simples fato de reiterar minha ameaça permite pô-la em destaque, acentuar seu alcance. Embora meu colega não seja o último dos que gostam de pavonear-se, ele deveria colher constrangimento, vergonha, ou mesmo medo. Posso igualmente recorrer a uma repetição mais complexa: a *anáfora*. Ela consiste em começar uma série de frases com um mesmo segmento de texto. De aparência complexa, ela é na realidade muito simples de articular. Qualquer enumeração pode, sem muito esforço, ser transformada em anáfora. Tudo o que precisamos fazer é encontrar nela uma fór-

---

125. Cf. cap. 3, IV, "Concluir com elegância".

mula-eixo. Reencontro meu colega, que eu estava admoestando após seu gracejo descabido. Se ele deixa de fanfarronar-se, posso mudar de registro e prosseguir assim: "Você não se dá conta do mal que essas observações causam. Eu as sofro na rua, nos bares, nas redes sociais. Não posso ter que suportá-las também no trabalho". Um leve ajuste me permitiria aumentar o impacto emocional: "Você não se dá conta do mal que essas observações causam. Eu as sofro na rua. Eu as sofro nos bares. Eu as sofro nas redes sociais. Não posso ter que sofrê-las também no trabalho!" Por mais simples que isso possa parecer, trabalhar nas repetições já é aumentar a intensidade de nossas palavras e, portanto, aumentar as emoções.

No entanto, o principal procedimento da amplificação, mais que a exclamação e a repetição, é a *hipérbole*. Em estilística, é assim que designamos a figura do exagero. A hipérbole consiste em acentuar propositalmente a expressão de uma ideia ou de uma realidade, a fim de realçá-la. Para dizê-lo de maneira mais simples: vamos caricaturar. Para isto basta-nos escolher cuidadosamente nosso léxico e amplificá-lo com a ajuda de adjetivos e de advérbios de intensidade. Imaginemos, por exemplo, que, numa mercearia, nosso filho de 8 anos pega uma bala numa redoma. Ele não tinha más intenções, evidentemente; mas mesmo assim será necessário fazê-lo compreender que não deve repetir. Em vez de dizer: "É uma besteira o que você acaba de fazer; você não pode servir-se numa loja", podemos insistir da seguinte maneira: "É grave o que você acaba de fazer. Você não deve repetir isso nunca mais. Isso se chama roubo". Podemos igualmente utilizar metáforas hiperbólicas. Admitamos que desejamos nos desculpar com um amigo que prejudicamos. Em vez da fórmula batida "Sinto muito, estou com remorsos", podemos dizer: "Sou corroído pelos remorsos".

Notemos que, se as hipérboles constituem efetivamente um procedimento para dar uma impressão de intensidade, é preciso não abusar delas. Elas só valem pelo efeito de saliência que criam. Quando tendem a se espalhar, acabam perdendo seu relevo para tornar-se apenas uma simples maneira de se expressar. Na melhor das hipóteses, pareceremos entusiastas. Na pior, pareceremos ridículos. Um dos exemplos mais gritantes, neste sentido, nos é apresentado por Donald Trump. Em seu livro *The Art of the Deal*, Trump já alardeava os méritos do que ele denominava "as hipérboles verídicas, esta forma inocente de exagero, que se revela um excelente meio de autopromoção"[126]. Eleito presidente dos Estados Unidos, não deixou de aplicar seus próprios conselhos. Cada uma de suas tomadas da palavra estava saturada de marcas de ênfase, de desmesura, ou mesmo de gabolice. E isto até mesmo nas maiores arenas diplomáticas. No dia 25 de setembro de 2018, diante da Assembleia Geral das Nações Unidas, ele declarava, por exemplo: "Estou diante de vocês para compartilhar os progressos extraordinários que realizamos. Em menos de dois anos, minha administração realizou mais do que qualquer outra administração na história de nosso país". A declaração era tão exorbitante que os ouvintes não conseguiram conter o riso: uma reação raríssima, nesta assembleia geralmente reverenciosa. Como sempre em retórica, quando um procedimento é utilizado em excesso, ele acaba sendo descoberto, perdendo com isso toda eficácia. Se não queremos passar por pretenciosos ou mentirosos inveterados, é melhor manejar a amplificação com moderação. Quase sempre, uma ou duas hipérboles apenas, insinuadas em lugares-chave, bastarão para se introduzir em nosso discurso e lhe conferir, como que por capilaridade, uma grande intensidade.

Exclamações, repetições, hipérboles: estes três procedimentos permitem trazer um aumento de intensidade ou de gravidade às nossas declarações. Elas só despertarão mais emoções.

4. A metaforização

Quando estávamos debruçados sobre a utilização das metáforas, já tivemos a oportunidade de sublinhar seu efeito de presença. Bem construídas, elas não se limitam a induzir imagens abstratas: evocam representações concretas, que se impõem à mente dos ouvintes, se encarnam

---

126. TRUMP, Donald J. & SCHWARZ, Tony, *The Art of the Deal*, Random House.

diante de seus olhos, parecem até mesmo estar ao alcance da mão[127]. Mas o impacto emocional das metáforas não se limita a suscitar uma impressão de materialidade e de proximidade. Apresenta, igualmente, uma importante especificidade. Como vimos anteriormente, quando uma situação nos lembra acontecimentos saturados de emoções, ela própria se torna mais emocionante. Esta semelhança aparece às vezes como evidente. Precisaremos então apenas selecionar com cuidado as informações que descobrimos e as palavras que utilizamos, para revelá-la às claras. Mas é também possível estabelecer uma conexão entre contextos muito mais longínquos. Ou mesmo que não têm, honestamente, nenhuma relação. Para isso, vamos recorrer a metáforas.

EXEMPLO: Retornemos à Assembleia Nacional, em novembro de 1974, quando ocorre o exame da lei que autoriza a interrupção voluntária da gravidez. No hemiciclo, numerosos oradores se sucedem para fustigar com veemência o texto apresentado por Simone Veil. Vimos que o deputado de centro-direita René Feït não havia hesitado em fazer ouvir, com a ajuda de um magnetofone, os batimentos do coração de um feto de poucas semanas. Mas ele não para por aí. Alguns minutos depois, declara: "Com as disposições que nos são submetidas [...], o número de abortos duplicará na França, como em outros países, para chegar muito rapidamente a 500.000, ou até mais, ou seja, cinco vezes mais do que o número de vítimas de Hiroshima. Seria um genocídio legal". Ele não é o único a enveredar por esse caminho. Jean-Marie Daillet, também deputado de centro-direita, vai ainda mais longe: "Suponham que encontremos um dos médicos nazistas que escapou do castigo, um desses homens que praticou a tortura e a vivissecção humana. Existe, digam-me por favor, diferença de natureza entre o que ele fez e o que será praticado oficialmente em hospitais e em clínicas da França? [...] A senhora aceitaria, madame, ver estes embriões, como ocorre em outros lugares, lançados no forno crematório ou enchendo latas de lixo!" No banco dos ministros, Simone Veil, sobrevivente da Shoah, deportada para Auschwitz, permanece em silêncio.

---

127. Cf. cap. 4, VI, "A escolha das imagens".

DECODIFICAÇÃO: As analogias desenvolvidas aqui são de três ordens. Comecemos com a imagem horrivelmente viva, utilizada por Jean-Marie Daillet: embriões que "enchem latas de lixo". Trata-se evidentemente de uma metáfora. O deputado deve muito bem imaginar que, se a lei for votada, a realidade da IVG (Interrupção Voluntária da Gravidez) nos hospitais da França não será nada disso. Impossível, no entanto, de não se representar a cena. Basta que ela seja enunciada para começarmos a visualizá-la. E a sentir uma inqualificável repulsa. Segunda analogia: a comparação com Hiroshima, feita por René Feït. Ela se baseia numa equivalência quantitativa em linhas gerais. Porque o número de "vidas perdidas" seria semelhante, as duas situações poderiam ser comparadas. A interrupção voluntária da gravidez se vê assim posta em pé de igualdade com a bomba nuclear: na melhor das hipóteses, uma decisão assassina; na pior, um ato de barbárie. Evidentemente, o raciocínio se apoia numa premissa discutível: o aborto de um feto equivaleria ao assassinato de um ser humano. Antes mesmo de os ouvintes terem o tempo de interrogar sua pertinência, no entanto, as emoções despertadas por este episódio sombrio da história já foram transferidas para a reforma examinada: a cólera, o abatimento, a repugnância. Por fim, existem as referências à Shoah. A expressão "genocídio legal", empregada por René Feït, é uma alusão evidente, sobretudo depois de ter evocado a Segunda Guerra Mundial. Quanto às duas analogias de Jean-Marie Daillet, os "médicos nazistas" e o "forno crematório", elas são explícitas. Estas metaforizações devem, por sua vez, ser deploradas. Por um lado, porque os crimes nazistas figuram entre as piores abjeções a que a humanidade se entregou. A não ser que haja excelentes razões par arriscar-se a fazer a comparação, as emoções que dela são extraídas só podem parecer exageradas. Por outro lado, evidentemente, porque estas palavras são dirigidas a Simone Veil. Ela própria vítima da Shoah, se vê assim, por uma inversão odiosa, assimilada aos horrores de seus perseguidores.

Estes exemplos ilustram tanto a eficácia quanto os perigos da metaforização no trabalho dos afetos. Eficácia por um lado, porque as analogias de que falamos foram pontuadas, na época, com vivas reações no hemiciclo da Assembleia. É a prova de que haviam atingido seu objetivo: despertar emoções. Perigos por outro lado, porque foram consideradas, no momento, injuriosas. Enquanto o debate havia começado numa real indeterminação, e nada garantia a adoção da lei, parece que a ferocidade e os excessos de seus oponentes agiram como um contraste para os indecisos. Por mais fortes que tenham sido as metáforas utilizadas, não deixaram de ser percebidas como ilegítimas. A repulsa que visavam suscitar se voltou contra seus autores, que acabaram cobertos de opróbrio. E fracassaram em convencer. Portanto, quando procuramos produzir imagens marcantes ou lembrar situações emocionantes, tomemos cuidado. O procedimento só será eficaz se nossos ouvintes considerarem pertinente a aproximação. Caso contrário, ele se veria denunciado e nós acabaríamos desqualificados.

Terminemos evocando uma última figura, que pode ser considerada um caso particular da metaforização: a *personificação*. Ela consiste em fazer agir ou falar, em seu discurso, um personagem falecido, um animal, uma abstração ou um objeto. Trata-se, portanto, de uma figura crucial, porque vai nos permitir reintroduzir a agentividade no que mostramos. Em vez de deixar pensar que um acontecimento se deve ao acaso ou à fatalidade, reintroduzimos um responsável, capaz de ser condenado.

ESTUDO DE CASO: Militante ecologista, procuro convencer da necessidade de mudar de modelo econômico a fim de proteger o clima e a biodiversidade. Evidentemente, posso dizer: "Se desejamos preservar o meio ambiente, é preciso considerar uma alternativa ao sistema capitalista, cujo próprio princípio se fundamenta no acúmulo ilimitado de riquezas, ou seja, no fantasma de um crescimento infinito num mundo finito". Mas, sem excluir a eventualidade de intervir diante de uma plateia de especialistas, isso seria correr o risco audacioso de adormecer meus ouvintes. Provavelmente eu aumentaria a convicção se formulo meu argumento da seguinte maneira: "As finanças são um monstro faminto de lucro. E nunca possuem o bastante. Se as deixarmos atuar sem freios, elas continuarão a devorar tudo, tanto os homens como a natureza, tanto o clima como a biodiversidade, até que nosso planeta se torne totalmente inabitável. Num desfecho absurdo, as finanças acabarão então devorando-se a si mesmas!"

DECODIFICAÇÃO: Qualificando as finanças como "monstro devorador", apresentamos evidentemente uma metáfora, em suma bastante convencional. Mas, apresentando-as como um personagem animado, dotado de vontade e de intenção, nossa figura se torna uma autêntica personificação. Não nos contentamos em produzir medo e cólera: apontamos um responsável, para o qual estas emoções são dirigidas. E, em troca, se veem decuplicadas. Evidentemente, o procedimento permanece em grande parte superficial, senão totalmente artificial. De acordo com os termos das ciências sociais, acabamos de cometer um autêntico erro de raciocínio, que se chama *reificação*. Trata-se de uma simplificação abusiva, que consiste em tratar um conjunto complexo de processos entremisturados como uma entidade autônoma, dotada de consciência. "As finanças", concebidas como um ser pensante e atuante, não existem. Se quiséssemos ser rigorosos, deveríamos apontar o dedo para a falta de regulação dos intercâmbios fiscais e comerciais, que autoriza os atores econômicos a perseguir sem entraves estratégias individualistas por definição, desembocando o conjunto em efeitos deletérios para o meio ambiente. Com a ressalva de que é mais fácil suscitar emoções a respeito de uma abominação insaciável... do que a respeito de um defeito de regulação!

As metaforizações, quer assumam a forma de analogias ou de personificações, permitem assim aumentar ao mesmo tempo o sentimento de materialidade e de proximidade, evocar uma semelhança com acontecimentos sobrecarregados de afetos e introduzir agentividade. Corretamente utilizadas, elas são um instrumento de opção para esculpir, revelar e às vezes até moldar o potencial emocional da situação da qual falamos.

5. Procurar a exatidão

Portanto, ela existe. A equação esotérica das paixões. Para além do contágio e da sugestão: é possível invocar as emoções.

Isto passa, como acabamos de ver, por alguns procedimentos relativamente simples. Que é possível, além disso, combinar entre si. Uma descrição pode perfeitamente incluir sequências de metaforização: as imagens que ela origina só serão mais vibrantes. Ela pode igualmente abranger alguns termos de amplificação: com eles ela só se tornará mais brilhante. Enfim, sempre é possível acompanhá-la com elementos de materialização, quer se trate de objetos, de imagens, ou de sons: a realidade apresentada só resultará mais impressionante.

Isso seria tão simples, realmente? Alguns procedimentos semeados, e nós seríamos emocionantes? Infelizmente não. Conhecer as figuras da emoção não era senão a primeira face da moeda. Resta, doravante, manuseá-las com fineza. E é aqui que se detém o trabalho do professor de Retórica. Atingir o bom equilíbrio nas descrições, dizer o suficiente para que elas esclareçam, mas interromper-se antes que aborreçam. Encontrar a boa imagem para as metaforizações, aquela que saberá suscitar a surpresa sem provocar a incompreensão. Sentir a boa dosagem nas amplificações, a fim de que produzam seus efeitos sem cair no excesso. Tudo isto requer não só técnica, mas também sensibilidade. Não se contentar com a eficácia. Menos ainda procurar a virtuosidade. Mas chegar, pelo contrário, a discernir a exatidão. No fundo, já que se trata de emoções, a retórica se torna uma arte como qualquer outra. O que é que fará a diferença entre um arrazoado lacrimoso e um discurso pungente? O gênio, simplesmente.

6. Exacerbar os afetos: o papel da surpresa

Quinta-feira à noite, 20 horas. Volto para casa. O dia foi estafante. Na soleira da porta, maquinalmente, enfio a chave na fechadura, giro a maçaneta, abro a porta, dou um passo e aciono o interruptor. De repente, o tempo fica em suspenso. A luz não acende. Por uma fração de segundo permaneço congelado, em alerta. Quando de repente: "Surpresa!" Doze silhuetas surgem da penumbra. Fico sobressaltado de terror. Depois tudo se esclarece. Evidentemente, é meu aniversário. Enquanto a lâmpada se acende, meus amigos me cercam e a surpresa se dissipa, sinto surgir em mim duas emoções misturadas. A alegria de ver meus velhos companheiros reunidos. E, sejamos sinceros: a decepção de não poder me estirar no sofá após esta longa jornada!

A surpresa. Apenas acabamos de evocá-la. Se a maioria dos psicólogos concorda em considerá-la uma emoção primária, comum aos seres humanos, seja qual for o lugar ou a época, todos observam seu caráter excepcional. É a única emoção ambivalente. Enquanto a alegria é sempre agradável e a tristeza sempre desagradável, é possível ficar surpreso agradável ou desagradavelmente. Além disso, a surpresa é a mais breve das emoções, a única que não pode exceder alguns segundos. Passado este lapso de tempo, ela se funde num outro afeto, que a sucede. Se cruzamos na rua com um amigo que perdemos de vista há muito tempo, ficaremos surpresos, e depois felizes. Inversamente, se surpreendemos nossa companheira ou nosso companheiro abraçando a vizinha quando retornamos do trabalho, ficaremos surpresos, e depois tristes ou com raiva. Alguns pesquisadores chegam a sugerir que a surpresa poderia ser mais do que uma emoção: uma estrutura de percepção do real[128].

Do ponto de vista da retórica, estas características conferem à surpresa uma utilidade absolutamente única. Já que vai apoderar-se dos ouvintes e focalizar sua atenção, ela permite realçar a emoção que a sucede. E decuplicar sua eficácia. É crucial, portanto, enquanto oradoras ou oradores, aprender a tornar nossos discursos surpreendentes. Também aqui, isto se revela finalmente não muito árduo. Basta apoiar-nos nos dois gatilhos universais da surpresa: o repentino e o inesperado. Diversos procedimentos retóricos permitem chegar a isso facilmente. Passemo-los em revista, autorizando-nos a ser breves: são instrumentos com os quais, em sua maioria, já cruzamos.

---

128. Para as primeiras observações sobre a surpresa enquanto emoção primária: EKMAN; FRIESEN & ELLSWORTH, 1972, op. cit. Para um balanço das pesquisas ulteriores e a reconceitualização da surpresa numa estrutura de percepção do real: DEPRAZ, Natalie, 2018, "Surprise, Valence, Emotion: The multivectorial integrative cardio-phenomenology of surprise". *Contributions to Phenomenology*, vol. 97, p. 23-52.

ESTUDO DE CASO: Sou treinador da equipe de futebol da França. Dentro de dez minutos jogaremos a primeira partida da Copa do Mundo. Azar do sorteio: ele nos põe em confronto com uma das equipes favoritas, terrivelmente perigosa. Para galvanizar meus jogadores no limiar deste duelo de cúpula, decuplicar seu entusiasmo e estimular sua combatividade, dirijo-me a eles no vestiário. Diante de mim os rostos estão tensos. As emoções, eu sei, serão a chave deste discurso.

A transição ex abrupto: "Eis, rapazes, nosso esquema ofensivo. Vocês o conhecem. Nós o repetimos. Se vocês permanecerem em sua posição e jogarem coletivamente, tudo correrá bem. Vocês estão preparados. Vocês sabem... (silêncio)... Os franceses estão deprimidos. Não há nada que dá certo. Ninguém mais compreende este mundo de loucos. O clima se deteriora. Nem lhes falo da pandemia. E nós, nada podemos. Mas há uma coisa que podemos fazer... (silêncio, e depois grita)... É trazer a taça para casa!"

A transição *ex abrupto*, chamada também "técnica de passar do galo ao burro", consiste simplesmente em mudar de assunto o mais brutalmente possível. Para isso, precisamos estar prontos a economizar tudo o que poderia parecer, de perto ou de longe, uma caminhada lógica, fluida e harmoniosa. Este procedimento é certamente rudimentar; mas, bem executado, se revela muito eficaz.

As analogias: "Eis, rapazes, nosso esquema ofensivo. Vocês o conhecem. Nós o repetimos. Vocês estão preparados. Vocês sabem... (silêncio)... Esta noite, vocês não são jogadores de futebol... (silêncio)... Vocês são soldados! Nos seus pés não estão chuteiras, mas fuzis! E, juntos, não são uma equipe, mas um exército de atiradores de elite! Nesta noite, não é o futebol que vai ganhar: é a França eterna que triunfará!"

A metáfora – não voltaremos ao tema – permite suscitar uma imagem muito nítida na mente dos ouvintes. Mas, contrariamente a outras figuras de presença, como a descrição por hipotipose, ela é incrivelmente condensada. Algumas palavras bem arranjadas, sem gaguejar, bastam para cristalizar uma visão viva, original e, portanto, surpreendente. Neste sentido, ela é também uma das figuras privilegiadas quando procuramos a surpresa.

A suspensão: "Eis, rapazes, nosso esquema ofensivo. Vocês o conhecem. Nós o repetimos. Vocês estão preparados. Vocês sabem... (silêncio)... Nesta noite, lutamos por uma coisa maior do que o futebol. A técnica, o jogo bonito, os gols: nada disso é importante. Esta noite lutamos por algo maior do que a vitória. Maior do que uma taça. Maior, até, do que a glória, o prestígio e a honra. Nesta noite... (silêncio)... lutamos para ver o orgulho no olhar de nossos filhos. Para que as gerações futuras sorriam pensando em nós. Nesta noite, garotos, entramos para a história!"

A suspensão consiste, não esqueçamos, em falar de alguma coisa sem precisar do que se trata. Evidentemente, quanto mais a revelação final for inesperada, tanto mais nossos ouvintes ficarão surpresos. Esta figura está, portanto, toda ela, construída sobre o princípio de uma tensão que se resolve na surpresa.

O silêncio: É o traço de união entre todos estes exemplos. Cada vez, para produzir uma reação de surpresa, economizamos uma respiração de silêncio. Isto parece insignificante e, no entanto, trata-se de um elemento fundamental. É nesta interrupção que nasce a tensão. A que leva os ouvintes a reter a respiração, ficar à espera, perguntar-se o que se seguirá. Eles se preparam, no fundo, para ser surpreendidos... e é o que decuplica sua surpresa! Apesar do paradoxo aparente, trata-se, no entanto, de um resultado sólido. Diversos trabalhos realçam o papel fundamental da *expectativa* no surgimento da surpresa[129]. Para tornar-nos surpreendentes, precisaremos utilizar o vazio. Criar um instante suspenso. Mantê-lo, até que o público não possa mais. Em seguida rompê-lo, para colher enfim as emoções que tivermos semeado.

Isto vale aliás, de maneira mais geral, para toda a arte oratória. Enquanto oradoras ou oradores, precisamos imperativamente aprender a dominar nosso ritmo. Saber dizer e, ao mesmo tempo, conter-se. Falar e calar. Aqui se esconde uma das chaves que distinguem as intervenções

---

129. DESMIDT, Thomas.; LEMOINE, Maël; BELZUNG, Catherine & DEPRAZ, Natalie, 2014, "The temporal dynamic of emotional emergence". *Phenomenology and the Cognitive Sciences*, vol. 13/4, p. 557-578.

agradáveis das declarações memoráveis. Retenhamo-lo: é nos silêncios mais pesados que surgem, flamejantes, os grandes discursos.

VI. Chamar à ação

Aprendemos, portanto, a saturar nossos discursos com emoção. Muito bem. E agora? Tendo reunido nossos ouvintes no feixe de um discurso repleto de afetos, vamos deixá-los ali, ofegantes e sufocantes, comovidos ou desnorteados, aniquilados ou exaltados?

Às vezes, sim. Acontece que a emoção sozinha basta. As crianças aprendem rapidamente, por exemplo, que uma vozinha chorosa e olhos embaçados constituem seus melhores trunfos para obter uma ida ao doceiro ou ao sorveteiro. Aqui, a compaixão por si conquista a convicção: preferimos ceder, em vez de nos sentir corroídos pela culpabilidade. Mas nem sempre será o caso, principalmente quando ultrapassamos o quadro da retórica do cotidiano para abordar o da comunicação pública. Se não desejamos apenas obter a adesão, mas também influenciar os comportamentos, precisaremos de uma alavanca suplementar. Precisaremos chamar diretamente à ação.

Para ser eficaz, o procedimento precisa necessariamente apoiar-se numa tensão. Primeiro, suscitamos uma emoção que gera, de uma forma ou de outra, um desconforto. Deixamo-la deliberadamente em suspenso. Só depois iniciamos a transição para um chamado à ação. Aliviados por ver oferecer-se uma perspectiva de desfecho, os ouvintes estarão dispostos a aceitá-la para deixar de ser importunados. Eles se porão em movimento. Este trabalho de pêndulo, optamos por denominá-lo: *pivô emocional*[130].

É possível distinguir três grandes tipos de pivôs: medo-solução, esperança-realização, indignação-mobilização. Estes se articulam em torno de

---

130. Alguns trabalhos começam a evidenciar a eficácia específica da "volatilidade emocional", que consiste em fazer sucederem-se deliberadamente estados emocionais confortáveis e desconfortáveis. BERGER, Jonah.; KIM, Yoon Duk & MEYER, Robert, 2021, "What makes content engaging? How emotional dynamics shape success". *Journal of Consumer Research*, UCAB010.

quatro grandes famílias de afetos: a ansiedade, o entusiasmo, a aversão e a compaixão.

1. Medo-solução

O primeiro pivô se apoia na utilização retórica da ansiedade, por trás da qual se encontra todo um leque de emoções: a inquietude, a angústia, o pavor... Num primeiro tempo, atraímos a atenção dos ouvintes para a presença de uma ameaça, provável ou incerta, iminente ou longínqua, real ou imaginária. Aos poucos, deixamos instilar-se neles um insidioso sentimento de *medo*. Eles terão então um único desejo: fugir dele. Ou mesmo, se o perigo parece particularmente próximo, intenso e concreto: sobreviver. Eis a tensão que procurávamos. Só nos resta deixar cintilar a possibilidade de uma *solução*, que apresentamos como a única saída possível desta ameaça. Se tivermos trabalhado bem, nossos ouvintes a agarrarão com solicitude e alívio. Passarão à ação.

A ansiedade é uma família muito particular de emoções. Numerosos trabalhos mostraram que ela tenderia a favorecer, nos ouvintes, a ruptura com o hábito, a abertura às propostas originais e a mudança de comportamento. A explicação é bastante simples: quando indivíduos se sentissem ameaçados, partiriam em busca de uma solução que asseguraria sua sobrevivência. Para consegui-lo, procurariam mais avidamente novas informações. E, se for o caso, aceitariam mais facilmente fazer evoluir suas opiniões e suas decisões. Diversos pesquisadores chegaram até a se perguntar se a ansiedade não poderia ser um motor positivo para a democracia. Ela pareceria, por exemplo, tornar os cidadãos mais vigilantes e, portanto, reduzir, em vez de aumentar, sua tendência a crer em falsas informações[131].

---

131. Para o elo entre ansiedade e abertura a novas proposições: MACKUEN, Michael.; WOLAK, Jennifer.; KEELE, Luke & MARCUS, George E., 2010, "Civic engagements: Resolute partnership or reflective deliberation". *American Journal of Political Science*, vol. 54/2, p. 440-458; BRADER, Ted, 2005, "Striking a responsive chord: How political ads motivate and persuade voters by appealing to emotions". *American Journal of Political Science*, vol. 49/2, p. 388-405. Para a virtude cívica da ansiedade: VALENTINO, Nicholas

ESTUDO DE CASO: Preciso fazer um comercial estimulando a dirigir com prudência. Eis o que proponho: "No ano passado, 3.239 pessoas morreram nas estradas. Grande parte delas tinha filhos. Meninas e meninos pequenos, que brincavam em seu quarto, esperando seus pais voltarem para lhes ler uma história. Hoje, eles choram junto ao seu túmulo. Protejam seus filhos. Respeitem os limites de velocidade"[132].

DECODIFICAÇÃO: Por tender a favorecer a tomada de consciência de um perigo novo e a ruptura com os hábitos, a ansiedade aparece como a emoção privilegiada das mensagens de alerta e de prevenção, quer se trate de saúde pública ou de segurança rodoviária[133]. Quer dizer, então, que o medo pode ser considerado definitivamente benéfico para o debate público? As coisas são um pouco mais nuançadas.

Por um lado, os trabalhos de psicologia aos quais nos referimos aqui são ainda recentes e não devem, portanto, ser aceitos como verdade incontestável. Por outro lado, eles interrogam sobretudo as virtudes da ansiedade, e não a utilização específica do pivô medo-solução. Ora, lembremos a trama geral que evocamos anteriormente: quanto mais sentimos emoções, tanto mais nossas capacidades cognitivas são sobrecarregadas e tanto menos estamos em condições de apelar às nossas faculdades críticas. O que ocorre então se, no exato momento em que estamos sob o golpe de uma angústia intensa, o orador nos apresenta uma solução simples para dela nos livrarmos? É provável que estejamos dispostos a aceitá-la imediatamente. Sem estarmos em condições de examiná-la rigorosamente.

Enquanto ouvintes, portanto, não devemos, em nenhum caso, deixar de nos interrogar. A proposta que nos é submetida é uma resposta adap-

---

A.; HUTCHINGS, Vincent L.; BANKS, Antoine J. & DAVIS, Anne K., 2008, "Is a worried citizen a good citizen? Emotions, political information seeking, and learning via internet". *Political Psychology*, vol. 29/2, p. 247-273. Para o efeito da ansiedade sobre a adesão às falsas notícias: WEEKS, Brian E., 2015, "Emotions, Partisanship and Misperceptions: How anger and anxiety moderate the effect of partisan bias on susceptibility to political misinformation". *Journal of Communication*, vol. 65/4, p. 699-719.

132. Trata-se do número de mortos nas estradas na França em 2019.

133. COURBET, Didier, 2003, "Réception des campagnes de communication de santé publique et efficacité des messages suscitant de la peur". *Communication*, vol. 22/1, p. 100-120.

tada e proporcional para lutar contra a ameaça com a qual nos confrontamos? Esta ameaça não foi superestimada? Ou mesmo é ela bem real? Se abdicamos de nossa capacidade de nos questionarmos sem cessar, nos tornamos vulneráveis a um estratagema perigoso: sermos impelidos a aceitar uma proposta oportunista ou inapropriada, na vã esperança de lutar contra um perigo fantasiado.

Enquanto oradoras ou oradores, quase não teremos escolha. Seja o que for que pensemos, precisaremos aprender a navegar nas águas sombrias da ansiedade. Realçar a iminência de um perigo, favorecer a abertura a novas possibilidades, modificar comportamentos bem-arraigados: os tesouros que ela esconde são por demais preciosos para serem ignorados. Quando precisamos remar contra as correntes do hábito, seja qual for nossa reticência a utilizá-lo, é provavelmente o medo que se revela nosso melhor aliado.

Atenção, no entanto: ser-nos-á necessário saber permanecer sutis e comedidos. Com efeito, muitos trabalhos mostraram que, se uma ansiedade palpável favorece efetivamente a aceitação de soluções originais, um medo demasiadamente intenso provoca, por sua vez, reações contraproducentes. Quando confrontados com um terror extremo, os ouvintes tendem simplesmente a perder o contato com a mensagem. Olham para outros lugares, saem da sala, mudam de canal ou viram a página, em suma: deixam de ouvir. E mesmo que permanecessem presos diante da comunicação, sairiam num estado de estupefação que estimula não à ação, mas à desmobilização. Estas reações podem ser contrabalançadas se, após termos exposto nossos ouvintes a uma terrível ameaça, lhes oferecemos uma solução fabulosamente eficaz. Mas caso contrário, se nossa proposta não parecer à altura do perigo que nós mesmos suscitamos, nossa retórica será contraproducente. Esperávamos induzir a mudança: colheremos o torpor[134].

---

134. Sobre a paralisia induzida por um sentimento de medo demasiado extremo: WITTE, Kim, 1992, "Putting the fear back into fear appeals: The extended parallel process model". *Communication Monographs*, vol. 59/4, p. 329-349; WITTE, Kim, 1994, "Fear Control and Danger control: A test of the extended parallel process model (EPPM)". *Communication Monographs*, vol. 61, p. 113-134.

Autorizemo-nos um parêntese, para observar que é exatamente o problema encontrado, hoje, pelos discursos sobre o aquecimento global. Grande parte deles mobiliza principalmente o medo, a fim de levar a conscientizar-se da urgência e do alcance dos problemas. De um ponto de vista teórico, é efetivamente o melhor recurso se desejamos realçar a iminência da ameaça, produzir modificações radicais de comportamento, ou mesmo incitar à mobilização política. Sejamos lúcidos, no entanto. O perigo suscitado parece incomensurável: a destruição mais ou menos rápida da sociedade como a conhecemos, ou mesmo a extinção mais ou menos completa da humanidade. Quanto às soluções propostas, elas parecem, com ou sem razão, irrealistas: sair do capitalismo mundializado. Ou irrisórias: passar ao xampu sólido. Resultado? Para proteger sua psique, uma parte dos ouvintes entra em resistência. Deixam-se convencer pela argumentação; mas, perdido por perdido, recusam-se a passar à ação; ou mesmo, para escapar do terror e da estupefação, se refugiam na negação.

Isso significa que, paradoxalmente, é preciso abster-nos da ansiedade quando mais teríamos necessidade dela? Certamente não. Trata-se de um instrumento precioso demais para ser deixado de lado. Precisamos, no entanto, cuidar para não saturar com ele nosso discurso. Utilizemos o medo apenas com parcimônia. E associemos a ele, se pudermos, outras emoções.

2. Esperança-realização

O segundo pivô consiste em induzir, no público, emoções decorrentes do entusiasmo: a alegria, a excitação, o orgulho... De onde vem, então, o desconforto? Do fato de que a fonte destes afetos é apresentada como incerta. Não dizemos que o mundo é justo, belo ou bom: contentamo-nos em dar a entender que ele pode sê-lo. Não suscitamos a felicidade, mas antes a *esperança* da felicidade. Se fizemos corretamente nosso trabalho, esta primeira emoção deveria imediatamente trazer uma segunda: a frustração. Nossos ouvintes acabam de vislumbrar a possibilidade de um mundo melhor. Mas não sabem como chegar a ele. Eis aqui a tensão que procurávamos. Só resta colher os frutos, mostrando como esta esperança poderia conhecer uma *realização* próxima. Basta passar à ação.

O entusiasmo tem a seguinte particularidade: ele não precisa geralmente modificar as opiniões, as crenças ou os valores dos ouvintes. Pelo contrário, gira em torno das expectativas, dos desejos, das intenções que já existiam. Ele ativa representações e aspirações preexistentes. É porque uma proposta nos faz cintilar o que queríamos que concebemos esperança. Contrariamente à ansiedade, o entusiasmo é, portanto, a emoção do *statu quo*. No domínio da comunicação política, por exemplo, são os partidos chamados "do governo" que tendem a mobilizá-la mais frequentemente. Ou seja, precisamente, não as forças que procuram subverter a ordem do mundo, mas as que se propõem de preferência administrar os equilíbrios existentes[135].

ESTUDO DE CASO: Devo realizar um comercial publicitário que estimule as pessoas a empenhar-se a favor do clima. Eis o que proponho: "Um mundo verde, onde, nas cidades, as crianças brinquem à sombra das árvores. Um mundo solidário, onde os cidadãos se entreajudam no cotidiano, a fim de que cada um possa viver de acordo com suas necessidades. Um mundo duradouro, onde a sociedade não exige da natureza mais de que ela pode oferecer. Um mundo perene, onde nossos filhos, e netos, e bisnetos poderão continuar a viver uma vida feliz. Um mundo possível, na medida em que lhe forneçamos os meios. Atuem: empenhem-se desde hoje a favor do clima".

DECODIFICAÇÃO: De acordo com o contexto no qual será difundido, este comercial pode ser ao mesmo tempo um bom ou um mau exemplo. Se nos dirigimos a indivíduos pouco a par das questões ambientais, o efeito produzido será desastroso. Por que iriam perder seu tempo num militantismo demorado, se não estão convencidos, em primeiro lugar, da necessidade de alterar seus modos de vida? Não poderíamos contentar-nos em adaptar progressivamente o sistema existente? Em compensação, se nos dirigimos a ouvintes já conscientes do perigo climático, nossa campanha poderia reve-

---

135. BALLET, 2012, op. cit.; BRADER, 2005, op. cit.

lar-se salutar. Porque, como vimos, apresentar cruamente os perigos da derrocada traria o risco de revelar-se aterrorizante a ponto de ser paralisante. Quanto ao mundo subsequente, teremos dificuldade em torná-lo desejável se nos contentamos em descrevê-lo negativamente: sem aviões, sem carne, sem smartphones... ou seja, sem prazeres. É melhor, portanto, procurar a esperança. Apoiando-nos em premissas existentes: a necessidade de imaginar novos fundamentos. Mas apresentando-os de maneira entusiasmante: um mundo mais sóbrio, certamente, mas também mais feliz.

Para além da comunicação política, o pivô esperança-realização é mobilizado abundantemente no *marketing*. É, no fundo, a mola de toda publicidade: fantasiar sobre resultados incríveis, para vendermos o produto que os tornará realizáveis. "Vocês gostariam de estar em forma para o verão? Frequentem nossas academias! Gostariam de nunca mais precisar cozinhar? Baixem nosso aplicativo de entrega! Sonham em fazer fortuna na internet? Juntem-se ao nosso treinamento on-line!" Estes exemplos podem parecer caricaturais. Mas não nos enganemos: se estes anúncios continuam sendo utilizados por numerosas marcas, é porque funcionam! São até terrivelmente eficazes. Se um orador chega a identificar nosso desejo mais escondido, se ele o utiliza para nos mostrar o sonho que mal ousamos formular, e depois o encarna numa proposta tangível... Diacho! Será difícil rejeitá-la. Mesmo que tenhamos consciência do caráter desmedido da promessa, é preciso refrear-nos para não mergulhar nela com satisfação. Enquanto ouvintes, não relaxemos jamais nossa atenção. Desconfiemos de nossa própria exaltação. E lembremo-nos de que as piores mentiras são precisamente as que dão vontade de serem acreditadas.

Enquanto oradoras ou oradores, *a contrario*, não hesitemos jamais em mobilizar o entusiasmo. Ele se revelará nosso melhor companheiro, desde que tenhamos de nosso lado os hábitos, as mentalidades, as tradições, em suma, a normalidade. Quando conhecemos as aspirações de nosso público, e estamos em condições de alistá-las a serviço de nossa proposta, temos todo o interesse em suscitar a esperança, e depois em sugerir as condições de sua realização. A operação é tanto mais interessante porque apresenta poucos riscos. Contrariamente à ansiedade, é improvável que cheguemos a saturar nossos ouvintes de entusiasmo. Se o terror pode ser paralisante, o fervor, por sua vez, será galvanizante.

3. Indignação-mobilização

O terceiro pivô apresenta uma construção mais complexa do que os dois precedentes. Na maioria das vezes mobilizará dois tipos de afetos muito diferentes, mas que revelarão ser as duas faces de uma mesma moeda: a compaixão e a aversão. Num primeiro momento, chamamos a atenção dos ouvintes para uma situação que apresentamos como injusta, escandalosa ou deletéria. Esta põe em cena vítimas, que provocam a tristeza e atraem a comiseração. E comporta responsáveis, que merecem desprezo, repugnância e animosidade. Entre estes dois polos, os ouvintes são pegos com uma pinça que suscita duas emoções desconfortáveis. A cólera, principalmente. E a vergonha, eventualmente: ela não é senão a raiva voltada contra eles mesmos pelos covardes que deixam sofrer sem reagir. Eis a nossa tensão. Confrontados com esta situação insuportável, os ouvintes conceberão uma intensa *indignação*. Só nos resta, então, apelar à sua *mobilização*. Oferecendo-lhes ao mesmo tempo um escape para a cólera e um remédio para a vergonha, ela aparecerá como salvadora e redentora. E estimulará à ação.

Diversas especificações precisam ser trazidas aqui. Em primeiro lugar, observemos que, neste esquema, as vítimas e os responsáveis podem ser tanto indivíduos quanto instituições ou ideias. Para suscitar a indignação, podemos realçar "a precariedade de uma centena de operários cuja fábrica vai ser transferida para outro local por um proprietário voraz", ou então denunciar "a opressão dos trabalhadores pelo sistema capitalista". Trazer para o primeiro plano "a agressão de um chofer de ônibus por um delinquente sem documentos", ou fustigar "a desagregação da cultura francesa sob o efeito da imigração em massa". Expor ao público "um político desonesto que traiu a confiança dos cidadãos", ou fustigar "o sistema político que confisca a soberania do povo". Observemos igualmente que também a indignação se apoia, quase sempre, em representações que preexistiam nos ouvintes. Em vez de precisar suscitar tomadas de consciência difíceis, contentamo-nos em ativar ressentimentos preexistentes, que reforçamos, atiçamos, aquecemos, inflamamos. Estes se cristalizam, não mais na esperança de um mundo melhor, mas na hostilidade contra um inimigo sem coração. Por isso, aliás, a indignação não é totalmente estranha a uma outra emoção, que decorre de preferência das variações da alegria: o orgulho. Orgulho de pertencer a um grupo tanto mais unido porque se sente ameaçado. Orgulho de ter a coragem de se mobilizar, para lutar contra o perigo.

ESTUDO DE CASO: Preciso elaborar um comercial publicitário que estimule as pessoas a lutar contra a desnutrição. Eis o que proponho: "A cada quatro segundos, no mundo, um ser humano morre por falta de acesso ao alimento. Os culpados? A guerra, a seca, a corrupção. Mas também a indiferença. Desde o início deste comercial, enquanto vocês estão instalados confortavelmente em seus sofás, duas pessoas já morreram. Agora mesmo, uma terceira acaba de falecer. Não permaneçam sentados sem fazer nada. Façam doações".

DECODIFICAÇÃO: Por mais eficaz que seja, este comercial não deixa de constituir uma exceção na utilização do pivô indignação-mobilização. A favor de uma reviravolta inesperada, colocamos explicitamente nossos ouvintes no papel não de observadores, mas antes de perseguidores. A mola principal é, portanto, a vergonha, muito mais do que a cólera. Na maior parte do tempo, no entanto, é nesta última que nos apoiaremos com mais prazer. É o caso especialmente no que diz respeito ao debate público. Diversos estudos mostraram que, contrariamente às ideias recebidas, as forças políticas qualificadas de "populistas" tendem, na realidade, a mobilizar mais a indignação do que o medo. A mesma observação vale para as redes sociais, onde está bem-estabelecido doravante que o que se difunde mais rapidamente são as mensagens que suscitam indignação, embora as informações que elas contêm sejam falsas[136].

---

136. O termo "populista" suscita grandes dificuldades: nós só o empregamos com reticência, porque é o que os estudos em questão tendem a utilizar. Cf. particularmente RICO,

Mais uma vez, enquanto ouvintes, tudo o que podemos fazer é nunca deixar de nos interrogar. Embora sintamos uma cólera vibrante ou uma vergonha amarga, estas emoções foram suscitadas oportunamente? Os responsáveis mencionados são os únicos a ser condenados? As vítimas são as únicas a serem lamentadas? A indignação é, infelizmente, uma formidável máquina de esmagar a complexidade do mundo. Este se vê de repente reduzido a uma oposição frontal entre oprimidos e opressores. Reservemos então um tempo para nos perguntar: se adotarmos um ponto de vista mais nuançado, estaríamos sempre dispostos a nos mobilizar?

Inversamente, enquanto oradoras ou oradores, o pivô indignação-mobilização é um instrumento rico demais para ser deixado de lado. Como acabamos de ver: através de suas múltiplas configurações de papéis e de emoções, ele se revela adaptado a numerosas situações. E se impõe como um poderoso fermento de ação.

Conclusão

Ela entregou, finalmente, todos os seus segredos. A fórmula mágica, o Graal retórico: a equação das emoções. Tudo começa, como vimos, por suas fontes. Os afetos não surgem do nada. Precisaremos, portanto, em primeiro lugar, aprender a selecionar as informações que optamos por revelar, a fim de explorar o que a situação pode ter de emocionante. Aprender a enquadrar o contexto, no entanto, em geral não será suficiente. É mediante nosso discurso que chegaremos a induzir afetos. E, para isso, três vetores se nos apresentam. O primeiro: utilizar nossas pró-

---

Guillem.; GUINJOAN, Marc & ANDUIZA, Eva, 2017, "The emotional underpinnings of populism: How anger and fear affect populist attitudes". *Swiss Political Science Review*, vol. 23/4, p. 444-461; e MARCUS, George E.; VALENTINO, Nicholas A.; VASILOPOULOS, Pavlos & FOUCAULT, Martial, 2019, "Applying the theory of affective intelligence to support for authoritarian policies and parties". *Advances in Political Psychology*, vol. 40/S1, p. 109-139. Para a indignação como motor nas redes sociais: JIMÉNEZ-ZAFRA, Salud María.; SÁEZ-CASTILLO, Antonio José.; CONDE-SÁNCHEZ, Antonio & MARTÍN-VALDIVIA, María Teresa, 2021, "How do sentiments affect viraliy on Twitter?" *Royal Society Open Science*, vol. 8/4. Para o papel central das emoções na circulação rápida das falsas informações nas redes: VOSOUGHI, Soroush.; ROY, Deb & ARAL, Sinan, 2018, "The spread of true and false news online". *Science*, vol. 359, p. 1.146-1.151.

prias emoções para tirar proveito do fenômeno do contágio. O segundo: atribuir emoções ao público, manejando o princípio da sugestão. Enfim o terceiro: moldar as emoções por nossas palavras, arranjar as palavras e os sons numa verdadeira invocação. Para isso, poderemos contar com quatro procedimentos tremendos: a materialização, a descrição, a amplificação e a metaforização. Por fim, se desejamos amplificar os efeitos produzidos sobre nosso público, bastará apoiar-nos num instrumento simples, mas crucial: a surpresa, que permite focalizar a atenção dos ouvintes, realçar uma emoção e decuplicar a eficácia.

Restará ainda uma última etapa. Se as emoções sozinhas já podem trazer nossas propostas, ou mesmo suscitar a adesão, elas nem sempre serão suficientes para completar a conversão. Precisaremos, então, saber incitar à ação. Para isso, poderemos apoiar-nos num dos três principais pivôs emocionais: propor uma solução para responder a um medo, apresentar as condições de realização que permitirão dar corpo a uma esperança, incitar a uma mobilização que servirá de escape a uma indignação.

Enfim, uma vez transpostas todas estas etapas, e forjada a emoção, será feita a pergunta sobre a utilização que dela faremos. Procuraremos suscitar uma conscientização, a fim de que nossos ouvintes tenham acesso a uma realidade que não podiam se representar? Ou então visaremos criar as condições de uma saturação de consciência, para frear suas capacidades de resistir-nos. É aqui que se encontra a demarcação entre a retórica e a ética. Utilizaremos os afetos como um suporte legítimo para nossa argumentação, ou como um instrumento de manipulação? Caberá a cada uma e a cada um de nós, com toda a honestidade, decidir.

CAPÍTULO 6

Trabalhar sua imagem

"Oh! Quantos figurões são como o leopardo: não possuem mais talentos do que suas roupas!"[137] Com esta frase acerba Jean de La Fontaine não fustigava só a nobreza de seu tempo. Prolongava também um pensamento formulado muitas vezes antes: a aparência tem importância. Bem dominada, ela cobre a palavra com um pano dourado. Disfarça as insuficiências do pensamento. Camufla as faltas de probidade. Nimba os indivíduos com uma aura diáfana. No cotidiano, em parte pelo menos, é o hábito que faz o monge.

Desde Aristóteles, todos os autores se juntam nesta consideração essencial: o *ethos*, ou seja, a imagem projetada pelas oradoras e pelos oradores, contribui para conquistar a convicção. A pesquisa em psicologia nos permitiu confirmar esta intuição, mostrando até que ponto a aparência tinha peso nas interações sociais. Apresentaremos, num primeiro momento, uma breve síntese destes trabalhos, antes de nos interrogarmos sobre as maneiras como podemos trabalhar nossa imagem. Não por frivolidade, pelo único prazer da ostentação. Mas por necessidade, a fim de conquistar a convicção.

I. A psicologia da aparência

Representemo-nos a seguinte cena. Estamos instalados confortavelmente na poltrona de um público. No palco um orador se agita como um diabo. Ele anda a passos largos para cá e para lá, gesticula, discursa. Tal-

---

[137]. LA FONTAINE, Jean de, "O macaco e o leopardo", *Fábulas*, 1678.

vez seja um político, em busca dos nossos votos; um empresário, desejoso de vender sua inovação; um intelectual, habitado pela vontade de dar eco às suas ideias. Pouco importa: o fato é que ele fala e procura nos convencer. No segredo de nossa interioridade, examinamos seus argumentos. Refletimos sobre as objeções. Pesamos os prós e os contras. Em seguida, no final de sua intervenção, decidimos se vamos deixar este orador conquistar, ou não, nossa adesão. Friamente, racionalmente, acabamos de suspender nosso julgamento. Pelo menos, é a quimera com a qual nos enganamos. Porque esta cena, infelizmente, não é senão uma ficção.

Evidentemente, gostaríamos de acreditar que somos seres de razão; que tomamos nossas decisões fundamentando-nos unicamente em argumentações. E, no entanto, foi o que vimos no capítulo precedente: cinco décadas de pesquisas em psicologia mostraram o quanto esta visão era errônea. Na maioria das vezes, nosso cérebro funciona num modo intuitivo. Em vez de se entregar a custosos raciocínios deliberados, ele toma atalhos que simplificam e fluidificam o pensamento. São as famosas heurísticas de julgamento. Ora, deste ponto de vista, a imagem que percebemos de uma oradora ou de um orador é uma informação particularmente cômoda. Basta uma olhadela para integrá-la. Ela evoca estereótipos, suscita uma impressão de conjunto, produz afetos. São operações que, para nossa mente, podem ser efetuadas muito rapidamente, sem precisarmos mobilizar nosso sistema analítico. Confrontados com a delicada pergunta "será que julgo convincente esta argumentação?", não tardamos em substituí-la por outras, muito mais simples. Por exemplo: "Será que tenho o sentimento de apreciar esta pessoa, que procura me convencer?" Ou ainda: "Os atributos que observo neste indivíduo me inspiram confiança? O fato de ser uma mulher ou um homem, em trajes elegantes ou pobremente vestidos, com voz potente ou trêmula, me convida a acreditar nele?" No cotidiano, nosso pensamento intuitivo nos impele a fundamentar nossos julgamentos sobre as pessoas que argumentam, e não sobre os argumentos. E isto, sem termos consciência do fato[138].

---

138. Cf. cap. 5, I-1, "Razão e emoções".

A descoberta das heurísticas se revela assim, mais uma vez, fundamental. Depois da importância do *pathos*, ela vem confirmar uma segunda intuição de Aristóteles. Em retórica, a confiança que suscitamos, a sedução que exercemos, a aparência que apresentamos, contam tanto quanto nossa argumentação. O *logos* não é o único, nem mesmo o principal, vetor de convicção. Também o *ethos* precisa ser levado em consideração. Diante desta constatação, podemos reagir de duas maneiras diferentes. Lamentar que os ouvintes se deixem lograr facilmente por essas futilidades. Ou felicitar-nos, e utilizar sem fazer cara feia nossa imagem como uma fonte nova de eficácia. Mas tanto num caso como no outro, quer o deploremos ou nos alegremos com ele, um fato permanece, inexorável. Se queremos chegar a convencer, será necessário aprender a agradar.

1. O efeito halo

Acabamos de realçar a importância, para as oradoras e os oradores, de utilizar sua imagem como uma arma de convicção. É preciso ainda adotar um ponto de vista prático, ou seja, examinar *como* servir-nos dela. Esta pergunta pede, parcialmente, uma resposta retórica. É possível, mediante um trabalho sutil sobre nossa comunicação, moldar o *ethos* que projetamos sobre nosso público: voltaremos ao tema um pouco mais adiante. Mas, antes disso, é preciso considerar os mecanismos puramente psicológicos que entram em linha de conta na percepção que os outros têm de nós. Ou, para dizê-lo de outra maneira: os *vieses cognitivos* capazes de afetar nossa imagem.

Em psicologia, fala-se de vieses cognitivos para designar as consequências nefastas das heurísticas de julgamento. Em si mesmas, como vimos, estas heurísticas não têm nada de negativo. Elas são apenas operações de simplificação, que nos permitem enfrentar a complexidade transbordante do mundo. Mas elas podem também nos desnortear; introduzir distorções no tratamento das informações que nos chegam; provocar erros sistemáticos de raciocínio. Para resumi-lo numa frase: os vieses cognitivos são armadilhas que o cérebro prepara para o nosso pensamento[139]. E, neste caso, a imagem que refletimos tende a ser modelada por um deles: o *efeito halo*.

O efeito halo foi identificado a partir de 1920 pelo psicólogo americano Edward Thorndike[140]. Designa nossa tendência natural, quando procuramos estabelecer nosso julgamento sobre um indivíduo, a deixar nossa atenção ser captada por uma ou diversas características marcantes, que brilham e vêm colorir toda a percepção que temos dele. É por isso que se fala de um "halo", que pode ser tanto melhorativo quanto depreciativo. Como observa Daniel Kahneman: "O efeito halo nos impele a fazer todas as qualidades de uma pessoa corresponderem ao julgamento que tínhamos de um atributo particularmente significativo[141]. Isto equivale, concretamente, a apoiar-nos em estereótipos para estabelecer nossa opinião.

Tomemos um exemplo. Diversos estudos mostraram que o simples fato de usar óculos levava nossos interlocutores a considerar-nos mais inteligentes, mais trabalhadores e, portanto, mais competentes. Reverso da medalha: parecemos também menos populares, menos abertos e menos atléticos[142]. Evidentemente cada um constata que essas considerações são injustificadas. Se bastasse colocar uma armação de óculos no nariz para tornar-se subitamente brilhante, todo mundo se converteria a esse adorno. De maneira racional, sabemos que aqui existe apenas um preconceito infundado. No entanto, nosso cérebro vai mais rápido do que nós e nos impele inconscientemente a superestimar a competência de um indivíduo cujo olhar nos esquadrinha por trás de dois círculos transparentes.

---

139. GARDAIR, Emmanuèle, 2007, "Heuristiques et biais: quand nos raisonnements ne répondent pas nécessairement aux critères de la pensée scientifique et rationnelle". *Revue électronique de psychologie sociale*, n. 1, p. 35-46.
140. THORNDIKE, Edward L., 1920, "A constant error in psychological ratings". *Journal of Applied Psychology*, vol. 4, p. 25-29.
141. KAHNEMAN, 2012, op. cit., p. 241.
142. HARRIS, Mary B.; HARRIS, Richard J. & BOCHNER, Stephen, 1982, "Fat, four-eyed, and female: Stereotypes of obesity, glasses, and gender". *Journal of Applied Social Psychology*, vol. 12/6, p. 503-516.

Ora, quando sabemos da existência desse viés, torna-se possível procurar explorá-lo, a fim de melhorar conscientemente a imagem que refletimos. Examinemos, por exemplo, o caso da candidata Marine Le Pen por ocasião da eleição presidencial francesa de 2017. Qualificada para o segundo turno, a representante da Frente Nacional enfrenta seu concorrente, o futuro presidente Emmanuel Macron, no decurso do tradicional debate televisionado. Este debate permanecerá, nos anais, como um dos mais desequilibrados da V República. Agressiva, excessiva, aproximativa: como ela própria confessou, Marine Le Pen sai do confronto perdedora e enfraquecida. Após um breve período de férias, quando reencontra o caminho dos palcos de televisão, os espectadores têm a surpresa de descobrir que ela havia mudado. Passara a usar óculos durante o verão. Só abandonará este novo acessório longos meses mais tarde, quando sua credibilidade política terá sido parcialmente restabelecida. Esta inflexão estilística não devia nada ao acaso. A candidata derrotada sabia que havia arruinado sua imagem de competência. Mobilizar o efeito halo era um meio de contribuir para restaurá-la.

Para as oradoras e os oradores este viés cognitivo aparece como um instrumento capital. Ele nos fornece a oportunidade de modificar sutilmente a imagem que refletimos. E assim aumentar, de maneira às vezes determinante, nossa força de convicção. Devemos, portanto, compreender bem as duas dimensões sobre as quais o viés cognitivo se desdobra principalmente: as características físicas, por um lado, e as vestimentárias, por outro.

2. As características físicas

Em 2005, o psicólogo Alexander Todorov e sua equipe publicaram os resultados de uma experiência perturbadora. Ela utilizou os resultados das eleições parlamentares americanas, onde cada circunscrição é o teatro de um duelo entre um democrata (esquerda) e um republicano (direita). Os pesquisadores colocaram lado a lado, em pares, os retratos de candidatos que se haviam efetivamente confrontado por ocasião das eleições de

2000, 2002 ou 2004. Estes pares de fotos são em seguida apresentados a participantes voluntários, após verificar que eles não conheciam nem um nem o outro destes responsáveis políticos locais. Depois, fazem-lhes a seguinte pergunta: "Qual destas duas pessoas lhe parece mais competente?" Os resultados são impressionantes. Na maioria dos casos, o indivíduo julgado espontaneamente mais competente é, também, o que efetivamente ganhou a eleição[143].

Esta experiência foi reproduzida, com sucesso, várias vezes seguidas. A conclusão a tirar é implacável: as pessoas cujos traços do rosto evidenciam uma forte impressão de competência têm significativamente mais chance de ganhar uma eleição. Nós gostaríamos de acreditar que, quando depositamos uma célula na urna, nossa escolha é orientada unicamente por considerações políticas: o programa dos candidatos, o saldo de que se podem aproveitar, o que sabemos sobre sua probidade... A realidade é totalmente outra. Nosso voto é, em parte pelo menos, determinado pela aparência física. Pior, até: esta dimensão da decisão nos escapa em grande parte. Alexander Todorov repetiu sua experiência, mostrando os retratos durante apenas um lapso muito curto de tempo: um décimo de segundo. Muito pouco, portanto, para que os participantes tivessem o tempo de analisar conscientemente o que viam. Os resultados permaneceram globalmente inalterados. Não nos contentamos em votar na cabeça dos candidatos. Fazemo-lo mesmo sem dar-nos conta[144]. Enfim, estudos ulteriores permitiram identificar quais são os traços do rosto que tenderiam a sugerir a competência. Resulta que um rosto quadrado, maçãs do rosto altas, sobrancelhas baixas e queixo saliente não são apenas características físicas anódinas. Mas sim tremendos trunfos políticos[145].

---

143. TODOROV, Alexander et al., 2005, "Inferences of competence from faces predict election outcomes". *Science*, vol. 308, p. 1.623-1.626.
144. OLIVOLA, Christopher Y. & TODOROV, Alexander, 2010, "Elected in 100 milliseconds: Appearance-based trait inferences and voting". *Journal of Nonverbal Behaviour*, vo. 34, p. 83-110.
145. OOSTERHOF, Nikolaas N. & TODOROV, Alexander, 2008, "The functional basis of face evaluation". *Proceedings of the National Academy of Sciences*, vol. 105/32, p. 11.087-11.092.

Os trabalhos de Alexander Todorov estão longe de ser os únicos a realçar uma influência determinante da aparência física. Outros estudos concentraram-se, por exemplo, diretamente no impacto que a beleza tem sobre as relações sociais. Também aqui, os resultados são impressionantes. Numerosas experiências mostraram que os indivíduos considerados "belos" são também percebidos globalmente como mais sociais, mais poderosos e mais competentes. Recebem mais facilmente ajuda quando precisam. Se enfrentam a justiça, tendem a ser menos facilmente considerados culpados e, quando condenados, são punidos com uma sentença menos severa. Por fim, para o que nos interessa diretamente: um estudo mostrou que as pessoas consideradas belas conquistam mais facilmente a convicção de seus interlocutores. Este impacto massivo da beleza sobre as interações sociais é uma aplicação direta do efeito halo. Este foi sintetizado numa fórmula cruel, mas eloquente: "O que é belo nos parece bom"[146].

A beleza dos indivíduos continua sendo, é verdade, uma variável delicada de manipular. Sabemos que, de uma sociedade a outra, seus critérios e suas normas variam consideravelmente e implicam sempre uma parte muito importante de subjetividade. Ora, existem outras variáveis físicas que ativam o efeito halo e podem mesmo ser mensuradas objetivamente.

---

146. Em todas estas experiências, a "beleza" não é, evidentemente, considerada um dado objetivo fixado pelos pesquisadores. Pelo contrário, é avaliada diretamente pelos participantes, que precisam, por exemplo, observar uma série de retratos numa escala que vai de "muito atraente" a "muito pouco atraente". Para um dos estudos fundamentais: DION, Karen.; BERSCHEID, Ellen & WALSTER, Elaine, 1972, "What is beautiful is good". *Journal of Personality and Social Psychology*, vol. 24/3, p. 285-290. Para uma análise de conjunto: EAGLY, Alice H.; ASHMORE, Richard D.; MAKHIJANI, Mona G. & LONGO, Laura, 1991, "What is beautiful is good, but... A meta-analytic review of research on the physical attractiveness stereotype". *Psychological Bulletin*, vol. 110/1, p. 109-128. Para o efeito da beleza sobre os apelos à ajuda: BENSON, Peter.; KARABENICK, Stuart A. & LERNER, Richard M., 1976, "Pretty pleases: The effects of physical attractiveness, race, and sex on receiving help". *Journal of Experimental Social Psychology*, vol. 12/5, p. 409-415. Para o efeito da beleza sobre as condenações: EFRAN, Michael G., 1974, "The effect of physical appearance on the judgment of guilt, interpersonal attraction and severity of recommended punishment in simulated jury task". *Journal of Research in Personality*, vol. 8/1, p. 45-54; STEWART, John E., 1980. "Defendant's attractiveness as a factor in the outcome of criminal trials: An observational study". *Journal of Applied Social Psychology*, vol. 10/4, p. 348-361. Para o efeito da beleza sobre a persuasão: CHAIKEN, Shelly, 1979, "Communicator physical attractiveness and persuasion". *Journal of Personality and Social Psychology*, vol. 37/8, p. 1.387-1.397.

A primeira, e a mais evidente, é a estatura. Estudos recentes comprovaram que, no mundo do trabalho, as pessoas grandes tendem a ser percebidas como mais imponentes, obtêm melhores promoções e ganham mais dinheiro[147]. O que é grande nos parece poderoso: eis, novamente, um autêntico efeito halo. O mesmo tipo de observações pode ser apresentado para a voz. Ela é igualmente uma variável objetiva, já que é possível medir sua altura com precisão. Uma série de trabalhos mostra que os indivíduos que falam com uma tonalidade mais grave tendem a ser percebidos como mais fortes, mais atraentes, mais dominantes e mais competentes. Consequência lógica: por ocasião das eleições, a voz dos candidatos parece ter uma influência direta e significativa sobre o resultado que eles obtêm nas urnas[148].

Uma alta estatura, uma voz grave, um rosto anguloso salpicado com um pouquinho de beleza: se boas fadas pudessem debruçar-se sobre o berço de nosso bebê, eis o que seria preciso pedir-lhes. Em conjunto, estes atributos esboçam o retrato falado de um indivíduo que, banhado com um efeito halo, será mais facilmente percebido como competente e dominante; e verá, assim, as portas do sucesso se abrirem diante dele ao longo de sua vida. Sejamos francos: esses resultados têm motivo para ser deprimentes. Nós todas e todos temos, preso ao corpo, o ideal de uma sociedade democrática, na qual a argumentação teria a primazia sobre toda outra consideração. Gostaríamos de acreditar que temos as mesmas oportunidades de fazer ouvir nosso ponto de vista, fazer valer nossos argumentos e fazer triunfar nossa posição. É a própria definição da igualdade. Infelizmente, as conclusões de um meio século de pesquisa em psicologia são

---

147. JUDGE, Timothy A. & CABLE, Daniel M., 2004, "The effect of physical height on workplace success and income: Preliminary test of a theoretical model". *Journal of Applied Psychology*, vol. 89/3, p. 428-444; TYRRELL, Jessica et al., 2016: "Height, body mass index and socioeconomic status: mendelian randomisation study in UK Biobank", BMJ, vol. i582.

148. KLOFSTAD, Casey A.; ANDERSON, Rindy C. & PETERS, Susan, 2012, "Sounds like a winner: voice pitch influences perception of leadership capacity in both men and women". *Proceedings of the Royal Society B. Biological Sciences*, vol. 279/1.738, p. 2.698-2.704; KLOFSTAD, Casey A., 2015, "Candidate voice pitch influences election outcomes". *Political Psychology*, vol. 37/5, p. 725-738. Para uma resenha da literatura: PISANSKI, Katarzyna & BRYANT, Gregory A., 2919, "The evolution of voice perception", em EIDSHEIM, Nina Sun & MEIZEL, Katherine L. (eds.). *The Oxford Handbook of Voice Studies*, Nova York, Oxford University Press, p. 269-300.

inexoráveis: precisamos aceitar dizer adeus a este ideal. Confrontados com a necessidade de convencer, alguns são privilegiados.

Cuidemos, no entanto, para não superestimar as implicações destes resultados. Sofrer a desigualdade – ou desfrutá-la – não implica, em nenhum caso, ser *determinado* por ela. Nas interações sociais, as características físicas dos indivíduos entram em linha de conta, mas em pé de igualdade com muitos outros elementos: a argumentação, a eloquência, a determinação. Quer se trate de ganhar uma eleição, de proclamar sua inocência ou de obter uma promoção: o efeito halo confere certamente uma vantagem, mas nem sempre garante o sucesso. Em termos sociológicos, diz-se que as características físicas explicam uma *parte da variância* nos empreendimentos de convicção.

Sempre é possível procurar atuar sobre uma ou outra destas variáveis. Um dos exemplos mais espetaculares, e mais conhecidos, é o da chefe de Estado britânica Margaret Thatcher. Desde o início de seu mandato como primeira-ministra, ela sentiu que sua voz fina seria um obstáculo pesado no exercício do poder. Ela então treinou para falar com voz mais grave do que sua tonalidade natural, chegando mesmo, ao que tudo indica, a danificar suas cordas vocais[149]. Outro caso bem-documentado: o do presidente da República Francesa Nicolas Sarkozy. Relativamente pequeno de estatura, existem numerosos clichês que provam que ele recorria a todos os artifícios para tentar parecer maior. Calçava sapatos com palmilhas, se erguia na ponta dos pés para as fotos de grupo e, até mesmo, utilizava um pequeno tamborete escondido atrás da estante por ocasião das conferências de imprensa. Margaret Thatcher e Nicolas Sarkozy haviam compreendido, tanto uma como o outro, que jogavam um jogo desigual. E tentavam compensar, na medida do possível, as desvantagens retóricas com que a loteria genética os havia revestido bizarramente.

O efeito desses subterfúgios, no entanto, permanece irremediavelmente limitado. Na maioria das vezes, as desigualdades físicas entre

---

149. KARPF, Anne, 2006, *The Human Voice. The Story of a Remarkable Talent*, Bloomsbury, cap. 14.

oradoras e oradores se imporão a nós, pura e simplesmente, para o pior ou para o melhor. Portanto, por não poder compensá-las, precisaremos aprender a acomodar-nos a elas. Trabalhando mais nossa retórica, evidentemente. Mas também jogando na outra dimensão do efeito halo: a aparência vestimentária.

3. As características vestimentárias

Em 1984, o psicólogo americano Leonard Bickman publicou os resultados de uma experiência surpreendente. Numa rua, um primeiro cúmplice está parado perto de um parquímetro e finge remexer nos seus bolsos. Algumas dezenas de metros mais longe, um segundo cúmplice detém um transeunte e lhe diz: "Você está vendo aquele indivíduo? Seu carro está estacionado perto de um parquímetro e ele não tem moedas. Vá dar-lhe uma moeda de 5 centavos!" Em seguida, este cúmplice se afasta, deixando o transeunte sozinho diante da petição. O que se analisa é evidentemente a proporção de sujeitos que aceitam ceder ao pedido. Numa primeira versão da experiência, o pedinte está trajando vestes ordinárias. Entre 33% e 57% das pessoas detidas aceitam ir dar-lhe uma moeda. Em si mesmo, este número já tem motivo para nos desconcertar. Vem confirmar uma intuição antiga: responder "não" é um ato mais delicado do que parece. Uma boa dose de autoconfiança basta às vezes para que um interlocutor consinta em ceder ao nosso pedido, por mais extravagante que seja. Mas é a segunda versão da experiência que permite realçar fenômenos apaixonantes. Bickman desenvolve exatamente o mesmo protocolo, com uma diferença: o cúmplice veste um uniforme de policial. A quase totalidade, 89%, se apressa agora a ir prestar assistência ao automobilista sem dinheiro. Mais impressionante ainda: um outro psicólogo, Brad Bushman, reproduziu esta experiência utilizando um uniforme de bombeiro. Os resultados permanecem semelhantes: 82% dos transeuntes obedecem docilmente. Da parte de um soldado do fogo, esse pedido poderia, no entanto, ter parecido curioso, senão mesmo infundado. A conclusão a tirar é irrevogável. O uniforme, mesmo fora de seu contexto, basta para produzir a autoridade[150].

No nível da história, é possível encontrar oradores que souberam utilizar este mecanismo para fins retóricos ou políticos. Em abril de 1961, por exemplo, a V República francesa enfrenta uma tentativa de golpe de Estado militar, fomentado a partir da Argélia por diversos generais. O presidente De Gaulle toma então a palavra na televisão, para exigir o pleno apoio da população e dos soldados. Contrariamente a seu hábito, ele não se exprime em traje civil, mas em seu uniforme de general. Aureolado com seu prestígio de herói do exército, trajando os adereços da autoridade, ele põe a seu favor todas as chances de convencer; chega, efetivamente, a manter a obediência da maior parte dos militares; e faz o golpe de Estado fracassar.

É necessário, no entanto, reconhecer que, no cotidiano, existem poucas situações nas quais teremos a ocasião de trajar um uniforme para conquistar a convicção, ou mesmo a submissão, de nossos ouvintes. E, no fundo, não é muito grave. As medalhas, broches e ombreiras estão longe de ser as únicas distinções em condições de suscitar a autoridade, como nos mostra uma outra experiência, conduzida pelos pesquisadores franceses Nicolas Guéguen e Alexandre Pascual. Um cúmplice entra numa padaria para comprar um *croissant*. No momento de pagar, ele se dá conta de que lhe falta um pouco de dinheiro. Numa primeira versão do protocolo, ele formula assim sua pergunta: "Estou envergonhado, mas faltam-me oito cêntimos. O senhor poderia dar-me um desconto, por favor?" Seja qual for a maneira como o cúmplice está vestido, a taxa de aceitação é muito elevada: cerca de 90%. Trata-se, aliás, de um resultado esperado. O pedido é verossímil, compreensível, enunciado polidamente: quase não surpreende que seja amplamente aceito. Numa segunda versão da experiência, o cúmplice formula seu pedido com muito mais brutalidade: "Que merda! Faltam-me oito cêntimos. O senhor poderia me entregá-lo assim mesmo?"

---

150. BICKMAN, Leonard, 1974, "The social power of a uniform". *Journal of Applied Social Psychology*, vol. 4/1, p. 47-61; BUSHMAN, Brad J., 1984, "Perceived symbols of authority and their influence on compliance". *Journal of Applied Social Psychology*, vol. 14/6, p. 501-508.

Desta vez, suas maneiras assumem uma importância capital. Quando suas vestes sugerem que é um desabrigado, ele só é bem-sucedido em 20% dos casos. Este número sobe para 40% quando está vestido de maneira neutra, com *jeans*, pulôver e tênis. Em compensação, quando veste um traje elegante, completado por uma camisa bem cortada e uma gravata ajustada, os resultados disparam: 75% de aceitação, apesar de um pedido enunciado com toda falta de polidez.

Os resultados revelados por Nicolas Guéguen e Alexandre Pascual vêm corroborar uma série de trabalhos já antigos. Demonstram, se fosse necessário, que as vestes estão sempre ligadas a representações sociais. Basta vestir-nos da mesma maneira como as pessoas que exercem poder para, instantaneamente, inspirarmos confiança, medo, numa palavra: autoridade. Vistamos um terno, e o que era um pedido irreverente passa a ser agora uma exigência imperiosa. Em vez de solicitar um favor, parece que damos uma ordem. Por estarmos vestidos elegantemente, parecemos poderosos, influentes e convincentes: trata-se realmente de um efeito halo[151].

Atenção, no entanto: aqui é preciso, sem dúvida, introduzir um elemento de nuança. Porque, se a autoridade é a principal variável que atraiu a atenção dos pesquisadores, existe uma outra que não pode ser totalmente ignorada: a semelhança. Um estudo célebre, realizado no início da década de 1970 no *campus* de uma universidade americana, nos permite ilustrar isso. Um aluno/cúmplice se aproxima de um companheiro e lhe pede se pode emprestar-lhe uma moeda para telefonar. Quando os dois indivíduos estão vestidos de maneira semelhante – seja "neutra", ou *hippie* – o pedido é aceito em mais de dois terços dos casos. Em compensação, quando vestem trajes diferentes, a taxa de aceitação cai para menos

---

151. GUÉGUEN, Nicolas & PASCUAL, Alexandre, 2003, "Status and people tolerance against ill-mannered person: A field study". *Journal of Mundane Behaviour*, vol. 4, p. 1-8. Para um dos primeiros estudos sobre a influência do traje de negócios nas interações sociais: LEFKOWITZ, Monroe.; BLAKE, Robert R, & MOUTON, Jane S., 1955, "Status factors in pedestrian violation of traffic signals". *The Journal of Abnormal and Social Psychology*, vol. 51/3, p. 704-706. Para um estudo que prova o impacto positivo das vestes de autoridade sobre a força de convicção: FORSYTHE, Sandra M., 1990, "Effect of applicant's clothing on interviewer's decision to hire". *Journal of Applied Social Psychology*, vol. 20/19, p. 1.579-1.595.

de 50%. Como o resume sobriamente o psicólogo Robert Cialdini: tendemos a amar o que se nos assemelha[152].

Eis, portanto, que a equação se complexifica. Para convencer, precisamos projetar idealmente autoridade. Mas podemos igualmente tirar proveito da semelhança. Ora, o que impressiona nossos ouvintes nem sempre é o que se lhes assemelha. O que impõe não é forçosamente o que tranquiliza. De acordo com as situações, será necessário, portanto, sermos capazes de nos adaptar, a fim de jogar numa ou na outra destas dimensões. Tomemos um exemplo bem conhecido. O diretor do Facebook, Mark Zuckerberg, foi por muito tempo célebre por nunca abandonar seu traje emblemático: uma camiseta cinzento-clara sob um moletom cinza-escuro. Esta escolha não tinha nada de anódino. Por um lado, como ele próprio explicou, vestir-se da mesma maneira, cada manhã, lhe permitia poupar toda reflexão vestimentária e, portanto, poder dedicar toda a sua atenção ao desenvolvimento de sua sociedade. Mas, mais profundamente, o próprio traje era cuidadosamente refletido. Confortável, sóbrio, descontraído: refletia a imagem de marca da rede social, ecoando o perfil de seus utilizadores, então sobretudo jovens. Mark Zuckerberg beneficiava-se assim, junto a eles, do atrativo que a semelhança confere. Depois, com o Facebook crescendo, a audiência se ampliando, as responsabilidades tornando-se pesadas, foi preciso adaptar-se. Doravante, Mark Zuckerberg precisava dialogar com as mais altas instâncias econômicas mundiais, responder ao convite de chefes de Estado estrangeiros e enfrentar delicados inquéritos no Congresso. Cada vez mais foi visto trajando um terno escuro e uma gravata azul-clara – a cor do Facebook. A semelhança se tornara, para ele, muito menos preciosa do que a autoridade.

Num caso ou no outro, a ideia de fundo permanece: as vestes que trajamos não dependem unicamente de considerações estéticas. Elas envolvem, igualmente, implicações retóricas.

---

152. CIALDINI, 2004, op. cit., p. 243. Para o estudo que prova o impacto da semelhança: EMSWILLER, Tim; DEAUX, Kay & WILLITS, Jerry E., 1971, "Similarity, sex and requests for small favors". *Journal of Applied Social Psychology*, vol. 1/3, p. 284-291.

4. Da aparência ao ethos

Este atalho pela psicologia cognitiva e social era uma preliminar. Permitiu-nos realçar o papel capital da aparência nas interações sociais e, portanto, no processo de convicção. Tudo equivale, finalmente, ao efeito halo. Muitas vezes, o simples fato de exibir um atributo percebido positivamente basta para beneficiar-se, por extensão, da benevolência suscitada pelos clichês que lhe estão ligados. Uma grande estatura nos faz parecer imponentes. Óculos finos nos dão um ar inteligente. Um traje elegante nos distingue como dominantes. O pior é que estes atalhos são, em grande parte, inconscientes. Dependem do funcionamento intuitivo do nosso cérebro, que procura permanentemente simplificar a complexidade do real – neste caso, substituindo a avaliação laboriosa das qualidades de um indivíduo pelo recurso cômodo a estereótipos. A intuição milenar dos retóricos se vê assim validada pela pesquisa mais atual: a imagem que refletimos é sim uma dimensão essencial da convicção. Como o resume cruamente Daniel Kahneman: "Algumas das nossas convicções mais ancoradas não se apoiam em nenhuma prova, salvo o fato de que pessoas que amamos e em quem confiamos as compartilham"[153].

A esta altura da reflexão, é importante explicitar que, por mais essenciais que sejam, estes resultados não deixam de encontrar três importantes limites. Em primeiro lugar, se as interações sociais são bastante influenciadas pelo efeito halo, nem por isso são determinadas de antemão. Sempre permanece, felizmente, um lugar para o talento das oradoras e dos oradores, como também para o livre-arbítrio dos ouvintes. Em segundo lugar, parece que a eficácia do efeito halo está amplamente ligada ao grau de competência dos indivíduos sobre os quais ele atua. Um estudo de ciência política mostrou, por exemplo, que a aparência dos candidatos tinha muito menos impacto sobre o voto dos eleitores bem-informados do que sobre o de pessoas pouco interessadas pela atualidade[154]. Trata-se de um resulta-

---

153. KAHNEMAN, 2012, op. cit., p. 253.
154. LENZ, Gabriel S. & LAWSON, Chappell, 2011, "Looking the part: Television leads less informed citizens to vote based on candidates appearance". *American Journal of Political Science*, vol. 55/3, p. 574-589.

do essencial e, em certa medida, bastante tranquilizador: quanto mais os nossos ouvintes forem versados no tema de que tratamos, tanto mais o peso de nossa imagem será negligenciado em comparação com o de nossa argumentação. Em terceiro lugar, embora todos estes trabalhos nos ofereçam informações preciosas sobre o peso da imagem na tomada de decisão dos indivíduos, não deixam de conservar importantes pontos cegos. Em primeiro lugar, o do discurso: além das características físicas e da elegância vestimentária, é possível utilizar nossa palavra para forjar a imagem que refletimos? Em segundo lugar, o da adequação: é possível fazer evoluir esta imagem, a fim de que seja adaptada à mensagem que desejamos passar como também aos ouvintes aos quais precisamos nos dirigir?

É aqui que precisaremos tomar nossas distâncias em relação à psicologia para, valendo-nos de seus ensinamentos, retornar à retórica. Poderemos assim aumentar na generalidade e procurar resgatar um método que permita utilizar nossa imagem em qualquer situação. É hora de aprender a trabalhar nosso *ethos*.

II. A imagem de si na retórica

O *ethos* se afirma assim como uma dimensão capital da retórica. Muitas vezes ganhar a confiança dos ouvintes contribuirá para conquistar sua convicção. Ou mesmo nos poupará até o esforço de precisar desenvolver uma argumentação. Precisamos doravante explorar os arcanos desta dimensão para fazer dela, não mais um dado a integrar, mas antes um instrumento a explorar.

É impossível, aqui, deixar de referir-nos novamente a Aristóteles. De acordo com ele, a oradora ou o orador precisam cultivar três atributos a fim de obter a adesão de seu público: parecer virtuoso, prudente e benévolo. Tomemos cuidado, no entanto, com o contrassenso. No século IV antes de nossa era, estes três termos designavam qualidades mais amplas do que hoje. A *virtude* consistia antes de tudo transmitir o sentimento de ser honesto e equitativo. A *prudência* designava, por sua vez, a capacidade de articular argumentos razoáveis e deliberados. A *benevolência*, por fim, remetia ao fato de testemunhar obséquio e amabilidade para com o público. Ou, para dizê-lo num léxico mais contemporâneo: precisaremos aprender a nos mostrar *sinceros, competentes* e *sedutores*[155]. Mas, antes disso, precisamos compreender a articulação entre os dois componentes gerais do *ethos*: prévio e discursivo.

1. Ethos *prévio e discursivo*

A imagem que refletimos de nós mesmos. Por mais simples que pareça esta definição do *ethos*, ela não deixa de comportar certa ambiguidade fundamental. Esta imagem que nossos ouvintes têm em mente quando nos ouvem ou nos leem: donde vem ela? Daquilo que resgatamos quando nos exprimíamos? Ou antes daquilo que eles sabiam de nós, antes mesmo de formularmos nossa primeira palavra? Acabamos de chocar-nos com duas vertentes do *ethos*: discursivo e prévio[156].

O *ethos* discursivo é a imagem que construímos ao longo de nossa tomada da palavra. Isso passa, em primeiro lugar, por aquilo que dizemos explicitamente de nós mesmos, o discurso que produzimos sobre nossa própria pessoa: "sempre dei muita importância à honestidade", "vocês sabem: eu mudei", "sou, e continuarei sendo, um filho de operário"... Mas, ao lado deste ethos dito, existe igualmente um ethos mostrado, implicitamente. Já não reivindicamos abertamente uma qualidade ou um atributo: procuramos exibi-los em e por nosso discurso. Falamos e agimos de maneira a parecer honestos, dar prova de nossa transformação ou mostrar nossas origens operárias. Para chegar a isso, precisaremos explorar todos os canais da comunicação oral: o verbal, o paraverbal e o não verbal. O

---

155. Jean-Marie Cotteret fala, por exemplo, do "caráter sensato, sincero e simpático" dos oradores: COTTERET, Jean-Marie, 2000, *La Magie du discours. Précis de rhétorique audiovisuelle*, Michalon, p. 33-40. Para a análise dos três atributos do *ethos* em Aristóteles: EGGS, Ekkehard, 1999, "Ethos aristotélicien, conviction et pragmatique moderne", em AMOSSY, Ruth (ed.). *Images de soi dans le discours. La construction de l'ethos*, Delachaux et Niestlé, p. 31-59.

156. Sobre a distinção entre *ethos* prévio e discurso, e mais geralmente sobre o *ethos* no sistema retórico: AMOSSY, Ruth, 2010, *La Présentation de soi*, PUF.

que nós dizemos, a maneira como o dizemos e o que nosso corpo diz por nós. Nossas frases, nossas palavras e nossas sonoridades; nossa entonação, nosso ritmo e nossos silêncios; nossa postura, nossos gestos e nossa aparência. Conjuntamente, estas três dimensões constituem o que se denomina *ação oratória*, ou seja, a enunciação de nossa intervenção. É ela que vai determinar a imagem que produzimos no decorrer de nosso discurso – ou melhor, aliás, a imagem que nosso discurso produz de nós. Ao longo de nossa intervenção, tudo o que dizemos, fazemos e encarnamos contribui para influenciar a representação que nossos ouvintes têm de nós. E isso, antes mesmo de começarmos a falar: a maneira como nos comportamos, a roupa que vestimos, o rosto que apresentamos bastam para projetar um embrião de *ethos*. Observemos que, quando nos exprimimos por escrito, só a comunicação verbal entra em linha de conta, evidentemente[157].

O *ethos* prévio, também chamado às vezes *ethos* pré-discursivo, é a imagem que os ouvintes têm de nós antes de tomarmos a palavra. É corrente, com efeito, expressar-nos diante de indivíduos que já conhecemos. Quer sejamos um personagem renomado ou um fulano qualquer, preexiste em sua mente certa imagem de nós. Ela se sedimentou pouco a pouco, ao sabor de nossas intervenções públicas ou interações privadas, mas também de todas as informações que circulam a nosso respeito. Dito isso, acontece também que tomemos a palavra diante de ouvintes que não nos conhecem pessoalmente. Não somos, no entanto, virgens de todo *ethos* prévio. Talvez ouviram falar de nós, talvez conheçam nossa reputação ou nosso estatuto, talvez estejam a par de rumores ou de boatos. E mesmo que não seja o caso: nunca partimos de uma página em branco. Nossa idade, nosso gênero, nosso sobrenome... Tudo isto veicula, contra nossa vontade, uma certa imagem. Feita de *a priori* e de preconceitos, certamente. Mas determinante, entretanto. Tomemos um exemplo, infelizmente ainda demasiado corrente. Para certos homens, basta descobrirem o nome de uma mulher no programa de um dia de conferências para

---

157. A distinção entre *ethos* dito e *ethos* mostrado foi proposta por MAINGUENEAU, Dominique, 2002, "Problème d'ethos". *Pratiques*, vol. 113-114, p. 55-67.

soltarem de antemão suspiros de exasperação. Antes mesmo de poder pronunciar a primeira palavra, esta oradora estará repleta, a seus olhos, de um *ethos* desvantajoso[158].

Precisamos avaliar o que estes conceitos implicam. Do ponto de vista da retórica, somos sempre precedidos por uma imagem de nós mesmos. O menor dado basta para dar existência a um *ethos* prévio. Um só segundo de presença fornece indicações suficientes para projetar um *ethos* discursivo. A imagem sempre antecede o discurso. Evidentemente, quanto mais informações nossos ouvintes tiverem à sua disposição, tanto mais nos conhecerão desde muito tempo, e tanto mais nossa imagem será determinante em seu julgamento. Inversamente, se providenciamos para que eles saibam o menos possível, nossa imagem terá pouco peso. Mas, quando um texto é assinado ou um discurso é encarnado, ele se torna irremediavelmente marcado com o selo de um *ethos*. Por mais fantasmático que seja.

A imagem que refletimos é, portanto, sempre a combinação destes dois componentes, um já existente e o outro em processo de se fazer. O que significa, igualmente, que eles estão em constante interação. O *ethos* prévio determina em grande parte o que nos será possível construir mediante nosso *ethos* discursivo. Raramente seremos livres para forjar exatamente a imagem que queremos no decurso de uma intervenção. Se desejamos permanecer confiáveis, precisaremos transigir com o que o público já sabe a nosso respeito. Mas, paralelamente, nosso *ethos* discursivo não deixará de ter, por sua vez, um impacto sobre nosso *ethos* prévio. No final de nossa intervenção, o que tivermos dito ou feito virá depositar uma nova camada de sedimentos na mente dos nossos ouvintes. Se tivermos trabalhado bem, a imagem que eles faziam de nós se encontrará reforçada. E talvez até transtornada.

Enquanto oradoras ou oradores, portanto, precisaremos, em primeiro lugar, ter plena consciência do *ethos* prévio a partir do qual vamos nos exprimir. Se ele está fracamente estruturado, constituído por informações

---

158. Sobre esta questão: AMOSSY, Ruth, 2010, op. cit., cap. 2, "Les modèles culturels de la présentation de soi: Imaginaire social et stéréotypage".

parceladas ou superficiais, tanto melhor. Isto nos fornecerá a oportunidade de realçar uma imagem perfeitamente adaptada à nossa mensagem e ao nosso público. Em compensação, se argumentamos a partir de um *ethos* prévio pesadamente carregado, deveremos aproveitar esta ocasião para melhorá-lo ou corrigi-lo. Afirmar nossas qualidades percebidas positivamente. Conquistar os méritos de que parecemos desprovidos. Aplanar os defeitos pelos quais somos conhecidos. Muitas vezes, corrigir nosso *ethos* prévio por nosso *ethos* discursivo será um dos problemas mais cruciais de nossa tomada da palavra. É assim que chegaremos a cultivar os três atributos mais preciosos: parecer sincero, parecer competente, parecer seduzente.

Se a palavra "parecer" é repetida três vezes na frase, é porque ela é de longe a mais importante. Sejamos claros: nas páginas que seguem não nos interessaremos nunca pelas qualidades intrínsecas dos indivíduos. Se as oradoras e os oradores são pessoas amáveis ou detestáveis não é nosso tema. Por um lado, porque seria necessário entender-nos previamente sobre o que faz com que um ser humano seja autenticamente sincero, competente e seduzente. Isto exigiria que nos empenhássemos em desenvolvimentos que dependem da filosofia, da epistemologia ou da espiritualidade. Por outro lado, e sobretudo, isso não teria nenhum interesse retórico. Como veremos, acontece de alguém ser autenticamente sincero ou competente, mesmo fracassando em demonstrá-lo. Nosso papel consiste, portanto, em assegurar-nos de que os indivíduos que tomam a palavra cheguem a ser percebidos como dignos de confiança. Se eles possuem efetivamente as qualidades reivindicadas, isso não é de nossa alçada. Como o resume claramente o linguista Christian Plantin: "Para além da constante censura de que a retórica dá aos incompetentes, mentirosos e trapaceiros os meios para enganar seu público, trata-se de fazer com que aquele que é competente e honesto pareça competente e honesto. A arte do parecer não é menos necessária às pessoas honestas do que aos crápulas"[159].

---

159. PLANTIN, 2011, op. cit., p. 31. De resto, esta reflexão remonta ao próprio Aristóteles, que já observava: "Confiamos em um orador que exibe certas qualidades; ou seja, se *parece* ser bom, amigável ou ambos" (itálicos nossos). ARISTÓTELES, *Retórica*, livro I, cap. 8.

2. A sinceridade

Primeira exigência que pesa sobre o *ethos* das oradoras e dos oradores: precisamos parecer *sinceros*. Ela é uma preliminar. Um alicerce. Sem ela, todo o edifício desmorona. Podemos muito bem parecer eminentemente simpáticos e tremendamente competentes: se nossos ouvintes não têm a sensação de que nós próprios estamos convencidos daquilo que sustentamos, por que confiariam em nós?[160] Quer sejamos ou não autenticamente sinceros, será necessário, portanto, conseguir dar a impressão de sê-lo. Parecer dizer o que pensamos e ser o que pretendemos. Para isso, precisaremos trabalhar em três direções: a coerência, a congruência, a constância.

A exigência de coerência

A exigência de coerência tem a ver com o nível de nossa mensagem. Se nossa argumentação é rigorosamente articulada num sistema sólido e convergente, no qual todos os elementos se sustentam, nossos ouvintes não terão motivo para duvidar de nós. Inversamente, se surgem tensões, ou mesmo contradições, corremos fatalmente o risco de suscitar interrogações. Não estaríamos mantendo um discurso duplo? Se parecemos dizer ao mesmo tempo uma coisa e seu contrário, não é isso a prova irrefutável de que uma parte pelo menos de nossa fala não é sincera? Nesse caso, como estabelecer relações de confiança? Para evitar vermos surgir tais dúvidas, só temos uma solução: cuidar da coesão interna de nossa argumentação.

Esta exigência de coerência se aplica também, de maneira mais delicada, à evolução de nossas posições no decurso do tempo. Se podemos mostrar que, com o passar dos meses e dos anos, nós não mudamos em

---

160. Trata-se, de resto, de um resultado firmemente estabelecido pela psicologia social: quanto mais a fonte de uma mensagem é percebida como digna de confiança (*trustworthy*), tanto mais sua comunicação se torna convincente. Para um dos primeiros estudos: WALSTER, Elaine & FESTINGER, Leon, 1962, "The effectiveness of 'overheard' persuasive communications". *The Journal of Abnormal and Social Psychology*, vol. 65, p. 395-402. Para uma resenha da literatura: PORNPITAKPAN, Chanthika, 2004, "The persuasiveness of source credibility: A critical review of five decades evidence". *Journal of Applied Social Psychology*, vol. 34/2, p. 243-281.

nada nossas convicções, estas parecerão tanto mais autênticas. *A contrario*, se damos a impressão de mudar de opinião como mudamos de camisa, ao sabor das circunstâncias e das oportunidades, corremos o risco de passar por tartufos. E de abandonar ali todas as nossas chances de conquistar a convicção. Evidentemente é normal, e sem dúvida até desejável, ver nossas opiniões evoluírem progressivamente. É uma prova de que sabemos nos questionar. Mas então deveríamos ser capazes de produzir explicações, a fim de mostrar que estas reviravoltas são de boa-fé. O que censuramos a um cata-vento não é o fato de girar constantemente. Mas ser guiado pelo vento.

Coesão das nossas argumentações a cada instante, estabilidade das nossas posições no tempo: respeitando estas duas exigências, pomos a nosso favor todas as probabilidades de sermos credores de uma certa coerência. Agora compreendemos melhor por que é preciso absolutamente ser capazes de responder às objeções *ad hominem* que poderiam ser lançadas contra nós[161]. Caso contrário, não é só a eficácia de nosso *logos* que sofrerá. Mas também, e talvez sobretudo, a sinceridade de nosso *ethos*.

O imperativo de congruência

O imperativo de *congruência* tem a ver com o nível de nossa ação oratória, ou seja, com o momento da enunciação de nosso discurso. Diz respeito, portanto, unicamente às intervenções orais. Por congruência entendemos o fato de que todas as dimensões da nossa comunicação estejam alinhadas. As informações que transmitimos de maneira verbal, paraverbal e não verbal convergem para a mesma direção. Sabemos que um orador se exprime de maneira congruente quando nada vem perturbar a entrega de sua mensagem. Tudo parece fluido, natural, autêntico. Inversamente, a incongruência se manifesta por atritos, tensões, discordâncias, que podem ser difíceis de discernir conscientemente, mas nem por isso deixam de ser menos tangíveis e constrangedores. Uma pessoa que pretende sentir uma

---

161. Cf. cap. 2, III-2, "As objeções *ad hominem*".

alegria transbordante, mas se exprime com uma voz triste e indiferente. Ou então, que declama num tom inflamado, mas mantendo-se estático e encarquilhado. Nem sempre sabemos de onde vem isso, mas sentimos que alguma coisa nos impele a duvidar da sinceridade da pessoa que está se exprimindo.

A melhor ilustração de uma comunicação incongruente se encontra, talvez, numa situação que os pais conhecem muito bem. Nosso filho acaba de cometer uma besteira. Por exemplo, enquanto estávamos de costas, ele abriu a geladeira e devorou quatro potes de sobremesa. Descobrindo seu delito, estamos irremediavelmente divididos entre a necessidade imperiosa de repreendê-lo... e a vontade irreprimível de rir diante de seu rosto completamente lambuzado de rastros de chocolate. Dando ouvidos apenas ao nosso dever, esforçamo-nos para demonstrar cólera. Trabalho perdido: rapidamente nossos lábios estremecem, nossos olhos cintilam, nossa voz fraqueja. Por falta de congruência, nossa mensagem perde toda credibilidade. Primeiro hesitante, nosso filho acaba dando risada. E nós com ele.

Muitas vezes, no entanto, as consequências de uma ação oratória incongruente são mais graves do que esta. O risco que corremos é o de alienar de nós um público cuja convicção era absolutamente necessário conquistar. Como evitar este pequeno defeito? Idealmente, só tomar a palavra quando somos plenamente sinceros! Então toda a nossa comunicação tenderá, por si mesma, a se alinhar. Caso contrário, será necessário exercitar-nos. Com a ajuda de um espelho, de uma gravação, de um amigo atencioso... Ou de um profissional da tomada da palavra, cujo ofício é precisamente este.

Tocamos, aqui, a fronteira que separa a retórica da eloquência. Ou mesmo da comédia. Neste assunto, confessamos que até os melhores oradores raramente fazem milagres. Chegar a modelar sua congruência até dar forma a uma sinceridade artificial: este é o sinal menos de um orador estudioso do que de um ator talentoso. E, como vimos quando considerávamos o contágio das emoções, isto não é dado a todo mundo[162]. Do ponto de vista dos

---

162. Cf. cap. 5, IV-1, "O contágio emocional".

ouvintes, este limite natural atua como um poderoso parapeito. Que nos protege, em parte pelo menos, contra os assaltos dos retóricos inautênticos.

A necessidade de constância

A necessidade de constância tem a ver com o nível de nosso *ethos*, tomado em sua globalidade. Se, no decorrer do tempo, refletimos uma imagem estável e duradoura de nós mesmos, nossos ouvintes não terão motivo particular de duvidar da autenticidade desta imagem. Inversamente, se operamos reviravoltas brutais, eles poderiam ter boas razões para se interrogar. Imaginemos que, de um dia para o outro, parecêssemos de repente totalmente diferentes: que conclusão se deveria tirar? Que estamos disfarçados hoje, ou que o estávamos ontem? Num caso como no outro, é nossa sinceridade que corre perigo. Para formulá-lo em termos retóricos precisamos tomar cuidado para que não haja demasiadas dissonâncias entre nosso *ethos* prévio e nosso *ethos* discursivo.

ESTUDO DE CASO: Faz anos que sou executivo financeiro numa grande multinacional. Meus colegas me identificam sem dificuldade, a tal ponto que o rigor de minha função está de acordo com a sobriedade de minha aparência. Terno cinza, camisa branca, gravata escura, sapatos pretos com cadarços bem apertados: basta um relance para compreender que a fantasia não é de meu feitio. Mas, mudança repentina! Esta manhã sou informado de que meu antigo pedido foi finalmente aceito: vou ser nomeado gestor de eventos na comunicação interna. Enfim! Eis-me doravante rei dos saltimbancos, primeiro dos trovadores, santo patrono do divertimento e dos prazeres! De volta para casa, guardo no fundo do armário meus ternos execrados e vou às compras, em busca de ternos mais apropriados às minhas novas responsabilidades. Considero duas escolhas audaciosas: camisas de cores vivas, casacos folgados, camisetas estampadas... Antes de mudar de opinião. Não posso deixar de imaginar o olhar zombeteiro de meus colegas. Após tantos anos ostentando roupas uniformizadas, estes adereços me fariam parecer fantasiado. Resolvo, portanto, num primeiro momento, largar a gravata, desabotoar o colarinho da camisa e calçar sapatos com reflexos ligeiramente dourados. O traje de toureiro virá depois.

DECODIFICAÇÃO: Evidentemente, poderíamos ter administrado esta situação de maneira diferente. Por exemplo, decidindo nada mudar: é perfeitamente possível exercer um trabalho divertido sem deixar de vestir-se sobriamente. Ou então, pelo contrário, assumindo modificar bruscamente nossa aparência. Os colegas teriam caído na zombaria? Grande coisa! Teriam bastado alguns dias para acabarem se acostumando. Pensemos, de resto, em David Bowie ou Madonna, que não se cansaram de metamorfosear-se ao longo dos anos. Para esses ícones, a inconstância se tornou, por assim dizer, uma maneira de serem constantes. Não se trata, portanto, de pretender que a estabilidade perfeita, ou, se for o caso, a alteração progressiva de nossa imagem no tempo, seja a única linha de conduta concebível. Podemos optar por assumir um *ethos* discursivo radicalmente distinto de nosso *ethos* prévio. Mas mantendo em mente que, pelo menos temporariamente, esta decisão corre o risco de manchar nossa aparência de autenticidade. No fundo, tudo é possível, com a condição de saber o que se faz. Neste assunto, vale para a construção do *ethos* o mesmo que para a improvisação no *jazz*: não existem regras... mas, mesmo assim, é preciso conhecê-las.

A construção retórica da sinceridade

A impressão de sinceridade, portanto, decorre ao mesmo tempo da coerência da mensagem, da congruência da ação oratória e da constância do *ethos* ao longo do tempo. Não é, no entanto, limitado? Não seria possível construí-la *ex nihilo*, unicamente com a força de nosso discurso? Não oferece a retórica um leque de instrumentos que nos permitem parecer sinceros? Com certeza. Esses procedimentos existem. O que não significa que seja simples utilizá-los.

ESTUDO DE CASO: Há menos de um ano eu era um dos homens mais poderosos do país. Antigo ministro, diretor de uma grande instituição internacional, líder oficioso, mas incontestе, de meu partido, ao mesmo tempo popular e respeitado, eu me preparava para anunciar minha candidatura à eleição presidencial. Infelizmente, uma acusação de estupro veio estragar tudo. Eu neguei, é claro. E a justiça me pôs em liberdade por falta de provas. Mas, na opinião pública, a dúvida subsiste. Após meses de silêncio, aceito finalmente responder a uma entrevista televisionada no noticiário da noite. Sei que meu futuro vai ser decidido nestes vinte minutos. Se conseguir convencer de minha inocência e de minha sinceridade, ainda posso esperar desempenhar um papel político de primeiro plano. Se fracassar, será o fim de minha carreira. Para minha grande surpresa, apesar da importância do que estava em jogo, minha conselheira em comunicação se contentou em me repetir: vai dar certo, contente-se em revisar o dossiê. Chegada a noite, defendo-me com unhas e dentes, lembro a ausência de provas, martelo a presunção de inocência, invoco minha reputação ilibada. Então a jornalista me faz uma pergunta que eu não esperava: "Como o senhor viveu tudo isso?" Pego desprevenido, desprovido de todo elemento de linguagem, respondo como posso: "Como o vivi? Por onde começar?... Eu... É duro, a senhora sabe. Habituei-me, durante anos, a estar no centro da ação, a tomar decisões, a ouvir o telefone tocar. E depois, de repente... É como se... Eu tinha tudo e de repente não sou mais nada. Eu não deveria dizer-lhe tudo isso. Imagino que não é do meu interesse. Vou fazer-lhe uma confidência: tenho supostamente uma conselheira em comunicação, mas ela não quis me ajudar a preparar-me! Então é isso... A senhora sabe, tenho chance. Estou em segurança, estou bem acompanhado, tenho minha família, meus colegas, meus parentes. Diante desse tipo de... de acusações, alguns perdem muito mais do que eu. A única coisa que eu gostaria, agora, é poder ainda ser útil ao meu país. De uma maneira ou de outra"[163].

DECODIFICAÇÃO: Aqui nossa resposta contém numerosos marcadores retóricos da autenticidade. Em parte são explícitos. Pretender falar sob o sigilo da admissão, da confissão ou do segredo: "Vou fazer-lhe uma

---

163. A situação é inspirada diretamente na entrevista de Dominique Strauss-Kahn a Claire Chazal, no TF1, no dia 18 de setembro de 2011. Contrariamente ao que é imaginado aqui, o antigo diretor do FMI ao contrário se havia preparado muito, sem dúvida demais. A entrevista devia preparar seu retorno: ela foi sua última grande intervenção pública.

confidência". Sustentar que se está argumentando contra seu próprio interesse: "Eu não deveria dizer-lhe tudo isso". Ou mesmo dar a entender que não se preparou nada: "Por onde começar?" Todos estes procedimentos equivalem, no fundo, a reivindicar abertamente sua sinceridade. Outros, em compensação, são muito mais implícitos: consistem, simplesmente, em falar da maneira mais natural e espontânea possível. Isto se traduz geralmente pelo surgimento de um léxico mais familiar: "meus colegas". O aparecimento de hesitações: "Eu... É como se..." Ou mesmo erros de sintaxe: "ela não quis me ajudar" (original: "elle a pas voulu m'aider"). Enfim, terminemos pelo que é mais eficaz e ao mesmo tempo mais delicado: as emoções. Aceitando deixar aflorar nossos afetos à flor do discurso, não nos contentamos em tocar nossos ouvintes: nós lhes mostramos igualmente nossa franqueza.

Evidentemente, neste exemplo fictício, a intervenção era realmente espontânea. Os marcadores da honestidade, não foram, portanto, introduzidos conscientemente pelo orador: pelo contrário, eles se convidaram a si mesmos em seu discurso. É precisamente o que os torna convincentes. É possível, *a contrario*, seameá-los voluntariamente, até moldar uma impressão de sinceridade, já não autêntica, mas estratégica? A resposta é, evidentemente, sim. Em grande parte estes procedimentos se tornaram aliás, no decorrer do tempo, verdadeiros lugares-comuns. O fato de começar a fala pretendendo não saber o que se vai dizer, parecer voluntariamente hesitante, ou mesmo desajeitado, é um estratagema conhecido desde a Antiguidade: Quintiliano chamava isto de *dubitatio*[164]. São incontáveis os conferencistas que interrompem brutalmente seu arroubo para sussurrar, com ar misterioso: "permitam-me confiar-lhes um segredo..." Pretender argumentar a contrapelo de seu próprio interesse é um clichê conhecido de todos os vendedores: "Eu lhe desaconselho realmente este produto. No entanto, devo enfatizar, damos um grande desconto. Mas, entre nós? Experimente, de preferência, este aqui..." Quanto ao enfraquecimento voluntário do nível de idioma, ele se tornou um subterfúgio clássico da

---

164. QUINTILIANO, *Instituições oratórias*, livro IX, cap. 2.

comunicação política: é o famoso "falar francamente", que visa parecer franco e próximo dos eleitores. Pensemos em Nicolas Sarkozy, futuro presidente da República Francesa, então ministro do Interior, que bradava aos habitantes de um bairro popular na periferia de Paris: "Vocês estão fartos deste bando de canalhas. Ora, vamos livrá-los deles". Ou em Barack Obama, recém-eleito, que confessava o primeiro erro de seu mandato com um simples: "I screwed up", "Fiz besteira". Por nossa conta e risco, no entanto. Não esqueçamos que, como a espada de Dâmocles, a exigência de congruência nos ameaça sem cessar com sua implacável sanção. Se os ouvintes perceberem a artificialidade do procedimento, ele se voltará contra nós. Queríamos parecer sinceros: pareceremos bobos da corte.

Para a imensa maioria das oradoras e dos oradores, no entanto, estas observações têm tudo para nos tranquilizar. Se tomar a palavra é angustiante, é principalmente porque tememos falar atabalhoadamente, tartamudear, perder o fio ou proferir uma besteira. Em suma: ser imperfeitos. E, no entanto, pelo contrário: deveríamos aprender a amar estes passos em falso! São eles que nos farão parecer autênticos, naturais e tocantes. A perfeição nos valerá, é verdade, a admiração. Mas nossas imperfeições, por sua vez, conquistarão a convicção.

A autenticidade em ação: o exemplo de Donald Trump

Terminemos, excepcionalmente, pela análise de um exemplo histórico: o de Donald Trump. Durante sua primeira campanha eleitoral, muitos eram os comentaristas que não acreditavam nem por um segundo em suas chances de sucesso. Personagem saído da telerrealidade, comprometido com negócios, manchado por declarações sexistas: como poderia ele esperar ganhar? A isso acrescentemos um vocabulário prodigiosamente pobre, bem como uma tendência a tuitar de maneira compulsiva, e pareceria que tínhamos todos os ingredientes para uma derrocada sem precedentes. No entanto... No dia 8 de novembro de 2016 Donald Trump ganhou a eleição, e se tornou o 45º presidente dos Estados Unidos da América. O tempo do comentário chegava ao fim. O da análise começava. Era realmente necessário explicar esta vitória inexplicável.

Em seguida, o mistério foi amplamente revelado. Se o candidato republicano triunfou, foi em grande parte porque conseguiu impor-se no terreno da autenticidade. Quando se relê toda a campanha à luz deste atributo em particular, a história aparece sob uma luz muito diferente. Certamente, em suas declarações, Donald Trump pôde dar a impressão de ser arrogante, brutal, às vezes até vulgar. Mas, afinal de contas, é pouco mais ou menos a imagem que ele assumia já nas mídias; principalmente através de *The Apprentice* (*O aprendiz*), o programa de televisão em sua honra, no qual ele eliminava os candidatos com um seco "you're fired", "Você está despedido". Quer apreciemos esses traços de caráter ou, pelo contrário, os desprezemos, é difícil negar sua constância através do tempo e das circunstâncias. Da mesma forma, é verdade que os discursos de Donald Trump, frequentemente improvisados, caricaturais e simplistas, foram objeto de muita zombaria. No entanto, esta espontaneidade lhes garantia, uma incontestável congruência. Quanto à coerência global da mensagem: em 2016 era delicado contorná-la, por ser muito recente a entrada do candidato republicano na política. Nada, portanto, vinha perturbar a aparência de sinceridade.

Por fim, é impossível concluir este parêntese sem dizer uma palavra sobre a conta de Donald Trump no Twitter. Frases curtas, fórmulas chocantes, léxico familiar, utilização imoderada da escrita em maiúsculas, multiplicação dos sinais de pontuação, principalmente multiplicação dos pontos de exclamação... Tudo, em sua maneira de tuitar, contribuía para dar a impressão de uma linguagem falada. E, ao fazê-lo, contribuía para forjar dele uma imagem de autenticidade. Prova de que se tratava, pelo menos em parte, de uma vontade consciente: a alcunha utilizada por Donald Trump no Twitter. Ele poderia ter-se servido de *@DonaldTrump*, que, sem surpresa, lhe pertencia. Ou então, adotar a conta oficial do presidente, *@POTUS*, sobre a qual ele tinha legitimamente o controle. Mas não. Até o fim, Donald Trump continuou a tuitar com sua alcunha de sempre: *@RealDonaldTrump*. O verdadeiro Donald Trump. Come se continuasse insistindo no fato de que realmente ele era o único responsável pelas guinadas de cólera em cento e quarenta caracteres[165].

Num contexto em que os eleitos suscitam cada vez mais desconfiança, são sistematicamente acusados de mentir e suspeitos de dissimular, a autenticidade se torna o trunfo mais prezado. Parecer dizer o que ele pensava e ser o que ele pretendia: eis, sem dúvida, uma das razões que explicam por que Donald Trump chegou a conquistar os corações dos eleitores. Para nós, oradoras e oradores, trata-se de um ensinamento a não ser negligenciado. O primeiro atributo de um bom *ethos* é sua sinceridade.

Da aparência de sinceridade à exigência de discrição

Acabamos de ver: enquanto oradores ou oradoras, nunca seremos tão contundentes como quando damos a sensação de ser indivíduos apaixonados, empenhados com sinceridade e espontaneidade a serviço de uma ideia que nos é muito cara. Mas a recíproca é verdadeira. Se refletimos a imagem de profissionais do verbo, que desenvolvem seus estratagemas de maneira metódica e implacável, suscitaremos a desconfiança e a rejeição. Esta constatação nos leva a um dos paradoxos fundamentais da retórica: quanto mais ela é visível, tanto menos é eficaz.

Trata-se de uma ideia tão fundamental que suas consequências transbordam o campo do *ethos* para se estender à integralidade da convicção. Quando desejamos conquistar a adesão dos nossos ouvintes, só deveríamos utilizar nossa arte com sutileza, leveza e discrição. Nunca dar a entender que empregamos técnicas. Pelo contrário, procurar parecer naturais e autênticos. Tomemos cuidado, portanto, com os procedimentos pesados, estereotipados ou manjados: pior do que ineficazes, eles serão contraproducentes. Evitemos igualmente o vocabulário especializado. Os termos como "argumento, posição, metáfora, objeção" só atraem a atenção

---

165. Sobre a utilização do Twitter por Donald Trump e, de maneira mais geral, sobre a autenticidade que lhe é creditada: SHANE, Tommy, 2018, "The semiotics of authenticity: indexicality in Donald Trump's tweets". *Social Media + Society*, vol. 4/3, p. 1-14.

para o fato de que estamos fazendo pressão sobre as mentes. Seu lugar é num livro dedicado à argumentação: enquanto possível, deveriam estar ausentes de nossas intervenções. Enfim, guardemos na memória que, uma vez desvendado, um instrumento se esvazia grandemente de sua eficácia. Tratar-se-á, como veremos, de uma das principais estratégias de defesa quando nos encontrarmos empenhados num debate contraditório[166].

No fundo, a linha de conduta é simples. Em todas as circunstâncias, precisamos dar a impressão de procurar convencer. Jamais de fazer retórica.

3. A competência

Segunda exigência que pesa sobre o *ethos* das oradoras e dos oradores: precisamos parecer *competentes*. Dar a impressão de saber do que falamos. De dominar a questão em discussão. Lembremos, mais uma vez: avaliar o rigor de uma argumentação é um ato custoso, em termos de recursos cognitivos. Para o cérebro é muito mais cômodo e fluido perguntar-se se o indivíduo que apresenta esta argumentação é uma fonte na qual é possível confiar. Se nossos ouvintes se forjam a crença de que somos competentes em nosso tema, aceitarão tanto mais facilmente nossas conclusões. Às vezes, até mesmo sem prestar atenção aos raciocínios que nos terão permitido chegar a elas[167].

Em termos retóricos, trata-se de uma modalidade de convicção próxima do argumento de autoridade. Este, como vimos, consiste em fundamentar o valor de uma proposta na credibilidade de seu autor. A autoridade mobilizada é, portanto, exterior à oradora ou ao orador, que a convoca explicitamente em sua argumentação: "Esta proposta me parece

---

166. Cf. cap. 8, IV, "A defesa".
167. Também aqui a psicologia social se encarregou de evidenciar a eficácia da competência percebida (*expertise*) no processo de convicção. Cf. por exemplo BRAUNSBERGER, Karin & MUNCH, James M. 1998, "Source expertise versus experience effects in hospital advertising". *Journal of Services Marketing*, vo. 12/1, p. 23-38.

boa porque vem de um eminente especialista"[168]. Inversamente, o *ethos* de competência é uma dimensão interna ao discurso. Emana diretamente das oradoras e dos oradores, que, portanto, não precisam necessariamente reivindicá-lo alto e bom som: "Submeto a vocês esta proposta e, como vem de mim, podem aceitá-la serenamente".

No entanto: como ocorre com todos os atributos do *ethos*, a competência percebida pelos ouvintes não decorre, ou pelo menos não totalmente, da competência real da pessoa que se expressa. Todos nós, provavelmente, já encontramos indivíduos peritos em seu tema, mas tão trapalhões que acabam lançando a dúvida sobre sua própria credibilidade. Inversamente, os bem-falantes sabem muito bem que um pouco de eloquência e um acesso à internet bastam para parecerem dominar uma questão acerca da qual, alguns minutos antes, ainda eram totalmente ignorantes. Não basta ser competente para parecê-lo. E pode-se parecer competente sem sê-lo. Enquanto oradoras ou oradores, não temos escolha: precisaremos aprender a dominar os instrumentos retóricos da credibilidade.

As provas explícitas de competência

O primeiro fundamento de nossa imagem de competência são as *provas explícitas* das quais podemos valer-nos. Os títulos, *status*, diplomas, experiências concorrem para instilar, em nosso público, o sentimento de que somos peritos em nosso tema. O que não deixa de suscitar algumas dificuldades. A primeira e a mais evidente é que, a menos que queiramos lançar-nos numa carreira de impostor ou falsário, precisaremos ter realmente adquirido essas provas para estar em condições de produzi-las legitimamente. Em suma, muitíssimas vezes, anos de trabalho. E ainda assim isso não será suficiente. Resta-nos ainda saber utilizá-las corretamente, o que implica resistir a uma tentação geralmente prejudicial: a de nos protegermos atrás de um "protocolo de dissuasão".

---

168. C. cap. 2, I-2, "Os diferentes tipos de argumentos".

Por esta expressão, entendemos a estratégia que consiste em alinhar explicitamente o maior número possível de provas de competência, geralmente como preâmbulo de uma intervenção. O objetivo dessa manobra é o de assentar brutalmente nosso *ethos*, para assegurar-nos de nunca mais sermos contestados. Ao fazê-lo, nos expomos infelizmente a dois obstáculos comprometedores.

ESTUDO DE CASO: Apaixonado por astronomia desde a mais tenra infância, estou extasiado: a biblioteca de meu bairro me propôs confirmar uma conferência sobre o *big-bang*. Uma responsabilidade modesta, é verdade, mas pela qual estou encantado. No dia D, minha intervenção está pronta. Mas, chegando ao lugar do evento, o pânico me assola: a pequena sala, geralmente com ouvintes esparsos, está abarrotada! Percebo até, entre o público, astrônomos renomados, que suponho no mínimo tão esclarecidos como eu sobre o tema. Com a voz travada pela angústia, decido começar dando provas de minha competência: "Bom dia a todas e a todos. Estou muito feliz por poder falar-lhes sobre a origem do universo. É um tema pelo qual sou apaixonado há diversos anos. Tive a oportunidade de estudá-lo durante meu mestrado em física na universidade. Mantive, aliás, contato com o orientador de minha dissertação. Ainda na semana passada, discutimos juntos a descoberta das ondas gravitacionais. Depois, escrevi vários artigos para nosso jornal diário regional sobre os fenômenos observáveis no céu com a ajuda de um simples binóculo. Talvez vocês conheçam meu canal no YouTube, que já tem mais de 20.000 inscritos. E, evidentemente, no decorrer dos anos tive oportunidade de conversar com numerosos pesquisadores. Permitam-me citar alguns nomes..." Infelizmente, minhas precauções parecem funcionar mal: à medida que falo, vejo cada vez mais pessoas franzindo as sobrancelhas...

DECODIFICAÇÃO: Comportei-me de maneira desastrada. Querendo tranquilizar os ouvintes acerca de minha competência, suscitei, pelo contrário, sua irritação, ou mesmo sua suspeita. Quando afinal passarei ao essencial? Por que diabos esta necessidade irreprimível de falar de mim? Teria eu algo a provar... ou a esconder? Minha competência de especialista deixaria, realmente, a desejar? Procurando justificar *mordicus*, minha legitimidade de tomar a palavra, chamei a atenção para o fato de que eu poderia, justamente, não ser digno dela. Acabei tropeçando no primeiro obstáculo do protocolo de dissuasão: produzir o efeito inverso do procurado. Lembremo-nos que, em retórica, "o que precisamos especificar é o que não é evidente"[169]. Reivindicar alto e bom som sua competência é correr o risco de admitir, e mesmo de sugerir, que ela poderia ser posta em dúvida.

É preciso reconhecer que nem sempre será este o caso. Se estamos em condições de esmagar nossos ouvintes sob o peso de uma competência irrefutável de especialista, esta poderia muito bem atingir seu objetivo e reduzir ao silêncio toda crítica. Mas, ao fazê-lo, temos grandes chances de cair no segundo obstáculo do protocolo de dissuasão: produzir um impacto desmedido em relação ao fim procurado. Com efeito, é tênue a fronteira entre a competência e a arrogância. Ao mostrar arrogantemente nosso *curriculum vitae* e exibir orgulhosamente nossas proezas, chegamos sem dúvida a assentar nossa autoridade. Mas corremos também o risco de parecer distantes, suficientes, desdenhosos. Nós nos asseguraremos de não ser contestados, enquanto nos condenamos a não ser amados. Do ponto de vista do *ethos*, é um enorme preço a pagar.

Pode acontecer, certamente, que seja interessante, e mesmo necessário, apelar a esse protocolo de dissuasão. É o caso principalmente quando nossa competência é claramente objeto de interrogações por parte de nossos ouvintes, ou mesmo, pior ainda, quando foi diretamente questionada por um interlocutor. Deveríamos então ter como primeira preocupação esconjurar estas dúvidas, nem que seja com o sacrifício de nossa simpatia[170].

Mas, de maneira geral, evitemos ao máximo recorrer a este procedimento, que traz o sério risco de nos tornar suspeitos ou detestáveis. Como? A resposta é simples: em vez de alinhar nossas provas explícitas de competência, vamos destilá-las ao longo de toda a nossa intervenção. Nosso

---

169. Cf. cap. 4, I-2, "*O que especificamos é o que não é evidente*".
170. Reencontramos aqui considerações já encaradas para a gestão das prolepses. Cf. cap. 2, III-4 "Antecipar-se às objeções".

currículo será evocado brevemente, no momento de uma especificação cronológica. Nossas façanhas serão mencionadas inocentemente, por ocasião de uma anedota. Nossos títulos serão indicados negligentemente, no primeiro diapositivo de nossa apresentação ou sob nossa assinatura. Discretamente, por pequenos toques, mostramos nossa competência numa elegante constelação. Ela nos favorecerá muito mais do que uma feroz dissuasão.

Os marcadores implícitos de competência

A segunda fonte capaz de irrigar nossa imagem de competência é mais sutil: trata-se dos *marcadores implícitos* que vamos enunciar ao longo de nosso discurso. Por marcadores implícitos entendemos o conjunto dos sinais que darão, aos nossos ouvintes, a impressão de que dominamos nosso tema. Já cruzamos com alguns deles, que estão ligados ao componente vestimentário do *ethos*. Um uniforme, um terno ou mesmo um simples par de óculos podem bastar para nos fazer parecer mais competentes. A maioria dos marcadores implícitos pertence, no entanto, à dimensão verbal do discurso. Dados minuciosos, produzidos às dezenas; publicações eruditas, citadas *in extenso*; normas jurídicas das quais se cita até o parágrafo; termos técnicos, se possível em latim... Todos contribuem para credibilizar nossa fala e reforçar nossa imagem. Permitem-nos sugerir nossa competência, sem precisar reivindicá-la. Não precisamos mais do que polvilhar discretamente o conjunto de nossa intervenção.

Atenção, no entanto: existem, também aqui, dois obstáculos com os quais precisamos ter cuidado. Em primeiro lugar, os marcadores implícitos de competência não devem em nenhum caso prejudicar a inteligibilidade do discurso. Precisamos velar para que permaneçam simples detalhes, facultativos e supérfluos. Deveríamos sempre poder suprimi-los sem que nosso discurso seja alterado. No texto escrito, assumiriam provavelmente a forma de indicações entre parênteses, ou de notas de rodapé. Se nos damos conta de que esses marcadores, e especialmente os termos tomados de um léxico especializado, são, pelo contrário, essenciais à boa compreensão das nossas frases, é porque estamos trilhando uma ladeira perigosa. Ao querer afirmar desajeitadamente nossa autoridade, estamos provavelmente nos tornando confusos, crípticos, abstrusos. Em suma: estamos falando de maneira pouco inteligível. Queríamos parecer competentes: nos contentaremos em parecer enrolados. E irritantes. Portanto, permaneçamos vigilantes para que estes marcadores técnicos não venham perverter o âmago de nossa retórica. A não ser que nos encontremos diante de um público de peritos na questão, estes marcadores técnicos devem permanecer um instrumento, e não tornar-se um modo de expressão.

Segundo obstáculo com o qual devemos tomar cuidado: empregar excessivamente os marcadores implícitos de competência. Ainda que sejam manejados corretamente, sua multiplicação não deixaria de prejudicar nosso discurso. Nossos ouvintes não tardariam a observar o procedimento que, demasiado visível, se tornaria, por sua vez, contraproducente. Exibindo ostensivamente nossa tecnicidade, daríamos a impressão de ter algo a provar. Em vez de parecer verossímeis, nos tornaríamos risíveis. Cuidemos, portanto, para só utilizar esta estratégia com parcimônia, lembrando-nos de que a mais eficaz qualidade de perito é a que parece evidente.

Semear as provas explícitas. Polvilhar os marcadores implícitos. Eis alguns elementos de método simples que, bem aplicados, podem nos permitir parecer competentes, sem jamais precisar reivindicar esta competência. Nosso *ethos* será reforçado por eles.

4. A sedução

Terceira exigência que pesa sobre o *ethos* das oradoras e dos oradores: é preciso parecer *seduzente*. Fazer com que sejamos amados ou, pelo menos, apreciados. Isto poderia parecer desesperadamente fútil. Com razão, de resto. Se fôssemos plenamente racionais, somente o rigor das argumentações e os méritos das propostas deveriam levar-nos a aceitar ou recusar deixar-nos convencer. Que a sinceridade e a competência dos indivíduos entrem em jogo, isso é tolerável. Mas que estes nos pareçam cativantes ou desagradáveis, isso não deveria ser nenhum motivo para interferir em nosso julgamento, não é? E, no entanto, sabemos doravante que é justamente assim que nosso cérebro funciona. Confrontado com a difícil pergunta "Será que acho esta argumentação convincente?", ele logo a substitui por outra, muito mais cômoda: "Será que aprecio aquele que me submete esta argumentação?" É a própria definição da heurística de afeto[171]. Quer nos alegremos ou o deploremos, parecer sedutor já é ser mais convincente.

O que quer dizer seduzente

Seduzente. A palavra poderia parecer curiosa. Em seu lugar esperaríamos outras, mais convencionais. *Simpático*, especialmente. Isto teria sentido. Muitas vezes, ser considerado agradável, caloroso e atencioso por nossos ouvintes será efetivamente um trunfo para conquistar sua convicção. Muitas vezes, mas nem sempre. Acontece, em certas ocasiões, que outros traços sejam valorizados. A firmeza, por exemplo. Neste caso, ser simpático se torna mais uma fraqueza do que um recurso. Portanto, esta qualidade não pode ser, rigorosamente, considerada um atributo geral do *ethos*.

Carismático então, talvez? É verdade que este qualificativo possui muitas virtudes, em primeiro lugar seu caráter abrangente. É difícil imaginar uma situação na qual mostrar carisma não seria um trunfo. A dificuldade provém mais do fato de que este conceito possui uma parte importante de ambiguidade. Parece, com efeito, que ele está indefectivelmente ligado não só às qualidades próprias dos indivíduos, mas também ao seu sucesso. Quais são as pessoas que dizemos serem dotadas de carisma? As que chegam a convencer, a comandar, a dirigir, em suma, a impor sua vontade. Mas chegam elas a fazê-lo porque são carismáticas? Ou, pelo contrário, diz-se que elas são carismáticas porque têm sucesso? Para responder a esta pergunta, não basta esquadrinhar nossas mentes em busca de exemplos de personalidades que qualificaríamos, nós próprios, como "carismáticas". É muito provável que os nomes nos quais pensamos espontaneamente se-

---

171. Cf. cap. 5, II-1, "A alteração das faculdades de julgamento".

jam os de indivíduos com destino glorioso. É muito mais difícil, em compensação, identificar pessoas que nunca encontraram o triunfo, mas cujo caráter carismático estaríamos dispostos, apesar de tudo, a reconhecer. Este qualificativo aparece assim menos como a condição de uma retórica eficaz do que como sua consequência. Não uma espada brandida a serviço de nossa força de convicção. Mas uma coroa recebida *a posteriori*, como uma consagração[172].

A palavra mais justa, para designar o terceiro atributo importante do *ethos*, parece ser, portanto, "seduzente". É preciso, evidentemente, deter-se nesta palavra por um instante. Ser seduzente não é ser sedutor. Este último termo remete claramente ao universo amoroso ou sensual. Pode, além disso, sugerir conotações pejorativas. O sedutor é muitas vezes percebido, com ou sem razão, como feiticeiro, corruptor, ou mesmo manipulador. Inversamente, o indivíduo seduzente é aquele que "exerce uma viva atração sobre outro por seu charme ou suas qualidades"[173]. Uma tradução perfeita da ideia de que aceitamos deixar-nos convencer mais facilmente por alguém que apreciamos.

Mil e uma maneiras de seduzir

O termo "seduzente" tem sobretudo o mérito de deixar totalmente aberta a lista das qualidades suscetíveis de ser consideradas atraentes. Estas podem ser a simpatia, a gentileza e a benevolência. Ou, pelo contrário, a autoridade, a severidade e o rigor. O humor ou a seriedade. A exuberância ou a simplicidade. O charme ou a distância. Existem, no fundo, tantas maneiras de seduzir quanto é o número de oradoras e oradores. E tantas razões para se deixar seduzir quanto é o número de ouvintes.

---

172. Sobre os elos intrínsecos entre carisma e sucesso: SHILS, Edward, 1965, "Charisma, Order and Status". *American Sociological Review*, vol. 30/2, p. 199-213. Sobre a ambiguidade do conceito de carisma: TURNER, Stephen, 2003, "Charisma Reconsidered". *Journal of Classical Sociology*, vol. 3/1, p. 5-26.
173. Definição proposta pelo *Larousse*.

Observemos, no entanto, que todas estas encarnações da sedução têm sem dúvida um ponto em comum: a impressão de que a pessoa, na realidade, quer nosso bem. Se somos conquistados pela severidade de certos professores, é porque nela distinguimos a vontade de nos estimular a tornar-nos melhores. Se nos deixamos convencer por certos dirigentes autoritários, é porque isso nos parece ser aquilo de que o país precisa: um punho de ferro. Quanto aos indivíduos que nos parecem gentis ou simpáticos, é provavelmente porque, de uma maneira ou de outra, acreditamos serem bem-intencionados. Por trás da sedução, encontramos assim, ao menos em parte, a benevolência de Aristóteles. Levemos nossos ouvintes a pensar que levamos a sério seus interesses e conquistaremos tanto mais facilmente seus favores.

ESTUDO DE CASO: Jovem professor recém-diplomado, fui nomeado para um liceu considerado difícil. Antecipadamente fico arrepiado: eu, que nunca soube dar prova de autoridade, precisarei conseguir impor uma disciplina feroz, sob pena de ser maltratado o ano inteiro. No dia da volta às aulas, visto o terno escuro que geralmente reservo para os enterros e as provas orais de concursos. Com passo decidido, o rosto severo, atravesso a soleira da minha primeira sala de aula. Infelizmente, os alunos detectam rapidamente o embuste. Em alguns minutos compreendem que meu jaquetão é um disfarce e minha severidade uma má encenação. A sala é tomada então por uma bagunça aterrorizante, sutil mistura de tagarelice, risinhos de escárnio e brincadeiras cuja principal vítima sei, evidentemente, que sou eu. Exijo ordem, ameaço proceder com rigor, acabo distribuindo algumas punições. Em vão: minha aula é um fiasco. Um das zombarias lançada por um aluno, particularmente sentida, me arranca, apesar de tudo, um sorriso. Não posso deixar de replicar. Surpresa: o tiro acerta o alvo e a sala ri à vontade! Compreendendo meu erro, renuncio a me disfarçar de professor patibular e, não sem algum alívio, retomo meu ar naturalmente malicioso. O fim da aula, e o resto do ano, serão melhores.

DECODIFICAÇÃO: Acabamos de tropeçar na principal dificuldade posta pela utilização da sedução. Contrariamente à sinceridade ou à competência, ela não é um atributo unívoco. Como ocorre com a escolha de nossos argumentos, seria necessário, portanto, idealmente, poder adaptá-la aos nossos diferentes públicos[174]. Ora, como já dissemos: mesmo os grandes oradores não são necessariamente bons atores. E, aliás, isso também não seria uma solução. Se fôssemos capazes de nos forjar um *ethos* de composição para cada situação, fazendo malabarismos com os papéis ao sabor dos lugares e das estações, afinal de contas é nossa sinceridade que correria o risco de desmoronar. Um remédio bem pior do que o mal.

O ethos: *um compromisso*

Depois de trazer todas estas especificações, enquanto oradoras ou oradores, como faremos concretamente para parecer sedutores? Atingimos, aqui, os limites daquilo que um método pode propor. Mais do que com questões técnicas, o terceiro atributo geral do *ethos* nos confronta sobretudo com uma espécie de negociação interior. Quando nos apresentamos diante dos ouvintes, somos confrontados com um desafio tremendo: o de harmonizar entre si quatro imagens distintas, e muitas vezes divergentes.

Em primeiro lugar, a pessoa que somos, com seus recursos e seus limites. Se não levarmos isto em conta, corremos o risco de não parecer verossímeis. Em seguida, a pessoa que desejaríamos ser, o *ethos* que gostaríamos de refletir. Se a negligenciamos, corremos o risco de não ser felizes. Mas, igualmente, a pessoa que temos a fama de ser, o *ethos* prévio com que estamos revestidos. Se a desdenhamos, corremos o risco de não acreditarem em nós. Enfim, a pessoa que precisamos ser, nas circunstâncias presentes. Se a perdemos de vista, corremos o risco de não sermos convincentes.

A arte de parecer sedutor depende assim da procura permanente do compromisso. É na confluência destas quatro declinações de nós mesmos que se situa o *ethos* discursivo ideal. O que nos permitirá convencer, sem precisar renegar-nos.

---

174. Para um destaque do impacto de *ethos* diferentes sobre públicos distintos: DUBOIS, David.; RUCKER, Derek D. & GALINSKY, Adam D. 2016, "Dynamics of communicator and audience power: The persuasiveness of competence versus warmth". *Journal of Consumer Research*, vol. 43/1, p. 68-85.

5. Compor com os ethos *coletivos*

Até agora, consideramos sobretudo o *ethos* de um ponto de vista estritamente individual, como a imagem que refletimos de nós mesmos através de nosso discurso. No entanto, isto não basta. Mesmo sendo indivíduos, por natureza únicos e singulares, não podemos escapar do fato de sermos percebidos, igualmente, como pertencentes a grupos pré-constituídos. Nosso gênero, nossa nacionalidade, nossa religião, nossa profissão, nossa cor da pele, nossa sexualidade, nossa escolaridade... Quer o queiramos ou não, quer o aceitemos de bom grado ou nos seja atribuído: cada um destes traços será capaz de nos inscrever num *ethos* coletivo, que constituirá um recurso ou um obstáculo quando devemos conquistar a convicção[175]. De um ponto de vista retórico, são dados com os quais precisamos aprender a transigir. Às vezes a pertença a certos grupos se revelará um trunfo para reforçar nossa credibilidade: o fato de ter, por exemplo, estudado numa universidade prestigiosa. Não hesitaremos, sutilmente, em reivindicá-lo. Acontecerá também, infelizmente, sermos confrontados com indivíduos repletos de ideias recebidas. Ser uma mulher, amar alguém do mesmo sexo, apresentar uma pele escura, poderá fazer com que sejamos, *a priori*, percebidos como uma pessoa pouco competente, insincera ou repugnante. E mais ainda. Provir de um bairro ou de uma escola de má reputação. Exercer uma profissão ou trabalhar numa empesa tidas em lastimável consideração. Adotar determinado estilo vestimentário ou militar por determinada associação... Não há nenhum limite aos preconceitos. Aos olhos desses interlocutores, seremos irremediavelmente associados a uma identidade globalmente desvalorizada. Trata-se, evidentemente, de uma situação tão odiosa quanto difícil. Tudo o que poderemos fazer, de um ponto de vista estritamente retórico, será redobrar os esforços e o brio para tentar sair a contragosto deste *ethos* coletivo estereotipado. Romper radicalmente com o clichê. E, unicamente com a força de nosso discurso, fazer triunfar nossa posição apesar da

---

175. Sobre o conceito de *ethos* coletivo: ORKIBI, Eithan & AMOSSY, Ruth (eds.), 2021, *Ethos collectif et identités sociales*, Classiques Garnier.

adversidade. Cabe-nos, em seguida, tomar parte no debate público a fim de, progressivamente, contribuir para fazer evoluir as mentalidades.

Mas as características sociológicas não são as únicas capazes de nos inscrever num *ethos* coletivo. O mesmo vale para as nossas crenças e nossas opiniões. À primeira vista, poderíamos surpreender-nos de encontrar uma menção a elas num capítulo dedicado ao *ethos*. Não dependem elas da própria argumentação, do *logos*? Em parte, sim. Mas não só. Existem debates que, em determinada época, assumem tal amplidão que se tornam clivantes. Dividem a população em dois campos separados por valores, ou mesmo por uma visão do mundo. Tomemos posição sobre certo tema, e seremos considerados membros de um grupo bem-determinado: o dos indivíduos que pensam como nós. "Ele? Ele é contra o casamento entre pessoas do mesmo sexo, é um homófobo. Ela? Ela é a favor do decrescimento, é uma esquerdista. Eles? Eles são contra as vacinas, são conspiracionistas". Deslizamos da opinião para a etiqueta. Nossos interlocutores se tornam de repente adversários. Corremos o risco de perder toda chance de convencê-los, sobre este tema como sobre todos os outros. Nossas convicções transbordam o *logos*, para inscrever-nos num *ethos* coletivo. Os que ali se encontram tenderão a considerar com benevolência o resto das nossas posições. Os que o desprezam não prestarão provavelmente a mínima atenção às nossas opiniões. Diferentemente das características sociológicas, no entanto, as etiquetas ligadas ao sistema de valores se enraízam na própria argumentação. Elas são construídas pelo discurso. Isto significa que, enquanto oradoras ou oradores, dispomos de certa margem de manobra. Ligada, em grande parte, à nossa ética...

ESTUDO DE CASO: Faz três meses que procuro alugar uma moradia em Paris. Em vão: quando os apartamentos não são microscópicos ou insalubres, é meu dossiê que não é aceito. Mas, enfim, a sorte muda! Estou visitando um lugar espaçoso, confortável e acessível. Cereja no bolo, a proprietária não parece aborrecida com minha profissão de violonista. Até pelo contrário: "Seja como for, este lugar é bem insonorizado. E, em seguida, o senhor pelo menos toca música clássica. Não como todos estes árabes, que ouvem *rap* e se comportam como selvagens..." Meu sangue se congela. Numa fração de segundo, considero todas as opções. Eu poderia, evidentemente, revelar-lhe o fundo de meu pensamento: "Não posso permitir-lhe que diga isto. A senhora faz uma generalização degradante fundada na suposta pertença a um grupo étnico. É a própria definição de racismo". Mas sei, então, o que aconteceria: ela me consideraria um bem-pensante ingênuo, ou mesmo um traidor de meu sangue, e me mostraria a porta, sem cerimônia. Eu poderia também esquivar-me: "Mmm... É verdade que a música clássica é minha grande paixão. E, então, a senhora dizia que existe o aquecimento central?" Se a proprietária não me importuna com pedidos, nenhuma oposição irredutível terá sido expressa, e eu poderia continuar sonhando com os trinta e seis metros quadrados. Enfim, resta-me a última opção: "Ah, evidentemente, a senhora tem toda a razão! Temos a impressão de não estarmos realmente em casa, não é?" Se eu conseguir conter minha náusea, posso de agora em diante partir em busca de um sofá para mobiliar minha nova sala de estar...

DECODIFICAÇÃO: Quando sentimos que nosso interlocutor abomina uma das nossas opiniões, três opções se nos apresentam. A primeira consiste, por lealdade às nossas convicções, assumir alto e bom som o desacordo. O preço a pagar corre o risco de ser elevado: fazer a interação cair na conflitualidade e perder toda chance de encontrar um terreno de entendimento. A segunda posição nos empenha numa via de negociação conosco mesmos: tentar esquivar a questão, para não alienar de nós toda possibilidade de conquistar a adesão. A terceira opção, enfim, equivale a trair tudo o que pensamos e aceitar renegar-nos, por puro interesse. Em seguida, precisaríamos ainda chegar a nos olhar num espelho. O pior nunca sendo certo, salientemos que a situação inversa é igualmente capaz de se apresentar. Quando procuramos convencer um interlocutor, compreendemos que temos, além disso, convicções ao mesmo tempo fortes e alinhadas. Cabe a nós, então, deixá-las filtrar oportunamente. Ligados por um *ethos* coletivo compartilhado, criaremos uma conivência e ganharemos sua confiança.

Concluamos com uma observação mais geral. Por todas as razões que acabamos de evocar, as etiquetas, em retórica, são muitas vezes deletérias. Quer estejam ligadas a características sociológicas, a clivagens profundas ou a simples divergências de opiniões, elas tendem a afastar de nós aqueles nos quais elas despertam aversão. Na medida do possível, é melhor, portanto, não estarmos nós próprios na origem delas. Para isso existe uma astúcia retórica tão poderosa quanto elementar: desviar-nos do verbo "ser". Ele é uma verdadeira máquina de amalgamar os gostos, os comportamentos e as ideias no interior de nossa identidade: "Sou de esquerda, sou um *geek*, sou fumante, sou torcedor do PSG..." Procuremos descrever-nos mais por aquilo que fazemos e pensamos e não por aquilo que acreditamos ser. Não digamos "sou vegetariano", mas "não como carne nem peixe". Não afirmemos "sou liberal", mas "acredito numa economia de mercado pouco regulamentada". Assim evitaremos atrair, instantaneamente, a animosidade de uma parte de nossos ouvintes. Contentar-nos-emos em despertar seu desacordo. A diferença é importante. Quando nos é apresentada a escolha, é mais fácil precisar convencer contraditores do que converter adversários. A menos, evidentemente, que tenhamos boas razões éticas, políticas, psicológicas ou estratégicas para fazer desta denominação uma identidade reivindicada. Nesse caso clivaremos, certamente. Mas isto terá sido refletido e assumido.

Conclusão

A retórica não se resume à faculdade de desenvolver uma argumentação. A imagem que nós refletimos, a confiança que despertamos, ou mesmo o fascínio que exercemos, contribuem igualmente para conquistar a convicção. É a intuição que tivera Aristóteles, para quem o *ethos* era uma dimensão essencial do discurso. Posteriormente a pesquisa trouxe a confirmação disto: indubitavelmente, a aparência deve ser levada em consideração.

Partindo daqui, como fazer para otimizar ao máximo o impacto de nossa imagem? A psicologia cognitiva e social, através do chamado "efeito halo", nos fornece as primeiras chaves. A forma do nosso rosto, nossa estatura, nossa voz, nossa beleza, concorrem para determinar de que maneira os outros nos percebem e se comportam a nosso respeito. Mas como atuar sobre estas variáveis que, em grande medida, são parte integrante do humano que somos? É aqui que entra em jogo a retórica. Pela maneira como nos apresentamos, nos vestimos e nos exprimimos, podemos contribuir para forjar nossa imagem. Para isso, precisamos prestar atenção a dois componentes na interação. O *ethos* prévio, do qual nossos ouvintes têm conhecimento antes mesmo de nos exprimirmos. Mas que vamos poder reforçar, modificar ou corrigir por nosso *ethos* discursivo, que nós mesmos forjamos através de nossa intervenção. Este trabalho da imagem através do discurso deve ser guiado por três atributos gerais, que precisamos chegar a cultivar: parecer sinceros, competentes e sedutores.

Uma última palavra, capital, sobre a importância do tempo longo. Forjar seu *ethos* é o trabalho de uma vida. Um tesouro acumulado moeda por moeda, ao longo dos anos. Se cuidarmos deste *ethos*, ele pode até tornar-se mais do que isso: um verdadeiro Graal retórico, capaz de convencer mesmo sem precisarmos argumentar. Mas mantenhamos a maior vigilância. Basta um instante para dilapidar esta fortuna conscienciosamente acumulada. Basta uma declaração infeliz, uma ação irrefletida, uma tomada de posição inconsiderada, e toda a nossa imagem pode ser devastada. Às vezes até, para sempre. Quando nos lançamos num empreendimento de convicção, portanto, pensemos sempre em perguntar-nos quais repercussões ele corre o risco de ter sobre nosso *ethos*. Preservá-lo deveria ser nossa prioridade absoluta.

Tudo isto poderia parecer incrivelmente frívolo. Mas não nos enganemos. Cuidar de sua imagem não é apenas narcisismo. É também retórica.

CAPÍTULO 7

Reconhecer o embuste

"Essas gentilezas de espírito, essas galanterias engenhosas, a que a plebe ignara dá o nome de velhacarias"[176]. Podemos compreender que Scapino, um dos personagens mais maliciosos de Molière, se ofusca com o qualificativo aposto à sua habilidade retórica. E no entanto: desnortear seus interlocutores, ludibriar seus ouvintes, utilizar a linguagem para enganar ou lograr, são realmente velhacarias. Esta é a penúltima etapa de nossa viagem. A mais tenebrosa de todas. Preparemo-nos, porque entramos no domínio dos raciocínios manipulatórios e dos argumentos errôneos. A arte turva da deslealdade.

Trata-se, evidentemente, de uma questão essencial. Existem, como veremos, argumentações tão insidiosas que deformam a realidade, no-la mostram sob abordagens enganosas e mentirosas. Se não formos capazes de localizá-los, estes procedimentos comportam o risco de perverter nosso pensamento, de nos levar a aceitar, sem discussão, propostas que deveríamos considerar com mais circunspecção e que, eventualmente, são até contrárias ao nosso interesse. Em suma: o que os argumentos desleais ameaçam é justamente a liberdade de nos forjarmos um julgamento esclarecido.

Começaremos estudando detalhadamente os principais argumentos falaciosos com os quais corremos o risco de nos confrontar, antes de

---

176. MOLIÈRE. *Malandragens de Scapino*. 1671, ato 1, cena 2. Trad. de Carlos Drummond de Andrade.

considerar um instrumento anódino na aparência, mas deletério por suas consequências: a utilização de conceitos mobilizadores.

I. A arte de maltratar a lógica

Deslealdade. O termo é tão repugnante quanto impreciso. Antes de entrar no cerne da questão, é preciso, portanto, começar delimitando seus contornos. Compreender em que momento, e por quais razões, os raciocínios se tornam fraudulentos. Para isso deveremos nos debruçar brevemente sobre os grandes princípios da lógica. É ela que, maltratada, nos arrasta irremediavelmente para a sofística.

1. Sofismas e paralogismos

Nas línguas ocidentais, os argumentos falaciosos são designados, na maioria das vezes, pelo termo "sofismas". Trata-se de uma referência à Grécia antiga. Eram denominados "sofistas" os professores que comercializavam sua sabedoria. Eles ensinavam pincipalmente a eloquência e pretendiam ser capazes de convencer qualquer pessoa sobre qualquer coisa, sem o menor respeito pela verdade. Esta é pelo menos a visão que nos foi transmitida por Sócrates e seus herdeiros, que eram seus adversários diretos. Mais tarde, a pesquisa histórica salientou uma realidade muito mais contrastada[177]. Para nós, pouco importa: em retórica, o termo permaneceu. Encontramos às vezes igualmente a palavra *paralogismos*, mas seu significado é ligeiramente diferente: remete aos erros involuntários de raciocínio, que cada um está sujeito a cometer no cotidiano. Existe, portanto, entre estas duas denominações, uma diferença de intenção: enquanto o paralogismo se engana, o sofisma engana. A língua inglesa utiliza uma expressão muito mais neutra historicamente: as *logical fallacies*.

---

177. A literatura histórica que trata da sofística é muito vasta. Contentemo-nos em citar a obra monumental de CASSIN, Barbara, 1995, *L'Effet sophistique*, Gallimard; como também a tese audaciosa de KERFERD, George Briscoe, 1981, *The Sophistic Movement*, Cambridge University Press.

A literatura sobre esta questão é particularmente abundante. Numerosas obras procuraram repertoriar, classificar e analisar os principais sofismas[178]. Encontramos além disso, na internet, uma pletora de computações gráficas e de vídeos que pretendem dar uma lista vulgarizada dos argumentos falaciosos. Infelizmente, do ponto de vista da retórica posta em prática, estas propostas tendem muitas vezes a se revelar demasiado rígidas. Ali diversos procedimentos argumentativos são desqualificados em bloco como "sofísticos", ainda que existam situações nas quais nos parece perfeitamente justificado recorre a eles. Contentemo-nos em tomar dois exemplos. Em todas estas classificações, a objeção *ad personam* é considerada um pecado capital. O fato de desacreditar um interlocutor a fim de não precisar refutar seus argumentos constituiria uma falta imperdoável, que mergulha seu autor na indignidade por toda a eternidade. Trata-se, convenhamos, de um procedimento muito agressivo. No entanto, como vimos: em certas circunstâncias, a objeção *ad personam* pode revelar-se pertinente. Jamais decisiva, é verdade. Mas admissível, mesmo assim. O mesmo vale para a utilização das emoções. Para esta literatura, procurar comover seu público seria profundamente desleal. Ora, do nosso ponto de vista, trata-se, pelo contrário, de uma dimensão inerente à retórica: o *pathos*. Certamente, brincar com os afetos pode às vezes se revelar manipulatório. Mas mostramos que a utilização das emoções podia igualmente se revelar legítima, e às vezes também até necessária, para levar os ouvintes a tomar consciência de uma realidade que lhes escapa[179].

Neste livro examinaremos os sofismas no sentido mais restritivo do termo, como procedimentos argumentativos que violam uma ou mais regras da lógica. Habilmente utilizados, permitem conferir a aparência do rigor a raciocínios incorretos ou corrompidos. Enquanto ouvintes, preci-

---

178. HAMBLIN, Charles Leonard, 1970, *Fallacies*, Vale Press; WOODS, John & WALTON, Douglas, 1989, *Fallacies*, De Gruyter; VAN EEEMEREN, Frans H. & GROOTENDORST, Rob, 1992, *Argumentation, Communication and Fallacies*, Routledge.
179. Cf. cap. 5, "Mobilizar as emoções". Sobre os elos entre sofismas e emoções, remetemos à discussão aprofundada em PLANTIN, 2011, op. cit., cap. 5. "Théorie des fallacies. Une argumentation sans sujet ni affect?"

samos absolutamente aprender a descobri-los. Senão, nossa fortaleza se torna porosa: a todo momento corremos o risco de permitir que nossa adesão se deixe capturar por uma argumentação fraudulenta.

Comecemos por aquilo que, até agora, havíamos chegado a evitar: os fundamentos do que hoje denominamos *lógica informal*, ou seja, aquela com a qual raciocinamos no cotidiano. Trata-se de uma passagem tradicional e, reconheçamo-lo, rebarbativa dos tratados de retórica. No entanto, é necessário confrontar-nos com ela, se desejamos compreender em que os sofismas constituem uma violação das regras mais elementares da argumentação. Não se preocupem: resumiremos o máximo possível.

No cerne da lógica informal se encontra uma interrogação ao mesmo tempo elementar e apaixonante: como fazemos para construir, dia após dia, nosso pensamento? Mediante quais operações da mente chegamos a elaborar conclusões novas a partir de conhecimentos antigos? A resposta é simples: nós desenvolvemos *raciocínios*. São eles que nos permitem forjar saberes e julgamentos bem sólidos, nos quais podemos confiar, pelo menos em certa medida. Para este fim podemos seguir dois caminhos: a indução e a dedução.

2. Os raciocínios indutivos: exemplos e aumento da generalidade

Os raciocínios indutivos consistem em construir conclusões gerais a partir de observações particulares. Partimos de fatos, estudamos sua regularidade, levamos em consideração suas probabilidades e deduzimos um ensinamento. Toda a dificuldade consiste, evidentemente, em saber em que medida nosso aumento da generalidade será sólido e fundamentado.

ESTUDO DE CASO: Meu filho de 16 anos me informa que deseja ser um jogador profissional de basquete. Problema: ele mede 1,72m de altura. E não cresce mais há alguns meses. Evidentemente a genética o desqualifica. Mas como vou convencê-lo? Não posso contentar-me em repetir-lhe continuamente: "Afinal, você é pequeno demais para tornar-se um basquetebolista!" A crise da adolescência obriga, isto só o estimularia. Outra opção, um pouquinho melhor: "Você se lembra de seu tio Joseph, que jogava num clube? Ele media mais de 2 metros! Você é muito pequeno!" Meu filho me retrucaria que o mundo não se limita a Joseph e seria difícil não lhe dar razão. Terceira possiblidade: "Você viu as partidas da NBA na televisão? Todos os jogadores são enormes! Você é muito pequeno!" De repente, eis o que é mais impactante. Uma simples busca no meu smartphone me permitiria desfechar o golpe de misericórdia: "A altura média dos jogadores da NBA é de 1,99m! Você pode jogar basquete, mas não se tornar um basquetebolista!" Aqui foram enterradas as esperanças de meu filho.

DECODIFICAÇÃO: Aqui, nos apoiamos num conjunto de observações cada vez mais amplas, até nosso argumento parecer dificilmente refutável. Sempre é possível rejeitá-lo, evidentemente. O adolescente em questão poderia optar por responder "Pois bem. Serei a exceção que confirmará a regra!" Ele estaria no seu direito, e o futuro poderia até dar-lhe razão. Quando desenvolvemos um raciocínio indutivo não visamos resgatar a verdade, mas, como vale para toda argumentação, o provável e o preferível. Quanto maior for o conjunto de fatos considerados, tanto mais será justificado o aumento da generalidade e tanto mais forte e sólida será nossa conclusão. Encontramos, aqui, observações que já havíamos encontrado no momento de examinar a argumentação pelo exemplo, que na maioria das vezes não é senão um raciocínio indutivo incorreto[180].

3. Os raciocínios dedutivos: silogismos e entimemas

Os raciocínios dedutivos consistem em relacionar propostas antigas, as *premissas*, para chegar a uma proposta nova, a *conclusão*. Quando as premissas são estabelecidas com rigor, enunciadas explicitamente e ligadas entre si de maneira metódica, a própria conclusão pode ser aceita como rigorosa. Fala-se então de um *silogismo*. Não tenhamos medo do clichê e demos o exemplo mais icônico: "Todos os homens são mortais. Ora, Sócrates é um homem. Portanto, Sócrates é mortal". No cotidiano, no

---

180. Cf. cap. 2, I-3, "O bom-senso e o exemplo: duas armas muito eficazes?"

entanto, é muito raro utilizarmos silogismos completos. Na maioria dos nossos raciocínios, uma parte das premissas não é expressa. Elas permanecem na sombra. Estes silogismos truncados trazem um nome particular: são denominados *entimemas*.

Muitas vezes, se omitimos uma parte das premissas é porque nos parecem evidentes e não precisam ser lembradas. Elas pertencem ao saber compartilhado, o que nós e nossos interlocutores já temos em comum. Tomemos este diálogo fictício: "Então, você não vem mais aos saraus? – Não, nesse momento tenho trabalho. – Justamente, venha, isso ajudará você a relaxar!"[181] O diálogo gira em torno de dois entimemas opostos. De um lado: "Eu trabalho mal quando me deito tarde. Ora, estes saraus acabam tarde. E, nesse momento tenho trabalho. Portanto, não vou mais aos saraus". Por outro lado: "Trabalha-se melhor quando se está relaxado. Ora, estes saraus permitem relaxar. E, justamente, você tem trabalho. Portanto, deveria vir aos saraus". Vemos muito bem, portanto, que é inútil reconstruir toda a cadeia lógica. O enunciado de uma das premissas basta para compreender a integralidade do raciocínio.

Acontece também que os entimemas são utilizados de maneira mais estratégica. Optamos deliberadamente por deixar uma das premissas na sombra, porque tememos que ela nos atraia vivas objeções. Ou mesmo desqualifique nossa fala. Imaginemos que queremos difamar um artista com quem embirramos: "É um cantor fracassado! Em vinte anos de carreira, não fez nenhuma canção de sucesso!" Expresso desta maneira, o argumento não deixa de ter certa petulância e poderia se impor com a força da evidência. Apoia-se, no entanto, numa premissa altamente contestável: "O valor de um músico se mede por suas vendas". Se um só dos nossos interlocutores tiver a presença de espírito de salientá-la, submergiremos em grandes dificuldades. Numerosos provérbios giram em torno de premissas ocultas que, quando reveladas, seriam insustentáveis. Por exemplo: "Quan-

---

181. A estrutura do exemplo é tomada de empréstimo a Jacques Moeschler, citado por AMOSSY, Ruth, 2010, *L'Argumentation dans le discours*, Armand Colin, p. 112. Em compensação, declaramos culpado pela piscadela o *Service après-vente des émissions*, de Omar Sy e Fred Testot, 2005-2012.

do queremos, podemos" é um mantra que parece ter a seu favor um certo bom-senso. Implica, entretanto, pressupor que "tudo o que nos acontece só depende de nós": um postulado pelo menos audacioso! Da mesma forma, os preconceitos sexistas ou racistas, que não poderiam ser expressos sem cobrir de vergonha seus autores, se refugiam muitas vezes em premissas implícitas. Isto vale para frases como: "Ele é judeu, mas muito generoso!"; "Ela é bonita, mas muito competente!" Essas frases só são cumprimentos na aparência. Nelas se dissimulam, com efeito, pressupostos nauseabundos: "os judeus são geralmente sovinas"; "as mulheres bonitas geralmente são idiotas". Encontra-se aqui toda a força dos entimemas: permitem disfarçar a baixeza e a fraqueza sob as aparências enganosas da evidência ou da benevolência.

Por fim, é possível igualmente não desenrolar até o fim o fio da dedução, a fim de deixar que os nossos ouvintes cheguem, eles próprios, à conclusão. Imaginemos que estamos negociando a prorrogação de um contrato de trabalho com um empregador: "Nós colaboramos já há muito tempo e eu gostaria muito que isso prosseguisse. Resta-nos simplesmente chegar a um acordo sobre o aumento do meu salário. E o senhor sabe que, no mercado, meu perfil é muito procurado neste momento..." Aqui, todas as premissas foram explicitadas. Cuidamos simplesmente de omitir sua implacável consequência: "Se o senhor não me apresentar uma proposta generosa, procurarei trabalho alhures". Evidentemente, meu interlocutor terá compreendido perfeitamente. Mas, entre deixar pairar uma ameaça e ameaçar abertamente, existe uma distância importante: a que separa a tensão do conflito. No cotidiano, este tipo de entimema se revela precioso: permite passar uma mensagem, sem agravar desmedidamente a situação.

Os raciocínios dedutivos estão assim na origem de uma grande parte das argumentações que manipulamos cada dia, muitas vezes sem nos darmos conta. Poderíamos então nos perguntar: Por que abordá-los tão tardiamente? Não poderíamos ter começado por eles? Muito pelo contrário. É justamente porque os entimemas são onipresentes em meus discursos que é supérfluo aprender a elaborá-los: já chegamos a eles intuitivamente. Isso não significa, evidentemente, que já somos capazes de fazê-lo de maneira rigorosa, com pleno respeito de todas as normas de construção. Mas esta questão nos levaria muito além de nosso tema. Implicaria, com efeito, interrogar-nos não só sobre a eficácia dos argumentos, nem mesmo sobre seu rigor, mas justamente sobre sua *validade*. Deixaríamos então o território da retórica, para entrar no da lógica e da dialética. Ora, por mais apaixonantes que sejam, estas disciplinas não deixam de ser difíceis de aplicar na prática. Nossas discussões cotidianas comportam, confessemo--lo, uma parte irredutível de aproximações, de extravagâncias, de barafunda. Se repreendemos nossos interlocutores cada vez que deixam de enunciar uma premissa, ou tiram uma conclusão sem ter explicitado o elo dedutivo... é provável que em breve não tenhamos um interlocutor sequer! Por mais férteis que sejam estas interrogações, será necessário, portanto, deixá-las de lado[182].

4. As infrações da lógica informal

O que é então um sofisma? É um raciocínio que infringe habilmente uma das normas da indução ou da dedução. As conclusões que ele tira não são somente inaceitáveis: são também enganadoras. Elas parecem corretas, quando não o são. Passemos, portanto, diretamente, ao estudo dos procedimentos que transgridem as normas da lógica.

No caso particular dos silogismos, a questão é muito rapidamente regulada. É possível, evidentemente, torcer a construção. Por exemplo: "Sócrates bebe leite. Ora, os gatos bebem leite. Portanto, Sócrates é um gato". Mais pernicioso: "Tudo o que é raro é caro. Ora, uma Ferrari não cara é rara. Portanto, uma Ferrari não cara é cara". Ou mesmo francamente vicioso: "No queijo *emmenthal* existem buracos. Ora, quanto mais *emmenthal* existe, mais buracos existem. E, quanto mais buracos exis-

---

182. A literatura sobre estas questões é imensa. Cf., por exemplo: JOHNSON, Ralph H., 1996, *The rise of informal logic*, Vale Press; VAN EEMEREN, Frans H. & GROOTENDORST, Rob, 2004, *A systematic Theory of Argumentation: The Pragma-dialectical Approach*, Cambridge University Press.

tem, menos *emmenthal* existe. Portanto, quanto mais *emmenthal* existe, menos *emmenthal* existe". No presente caso, o primeiro destes silogismos contém um erro grosseiro de construção: o indivíduo "Sócrates" não está incluso no conjunto "gatos". O segundo se apoia numa premissa errônea: nem "tudo o que é raro" é caro. Se o autor destas linhas tentasse pintar um quadro, por exemplo, seria uma obra muito rara, mas existem poucas chances de ser vendida caro... Quanto ao terceiro silogismo, ele gira ao redor de uma premissa incompleta. Teria sido necessário explicitar: "quanto mais buracos existem numa mesma peça de *emmenthal*, menos *emmenthal* existe". No entanto, o procedimento continua sendo pouco capaz de nos enganar. Da maneira como todas as premissas são expostas, geralmente estamos em condições de constatar que levam a uma conclusão absurda. Não sabemos necessariamente explicar por que, mas vemos muito bem que algo está errado.

Em compensação, no caso dos entimemas e dos raciocínios indutivos, que deixam na sombra uma parte das premissas ou das provas, os procedimentos podem se revelar mais perniciosos. Será necessário, portanto, estudá-los, para aprender a discerni-los.

II. Os raciocínios fraudulentos

Como observa o retórico Jay Heinrichs, quando somos confrontados com uma argumentação devemos ter em mente três grandes perguntas. As provas se sustentam? Todas as opções foram consideradas? O raciocínio leva efetivamente à sua conclusão?[183] Estas interrogações são essenciais: elas nos permitem atualizar as molas sobre as quais giram os principais sofismas. Examinaremos sucessivamente estes três tipos de raciocínios fraudulentos: as construções incorretas, as opções lacunares, as premissas contestáveis.

---

183. HEINRICHS, Jay, 2013, *Thank You for Arguing*, Three Rivers Press, p. 146.

1. As construções incorretas

Estes sofismas consistem em fundamentar um raciocínio sobre uma construção que infringe, gravemente, as normas da dedução. Eles são, no fundo, o equivalente dos silogismos errôneos, mas que se cobririam com os adornos da linguagem natural. Seu absurdo gritante se encontra mascarado pelos não ditos: são, incontestavelmente, argumentos enganadores.

A petição de princípio: Também conhecida pelo nome de tautologia, consiste em utilizar, entre as nossas premissas, a conclusão à qual pretendemos chegar. Trata-se, portanto, de um raciocínio circular, que não demonstra estritamente nada. É o caso desta demonstração teológica muito clássica: "Deus existe porque está escrito na Bíblia, e a Bíblia diz a verdade porque ela é a Palavra de Deus". Ou ainda esta resposta desajeitada esboçada pelo sofista Hípias, diante de um Sócrates zombeteiro que lhe pedia sua definição do belo: "Fica, então, sabendo, Sócrates, para dizer-te toda a verdade, que o belo é uma bela jovem"[184]. Evidentemente, nestes dois casos, a tautologia salta aos olhos. No entanto, no cotidiano, recorremos frequentemente a petições de princípio sem nos darmos conta. Por exemplo: "Por que penso que o Paris Saint-Germain é favorito? Afinal, porque eles têm a melhor equipe!" Assim apresentado, o argumento parece acertado. Mas por quais razões, exatamente, esta equipe é a melhor? É aqui que cessam as evidências ilusórias e começam, geralmente, as discussões de balcão.

O procedimento poderia parecer anódino. Mas não nos enganemos: é utilizado frequentemente no debate público, onde suas consequências são de longe mais deletérias. Quando um responsável político se vê acusado de prevaricações, ouvi-lo-emos invariavelmente martelar: "Essas alegações são escandalosas! Toda a minha carreira prova que sou de uma honestidade impecável!" Certamente... Mas, se é precisamente esta honestidade impecável que acaba de ser questionada por elementos convincentes, o argumento de repente não tem mais nenhum valor. E até deixa de ser um argumento. Às vezes, o procedimento pode assumir formas ainda mais perniciosas: "Não podemos aceitar pôr um fim, hoje, a esta opera-

---

184. PLATÃO. *Hípias maior*, 287e.

ção militar. Senão, nossos soldados terão morrido em vão!" Esta frase só é pertinente sob uma condição: que a operação em questão tenha ainda uma chance de levar à vitória. Ora, é precisamente o que seria necessário demonstrar! Caso contrário, os soldados não serão mais mortos por uma boa razão: serão simplesmente um número maior de soldados que tombaram em vão. Todas estas afirmações são utilizadas diariamente na comunicação pública, sem atrair sobre elas condenações particulares. São, no entanto, puras petições de princípio. Não provam estritamente nada.

A falsa causa. Esta consiste em pretender que, pelo fato de um acontecimento ter ocorrido depois de outro, seria diretamente sua consequência. Em termos técnicos, isto equivale a dar a entender que um antecedente é uma causalidade, sem se dar ao trabalho de demonstrá-lo. Por exemplo: "É evidente que a homeopatia é eficaz: eu a uso cada vez que tenho um resfriado e, depois de três dias, estou curado!" Um argumento absolutamente convincente. Se esquecemos, evidentemente, que a duração média de um resfriado é precisamente três dias...

Este sofisma é particularmente frequente na vida cotidiana, onde nossa tendência a querer explicar tudo nos leva a adotar raciocínios ao mesmo tempo evidentes e falhos. Pensemos no seguinte estereótipo dos incidentes domésticos: Desde que mudamos de casa, me sinto incrivelmente estressado! Você tem uma má influência sobre meu humor!"; omitindo especificar que, se a mudança de casa pôde ocorrer, foi porque assumimos um outro emprego, mais bem pago, mas particularmente estressante... Mais grave ainda, o sofisma da falsa causa é utilizado frequentemente na política, onde a tecnicidade dos debates pode tornar difícil identificá-lo. Por exemplo: "Nos doze meses que se seguiram à nossa reforma fiscal, o desemprego caiu. É justamente a prova de que é preciso continuar neste caminho!"; silenciando o fato de que, durante o ano em questão, foi sobretudo a retomada do comércio internacional que puxou o crescimento e fez baixar o desemprego... Então, sem dúvida, convém ser prudente. O fato de que dois fenômenos se sucedem pode efetivamente significar que um é causa do outro. Mas novamente é preciso estar em condições de prová-lo. Enquanto esta demonstração não ocorrer, o argumento deve ser considerado sofístico.

A honra e a desonra por associação: De maneira geral, os paralogismos por associação equivalem a considerar que, quando dois indivíduos compartilham um ponto comum, o que se aplica a um se aplica também ao outro. É este erro que está na origem do silogismo absurdo: "Sócrates bebe leite. Ora, os gatos bebem leite. Portanto, Sócrates é um gato". Em suas formas sofísticas, destinadas a enganar, estes raciocínios são frequentemente utilizados a fim de glorificar ou desacreditar, sem razão, um interlocutor: fala-se então de honra, ou desonra, por associação.

A honra por associação se distingue geralmente de longe, por sua deplorável tendência a cair na bajulação mais crassa: "Sua distinção, sua envergadura, seu olhar... Tudo, neste novo Presidente, lembra o general De Gaulle. Será certamente, como ele, um grande chefe de Estado!" Mas ela pode também encarnar-se nos contornos de raciocínios mais sutis. É o caso, por exemplo, do apelo a Galileu. Este é utilizado para voar com a ajuda de teorias indemonstráveis, excêntricas, ou mesmo francamente errôneas: "Continuem. Zombem. Riam. Mas entre dois cacarejos, lembrem-se de Galileu. Também ele, em seu tempo, foi ridicularizado por ter ousado sustentar que a Terra gira ao redor do Sol. Antes de ser finalmente reabilitado! Da mesma forma, no futuro, todo mundo acabará reconhecendo que, não, o homem nunca pisou na Lua!" O argumento, com certeza, é totalmente falacioso. Como o resume maliciosamente o astrônomo Carl Sagan: "O fato de alguns gênios terem sido objeto de zombarias não implica que todos os que foram objeto de zombarias são gênios. Zombaram de Cristóvão Colombo, de Fulton e dos irmãos Wright. Mas zombaram também do Palhaço Bozo"[185].

A desonra por associação é, por sua vez, um procedimento tão ordinário quanto rudimentar. Consiste em encontrar um elo entre um dos nossos adversários e uma figura execrada por nossos ouvintes, e depois fazer um aumento da generalidade a fim de desqualificar ao mesmo tempo a pessoa e sua argumentação. Quando utilizado sem nuanças, o procedimento

---

185. SAGAN, Carl, 1979, *Broca's Brain: Reflections on the Romance of Science*, Random House, p. 64.

parece a tal ponto incorreto que se torna risível: "Ah, você é vegetariano? Você sabe quem mais não comia carne? Adolf Hitler! Isto diz muito sobre as propensões totalitárias de pessoas como você!" Fala-se aliás, ironicamente, de *reductio ad hitlerum* para qualificar esta forma paroxística da desonra por associação, na qual o interlocutor é remetido diretamente ao nazismo. Acontece, no entanto, que esta estratégia seja utilizada com mais fineza. Então ela pode revelar-se temível: "Preciso lembrar a você que um de seus colegas no governo acaba de ser acusado por desvio de fundos? Vê-se muito bem, doravante, a pouca consideração que você tem pela ética e pela exemplaridade!" O argumento poderia ter peso se fôssemos capazes de mostrar que o ministro em questão foi nomeado com conhecimento de causa, apesar de suas malversações. Caso contrário, o argumento é perfeitamente inaceitável.

A divisão abusiva: Esta consiste em defender que aquilo que é verdade para o todo também o é para suas partes. Ora, isto está longe de ser sempre o caso. Um barco flutua e, no entanto, as peças que o constituem afundariam em sua maioria se fossem jogadas na água. Do mesmo modo, o fato de ter feito bom tempo durante as férias não exclui um ou dois dias de chuva. Assim apresentado, o sofisma parece tão simples quanto inofensivo. Permite, no entanto, construir raciocínios perniciosos. "O budismo é uma religião de paz; portanto, os budistas são pacíficos. Os estudos de medicina são exigentes; portanto, os médicos são competentes. A venda é uma atividade feroz; portanto, os vendedores agem sem escrúpulos". Certos budistas, médicos e vendedores o são, seguramente. Mas generalizar? Eis, em compensação, uma afirmação mais do que audaciosa: ela é simplesmente falaciosa.

Observemos que, na esfera política, encontramos frequentemente uma variação deste procedimento: "Os franceses votaram majoritariamente a favor de meu programa. Eles apoiam, portanto, minha reforma das aposentadorias, porque ela figurava ali preto no branco!" A afirmação não é necessariamente falsa. Se esse candidato tivesse efetivamente feito da reforma das aposentadorias o eixo principal de sua campanha, não é ilegítimo

331

considerar que, votando nele, os eleitores ratificavam também suas ideias acerca da questão. Mas muitas vezes este tipo de argumentação é utilizado para justificar medidas que haviam sido pouco realçadas durante a eleição. Então a argumentação se torna problemática. Um programa, com efeito, comporta dezenas de propostas. Os eleitores podem perfeitamente subscrevê-lo globalmente, mesmo deplorando alguns de seus elementos: estamos de fato diante de um caso clássico de sofisma por divisão.

O sofisma por ignorância: Este consiste em pretender que, pelo fato de não podermos provar que uma coisa existe, ela não existe. Ou inversamente, pelo fato de não podermos provar que uma coisa não existe, então ela existe. Em outras palavras, isto equivale a confundir a ausência de prova e a prova da ausência. Este raciocínio é utilizado frequentemente nos debates que questionam a existência do paranormal e o rigor das pseudociências. Por exemplo: "Os cientistas nunca puderam provar a existência dos fantasmas; portanto, os fantasmas não existem". A conclusão é afirmativa demais: não se pode excluir que os fantasmas existem, mas permanecem inacessíveis aos nossos instrumentos científicos. Inversamente: "Os pilotos de caça americanos reportaram dezenas de fenômenos que o exército não chega a explicar. É justamente a prova de que os extraterrestres estão entre nós". Também este raciocínio é errôneo: pode ser que os aparelhos tenham captado fenômenos absolutamente naturais, tornados incompreensíveis pela imprecisão dos dados. Tanto num caso como no outro, temos, evidentemente, a liberdade de acreditar no que quisermos. Podemos até pensar que temos boas razões para isso. Em compensação, pretender tirar uma conclusão categórica a partir de uma simples ausência de prova: eis o que nos faria cair na sofística.

O sofisma do verdadeiro escocês: Consiste em descartar, de maneira arbitrária, um contraexemplo que vinha pôr em risco uma generalização. A ilustração clássica, que deu o nome ao procedimento, nos vem do filósofo inglês Antony Flew: "– Nenhum escocês põe açúcar em seu mingau. – No entanto, meu tio Angus, que é escocês, põe açúcar em seu mingau. – Nesse caso, teu tio Angus não é um verdadeiro escocês!"[186] Por sua construção, este procedimento não passa de uma variação da petição de princípio. Equivale a utilizar, como premissa, o enunciado que deveria precisamente ter sido o objeto de uma demonstração: "Já que nenhum escocês põe açúcar no seu mingau, se teu tio Angus o faz, então ele não é um verdadeiro escocês".

Em sua utilização, no entanto, o verdadeiro escocês apresenta uma especificidade: ele é uma máquina de descartar objeções. Por exemplo: "– As feministas militam pela proibição da prostituição. – Isto não é verdade! Existe toda uma corrente do feminismo que reivindica, para as mulheres, o direito de fazer o que elas querem com seu corpo! – Perdão, mas aqui você me fala de trabalhadoras do sexo... As verdadeiras feministas, por sua vez, são a favor da proibição da prostituição!" Quando matraqueadas com desenvoltura e segurança, essas réplicas são capazes de trazer a vitória. O interlocutor porá em dúvida seu próprio pensamento; começará a se perguntar se seu contraexemplo era apropriado; perceberá, mas tarde demais, a amplidão do subterfúgio: o debate já terá terminado. A estratégia é ainda mais eficaz se ela redobra, como aqui, uma desqualificação *ad personam*: "aqui, você me fala de trabalhadoras do sexo..." Trata-se, evidentemente, de uma distinção artificial, ela própria falaciosa: pode-se perfeitamente ser trabalhadora do sexo e feminista. Esta distinção não deixa de contribuir para obscurecer o procedimento sofístico, a fim de torná-lo menos facilmente detectável – e ainda mais detestável. Tomemos cuidado, no entanto. Acontece que contraexemplos sejam realmente sem fundamentos, o que autoriza descartá-los categoricamente. Mas não aceitemos ver nossas objeções rigorosas serem varridas desleixadamente: é esta estratégia que é falaciosa.

A generalização apressada: Esta consiste num raciocínio por indução, cujas provas não deveriam ser consideradas suficientes para estabelecer uma conclusão. Já tivemos a ocasião de evocá-la amplamente: trata-se, simplesmente, de uma argumentação pelo exemplo. Contentemo-nos em dar uma

---

186. FLEW, Antony, 1966, *God & Philosophy*, Hutchinson, p. 104.

nova ilustração, desta vez tirada das tribulações da vida de casal: "Oh, sensacional, você fez as compras! Trouxe meus cereais? – Ah, droga, não; sinto muito, esqueci completamente. – Pronto, eu sabia! Você nunca pensa em mim!"

2. As opções lacunares

Estes sofismas se apoiam todos no mesmo princípio: privam-nos de uma parte das opções que deveríamos poder, no entanto, legitimamente considerar. O problema, portanto, não é, ou pelo menos nem sempre, que a conclusão apresentada seja falaciosa. Mas antes que seja apresentada como não tendo alternativa.

A afirmação do consequente: Também conhecida pelo nome de *raciocínio por abdução*, consiste em partir de uma observação e, em seguida, apresentar uma causa que permite explicá-la... deixando todas as outras hipóteses na sombra. Trata-se de raciocínios do tipo: "Se chove, então o chão fica molhado. Ora, o chão está molhado. É, portanto, porque choveu". Aparentemente, nada de chocante. E, no entanto, fez sol forte o dia todo: é que o peixeiro lavou sua banca! A afirmação do consequente equivale, portanto, a explicar um fenômeno por uma única causa, oportunamente selecionada.

Por mais falacioso que seja, o procedimento pode ser difícil de discernir se não se conhece bem o dossiê em discussão. Por exemplo: "Apesar da reabertura das salas de aula nas faculdades, após a terceira onda do coronavírus, 30% dos estudantes não retornaram ao presencial. É, portanto, porque o trabalho a distância lhes convém e deve ser generalizado a partir do próximo ano". A conclusão parece lógica. Mas é preciso considerar também que esses 30% de alunos precisaram devolver seu alojamento por não poderem pagar o aluguel, voltaram para a casa dos pais e, portanto, não podem frequentar a universidade. Ou mesmo abandonaram seus estudos... precisamente porque não chegavam a trabalhar de maneira isolada! A razão apresentada é plausível. O que é fraudulento é fazer como se ela fosse a única possível.

O falso dilema: Consiste em pretender que um problema só teria duas soluções, deixando deliberadamente todas as outras na sombra. É o famoso "ou... ou". Por exemplo: "Decida-se: ou você está comigo ou contra mim?"; esquecendo que se poderia também permanecer neutro. Na maioria das vezes, uma das duas opções é, além disso, apresentada de maneira a desempenhar a função de contraste, o que na realidade deixa apenas uma única escolha possível: aquela que queríamos que fosse aceita.

Este procedimento é incrivelmente comum na vida cotidiana. Todos os pais já recorreram a ele. Às vezes, com uma pitada de marotice: "Se você quer uma sobremesa, precisa primeiro acabar os legumes. Senão, isto quer dizer que você não tem mais fome e pode deixar a mesa imediatamente!" Às vezes, veiculando pressupostos mais devastadores: "Preste atenção. Se você não trabalhar bem na escola, acabará desempregado!" Encontramo-lo também frequentemente no debate político. É utilizado, por exemplo, para atribuir a seus adversários categorias desqualificantes: "Eu, de minha parte, não sei o que é a extrema-direita. Tudo o que vejo é que existem, de um lado, os que amam a França tradicional e querem restabelecê-la e, do outro, os que a detestam e procuram destruí-la!" Este procedimento permite igualmente forçar a aceitação de propostas no entanto controversas: "As coisas são claras! Existem os que preferem nada fazer e se satisfazem com um desemprego elevado e um crescimento inexpressivo, sem dúvida porque veem nisso um interesse eleitoral. E os que, pelo contrário, se juntam a nós acerca das reformas pragmáticas e ambiciosas que trazemos!" Tanto num caso como no outro, o procedimento é detestável: ele desacredita toda contestação, reivindicando para si a única legitimidade de ter uma posição razoável.

A pergunta com pressuposto: Conhecida também pelo nome de *pegadinha*, ela consiste em emitir uma interrogação que contém, entre suas premissas, a afirmação que se deseja realmente fazer aceitar. Dá-se geralmente o exemplo seguinte, que devemos ao escritor antigo Diógenes Laércio: "Você deixou de bater em sua mulher?" O fato de responder sim ou não nada muda: tanto num caso como no outro, confessaremos ter cometido violências conjugais. Trata-se, portanto, de um estratagema particularmente vicioso. Basta aceitar a pergunta para cair em sua armadilha. Se o interlocutor não tem o reflexo de começar a atualizar e refutar o pressuposto, seja o que for que replique, ele já perdeu.

A política americana nos deu um exemplo célebre. No dia 12 de maio de 1996, a embaixadora dos Estados Unidos na ONU, Madeleine Albright, responde a uma entrevista televisionada. Evocando as sanções internacionais contra o Iraque, a jornalista lhe pergunta: "Fomos informados que meio milhão de crianças morreram [por causa do embargo]. É mais do que o número de crianças mortas em Hiroshima. Isto vale realmente a pena?" A armadilha é grosseira. Bastaria contestar vigorosamente este número. Ou então, pelo menos, afirmar que estas centenas de mortes não têm nenhuma relação com as sanções. Mas não. Sem refletir, Madeleine Albright responde: "É uma escolha muito difícil, mas o resultado, em nossa opinião, vale a pena". Ela acaba de reconhecer que a ONU é uma organização assassina de crianças. Xeque-mate. Nada do que ela poderá dizer em seguida terá a menor importância.

Observemos finalmente que, em certa medida, se poderia afirmar que toda pergunta possui ao menos um pressuposto: ela implica que a pergunta seja fundamentada! De aparência trivial, esta observação não deixa de ser fundamental. Aceitar responder a uma interrogação é confessar sua pertinência. Existem certas perguntas que, na realidade, nem deveriam ser enunciadas. O simples fato de formulá-las basta para suscitar uma dúvida indevida. Porque, afinal de contas, se são feitas, é porque existe uma razão para pensar que elas têm cabimento, não? O procedimento é particularmente odioso quando é utilizado para ativar um preconceito, sem querer assumi-lo explicitamente. Os advogados estão habituados ao fato. Por exemplo, por ocasião da inquirição de uma mulher que apresenta queixa de estupro: "O que a senhora vestia, madame, naquela noite? – Uma saia e botas, mas... qual a relação? – Oh, nada, eu simplesmente me perguntava..." Diante deste tipo de injunção perversa, é melhor recusar-se a responder. Ou mesmo mostrar-se ousadamente indignados. Elas são um veneno que é preciso neutralizar imediatamente.

A ladeira escorregadia: Consiste em pretender que um acontecimento relativamente anódino vai acarretar uma cadeia de consequências que levará, de maneira inelutável, a um desfecho horrível. Por exemplo: "Se aceitamos, hoje, a adoção por parte dos casais do mesmo sexo, deveremos aceitar, amanhã, a reprodução assistida para os casais de mulheres, em seguida as mães de aluguel para os casais de homens, e depois o eugenismo para todos, e isso será o fim da humanidade tal como a conhecemos!" No cotidiano, é a mesma lógica que encontramos por trás de advertências do tipo: "Cuidado. Se você começa a fumar maconha, em seis meses você passa para as drogas pesadas!" Esta lógica, de resto, se encarna inteiramente num provérbio bem conhecido: "Quem rouba um tostão rouba um milhão".

Em si, a ladeira escorregadia se apoia num raciocínio perfeitamente legítimo: o argumento de direção. Este equivale a chamar a atenção para desenvolvimentos deletérios aos quais uma decisão presente poderia levar no futuro. Ora, com toda evidência, acontece que este risco é fundamentado. Para citar o exemplo: em 1999, o governo de Lionel Jospin introduziu, na França, um contrato que abria o caminho para uma união civil entre pessoas do mesmo sexo: o Pacs (Pacto Civil de Solidariedade). Um dos argumentos utilizados por seus adversários, na época, era precisamente que o contrato seria ampliado progressivamente até autorizar o casamento entre pessoas do mesmo sexo. Menos de quinze anos depois, em 2013, este último era efetivamente legalizado: os temores dos adversários se revelaram justificados. O que separa, então, o raciocínio pertinente do sofisma malévolo? Duas dimensões: a improbabilidade e a inelutabilidade. A ladeira escorregadia tende a considerar como prováveis, ou mesmo certas, consequências que são pouco verossímeis, senão até fantasistas. Ela apresenta, além disso, toda a cadeia de consequências como inelutável, esquecendo que é inteiramente possível fixar um limite num ponto, e ater-se a ele. Trata-se, portanto, de um sofisma por limitação das opções, porque, ao interlocutor que quiser defender uma proposta, impõe assumir igualmente suas consequências mais catastróficas... e hipotéticas.

O homem de palha: Sofisma que consiste em apresentar a tese do adversário de uma forma tão caricatural que ela se torna facilmente refutável. No entanto, esta nunca é posta realmente à prova. Foi substituída por uma pálida versão de si mesma, um manequim incapaz de se defender: um homem de palha. Por exemplo: "Sou a favor de um abandono progressivo da energia nuclear. – Evidentemente. Mãos à obra! Fechemos nossos cinquenta reatores, deixemos sem emprego as dezenas de milhares de pessoas que neles trabalham e saqueemos nossa independência energética! Rica ideia, realmente!" Aqui o procedimento funciona exagerando uma parte da tese original: apresenta-se o abandono "progressivo", que supõe, portanto, a existência de uma estratégia de transição, como se fosse uma suspensão imediata sem a menor preparação.

Existem muitos outros métodos que permitem alterar uma argumentação adversa. Simplificando-a desmedidamente, até que pareça indigente. Reformulando-a em termos pouco lisonjeiros, a fim de que pareça revoltante. Tirando citações de seu contexto, para que pareçam aberrantes. Ou mesmo pondo na boca do interlocutor palavras que ele nunca disse: "Sou a favor da vacinação obrigatória contra o coronavírus. – É isto, como seu colega Martin, que declarava ontem querer enviar a polícia contra os recalcitrantes, para fazê-los tomar a vacina à força, algemados! Vê-se muito bem o que o senhor nos prepara: uma ditadura sanitária!" Cada vez, o objetivo é o mesmo: desnaturar a tese do adversário, até dar a impressão de triunfar.

Se o procedimento é descoberto, exibi-lo é fácil. Basta denunciá-lo, para reverter a situação e retomar a vantagem: "Perdão, mas não é absolutamente isso que eu disse. Manifestamente, meu raciocínio era um pouco sutil demais para você. Mas isto não é grave: deixe-me explicá-lo novamente com calma..." Caso contrário, em compensação, o homem de palha limitará pouco a pouco as opções do adversário, levando-o a debater a partir de uma posição esvaziada de toda sutileza. Sem se dar conta, este se encontrará reduzido a tentar defender o indefensável.

3. As premissas contestáveis

Estes sofismas consistem em embasar seu raciocínio com provas discutíveis ou insuficientes. Têm a especificidade de às vezes serem difíceis de circunscrever, porque os argumentos em que se baseiam podem, em certas situações, se revelar admissíveis. Convém, portanto, ser prudentes antes de denunciá-los. Senão, corremos o risco de cair no famoso "sofisma do sofisma", que equivale a fustigar como fraudulento um pensamento, na realidade, meticuloso!

O argumento por analogia: Consiste em utilizar a etimologia de uma palavra, ou seja, sua raiz, para pretender extrair dela ensinamentos gerais. Ora, esta nunca é uma prova aceitável. Na medida em que nossas línguas evoluem constantemente, o que conta é o uso que temos dos conceitos hoje, não o que era corrente há diversas centenas de anos[187].

Tomemos, por exemplo, este argumento detestável: "É melhor evitar nomear mulheres para cargos de poder: elas têm uma tendência natural à histeria! Aliás, esta palavra tem a mesma raiz que 'útero': é justamente a prova de que se trata de um traço de personalidade intrinsecamente feminino". A premissa do argumento é exata: o médico grego Hipócrates utilizava o termo "hystera" para descrever uma doença que ele julgava reservada às mulheres. Mais tarde, porém, a medicina contemporânea invalidou toda influência do útero sobre o humor. Portanto, a etimologia, aqui, não constitui em nada um argumento. Ela é apenas uma maquiagem pedante aplicada a uma análise misógina e deve, por isso, ser rejeitada sem cerimônia.

O tudo ou nada: Também conhecido pelo nome de *sofisma da solução perfeita*, consiste em rejeitar uma solução sob o pretexto de que ela comportaria defeitos, ou não responderia ao problema em sua integralidade. Ele se apoia, portanto, numa premissa oculta, mas evidentemente insustentável: "Todo resultado inferior à perfeição não possui nenhum valor". Assim exposto, o procedimento parece grosseiro, ou mesmo inoperante.

---

187. PAULHAN, Jean, 1953, *La Preuve par l'étymologie*, Les Éditions de Minuit.

Mas o encontramos em numerosas interações da vida corrente. Por exemplo, este argumento clássico da adolescência: "Por que a senhora quer que eu limpe o meu quarto? Seja como for, algumas semanas mais tarde, ele estará novamente sujo!"

De maneira menos anedótica, este tipo de raciocínio é invocado regularmente na política, a fim de contestar dispositivos que, no entanto, mostraram sua eficácia. Por exemplo: "É preciso aceitar a evidência: a assistência social não funciona. Investem-se somas malucas e mesmo assim as pessoas continuam pobres! É melhor suprimi-la!" Então, evidentemente: o fato de uma solução comportar falhas pode legitimamente estimular-nos a melhorá-la, ou até a procurar outra, mais bem-adaptada. Em compensação, pretender rejeitá-la em bloco com o único motivo de ela ser imperfeita: isso é altamente contestável.

O apelo à maioria: Também conhecido pelo nome de *argumento ad populum*, consiste em pretender que uma posição é boa porque é compartilhada pelo maior número possível de pessoas. Trata-se de uma premissa que não é sofística em si mesma. Ela possui até certo peso. Se pode acontecer que somos os primeiros a ter razão, devemos considerar também que podemos ser os únicos a não ter razão. Não é Galileu quem quer. Se todo mundo se comporta de certa maneira, não é extravagante, portanto, considerar que isso possa ter fundamento. Imaginemos que acabamos de ser recrutados por uma grande companhia. No cantinho do café um dos meus colegas me diz: "Oh, você ainda usa este *software*? Desde sua última versão, seu concorrente é realmente melhor, aqui todos fizeram a transição!" É um apelo à maioria, mas pode-se imaginar que não seja injustificado: se o conjunto dos empregados tomou a mesma decisão, é talvez porque existe uma razão. Em compensação, meu colega deveria estar em condições de me dar esta razão! Se lhe perguntamos "Ah é? E por quê?", e ele se contenta em me responder "Você verá, é realmente o melhor!" Aqui posso começar a duvidar. A apelo à maioria, portanto, nunca é definitivo. É apenas um argumento entre outros. Sozinho, tende a tornar-se falacioso.

No debate público é frequente, justamente, que argumentações sejam fundamentadas em apelos discutíveis à maioria. O procedimento é tanto mais pernicioso porque é utilizado no quadro de uma comparação internacional, onde pode ser difícil descobri-lo. Tomemos, por exemplo, a seguinte frase muitas vezes ouvida: "A França é o último país da Europa que manteve um imposto sobre o patrimônio: ora, trata-se de uma taxa idiota e é urgente dar-lhe um fim!" Quando é utilizado sozinho, este argumento não é um argumento. Com efeito, de duas coisas uma. Ou o imposto é efetivamente idiota, e neste caso precisar-se-ia ser capaz de demonstrá-lo. Ou não pode ser apresentada nenhuma demonstração convincente, e neste caso será necessário começar a considerar que a França possa ter razão contra seus parceiros. O argumento *ad populum*, aqui, não é necessariamente falso. Em compensação, ele não prova nada, mesmo dando a impressão de ser implacável. É isto que é falacioso.

Sobretudo, o apelo à maioria se torna verdadeiramente sofístico quando a popularidade reivindicada não tem relação com a questão posta. Imaginemos, por exemplo, um cientista que adotou uma posição muito enérgica numa controvérsia médica. Por ocasião de uma entrevista, ele declara: "Façam, portanto, uma sondagem entre os pesquisadores e os médicos: vocês verão que a imensa maioria concorda comigo". Se isto for verdade, o argumento é abertamente aceitável. Com efeito, na esfera da ciência, o que dá crédito a uma proposta não são nem os títulos, nem os diplomas, mas sim a validação pelos pares. Mas admitamos que este cientista perora: "Façam, portanto, uma sondagem entre os franceses: vocês verão que a imensa maioria concorda comigo". Isto equivale doravante a fundamentar a qualidade de uma proposta científica na opinião de indivíduos que não têm nenhuma competência para avaliá-la. O argumento *ad populum* se torna profundamente ilegítimo. Um autêntico sofisma.

Argumento da ausência de antecedente: Consiste em pretender que uma coisa é impossível, porque nunca aconteceu. Em si, este argumento nem sempre é infundado. Até pelo contrário: trata-se de um caso clássico de argumentação por indução. Se podemos provar que uma situação nunca ocorreu numa amostra suficientemente ampla, é razoável partir do princípio de que ela tem poucas chances de acontecer no futuro. Nunca houve um terremoto grave na França; portanto, não vale a pena superdimensionar nossas normas de segurança no edifício".

É muito diferente se dizemos alguma coisa como: "Com certeza posso dirigir um carro depois de beber! Eu o faço há dez anos e nunca tive um acidente!" O que obriga a tratar este argumento com menos benevolência é que numerosos estudos mostraram um risco dramaticamente maior de acidentes sob o efeito do álcool. O perigo é real: nós simplesmente tivemos a chance repetidas vezes. O que torna sofístico o argumento é o fato de pretender que, porque um acontecimento provável ainda não ocorreu, ele nunca ocorrerá. Infelizmente, as famílias enlutadas sabem muito bem: 100% dos "barbeiros" mortos nas estradas só tiveram, em sua vida, um único acidente mortal[188].

Resta evidentemente, como vimos anteriormente, entender-nos sobre o sentido da palavra "provável". Um último exemplo: "Nenhum acidente nuclear ocorreu na França: por que você quereria que se suspendam as centrais?" Este argumento é sofístico? Alguns realçarão o fato de que o perigo é extremamente pequeno: estes responderão não. Outros chamarão a atenção para o fato de que o perigo é extremamente grave: eles responderão sim. Os sofismas são, às vezes, uma questão de ponto de vista.

III. As palavras artificiosas

Resta-nos considerar um último procedimento. Uma elegante perfídia, menos anódina do que parece: a utilização de conceitos mobilizadores. Diferentemente dos sofismas, que pervertem a lógica em razões capciosas, estes se infiltram até no cerne da linguagem, para nela corromper o que há de mais precioso: suas palavras.

---

188. O exemplo foi tomado de empréstimo de HEINRICHS, Jay, 2013, op. cit., p. 150.

1. Os conceitos mobilizadores

"Juntos, construiremos uma sociedade mais justa!" À primeira vista, nenhum problema com esta frase. Ela parece ser apenas um avatar ordinário da linguagem insípida com a qual a política acabou nos habituando. No máximo poderíamos censurá-la por ser leniente. E um pouco vaga. Mas enganadora? Ora... E, no entanto, sim: ela o é.

Por *conceitos mobilizadores* designamos palavras que possuem duas características. Primeira: seu conteúdo denotativo é ou inexistente, ou abundante. Ou não querem dizer nada, ou podem querer dizer tudo e seu contrário. A segunda: são conotados positivamente. O simples fato de pronunciá-los evoca, na mente dos ouvintes, representações agradáveis. Em outras palavras: falam a todo mundo, mesmo tendo um significado diferente para cada pessoa[189]. Assim definidos, estes conceitos mobilizadores estão disponíveis numa lista interminável. Encontramo-los, evidentemente, na esfera política: "liberdade, segurança, emancipação, benevolência, reforma, transformação, mudança, agrupamento, aliança, para frente, em movimento, pragmatismo, realismo, progressismo..." Mas o vocabulário da administração é, também ele, abundantemente provido: "ruptura, *performance*, governança, qualidade, agilidade, horizontalidade, transversalidade, desenvolvimento, expansão, talento, acompanhar, dar sentido..." Sequências inteiras de discursos podem ser moldadas utilizando exclusivamente este tipo de palavras: tivemos ocasião, acima, de dar um exemplo[190]. Do ponto de vista das oradoras ou dos oradores, estas palavras permitem produzir discursos em grande quantidade, mas estando seguros de nunca incorrer em risco. Os ouvintes acreditarão ter ouvido um conteúdo agradável, simpático, talvez um pouquinho críptico, mas certamente em sintonia com o tempo. No pior dos casos, terão o sentimento de não ter entendido perfeitamente. No melhor

---

189. Encontramo-los classificados também como *conceitos operacionais*, em referência aos trabalhos do filósofo Herbert Marcuse. Mas esta terminologia nos parece ao mesmo tempo menos evidente e mais específica. MARCUSE, Herbert, 2015, *O homem unidimensional*, Unipro.

190. Cf. cap. 3, IV-1, "A arte de marcar as mentes: os *claptraps*".

dos casos, terão compreendido exatamente o que desejavam compreender; projetarão o significado que lhes convém; sentirão o discurso ressoar em seu íntimo. Embora, na mente de seu autor, este podia ter um sentido muito diferente, ou mesmo não ter sentido nenhum. Tal é a força milagrosa dos conceitos mobilizadores: permitem se precaver do conflito, permanecendo escondido atrás do véu protetor da indefinição.

Tomemos o conceito central do nosso primeiro exemplo: a justiça. Na aparência, a palavra é tão nobre quanto precisa. Todo mundo vê muito bem o que é uma "sociedade justa", não é? Certamente. Exceto por um pequeno detalhe: ninguém vê a mesma coisa! Para uns, será uma sociedade na qual se dá mais aos que têm mais necessidade. Para outros, será uma sociedade na qual se dá mais aos que mais se esforçam. Para outros ainda, será uma sociedade na qual se dá mais aos que possuem a nacionalidade. Todos se encontram atrás do ideal de justiça. Mas ninguém possui a mesma concepção de uma sociedade justa. Estamos justamente diante de um conceito mobilizador: ele permite reunir atrás de um mesmo estandarte indivíduos divididos. Para a oradora ou o orador, no plano estratégico, isto constitui uma chance inesperada. De um ponto de vista ético, o procedimento não deixa de ser discutível. Ainda que seja descoberto, ele só nos deixaria pensar que a argumentação carece de precisão. Enquanto a realidade é muito pior: ela não tem, rigorosamente, nenhum significado. É nesta ambiguidade que se anicha a mistificação.

Quer dizer que é preciso lançar o opróbrio sobre todo indivíduo que surpreendêssemos manipulando essas palavras? Pelo contrário. Os conceitos nunca são mobilizadores por natureza. É sendo repetidos até à náusea nos discursos flácidos e desalinhados que eles acabam perdendo toda substância. Desde que façamos o esforço de especificar o sentido que lhes conferimos, retornamos ao campo do pensamento. Para seguir o exemplo precedente: existem, evidentemente, filosofias da justiça. Elas se empenham em defini-la e caracterizá-la[191]. Mas é precisamente aqui que se situa

---

191. Pode-se citar, por exemplo, entre muitas outras contribuições, a obra monumental de RAWLS, John, 2000, *Uma teoria da justiça*, Martins Fontes.

a diferença: aqui os conceitos são trabalhados. Só à força de serem brandidos mecanicamente é que se congelam, se fossilizam e caem na vacuidade. Não são mais ideias, mas simplesmente instrumentos, destinados a suscitar algo vago na esperança de colher um consenso frouxo.

Esta última especificação deveria, no entanto, estimular-nos à prudência. Já que é o contexto que confere ao conceito seu caráter mobilizador, não podemos jamais excluir que um discurso vago seja, na realidade, límpido para o indivíduo que o pronuncia. Em sua mente, as palavras são definidas e os argumentos precisos. Talvez até os membros do grupo ao qual ele pertence, quer se trate de um movimento político, de uma empresa ou de uma administração, sejam capazes de decodificar seu sentido. De duas coisas uma, neste caso. Ou o discurso se dirige exclusivamente a estes iniciados, e então não estamos mais diante de conceitos mobilizadores: apenas de jargão. Podemos censurá-lo por falta de elegância, mas não de honestidade. Ou, pelo contrário, o público é mais amplo, e os que o constituem correm o risco de extraviar-se em interpretações errôneas. Estamos simplesmente em presença de um procedimento enganador: foi simplesmente mobilizado sem vontade de enganar. Esse discurso não merece necessariamente ser denunciado como maléfico. Em compensação, nunca deveria ser julgado convincente[192].

Enquanto ouvintes devemos, portanto, aprender a descobrir este tipo de argumentação, a fim de, em nosso foro íntimo, atribuir-lhe o valor que ela merece: nenhum. Para isto existe felizmente um método simples: basta se perguntar se seria possível reivindicar o inverso do que acaba de ser dito. Como a especificidade dos conceitos mobilizadores consiste em pôr todo mundo de acordo, eles não podem ser derrubados sem que passemos por um louco ou um idiota. "Construamos uma sociedade mais justa": ao contrário dos que querem uma sociedade injusta? "Aqui, nós funcionamos na benevolência": em oposição aos que admitem sua malevolência? "Con-

---

192. Sobre a dificuldade de categorizar um discurso como oco e enganador, reportar-se às judiciosas observações de DUFAYS, Jean-Louis, 2010, "Stéréotype et langue de bois: comme un air de famille". *Hermès, La Revue*, vol. 58/3, p. 41-46.

tinuaremos a transformação iniciada há quatro anos": porque existem muitos dirigentes que reivindicam o imobilismo? "Em nossa sociedade, estamos muito empenhados na expansão dos nossos talentos": ao contrário dos concorrentes que recrutam alunos preguiçosos e depois os deixam mofar? E a lista continua...

Evidentemente, no entanto, não convém cair numa obsessão paranoica. Que um ou dois conceitos mobilizadores floresçam numa intervenção, por inadvertência ou astúcia, facilidade ou habilidade: isso pode acontecer. É quando eles se disseminam no discurso que podemos começar a desconfiar. As oradoras e os oradores que reivindicam nossa atenção não merecem necessariamente nossa intransigência. Mas devem ser acolhidos com exigência. Nossa adesão é um bem precioso: não aceitemos nunca que ela seja comprada com moeda falsa.

Enquanto oradoras ou oradores, em compensação, a pergunta permanece intacta: Deveríamos utilizar estes instrumentos? Às vezes sim, isto pode justificar-se. Os conceitos mobilizadores têm a particularidade de nos permitir, literalmente, falar sem dizer nada. Neste sentido, aparecem como um meio de nos proteger quando nos encontramos, por exemplo, intimados a responder a uma pergunta que nos põe em grave perigo. Emparedar-se no silêncio, infelizmente, nem sempre será possível. Desfiar um rosário de palavras obscuras constituirá então nosso melhor refúgio. Conquistaremos a convicção? Provavelmente não. Mas, pelo menos, teremos conseguido não nos incriminar, sem dar o flanco para a acusação de nos termos esquivado à pergunta. O ataque foi repelido: é tudo o que conta.

Em compensação, o recurso a esse procedimento deveria ser apenas excepcional. Por razões táticas, em primeiro lugar. Lembremos que a especificidade dos conceitos mobilizadores consiste em serem vagos e congelados: duas características que raramente são consideradas qualidades. Se recorrermos a eles com demasiada frequência, logo terão desvitalizado nossa linguagem, tornando-a laboriosa, pesada, desagradável. A menos que manejemos o procedimento com uma grande virtuosidade, não despertaremos nenhum entusiasmo. Raramente até adesão. Somente a ausência do desacordo. Não é geralmente o que procuramos. Por razões éticas, em segundo lugar. A multiplicação dos conceitos mobilizadores, com efeito, não tem nada de um fenômeno anódino para o debate público.

2. A alteração do debate público

Desde o início deste desenvolvimento, giramos em torno de uma palavra. Ela nunca foi evocada, mas pressentimos muito bem que ela ronda, não longe. E com efeito. Os conceitos mobilizadores são exatamente um dos instrumentos principais daquilo que dominamos *língua de madeira* (linguagem estereotipada ou clichê). Todos os trabalhos que lhe são dedicados observam, de uma maneira ou de outra, o lugar central que ali ocupam os conceitos vagos e congelados. Alguns falam de "palavras-máscaras" outros de "conceitos faz-tudo" ou de "palavras ocas". Cada vez trata-se justamente do mesmo procedimento: o que permite "ocultar fingindo mostrar"[193]. Ainda seria necessário, quando se começa a falar de língua de madeira, ser capazes de defini-la rigorosamente. E é aqui que começam as dificuldades. Mostra-se muito difícil resgatar uma definição estável desta expressão, que parece designar discursos incrivelmente diferentes. Nem mesmo é certo que ela ainda seja a mais pertinente, hoje, para qualificar o que ela pretende denunciar. Por mais estimulante que seja esta questão, resignamo-nos, portanto, a deixá-la de lado: ela nos levaria muito além das fronteiras de nossa reflexão[194].

Sendo assim, não há necessidade do "língua de madeira" para nos interrogar sobre o que os conceitos mobilizadores podem produzir no debate público. Longe de ser apenas uma pequena intriga sem importância,

---

193. As expressões são respectivamente de: HAZAN, Éric, 2006, *LQR: la propagande au quotidien*, Raisons d'agir, p. 38; HUYGHE, François-Bernard, 1991, *La langue de coton*, Laffont, p. 59; e, para as duas últimas, DELPORTE, Christian, 2009, *Une histoire de la langue de bois*, Flammarion, p. 10.

194. Para um panorama das pesquisas recentes: reportar-se ao dossiê especial "Les langues de bois" no número 58/3 da revista *Hermès* (2010). Consultar igualmente a bela síntese realizada por NIMITZ, Julie, 2018, *La "langue de bois" au Royaume-Uni au XXIe siècle: une étude sémiolinguistique du parler politique contemporain*, Tese de linguística, Universidade de Estrasburgo, 2018.

eles parecem, com efeito, capazes de acarretar consequências gravemente deletérias. O próprio escritor George Orwell, há mais de meio século, propunha uma reflexão visionária sobre esta questão. O autor é citado muitas vezes por seu romance *1984*, no qual ele imagina um futuro totalitário. Ali a administração promove a "novilíngua": uma linguagem deliberadamente empobrecida, privada de toda nuança, expurgada de uma grande parte de seus conceitos, e que deve, cedo ou tarde, impedir a formulação de todo pensamento dissidente. Evidentemente, hoje, *1984* se tornou um lugar-comum. Não se deixa de invocá-lo, muitas vezes com excesso, às vezes sem tê-lo lido, a fim de denunciar o suposto aviltamento da palavra política nas sociedades democráticas. E esquece-se que, antes mesmo de escrever sua obra-prima, Orwell havia publicado um ensaio precisamente centrado nesse tema: *A política e a língua inglesa*. Neste texto importante, ele interroga os descontroles dos discursos de sua época. E observa como as "meaningless words", as "palavras privadas de sentido", contribuem para obscurecer o debate e empobrecer as ideias. Vale a pena citar o extrato em sua integralidade: "Em certos tipos de escritos, é frequente topar com longas passagens quase totalmente destituídas de sentido. [...] É o caso sobretudo na política. A palavra fascismo não tem mais sentido, salvo na medida em que significa 'alguma coisa não desejável'. As palavras 'democracia, socialismo, liberdade, patriótico, realista, justiça' têm cada uma diversos sentidos diferentes, que não podem ser conciliados uns com os outros. As palavras deste tipo são muitas vezes empregadas de maneira deliberadamente desonesta. O indivíduo que as utiliza tem delas sua própria definição, mas deixa seus ouvintes pensar que elas poderiam querer dizer alguma coisa completamente diferente"[195]. Orwell já havia identificado o risco de ver os conceitos mobilizadores se infiltrarem no pensamento até desnaturá-lo.

A perversão destas palavras é que são inatacáveis. É impossível contestá-las: na medida em que seu conteúdo é indefinido, não sabemos por onde começar nosso trabalho de refutação. Não é mais concebível denun-

---

195. ORWELL, George, 1946, *Politics and the English Language*.

ciá-las: como suas conotações são positivas, insurgir-se contra elas seria se autodesqualificar. Opor-se frontalmente à seriedade orçamentária, à perspectiva de qualidade no trabalho ou à agilidade na busca de carreiras? Ou até, pior ainda, contradizer um interlocutor que reivindica a República, a liberdade ou a laicidade? Isto seria um suicídio retórico. É nisto que os conceitos mobilizadores constituem um procedimento profundamente desleal. Não se contentam em pôr todo mundo de acordo: amordaçam a expressão do desacordo. Restringem a capacidade de pensar e propor uma alternativa. François-Bernard Huyghe o exprime em termos muito vivos, para qualificar o que ele designa "língua de algodão": "É sobretudo a língua sem réplica. Ela emite propostas que deixam tanto lugar à interpretação que cada um é livre para compreender o que ele espera. Ou ela diz verdades tão amplas que o tema tratado não tem nenhuma chance de escapar. Ou ainda formula julgamentos morais que só o mais infame dos cafajestes não poderia considerar verdadeiros. Nunca se pode contradizê-la"[196].

Se desejamos replicar a um discurso saturado de conceitos mobilizadores, será necessário, portanto, desvendá-lo, e depois explicitá-lo, antes de poder enfim contra-argumentar. Isto não é irrealizável. Mas exige uma boa dose de petulância e de vivacidade. E, sobretudo, o perigo é que todas as oradoras e todos os oradores terminam, a fim de combater com armas iguais, chafurdando coletivamente no procedimento. O debate público corre então o risco de se estiolar até perder toda vitalidade. Só veremos confrontar-se nele grandes ideias vagas e gerais, cujas consequências práticas se tornam impossível saber realmente quais são. As discussões, quer sejam políticas, econômicas ou administrativas, se cobrem pouco a pouco com um véu de bruma. Não permitem mais ao público forjar-se um julgamento esclarecido. Exercer plenamente seu livre-arbítrio. Não sejamos trouxas. O preço coletivo a pagar, por uma inflação generalizada dos conceitos mobilizadores, é terrivelmente elevado.

---

196. HUYGHE, 1991, op. cit., p. 12-13.

Conclusão

Portanto, se a retórica tem má fama, não é totalmente sem razão. A língua não oferece apenas recursos para argumentar, agradar ou comover. Ela permite igualmente enganar, mistificar ou desnortear. Dos sofismas, que pervertem a lógica, aos conceitos mobilizadores, que corrompem o léxico: as armadilhas montadas pela deslealdade são numerosas e variadas. Enquanto ouvintes, portanto, não temos escolha. A menos que aceitemos capitular diante dos indivíduos que pretendem nos manipular, precisamos aprender a descobrir estas armadilhas.

Resta, evidentemente, a grande pergunta: Enquanto oradoras ou oradores, o que faremos? Utilizaremos sem reserva estes instrumentos, com o único objetivo de fazer triunfar nossa posição? Ou traçaremos uma linha que decidiremos jamais ultrapassar, correndo o risco de não convencer? É um dilema que cabe a cada uma e a cada um de nós, com toda a honestidade, resolver. Uma advertência, no entanto, não mais ética, mas sim estratégica. Se decidimos enfiar avidamente a mão no pote de mel... cuidemos para não ser pegos em flagrante delito! Porque, sejamos lúcidos: em matéria de trapaça, tendemos a ser menos sutis do que gostaríamos de pensar. Quanto ao público, muitas vezes ele é menos estúpido do que gostaríamos de acreditar. É melhor, portanto, ater-nos à prudência e à humildade. Estes procedimentos nos expõem sempre ao risco de sermos apanhados. Portanto, não deveriam ser utilizados senão como último recurso, se não tivermos nada melhor ao alcance. Se um só deles for revelado abertamente, passaremos por pérfidos ou cretinos. Acabar-se-ão então nossas chances de convencer.

CAPÍTULO 8

Dominar o debate

"O primeiro duelista eu o despacho com as honras que lhe são devidas! Os que querem morrer levantem o dedo"[197]. Cyrano pode permitir-se perorar: seu verbo, ele sabe, é tão afiado como sua espada. No campo de batalha como num combate verbal ninguém ousa enfrentá-lo. É que, do orador ao espadachim, não há mais que um passo. A retórica não se reduz ao prazer de fazer rodopiar as palavras com brilho. Ela é também a arte do combate.

No cotidiano, discorremos menos do que debatemos. Muitas vezes, quando fazemos valer nossas posições, nossos interesses ou nossos valores, os indivíduos com os quais intercambiamos não se contentam em nos escutar benignamente. Pelo contrário, argumentam outro tanto! Trava-se então uma luta palmo a palmo, até que alguns cedem e consentem em conceder sua convicção. Às vezes, um parceiro de conversação se transforma em autêntico adversário. Sabemos de antemão que não chegaremos a conquistar sua adesão, como ele também não conquistará a nossa. Procuramos então derrubá-lo, a fim de provar o valor de nossa posição aos olhos dos que nos escutam. Tal é o fosso que separa a discussão deliberativa do debate competitivo. Numa, procuramos *convencer* nossos interlocutores. No outro, *vencer* nossos contraditores para convencer os ouvintes que assistem ao enfrentamento. É desta última modalidade, a competição, que precisamos tratar agora. Se desejamos fazer prevalecer nossas ideias, precisaremos aprender a batalhar.

---

197. ROSTAND, Edmond, *Cyrano de Bergerac*, 1897, ato I, cena 4.

I. Os princípios da competição

Na verdade, existem os provocadores profissionais, os arruaceiros calejados, os desmancha-prazeres. Eles acolhem o debate com deleite, quando não o provocam intencionalmente. O duelo verbal é seu prazer. E, depois, existem os outros, os mais numerosos, nos quais ele desperta antes reticência. Não será possível, portanto, contentar-se em evitá-lo? Por que aprender a combater, se não pretendemos travar o combate? É que, às vezes, não temos escolha.

A esgrima oratória não é de modo algum reservada aos advogados, aos polemistas e aos políticos. Quer nos agrade ou não, ela é nosso quinhão comum. Um colega se opõe à nossa proposta durante uma reunião: precisaremos responder-lhe, mostrar nossa superioridade, e deixar o patrão decidir. Um amigo propõe passear nas montanhas: será necessário tomar a defesa da praia, elogiar os méritos da ociosidade, e aceitar ver o resto do grupo decidir. Um importuno nos acusa num encontro noturno: o que fazer senão contra-atacar, expor sua fatuidade, e cobrir-nos de glória?[198] Regularmente o debate vem a nós. Nem sempre podemos esquivar-nos: será necessário aprender a enfrentá-lo e, ainda que aspiremos unicamente à tranquilidade, adotar como nosso o famoso lema latino: "Si vis pacem, para bellum". Se queres a paz, prepara a guerra.

Para orientar-nos nestes debates competitivos, precisaremos começar compreendendo o seu funcionamento. Não as nomas, porque estas não existem. Mas de preferência: os princípios. Precisaremos tê-los sempre em mente: eles condicionarão, em seguida, toda a nossa estratégia.

1. As posições são reduzidas a uma oposição

Quando procuramos conquistar a convicção no quadro de um discurso ou de uma conversação, os ouvintes ou os interlocutores têm à sua disposição um grande número de opções. Eles podem aceitar a proposta

---

[198]. Para uma análise aprofundada da dinâmica competitiva, cf. cap. 1, III-2, "As dinâmicas".

que lhes submetemos, ou preferir-lhe uma das numerosas alternativas às quais foram expostos antes. Ou mesmo decidir não se deixar convencer por nada e reservar seu julgamento. Estas dinâmicas, a monológica e a deliberativa, permanecem assim bem abertas. *A contrario*, os duelos oratórios apresentam uma estrutura muito mais fechada. Neles a discussão se encontra reduzida a um confronto entre um número limitado de soluções, na maioria das vezes, duas. Todas as outras possibilidades são jogadas na sombra. A dinâmica competitiva favorece assim o deslizamento para a dicotomia. Ela só admite dois vencedores possíveis: ou nós, ou nosso adversário. É o primeiro princípio do debate contraditório: nele as posições tendem a reduzir-se a uma oposição.

Esta estrutura dicotômica – que admite, portanto, apenas duas opções – acarreta uma consequência capital. Enquanto oradoras ou oradores, para conquistar a adesão das pessoas que assistem ao nosso duelo, dois caminhos se nos apresentam: mostrar a superioridade de nossa posição ou revelar a fraqueza da posição do adversário. Na medida em que somos os únicos antagonistas frente a frente, tanto um caminho como o outro equivalem à mesma coisa. É a proposta triunfante que será julgada a mais pertinente. Portanto, não procuramos, ou pelo menos não prioritariamente, dirigir-nos aos ouvintes, mas antes atacar nosso interlocutor.

2. Os oradores estão afogados na névoa

A névoa da guerra. Esta expressão, forjada pelo estrategista prussiano Carl von Clausewitz, é utilizada ainda hoje para descrever a experiência particular dos soldados na frente de batalha. Largados num universo caótico, com a vista obscurecida pela poeira e o ouvido saturado de explosões, tudo ao seu redor se torna esfumado. Apesar do treinamento militar, da coleta de informações e do meticuloso planejamento, a realidade primeira do combate é a confusão. O mesmo ocorre no debate.

Nós já o vimos: antes de empenhar-nos num confronto de ideias, precisamos preparar-nos. Elaboramos nossa linha argumentativa, antecipamos as objeções, identificamos as questões nas quais somos fortes e aquelas que decorrem de nossas fraquezas, numa palavra: estabelecemos uma cartografia da controvérsia[199]. A ação, no entanto, raramente é conforme à sua antecipação. No momento em que as primeiras palavras são pronunciadas, tudo se desequilibra. Precisamos rapidamente chegar a dividir nossa atenção em quatro frentes. Primeiramente, determinar o que nos preparamos para replicar, senão corremos o risco de permanecer quietos e passar por tolos. Ao mesmo tempo, escutar o que o adversário está apresentando, para identificar as eventuais aberturas e não responder passando ao lado do tema. Mas, igualmente, conservar uma visão de conjunto, guardar na mente a progressão de nossa argumentação, a fim de não nos desviarmos de nossa linha. Enfim, antecipar as reações dos ouvintes, imaginar a percepção que eles têm do confronto para, se for necessário, reorientar a imagem que refletimos e as emoções que suscitamos. O duelo oratório é um verdadeiro desafio para a mente. Confrontados com essa prova, nossos nervos ficam tensos, nosso discernimento se contrai, nossa percepção do tempo se modifica. Não existe outra coisa senão o que se diz aqui e agora. O pensamento estratégico, que vê chegar de longe as dificuldades, dá lugar aos reflexos e às intuições do terreno.

É este, portanto, o segundo princípio do debate oratório: enquanto oradoras ou oradores, estamos afogados na névoa. Mesmo estando plenamente concentrados, não podemos desenvolver senão uma racionalidade limitada. Isto explica, aliás, por que é tão fácil criticar os debates políticos. Confortavelmente instalados diante da televisão, as réplicas vêm facilmente e nos comprazemos em sonhar que podemos sair-nos melhor do que esses dois protagonistas. No fogo da ação, no entanto, constatamos o quanto o exercício é acrobático. Saturados, desnorteados, a cada instante corremos o risco de ser pegos desprevenidos, de não ter tempo para refletir antes de falar e, portanto, de sermos obrigados a falar para refletir.

Evidentemente, com o trabalho e a prática, nossas capacidades vão se afiar. Quanto melhor conhecemos o dossiê, tanto mais seremos experimentados e tanto mais difícil será fazer-nos cair na armadilha. Mas

---

199. Sobre o conjunto deste processo, cf. cap. 2, II, "Elaborar uma linha argumentativa".

nenhum espadachim é invencível. Sentiremos sempre pairar a ameaça, surda e terrível, de sermos surpreendidos. Basta uma fração de segundo, um erro, uma falha, até uma hesitação, e somos mortos. O adversário nos transpassará sem remorsos. É preciso ter bem em mente este estado de perigo permanente. Abordar um debate com leviandade é correr o risco de sermos vencidos por um interlocutor que havíamos subestimado. A boa nova é que a recíproca é verdadeira. Quando temos consciência da névoa, podemos utilizá-la a nosso favor para desenvolver nossas estratégias.

3. Os ouvintes são prisioneiros do instante

Enquanto ouvintes, como acabamos de ver, não somos pegos na armadilha da névoa. Desvencilhados da carga emocional e cognitiva que pesa sobre os espadachins, podemos acreditar que mantemos um olhar panorâmico e objetivo sobre a situação. Ora, na maior parte das vezes, isto não é nada. Com efeito, quando assistimos a um debate, sofremos duas coações.

A primeira é a quantidade limitada de atenção de que dispomos. Em nossa sociedade saturada de informações e de solicitações, ela se tornou um dos recursos mais preciosos. Quando, ao sabor de nossas peregrinações midiáticas, nos encontramos expostos a uma discussão contraditória, muitas vezes temos apenas uma atenção restrita a lhe prestar. Quer estejamos no nosso carro, no chuveiro ou mesmo em nosso sofá, tendemos a dedicar às permutas apenas uma escuta flutuante. E ainda que estejamos plenamente concentrados, seja porque a discussão nos apaixona, ou porque ela se desenrola sob nossos olhos, no mundo real: ela tem todas as chances de se prolongar o suficiente para perdermos o fio da meada. Bastam alguns minutos para sermos incapazes de nos lembrar como a conversação chegou a esse ponto. Por mais que redobremos os esforços para permanecer atentos, tudo nos escapa à medida que o debate se eterniza. Assim, do nosso ponto de vista, os debates contraditórios se assemelham mais a uma sucessão de discussões acesas do que a um edifício lógico coerente. E, no fundo, isto não é tão importante: continuamos aproveitando o momento presente.

A segunda coação que sofremos, enquanto ouvintes, é a extensão limitada de nossa competência. Na maioria dos casos, não somos peritos nas questões que precisamos resolver. Isso vale no quadro profissional, por exemplo. Se dois colegas se enfrentam numa reunião, é porque enfrentaram o problema com energia e estão em condições de propor cada qual uma solução. Quanto a nós, que só seguimos o tema de longe, somos reduzidos a desempenhar o papel de árbitros – senão, aliás, estaríamos defendendo nossa própria proposta. A situação é ainda mais flagrante quando assistimos a um debate político ou científico, cujos problemas são de uma grande complexidade. A não ser que tenhamos nós mesmos estudado abundantemente, não estaremos em condição de avaliar em profundidade a solidez dos argumentos. E é justamente aqui que está todo o problema. Quando nos falta a experiência de especialista, torna-se difícil distinguir os raciocínios falaciosos, descobrir os dados errôneos, identificar os fatos mentirosos. Por não dominar a cartografia do debate, pode até parecer complicado conhecer a diferença entre um ponto crucial e um aparte acessório.

Destas coerções resulta o terceiro princípio do debate contraditório: enquanto ouvintes, somos prisioneiros do instante. A menos que estejamos particularmente atentos e sejamos altamente competentes, no fim de um longo confronto argumentado, ser-nos-á difícil restabelecer a coerência global. Corremos o risco de reter sobretudo alguns momentos salientes, não obrigatoriamente os mais centrais nem os mais pertinentes, mas os mais memoráveis. As oradoras e os oradores poderão explorar de maneira estratégica esta natureza caótica do debate.

4. Os argumentos são ocultados pelas impressões

Já que os ouvintes estão em grande parte submetidos à tirania do instante, dificilmente estão em condições de avaliar a solidez das linhas argumentativas que eles veem entrechocar-se na discussão. Não deixam, em compensação, de ser marcados pelo conjunto dos seus sentimentos. Basta que um dos debatedores os faça rir, e ele ganha sua simpatia. Basta que pareça comovente, e ele obtém sua compaixão. Basta que os aborreça ou os ofenda, e ele colhe desdém ou aversão. Quando o debate termina, algumas das provas apresentadas produziram efeito, as outras já estão esquecidas. As imagens percebidas e as emoções experimentadas, em compensação, permanecem para sempre. No confronto, o *logos* tende a eclipsar-se por trás do *ethos* e do *pathos*. A maneira prevalece sobre a matéria. É o quarto princípio do debate contraditório: os argumentos são ocultados pelas impressões.

Logo que é enunciado, este princípio precisa ser nuançado. Ele não significa, de modo algum, que o *logos* não tenha importância. Pelo contrário. A argumentação é o esqueleto no qual toda a nossa força de convicção vai se articular. A imagem e as emoções só têm um impacto na medida em que um raciocínio potente as sustenta. Não pensemos, portanto, que fazer o palhaço ou apresentar-se nas melhores condições basta para levar a melhor. Enquanto oradoras ou oradores, se não somos capazes de embasar nossas propostas em um pensamento estruturado, tornamo-nos vulneráveis às refutações mais brutais. Uma objeção bem-situada bastará para nos ridicularizar. Desprovida de *logos*, a retórica é uma fortaleza sem proteção. Além disso, quanto mais os ouvintes forem competentes no tema em discussão, tanto mais os argumentos ganharão em alcance e em eficácia. Diante de uma plateia de peritos, eles serão até o único critério pelo qual seremos julgados. A argumentação aparecerá, portanto, salvo exceções, como uma condição necessária para obter a convicção. Mas, no quadro de um debate, ela raramente é suficiente. Se não prevalecermos igualmente no plano da imagem e das emoções, existem poucas chances de levarmos a melhor.

II. Os fundamentos da estratégia

Gostaríamos que o debate contraditório fosse uma partida de xadrez. Os oradores desenvolveriam seu pensamento como os jogadores movimentam seus piões: cuidadosamente, após ter considerado todas as opções. Os argumentos se corresponderiam racionalmente, como peças em movimento em casas idênticas em proporção. Mas não é o caso. Porque o xadrez não é senão jogo da guerra, regulado e codificado. O debate, em compensação, é uma verdadeira batalha, orgânica, movediça, desordenada. É o humano que se encontra no centro do tabuleiro. Nenhuma lei se lhe aplica, pelo menos nenhuma que não possa ser transgredida. Nesta efervescência retórica é impossível predizer o que vai acontecer. Nela só a incerteza é constante.

No entanto, isto não significa que estamos condenados a vagar na bruma, improvisando nossas réplicas, ao sabor das circunstâncias e da inspiração. É possível seguir uma estratégia, que se desenvolve ao longo de algumas grandes linhas de conduta. Dezoito, para sermos precisos. Estas se repartem em quatro grandes temas: o ataque, a defesa, a invasão e os fundamentos. É por estes últimos que vamos começar.

1. Orientar a conduta do debate

Muitas vezes temos uma abordagem linear do duelo oratório. Os turnos de palavra se correspondem diretamente. Cada argumento enunciado vem como refutação do que o adversário acabou de apresentar. O debate se torna uma série de réplicas ininterruptas, semelhante a uma partida de tênis, na qual é absolutamente necessário ser capaz de rebater a bola, sob pena de perder o ponto. No fim dessa permuta, os interlocutores geralmente saem frustrados: haviam preparado bons argumentos, mas não puderam situá-los! Entretanto, o que podem fazer senão deplorar o fato? O debate simplesmente não tomou o caminho que eles esperavam.

Esta situação decorre de uma concepção errônea do debate contraditório. Este não é um confronto racional, onde cada argumento do adversário deveria ser refutado ou admitido, até que toda a matéria tenha sido esgotada. Pelo contrário, nada obriga a oradora ou o orador a responder ao que acaba de ser dito! Não esqueçamos que os ouvintes são, em grande parte, prisioneiros do instante. Quando retomamos a palavra, bastam algumas frases, um punhado de segundos, para que a intervenção precedente já comece a nimbar-se de imprecisão. Na medida em que nossa fala der a impressão de prosseguir de maneira vagamente coerente, o público nos seguirá para onde desejamos levá-lo. Mesmo que, na realidade, não tenhamos respondido senão muito parcialmente, ou mesmo artificialmente, aos dardos que o interlocutor acabava de lançar contra nós.

Trata-se de uma observação crucial. Ela nos deve levar a modificar radicalmente nossa maneira de considerar o debate. A primeira pergunta que devemos fazer-nos, quando nos preparamos para tomar a palavra, não é "como responder ao que acaba de ser dito?", mas antes "é preciso responder ao que acaba de ser dito?" Evidentemente, se o argumento de nosso adversário fragiliza ostensivamente nossa posição, quase não temos escolha: é preciso replicar o mais rápido possível. Em compensação, se avaliamos que sua intervenção era acessória, desajeitada ou confusa, não percamos tempo para refutá-la. Ela não nos ameaçava? Deixemo-la escorrer. E aproveitemos para desenvolver nossa própria linha argumentativa.

As mesmas recomendações se aplicam, aliás, se tomamos consciência de que a discussão se deslocou progressivamente para um aspecto da controvérsia que nos põe em dificuldade. Em vez de nos debater nessas águas tumultuosas, onde provavelmente nunca dominaremos, não percamos tempo. Aproveitemos nossa próxima intervenção para reorientar o debate, em vez de replicar ao nosso adversário. Imaginemos, por exemplo, que, por ocasião de uma discussão animada, cheguemos a defender os méritos da caça. Nosso interlocutor é um vegetariano assumido. À força de anedotas marcantes e de imagens surpreendentes, ele nos explica que se trata de uma prática cruel, indigna de nossas sociedades civilizadas. Poderíamos responder-lhe ponto por ponto: a morte faz parte da natureza; os animais já se perseguem uns aos outros; o homem não é senão um predador entre os outros; e numerosas práticas são infinitamente mais bárbaras, a começar pelas que ocorrem nos abatedouros. Mas que erro isso seria! Enquanto os ouvintes tiverem presente na mente a visão de animais ensanguentados, nós debateremos em terreno minado. Desde que seja possível, desviemos a conversa, para evocar a preservação do patrimônio rural, defender as tradições e zombar da desconexão dos cidadãos que vivem em sua bolha de lazeres esterilizados. Num confronto contraditório, escolher o enquadramento das permutas é dar um primeiro passo rumo à vitória.

Na prática, se precisamos reorientar a conduta do debate, a linguagem nos oferece numerosas opções. Tudo o que precisamos é chegar a articular uma transição que apresente a aparência de coerência. Começamos, portanto, replicando laconicamente a um dos pontos levantados pelo interlocutor, não importa qual. Uma ou duas frases bastam: elas têm o único objetivo de nos proteger contra uma acusação de esquiva. Em seguida, retomamos com uma fórmula como "mas eu gostaria de retomar um aspecto importante da questão", ou "parece-me que deixamos de lado um ponto crucial". Estas expressões equivalem a dizer, na realidade: "Eu gostaria de mudar de assunto, se me permitirem". Mas na onda do debate, parecerão maravilhosamente naturais: só nos resta, em seguida, apresentar o argumento de nossa escolha. Melhor ainda: imaginemos que a intervenção de nosso interlocutor tenha sido enfadonha ou incompreensível. Os ouvintes, estamos convencidos, se desligaram. Neste caso, nem sequer nos preocupemos em fingir responder. Quando retomamos a palavra, depois de ter deixado nosso contraditor se atolar longamente em sua própria fala, contentemo-nos em começar assim: "Está bem... Tudo isto é apaixonante, mas penso que estamos longe do essencial..." Se nosso diagnóstico estava correto, o público se colocará imediatamente do nosso lado. Teremos ganho ao mesmo tempo sua simpatia e sua atenção, e teremos o campo livre para desenvolver nossa argumentação.

Eis, portanto, a primeira lição de estratégia. Quando nos preparamos para tomar a palavra, façamo-nos esta pergunta simples: O que temos a dizer de mais importante neste instante preciso? Às vezes optaremos por um movimento defensivo: contestaremos os argumentos do interlocutor, porque nos punham em perigo. Às vezes, passaremos à ofensiva: ignoraremos em grande parte o que terá sido dito, para fazer progredir nossa própria linha. E às vezes utilizaremos o transbordamento: nos apoiaremos num ponto fraco do discurso adverso, não para refutá-lo, mas para deixar seu autor em dificuldade. Veremos, mais adiante, como desenvolver eficazmente cada uma destas opções. Neste caso, retenhamos esta ideia geral: a arte do debate não é a arte da expectativa. Não podemos permanecer passivos na névoa, contentando-nos em esperar que se apresente a ocasião de encarecer nossos melhores argumentos. Cabe a nós criar as condições para aumentar o sofrimento do adversário.

2. Dominar o terreno da imagem

O debate não se contenta em empregar argumentos: ele empenha, igualmente, a imagem das oradoras e dos oradores. Se chegamos a atrair a benevolência e a confiança dos ouvintes, temos grandes chances de alcançar a vitória. Diferentemente das outras situações retóricas, no entanto, o duelo oratório apresenta uma natureza dicotômica. Ele encena um choque entre duas personalidades. E isto muda tudo.

Porque devemos doravante refletir sobre a maneira como nosso *ethos* vai interferir no *ethos* de nosso interlocutor. Imaginemos um debatedor tempestuoso. Ele matraqueia alto e bom som seus argumentos, corta a palavra, faz grandes gestos, grita, fulmina, numa palavra: é um mata-mouros. Diante dele, seu adversário é talentoso, sem dúvida, mas menos singular. Em comparação, ele parece até apagado, discreto, quase insípido. A menos que triunfe brilhantemente no plano dos argumentos, para este orador um tanto pálido o confronto já começou mal. Imaginemos agora que o nosso ferrabrás se confronte com um outro interlocutor. Um indivíduo determinado, mas sereno, impassível e implacável, capaz de disparar seus dardos com toda fleugma e discrição. Diante desta calma olímpica, o *ethos* flamejante de seu adversário se modifica repentinamente. Agora ele parece valentão, agressivo e presunçoso, não mais um feroz gladiador, mas um vulgar fanfarrão.

Este exemplo nos mostra que, num debate contraditório, precisamos chegar a antecipar a imagem que, por contraste, nosso contraditor nos leva a refletir. E chegar, idealmente, a nos adaptar a ela. O adversário é particularmente simpático? Cuidemos para não agredi-lo: passaríamos por um grosseirão. É ele um pouco apagado? Acentuemos nosso entusiasmo, para fazê-lo parecer apático. Ele reage a nós com arrogância? Mostremos que não somos seu aluno. Ele é hesitante? Pelo contrário, demos-lhe instruções. É aqui que é preciso, particularmente, desconfiar da névoa. Se não reservamos um tempo para refletir sobre a maneira como nosso *ethos* se reflete naquele que nos confronta, corremos o risco de exteriorizar uma imagem desagradável. Seria uma ladeira perigosa. Na medida em que nosso interlocutor é experimentado, ele saberá explorá-la.

Por fim, uma última observação para realçar o efeito deletério de certa emoção sobre nosso *ethos*: a cólera. Ocorrerá inevitavelmente que ela nos invada, ao longo de um confronto. Alguns contraditores não farão perder as estribeiras. Mas deveremos chegar a controlá-la. Deixando nossa cólera expressar-se, cometemos uma gafe. Parecemos impotentes e escassos de argumentos. Aos olhos dos ouvintes é uma confissão de fraqueza. Na maioria das vezes, ao perder nosso sangue-frio, perderemos também o debate.

3. Opor-se às emoções

Como ocorre em toda situação retórica, o debate contraditório não deixará de suscitar emoções no público: interesse, se o debate é vivo; tédio, se ele é amorfo; deleite, se é lançada uma réplica maliciosa; irritação, se um dos oradores é continuamente interrompido... Enquanto oradoras ou oradores, precisamos ter consciência dessas reações: elas determinam, em parte, as impressões que persistirão no fim da discussão. Em compensação, nada nos obriga a mobilizar conscientemente os afetos dos ouvintes quando debatemos. Já vimos: as técnicas de invocação emocional são difíceis de utilizar. Exigem tempo, cuidado e precisão para serem desenvolvidas eficazmente. Num confronto no qual precisamos reagir numa fração de segundo e podemos ser interrompidos a cada instante, elas não deixam de ser mais perigosas ainda. Se preferimos poupar-nos dessas dificuldades, não há nenhum mal em concentrar-se no terreno do *logos* e triunfar só com a força de nossos argumentos.

A situação, no entanto, muda completamente quando nosso adversário decide, com sucesso, investir na dimensão afetiva. Em algumas frases ele chega a tecer uma descrição terrivelmente tocante. Ou nos golpeia com toda a sua indignação, esperando congregar os ouvintes por contágio. Pior ainda: ele provoca risos ao nos atacar utilizando o humor ou a ironia. Impossível, então, permanecer sem reagir. Consentir ao nosso adversário a utilização exclusiva das emoções, deixar-lhe o "monopólio do coração", seria aceitar combater com armas desiguais. Como se contássemos unicamente com nossa infantaria, enquanto o inimigo exibe sua aviação. Acabaríamos bombardeados. Será necessário, portanto, defender-se. Para isso, se nos apresentam três opções: replicar, denunciar ou desvendar.

Replicar aos afetos equivale, simplesmente, a mobilizá-los por nossa vez. Nosso interlocutor chegou a comover os ouvintes? Pouco importa: nós faremos o mesmo. Ou mesmo o combateremos em seu próprio terreno. Imaginemos, por exemplo, que estamos debatendo sobre a pena de morte. Numa grande tirada patética, nosso adversário evoca o sofrimento de uma mãe, privada de seu filho por um assassino, e que espera justiça. Evidentemente, lhe responderemos, esta situação é insustentável. Mas lembraremos também que os tribunais são sempre falíveis e às vezes parciais. E evocaremos o caso de um jovem inocente, condenado injustamente, que esperou durante anos no corredor da morte, até que certa manhã, bem cedo, os carrascos vêm buscá-lo para amarrar-lhe a cabeça no cepo e cortar-lhe o pescoço. É realmente esta a ideia que se faz da justiça numa democracia?

Denunciar os afetos significa desconstruí-los. Mediante nossa argumentação, nos dedicamos a mostrar que as emoções mobilizadas eram ilegítimas. Respondemos ao *pathos* mediante o *logos*. Para retomar o exemplo precedente, poderíamos ter objetado ao nosso adversário que, evidentemente, compreendemos o sofrimento desta mãe. Mas, quando se trata de fundamentar decisões políticas, ele se torna um mau conselheiro. Porque nenhuma condenação poderá jamais expiar o assassinato de uma criança. Seria necessário também restabelecer a tortura, para que o suplício do assassino se aproxime um pouco mais de seu crime? A dor das vítimas, por mais trágica que seja, não é, portanto, uma razão aceitável para pensar a justiça penal. Só o são os interesses e os valores da sociedade, em seu conjunto.

Desvendar os afetos consiste em revelar a tática de nosso adversário, a fim de fustigá-la como demagógica. Admitimos, no fundo, não sermos capazes de replicar. Mas, ao mesmo tempo, procuramos desvitalizar as emoções suscitadas, esvaziá-las de sua eficácia, denunciando-as como artificiais e estereotipadas. Imaginemos que nosso interlocutor acaba de nos reservar o pior tratamento que pode haver: com um sarcasmo zombeteiro, conseguiu a aprovação dos ouvintes às nossas custas. O ideal, evidentemente, seria poder replicar, devolver ponto por ponto, mostrar a este cafajeste que, no jogo da réplica, lhe pagaremos na mesma moeda. Infelizmente, não temos réplica. Não nos vem nada à mente. À falta de melhor, nos contentamos em desvendar a manobra: "Bravo! O senhor é muito engraçado! Fez com que eu mesmo risse. Mas lembro-lhe que o assunto que nos ocupa é sério. E não é se fazendo de palhaço que o senhor irá resolver seja o que for". O procedimento será proveitoso? Provavelmente não. Mas é melhor isto do que ficar quieto.

III. O ataque

No quadro do debate contraditório, as estratégias de ataque nos permitirão desenvolver nossos argumentos pondo-os em evidência, ou ameaçar a credibilidade de nosso interlocutor. Assim vamos marcar pontos e, impondo-nos progressivamente, vencer o confronto.

1. *Apresentar um argumento de cada vez*

Quando debatemos, podemos ser tentados a encadear diversos argumentos numa mesma tomada da palavra. Esperamos assim assumir o controle, por simples efeito de acumulação. Levada a seu paroxismo, esta técnica tem um nome: argumentação *ad nauseam*. Curvado sob as provas e os exemplos, afogado na abundância, o interlocutor, cansado de guerra, acabará refugiando-se no silêncio.

Na maioria das vezes, no entanto, o efeito produzido será muito diferente. Nosso contraditor se contentará em selecionar o elemento mais fraco entre os que alinhamos, e responderá com longas e cruéis objeções, dando finalmente a impressão de ter minado a totalidade de nossa intervenção! Não esqueçamos que os ouvintes são prisioneiros do instante. No final desta réplica, já terão esquecido em grande parte nossa profusão de argumentos. Em vez de apanhar o adversário na armadilha de um feixe de provas coordenadas, lhe teremos oferecido, pelo contrário, a escolha do terreno no qual replicar.

ESTUDO DE CASO: No cantinho do café, deixei-me arrastar para uma virulenta discussão política sobre a adoção por parte dos casais homossexuais. Sou ferozmente a favor, e acabo de realçar um argumento muito forte: numerosos estudos mostram que os filhos criados nas famílias homoparentais não são mais desequilibrados do que os outros. Em meu arroubo, e vendo que meu principal contraditor finge não retomar a palavra, emendo: "E, aliás, observo que, quando o divórcio foi legalizado, a questão do impacto sobre os filhos nem sequer foi mencionada! Pensou-se no interesse dos pais e nada mais. Só para os casais homossexuais é que se invoca o potencial impacto sobre a educação!" De repente o olhar de meu adversário cintila. Com um ar impulsivo, ele replica: "Estou sonhando, ou você está se melindrando por se pensar no interesse dos filhos? Muito bem, obrigado! Pelo menos vejo agora que ideia você se faz da família! Para você, a única coisa que vale são os desejos, ou melhor, os caprichos dos pais. E tanto pior para os meninos e as meninas, que deverão crescer sem um pai ou sem uma mãe!" Ao nosso redor percebo discretos meneios de cabeça...

DECODIFICAÇÃO: Aqui nosso primeiro argumento nunca foi atacado. Nosso adversário se contentou em deixá-lo fluir para os limbos do esquecimento, para se concentrar na segunda parte de nossa intervenção, muito mais fraca. No plano da lógica, nossa argumentação não é refutada em nada. Foi apenas amputada de um elemento anexo e acessório. Do ponto de vista dos ouvintes, no entanto, damos neste instante a impressão de ter uma posição fraca. Isto não significa necessariamente que perdemos. Enquanto nossa prova inicial se mantém, podemos sempre reafirmá-la e nela entrincheirar-nos. Em compensação, recebemos um golpe infame e nos encontramos em dificuldade: poderíamos facilmente tê-lo evitado.

Há uma lição importante a tirar deste exemplo. Por ocasião do debate contraditório, como aliás por ocasião de uma conversa ou de uma entrevista, é preciso saber calar-se a tempo. Entrincheirar-nos no silêncio após ter enunciado nosso argumento. Não esqueçamos que tudo o que dizemos poderá ser descontado contra nós. Quanto mais deblaterarmos, tanto mais corremos o risco de cometer erros, abrindo janelas de oportunidades ao nosso interlocutor. Inversamente, um pensamento curto e condensado encerra nosso interlocutor num espaço estreito, onde estará menos à vontade para esgrimir. Nossa cadeia argumentativa nunca é mais sólida do que o mais fraco de seus elos. Antes de cada intervenção deveríamos, portanto, perguntar-nos qual é, neste instante, nosso dardo mais eficaz. E pôr nosso adversário em posição de precisar enfrentá-lo.

2. Alistar os valores

Num debate contraditório, o objetivo do desacordo é muitas vezes terra a terra. É preciso resolver uma questão concreta, na qual se confrontam duas soluções tangíveis: aceitar ou recusar uma reforma tributária; acentuar a comunicação em torno de um produto ou investir no próximo projeto; manter uma gestão dos serviços de informática ou externalizá-la junto a um prestador... Nosso reflexo natural, nestas condições, consiste geralmente em permanecer ancorados na realidade e suas coações inertes. Defendemos os méritos de nossa proposta e realçamos os limites da proposta apresentada por nosso adversário. Isso pode bastar, é verdade, para levar a melhor.

No entanto, ganharíamos em eficácia se chegássemos a distanciar-nos, a amplificar os problemas da discórdia, até conferir à nossa posição implicações universais. Basta, para fazê-lo, alistar a nosso favor um valor cardeal, no qual nossos ouvintes se reconhecerão. Já não defendemos então uma simples reforma tributária: lutamos pela igualdade entre os cidadãos. Não nos empenhamos somente em iniciar o desenvolvimento de um novo produto: apelamos a reatar com a ambição. Não batalhamos para manter a gestão dos serviços de informática: lutamos para conservar nossa independência. Se nosso adversário nos permite atuar sem reagir, acabamos de dar um grande passo rumo à vitória. Enquanto ele está reduzido a defender sua pequena solução acanhada, nós combatemos, por nossa vez, para fazer triunfar um ideal.

Inversamente, se é nosso interlocutor que chega a reivindicar por primeiro a universalidade, não devemos de modo algum deixar que a desfrute sozinho. Nós lhe oporemos então um outro valor, de importância igual. Ele insiste na importância de instalar câmeras de videovigilância, a fim de garantir a segurança e a tranquilidade dos indivíduos? Nós lhe lembraremos que não há nada mais precioso do que a liberdade, e que ela implica o direito de não ser visto. Melhor ainda: se chegarmos a isso, podemos até opor a nosso contraditor o valor do qual ele pretendia fazer-se o campeão. Ele pretende que sair da União Europeia é uma questão essencial de soberania? Nós lhe respondemos que, numa época em que a China e os Estados Unidos se tornaram potências esmagadoras, a primeira das soberanias é poder negociar com eles de igual para igual, e que para isso precisamos de uma organização supranacional.

É evidente que não podemos permanecer eternamente neste nível de abstração. Se não quisermos dar a impressão de misturar conceitos inconsequentes, será necessário retornar a desenvolvimentos mais substanciais. Este capricho pelo universal continuará, no entanto, irrigando nossas posições pelo resto do enfrentamento: trata-se de um trunfo determinante.

3. Utilizar as armas do adversário

Já vimos: no decurso de um debate contraditório estamos mergulhados na névoa. Ao nosso redor tudo se turva e se desfoca, enquanto nossa atenção se vê monopolizada por uma única interrogação: O que poderemos dizer em seguida? Qual será nossa próxima réplica? Como deveríamos orientar nossa argumentação? Fazendo isso, nos esquecemos de escutar nosso interlocutor. Quando ele cessa de falar, não é raro que não saibamos exatamente o que ele disse. Esta situação é, evidentemente, prejudicial. Por um lado, corremos o risco de dizer algo fora do tópico, de responder a algo totalmente alheio, e assim parecermos desconectados da discussão. Por outro lado, poderíamos deixar passar um ataque perigoso, que teria merecido ser prontamente neutralizado. Por fim, e sobretudo, vamos nos privar de magníficas oportunidades. Com efeito, nossos mais belos recursos nos são servidos muitas vezes pelo adversário.

Comecemos prestando atenção às palavras de nosso interlocutor. Porque são, precisamente, as suas. Ele as empregou livremente e não poderá, em nenhum caso, contestar que nós nos apoderemos delas por nossa vez. Vimos anteriormente o quanto a menor palavra malconotada podia desvalorizar a integralidade de um discurso[200]. Isto é muito pior ainda no quadro de um confronto. Imaginemos, por exemplo, que, para defender a ação do governo em tempos de crise, nosso interlocutor sustenta que nenhuma comunicação política pode ser totalmente transparente. No decurso da permuta, ele acabou gritando: "Mas enfim, saiam de seu conto de fadas; evidentemente somos obrigados a mentir aos franceses! Não podemos nunca abster-nos de certa opacidade!" Na medida em que a palavra não nos escapou, podemos voltá-la contra seu autor e com ela transpassá-lo: "Obrigado, caro amigo, por esta confissão que tem pelo menos o mérito da honestidade. Sabemos agora qual é sua verdadeira ideologia política: a mentira, erigida em modo de governo!" Espreitemos assim, no léxico de nosso adversário, o surgimento de termos cujas conotações poderiam prejudicá-lo. E utilizemo-los, por nossa vez, sem o menor escrúpulo. Uma vez pronunciados, não podem mais ser retirados.

Aliás, permaneçamos atentos também aos argumentos utilizados por nosso contraditor. Como ocorre com suas palavras, acontecerá que às vezes possamos alistá-los a nosso serviço. É o que se denomina inversão argumentativa: retomamos por nossa conta as premissas do adversário, o que o impede de contestá-las, mas as utilizamos para chegar a uma con-

---

200. Cf. cap. 4, II-2, "Pôr as conotações a seu favor".

clusão radicalmente diferente. Imaginemos que, numa reunião, acabamos de propor uma ideia que nos é muito cara. Um de nossos colegas se opõe da seguinte maneira: "Isto não é muito original, já se fez isso no passado..." Mais uma vez replicamos: "Precisamente! É porque esta estratégia já mostrou muitas vezes sua eficácia que deveríamos confiar nela novamente!"[201]

Quando estamos empenhados num debate não podemos nos permitir permanecer concentrados só nos nossos argumentos. Será necessário escutar atentamente, dissipar as névoas que nos cercam, a fim de voltar contra nosso adversário armas às quais ele não poderá opor resistência.

4. Manejar a arte da pergunta

A própria ideia de utilizar a pergunta no quadro competitivo poderia parecer estapafúrdia. Na maioria das vezes, num debate, deveremos pelejar para ter o tempo de apresentar nossos argumentos. Ora, interrogar, equivale precisamente a entregar a palavra. Convidando nosso interlocutor a nos responder, nós lhe damos uma nova ocasião de embasar sua posição. É isto que desejamos? É evidente que não. E precisamos sempre ser prudentes antes de terminar nossa frase com um ponto de interrogação.

Bem utilizado, no entanto, este procedimento pode tornar-se uma arma tremenda. Ele está no cerne de uma autêntica estratégia de debate: *o ataque por questionamento*. Este consiste no seguinte: antes de apresentar nossos próprios argumentos, tentar romper a linha contrária. Propomos uma série de perguntas ao interlocutor, com o objetivo de revelar as fraquezas de sua posição. Às vezes as brechas aparecerão por si mesmas: ele se revelará incapaz de trazer uma prova, de fornecer uma especificação ou de citar um exemplo. Ou até melhor: cometerá um verdadeiro erro, proferindo um disparate. Mas, na maioria das vezes, caberá a nós criar esta falha, realçando uma contradição. Ao longo de nossas interrogações exploramos as diferentes ramificações de seu pensamento, até encontrar dois enunciados que não podem ser sustentados ao mesmo tempo. Denunciamos então rudemen-

---

201. O exemplo foi tomado de empréstimo de HEINRICHS, 2013, op. cit., p. 118.

te a incoerência e ampliamos nossa vantagem. Notemos, no entanto, que esta estratégia é incrivelmente arriscada. Se ela fracassar, se não chegamos a penetrar nas defesas, teremos desperdiçado minutos preciosos dando ao adversário todo o tempo para exaltar seus argumentos.

ESTUDO DE CASO: Deputado da maioria, participo de um debate num canal de notícias. Diante de mim, um representante da oposição me ataca sobre a reforma tributária que acaba de ser apresentada pelo governo. Pouco conhecedor do dossiê, sei que corro o risco de ser pego com escassez de informações. Resolvo, portanto, adotar uma postura de questionamento.

– O senhor nunca falou desta reforma durante a campanha, me diz meu adversário. Tirá-la da cartola somente a um ano da eleição presidencial é abuso de poder!

– A não ser que, entrementes, eu lhe lembre que tivemos uma crise econômica mundial. O senhor prefere esperar, deixar os déficits aumentarem e legar uma dívida ainda maior aos nossos filhos?

– O problema é que sua reforma é injusta! Ela vai criar ainda mais desigualdades!

– Estou de acordo. Mas, sobretudo, considero a crítica um pouco fácil. O senhor não cessa de se opor: não tem, portanto, nada a propor?

– Sim. Acabamos justamente de apresentar um contraprojeto à Assembleia, mas o senhor recusa que ele seja posto em discussão! Se fosse corajoso, o senhor aceitaria o debate!

– E este projeto fazia parte de seu programa por ocasião da última eleição?

– Ah, não, mas...

– Aí está! O senhor nos critica por defender um projeto que não constava em nosso programa, enquanto faz exatamente a mesma coisa. Mas não me surpreendo. Como é seu hábito, o senhor nunca está contente. Tudo o que sabe fazer é resmungar. Durante este tempo, nós atuamos a serviço dos franceses!

DECODIFICAÇÃO: No momento em que vemos uma brecha se abrir em nosso adversário, devemos apressar-nos a partir para o ataque. Não lhe deixemos o tempo de voltar a si: ele poderia encontrar um meio de suprimir a incoerência. Notemos, além disso, que, neste exemplo, tudo partiu de uma pergunta com um pressuposto: "O senhor prefere esperar, e legar uma dívida ainda maior aos nossos filhos?" Isto não é um acaso: como vimos anteriormente, essas perguntas são instrumentos de escolha se desejamos pôr em apuros um contraditor[202]. Por fim, observemos que, aqui, optamos por lançar um ataque brutal: está à altura de nossa incapacidade de defender nossa posição a propósito do essencial. No cotidiano, quando utilizamos esta estratégia, não precisamos necessariamente prolongá-la com uma tal desqualificação. Podemos contentar-nos em realçar a falha, e depois prosseguir desenvolvendo nossos próprios argumentos. Estes parecerão, por contraste, tanto mais pertinentes.

É igualmente possível empregar, no decurso de um debate, a interrogação de uma maneira muito mais rudimentar, sob a forma de uma *pergunta direta*. O princípio é simples: desafiamos nosso adversário a responder a uma pergunta precisa, factual, feita sem rodeios. Ao fazê-lo, não procuramos restituir-lhe a palavra; mas, pelo contrário, revelar sua ignorância. Por exemplo, num contexto político: "O senhor fala muito do crescimento da precariedade: O senhor sabe, pelo menos, a quanto monta o limiar da pobreza na França?" Ou então, para responder a nosso adolescente em plena rejeição da autoridade: "Você me acusa de ser um ditador. Que seja. Você é capaz, pelo menos, de dar-me a definição de ditadura?" E, evidentemente, este clássico das entrevistas: "Você evoca a alta do custo de vida. Você sabe me dizer o preço de um *croissant* numa padaria?" Esta tática é devastadora, porque quase não tem saídas positivas. Se não souber responder, nosso interlocutor passará por um tolo: sua credibilidade desmoronará imediatamente. Mas, ainda que seja capaz de responder, sua situação será apenas um pouquinho melhor. Aos olhos dos ouvintes, passará por aquele que aceita docilmente responder a uma interrogação. Bem se pode dizer: o aluno dian-

---

202. Sobre as perguntas com pressuposto, cf. cap. 7, II-2, "As opções lacunares".

te de seu professor. Longe de ter saído de uma situação crítica, no plano do *ethos*, ele permanece dominado. Do nosso ponto de vista, o procedimento é tanto mais tentador porque se revela pouco arriscado. É preciso simplesmente tomar cuidado, se recorremos a ele, para que não venha ajuntar-se a uma imagem já demasiado professoral. Poderíamos então parecer pedantes e vaidosos: nós é que sairíamos arranhados.

Se somos vítimas de uma pergunta direta, só existe uma saída verdadeira para não cair na armadilha montada: recusar-se a responder. Por exemplo, simplesmente devolvendo a pergunta. Sem deixar transparecer um tiquinho de hesitação, replicamos imediatamente: "Ora! Diga-o o senhor, porque é o senhor que tem a palavra". Podemos igualmente optar por desvendar, e depois denunciar, o procedimento. A tática, infelizmente, é bem conhecida. Será preciso, portanto, mostrar desenvoltura, se não queremos que ela pareça desgastada: "Perdoe-me, caro amigo, mas eu não gosto destas maneiras. Não estamos numa sala de aula, você não é o professor. Desça de sua arrogância!" Se sabemos a resposta à pergunta, podemos então mencioná-la, o mais brevemente possível, talvez até com uma pitada de desdém: "Quanto ao limiar da pobreza, fique sabendo que ela oscila entre 1.000 e 1.100 euros". Em todo caso, não epiloguemos e emendemos imediatamente: "Por outro lado, eu gostaria de especificar uma coisa..."

A pergunta, como vemos, é precisamente uma arma do debate, mas deve ser empregada de maneira estratégica. Se nos contentamos em lançar uma interrogação no ar, por não sabermos desenvolver nossos argumentos, não faremos mais do que dar ao nosso adversário uma nova oportunidade de assumir o controle.

5. Lançar a dúvida sobre o interlocutor

"A calúnia? Oh! O senhor não sabe o que desdenha. Já vi as mais honradas pessoas quase aniquiladas por ela"[203]. Basílio, o criado espertalhão imaginado por Beaumarchais, fala a verdade. Por ocasião do debate, como

---

203. BEAUMARCHAIS, *O Barbeiro de Sevilha*, 1775, ato II, cena 8.

vimos, o confronto dos *ethos* ocupa um lugar importante. Se a possibilidade se nos apresenta, não deveremos hesitar em ameaçar a imagem de nosso interlocutor. Entre as numerosas estratégias que permitem consegui-lo, uma das mais temíveis é o envenenamento do poço. Ela consiste em deixar filtrar, desde o início do confronto, informações que degradarão a credibilidade de nosso adversário. Estas acusações podem ser verídicas como também mentirosas: doravante, tudo o que ele disser será afetado pelo selo da dúvida. Quanto mais a manobra é implícita, discreta, insidiosa, tanto mais se torna difícil proteger-se dela.

ESTUDO DE CASO: Sou um médico, especialista em epidemias. Em plena crise do coronavírus, fui convidado a subir a um palco a fim de comentar a política sanitária do governo. Diante de mim se encontra um virologista, com o qual sei estar em grande desacordo. Além disso, suspeito com razão que, como muitos de nossos colegas, ele deve ter colaborado ocasionalmente com a indústria farmacêutica. Vou utilizar isso no debate: "Antes de começar, eu gostaria de especificar que nunca trabalhei com algum laboratório; não tenho, portanto, nenhum conflito de interesses. E o senhor, meu caro colega?" Ele hesita e gagueja: "Então... Sim, contribuí para um ou dois estudos há alguns anos, mas... Isto não tem nada a ver com o que discutimos hoje..." Ele tem razão, evidentemente: sei que parcerias pontuais não enviesam necessariamente seu julgamento. Mas seu incômodo é palpável. E o rosto do apresentador é dubitativo. Acabo de marcar um ponto decisivo.

DECODIFICAÇÃO: O envenenamento do poço é, como vemos, um procedimento destruidor. Se somos o alvo, não podemos deixar instilar-se a dúvida: ela desvalorizaria nossa argumentação em sua integralidade. Não teremos escolha. Será necessário tomar o tempo para desconstruir a insinuação, com o risco de perder longos minutos. A técnica é tanto mais desagradável porque, do ponto de vista de seu utilizador, o risco é bastante tênue. Mas não inexistente. Se desejamos empregá-la, e estamos diante de um interlocutor talentoso, ele poderá muito bem chegar a revelar o que a manobra tem de odioso. Passaríamos então por agressor: é nosso próprio *ethos* que sairia prejudicado. Por outro lado, e sobretudo, o que pomos em perigo com esse procedimento é nossa reputação. Ao procurar a vitória pelo descrédito, seremos logo considerados um contraditor desagradável, ou mesmo desleal, do qual é melhor manter distância. Ora, a vida é longa e nossos mundos são pequenos. À custa de criarmos inimigos, perderemos oportunidades. No longo prazo, não é certo que tiraríamos vantagem da brutalidade.

6. *Impor-se com força*

Terminemos mencionando, simplesmente, uma última estratégia de ataque. Tivemos a ocasião de ressaltar, lá bem atrás, o quanto é crucial para as oradoras e os oradores saber se impor com força. Quanto mais nos afirmamos, tanto mais chegamos a triunfar sobre as reticências[204]. Isto, evidentemente, vale tanto mais no quadro do debate contraditório. Se desenvolvemos um pensamento crivado de incertezas, de dúvidas e de microconcessões, enquanto nosso adversário apresenta, por sua vez, uma argumentação monolítica e conquistadora, existem poucas chances de assumirmos o controle. Os ouvintes tenderão a considerar que o espada-chim mais convincente é o que parece mais convencido.

Infelizmente, do ponto de vista do debate público, esta observação acarreta consequências trágicas. Ela explica que os debates contraditórios têm a tendência de esmagar as sutilezas e as nuanças, para se resumir a uma luta homérica entre dois adversários, um radicalmente a favor e o outro categoricamente contra. Se por acaso nos encontramos diante de um interlocutor mais ponderado, poderemos nos permitir adotar um tom mais comedido. Em compensação, se encontramos um adversário sem limites, quase não teremos escolha: para convencer, corremos o risco de precisar retrucar golpe por golpe, assumindo uma posição muito dura. E tanto pior para a moderação.

---

204. Cf. cap. 4, IV-1, "Quanto mais nos afirmamos, tanto mais triunfamos sobre as reticências".

IV. A defesa

No quadro do debate contraditório, as estratégias de defesa nos permitirão contrapor-nos aos argumentos e aos ataques de nosso interlocutor. Quanto mais talentoso ele for, tanto mais precisaremos ser capazes de erigir um sistema vigoroso de proteção.

1. Desvendar as armas do adversário

Comecemos lembrando o seguinte paradoxo fundamental da retórica: quanto mais visível é um procedimento, tanto menos eficaz ele é[205]. Disso decorre uma das principais estratégias de defesa, com que cruzamos diversas vezes: quando é desvendado, um procedimento se esvazia em grande parte de sua eficácia. Ele se azeda, parece não ser mais do que um simples estratagema. Seu utilizador passa por um retórico artificioso, ou até pior, um sofista pernicioso. Quando somos alvos de um ataque do adversário, portanto, teremos sempre esta possibilidade: nomear a estratégia que ele acaba de utilizar, para denunciar sua perfídia.

A manobra é eficaz? Sim, em certa medida. Atenuaremos o ataque. Mas não o dissiparemos totalmente. Se o golpe é forte, nossa posição será mesmo assim enfraquecida. Além disso, esta linha de defesa tende a carecer cruelmente de mordacidade. Escaparemos do pior, certamente, mas dando a impressão de discutir ninharias, de trapacear. Se não cuidarmos, é nossa imagem que poderia sair arruinada.

ESTUDO DE CASO: Operário e sindicalista, explico a alguns colegas que, com a recompra da fábrica, tememos um plano de demissões, e que é necessário de agora em diante preparar-se para fazer frente. Ao ouvir-me falar, outro camarada se junta à conversa. Ele é manifestamente contrário à ideia de uma greve e não se priva de comunicar-me sua opinião rudemente: "Diga, portanto, senhor 6%, você sabe o que valem suas análises? Não é deixando de trabalhar que salvaremos nossos empregos!" A crítica

---

205. Cf. cap. 6, II-2, "A sinceridade".

é maliciosa: as últimas eleições sindicais foram, com efeito, uma derrota amarga. Sei que devo responder rapidamente; mas, infelizmente nada me ocorre. Por falta de algo melhor, resolvo denunciar a manobra: "Bravo por este ataque pessoal, cheio de elegância e de nuanças. Eu teria preferido que você fosse capaz de me apresentar argumentos em vez de arrotar!" Só ao voltar para casa, algumas horas mais tarde, veio-me uma ideia. Teria bastado utilizar uma inversão argumentativa: "Agradeço-lhe, caro amigo, por reconhecer que tive a coragem de enfrentar o sufrágio dos meus camaradas, contrariamente a outros. Você, por exemplo: observo que as pessoas ouvem mais você falar do que o veem agir!"

DECODIFICAÇÃO: Quando for possível, sempre é melhor preferir a réplica ao desvendamento. Bater o adversário no terreno que ele escolheu. Provar que, nesse jogo, somos melhores do que ele.

2. Refutar um argumento por suas premissas

No cotidiano, como vimos, raciocinamos mais por entimema do que por silogismo. Isto significa, concretamente, que tendemos a deixar na sombra uma parte das premissas nas quais se baseiam nossos argumentos[206]. Trata-se, evidentemente, de um meio de ganhar tempo. Sem isso, seríamos reduzidos a produzir o seguinte tipo de enunciados: "Não temos mais pão em casa. Ora, para esta noite previmos comer uma salada, e ambos gostamos de limpar com pão o vinagrete. No entanto, decidimos compartilhar as tarefas domésticas e, ontem, fui eu que desci para comprar uma baguete. Portanto, você poderia ir procurar o pão?" Bem se poderia dizer: um inferno. E um duro golpe na rentabilidade das padarias.

Na discussão contraditória, no entanto, os entimemas podem revelar-se mais do que atalhos: armas temíveis. Permitem conferir a certos argumentos a aparência de raciocínios implacáveis, enquanto, na realidade, repousam em fundamentos adulterados. Isto explica este sentimento que temos às vezes, ao debater: nosso interlocutor apresenta uma conclusão

---

206. Cf. cap. 7, I-3, "Os raciocínios dedutivos: silogismos e entimemas".

que sabemos ser contestável, ou mesmo falaciosa, mas que não conseguimos refutar. Adotemos, nestas circunstâncias, o hábito de remontar às premissas: descobriremos talvez uma falha escancarada, que simplesmente não havia sido expressa.

ESTUDO DE CASO: Durante um almoço com colegas, chegamos a falar das últimas eleições regionais, que registraram uma taxa recorde de abstenção. Quando confesso que eu, pessoalmente, não fui votar, um dos convivas de repente fala com veemência: "Bravo! Que magnífico senso de civismo. Espero, pelo menos, que você terá o bom gosto de não criticar mais tarde as decisões que forem tomadas!" O ataque é acerbo. Se respondo no mesmo tom, a situação não deixaria de se acirrar. Em vez de investir contra a conclusão de meu contraditor, resolvo, portanto, explorar suas premissas:

– Admitamos. Mas você pode me explicar por que, em sua opinião, é tão importante votar?

– Afinal, que pergunta! Porque não é somente um direito: é também um dever!

– Ah não. A definição de um direito é que temos o direito de não exercê-lo. Senão, isso se chama um dever. É um ou o outro. Neste caso, o voto não é um dever.

– E nossos antepassados, que lutaram para poder votar, o que você acha disso?

– Certamente, mas nossos antepassados lutaram igualmente para conquistar um império colonial. Teria sido necessário recusar a descolonização, pelo único motivo de honrar sua memória?

– Hum!...

DECODIFICAÇÃO: Nossas objeções não são em nada definitivas. Existem argumentos para defender a obrigação moral de comparecer às urnas: sem dúvida, o debate com o nosso interlocutor não está prestes a terminar. Mas, pelo menos, examinando os fundamentos de sua asserção inicial, encontramos uma tomada para desconstruir a aparente evidência. Poderemos doravante, com serenidade, defender legitimidade de nosso ponto de vista. Adotemos, portanto, o hábito de remontar às premissas dos argumentos que nos são contrapostos. É muitas vezes nas sombras, ocultas, que descobriremos aberturas a explorar.

3. Contradizer o princípio antes da prática

Num debate, acontece frequentemente encontrar-nos em situação de precisar opor-nos a uma proposta. Não procuramos apresentar nossa própria solução, mas antes desqualificar a solução defendida por nosso adversário. Para isso dispomos de duas grandes linhas de ataque: contradizer o *princípio* ou a *prática*. No primeiro caso, sustentamos que esta posição não é desejável, que ela levaria a consequências nefastas ou perigosas. No segundo, afirmamos que ela não é aplicável, que ela suporia coações irrealistas ou desmesuradas.

Para saber qual destas duas estratégias vamos adotar, existe uma norma simples, que podemos seguir na grande maioria dos casos: enquanto for possível, esforcemo-nos por contradizer o princípio antes da prática. Lembremo-nos, com efeito, da seguinte norma tácita da retórica: fazer uma pergunta é admitir que a pergunta tem cabimento[207]. Quando fustigamos uma proposta alegando que não seria realista, concedemos implicitamente que sua inspiração, por sua vez, poderia muito bem ser louvável.

Imaginemos que nos empenhamos num debate com um fervoroso defensor da escrita inclusiva, segundo o qual "a igualdade entre os cidadãos/cidadãs começa pela língua". Se pudermos, comecemos assegurando que a própria ideia de modificar as convenções seria uma aberração. Argumentaremos, por exemplo, que "a língua é uma parte integrante de nosso patrimônio cultural: transtornar sua escrita é atentar contra nossa história". Somente se somos postos em dificuldade no plano dos valores nos entrincheiraremos numa discussão muito mais concreta. Poderemos então evocar "nossos concidadãos disléxicos, que seriam postos em dificuldade e, portanto, discriminados, pela utilização de um ponto no meio

---

207. Cf. a "pergunta com pressuposto" no cap. 7, II-2, "As opções lacunares".

das palavras". Tenhamos consciência, no entanto, do que acabamos de reconhecer: a escrita inclusiva seria uma proposta perigosa na prática, mas judiciosa na teoria. Ainda que esta linha de defesa se sustentasse, teremos concedido apesar de tudo um ponto fundamental.

Inversamente, quando estamos em situação de procurar impor uma solução, procuramos sempre levar o debate para o terreno das modalidades concretas. Seja qual for o resultado da discussão, teremos assim feito progredir nossa causa, começando a instilar a ideia de que seu princípio seria justo. Tudo o que precisamos é chegar a recuperar o controle, quando nossa proposta acaba de suscitar uma viva rejeição. Podemos, com esta finalidade, utilizar fórmulas como: "Poderíamos simplesmente reservar alguns minutos a fim de imaginar com que este projeto poderia eventualmente assemelhar-se?" Ou, de maneira mais refinada: "De acordo, isso não lhe agrada: nenhum problema! Como fazer para melhorar a ideia?" Formalmente, damos a impressão de fazer grandes concessões. Na realidade, levamos o debate para onde queríamos: para o nível prático. Quanto mais nossos adversários estiverem ocupados em acusar nossa proposta de ser inaplicável, tanto mais eles nos ajudarão a fazer aceitar que ela poderia muito bem ser desejável.

4. Administrar habilmente as concessões

Em toda batalha se coloca a questão das posições. Quando estamos demasiadamente expostos, é preciso às vezes resolver-nos a abandonar algum terreno, para melhor recuperá-lo em seguida. Do ponto de vista do debate contraditório, isto significa que precisaremos aprender a administrar as concessões.

De maneira geral, só deveríamos ceder a nosso interlocutor com grande reticência. Cada vez que pronunciamos a frase "de acordo, você tem razão", é um ponto que lhe oferecemos. Os ouvintes se dirão que, se nos deixamos converter tão facilmente, é porque estávamos afinal pouco convencidos: pareceremos então menos convincentes. Evitemos, portanto, abandonar depressa demais e visivelmente demais nossas posições: enfraquecendo nosso *ethos*, fragilizamos toda a nossa argumentação.

Por mais desagradável e perigosa que seja, a concessão não deixa de ser um instrumento estratégico fundamental do confronto oratório. Quando debatemos, acontece sermos postos em apuros. Havíamos, no entanto, preparado cuidadosamente a controvérsia, mas nada funcionou: não havíamos integrado uma informação, não havíamos antecipado uma objeção, e eis-nos de repente em situação de inferioridade. A pior decisão, então, seria obstinar-nos. Tentar sustentar nosso argumento custe o que custar, mesmo que seus fundamentos tenham sido solapados. Perderíamos um tempo precioso agitando-nos em areias movediças. É melhor conceder discretamente e apresentar um novo argumento. Teremos levado um golpe terrível, é verdade. Mas, pelo menos, mantivemos uma oportunidade de recuperar o controle.

ESTUDO DE CASO: Num debate, sustento que é urgente abandonar a energia nuclear. Apresento um argumento que me parece incontestável: "Como vocês podem falar de independência energética quando, para fazer nossas centrais funcionarem, precisamos de urânio? Dependemos de um combustível cujos estoques são limitados e que importamos do exterior!" Meu interlocutor esboça um sorriso. Descubro que ele conhece o dossiê melhor do que eu: "Ora, já o urânio não tem nada de particularmente precioso: existem ainda grandes quantidades inexploradas no mundo, sobretudo na França. Em seguida, importamos, sim... Ainda é preciso considerar de quais países. No caso, entre os principais produtores de urânio encontramos o Canadá e a Austrália, duas grandes democracias. Você prefere o petróleo do Oriente Médio? O gás da Rússia? Ou talvez os painéis solares da China?" Sinto muito bem que esses argumentos não são inabaláveis. Mas, em meu detrimento, faltam-me os conhecimentos. Se permaneço neste terreno, acabarei aniquilado. Por meias-palavras, resolvo, portanto, conceder: "Bom, talvez. Se bem que me surpreenderia que tenhamos bastante urânio na França para assegurar nossa independência". Depois, imediatamente, abro uma nova frente: "Mas, sobretudo, isto não muda nada no problema principal: o risco de acidentes! Vocês estão prontos para aceitar uma Fukushima ou uma Chernobil em nosso solo?"

DECODIFICAÇÃO: Observemos, aqui, a formulação de nossa concessão. Não confessamos banalmente nossa ignorância, mas simplesmente admitimos a existência de uma dúvida, e mudamos de assunto. Evidentemente, ninguém é bobo: fomos dominados. Mas, como sempre na retórica, a maneira conta tanto quanto a matéria. Conservando nossa fleugma, e voltando imediatamente ao assalto, chegamos a preservar em grande parte nossa imagem. Era o principal: enquanto nosso *ethos* se mantém, a vitória permanece possível.

Para terminar, observemos que existe uma diferença fundamental entre conceder e aquiescer. Ainda que estejamos empenhados num debate virulento, não somos, no entanto, obrigados a nos opor em tudo, o tempo todo. Tomemos muito cuidado de delimitar a amplitude do desacordo. Não hesitemos, quando pudermos, em gratificar nosso interlocutor com um alegre: "Ah! Você tem toda a razão! Nisto convergimos!" Assim nos asseguramos de não deixá-lo reivindicar, para si só, uma nuança ou uma observação que poderíamos também compartilhar. E evitamos cair na armadilha do contrapé sistemático, que poderia nos levar a fechar-nos numa caricatura de nossa própria posição. Aproveitamos a ocasião, além disso, para refletir uma imagem aberta, afável e não dogmática, não cedendo nem uma polegada de terreno sobre os desacordos cardeais.

Aquiescer quando podemos; contestar quando devemos; conceder quando somos coagidos: esta é a marca dos grandes estrategistas do debate.

5. *Não se deixar interromper*

O debate contraditório, como dissemos, é um combate pela palavra. Na maioria das vezes, será necessário lutar para ter o tempo de desenvolver nossos argumentos e defender nossa posição. Neste contexto, as interrupções se tornam uma arma de qualidade. Elas permitem perturbar um interlocutor e entravar a apresentação de seu pensamento. Será necessário, portanto, aprender a nos proteger.

Comecemos com uma recomendação contraintuitiva: o primeiro instrumento, para assegurar-se de ser ouvidos... é o silêncio. Quer estejamos empenhados num autêntico confronto oratório, ou numa simples discussão animada, temos geralmente o reflexo de deblaterar o máximo possível. Intervimos sem cessar, reagimos a cada ocasião, não hesitamos em interromper nossos contraditores se necessário. Evidentemente, isto pode revelar-se eficaz. No final das permutas, nossa posição terá sido amplamente embasada. Mas corremos igualmente o risco de irritar. Ou até, pior ainda, de nos desvalorizar. Cansados de nos ouvir, os ouvintes acabam nos prestando menos atenção. Teremos falado muito, sem dúvida, mas não teremos sido forçosamente ouvidos. Portanto, se diversos interlocutores participam do debate, adotemos o hábito de permanecer o máximo de tempo possível em silêncio. Transformemos nossa palavra num bem precioso. Quando, enfim, em plena algazarra, vibrar o som de nossa voz, a atenção se concentrará naturalmente em nós. Chegaremos então a ser ouvidos sem termos precisado batalhar: uma oportunidade inestimável.

O olho do furacão, no entanto, não durará muito tempo. Logo os nossos contraditores procurarão retomar o controle. Quanto às situações de duelo, elas tornam caduca toda estratégia centrada no silêncio: deixaríamos todo o terreno ao nosso único adversário. Será necessário, portanto, aprender a acalmar os ardores dos importunos que desejariam nos interromper. Para isso, no fundo, só existe uma estratégia: pedir com insistência que nos deixem concluir. Exigir explicitamente que não nos interrompam. Isto equivale, como ocorre muitas vezes, a desvendar uma tática a fim de azedá-la. Uma vez que tivermos acusado, mais ou menos explicitamente, nosso adversário de ser um perturbador mal-educado, tornar-se-á cada vez mais difícil para ele continuar a nos explorar sem nos dar razão.

Será necessário ainda fazê-lo com tato, respeitando uma forma de gradação na denúncia. Começamos, por ocasião da primeira interrupção, pedindo o simples respeito da polidez. Isto pode passar por fórmulas enfáticas: "Eu gostaria, por favor, de expor até o fim a minha ideia". Ou mais bruscas e condensadas: "Vou até o fim, de acordo?" No cotidiano, na maioria das vezes, não precisaremos fazer mais do que isso: essa simples e breve chamada à ordem bastará para nos dar o tempo que nos faltava. Se, por acaso, nosso interlocutor volta a atacar, deveremos passar para a segunda etapa: invocar a norma da reciprocidade. Utilizaremos então a fórmula consagrada: "Creio que ouvi o senhor sem interrompê-lo. Gostaria que o senhor fizesse o mesmo". É aqui, evidentemente, que o fato de ter utilizado o silêncio revelará todo o seu interesse. Se, antes, cortamos a palavra de maneira incessante, será difícil revoltar-nos porque nos pagam na mesma moeda. Na vida corrente, a não ser que tenhamos diante de nós o último dos pedantes, praticamente não precisaremos ir além desta dura advertência. No quadro de um debate público, em compensação, poderá acontecer que nos confrontemos com um interlocutor mal-intencionado, que procurará abertamente nos impedir de falar. Só neste caso, recorreremos ao terceiro patamar desta estratégia: o contra-ataque. Utilizamos as múltiplas interrupções do adversário como uma falha que nos permite danificar seu *ethos*. As opções não faltam. Podemos, por exemplo, utilizar o humor: "Mas, enfim, meu velho, isso é uma doença! O senhor não é capaz, portanto, de ficar em silêncio mais do que dez segundos? Não é preciso participar de um debate se o que os outros dizem não lhe interessa!" Ou então denunciar a covardia da manobra: "Mais uma vez? Mas, enfim, está o senhor tão aterrorizado com o que eu possa dizer que não pode me deixar falar?" Dito isso, atenção: trata-se de réplicas extremamente duras. Não deverão ser utilizadas senão em última instância, somente se somos o alvo de uma agressão caracterizada. Caso contrário, nós é que passaríamos por brutos.

E se continuamos a ser acossados? Então, infelizmente, só teremos duas opções. A primeira: abandonar. Considerar que o adversário viola as normas mais elementares do debate, e tomar a decisão de deixar a reunião ou o palco. A segunda: lutar. Não ceder a palavra, elevar nós mesmos o tom, interromper. Será a escalada irremediável até o conflito aberto. Não convenceremos ninguém; mas, pelo menos, nosso adversário também não. Sua grosseria terá forçado o empate.

Por fim, uma última observação, para sublinhar que algumas interrupções são legítimas. Pode acontecer que, sem forçosamente nos darmos conta, monopolizemos a atenção. Então é normal que nossos interlocutores procurem nos interromper. Nessa situação é preciso aceitar que a palavra circule e, sobretudo, não se melindrar: isto só nos tornaria ridículos e detestáveis.

6. Desviar a atenção

Às vezes nada ocorre como previsto. Apesar de uma preparação rigorosa, de uma argumentação vigorosa e de uma defesa de ferro, a situação acaba nos escapando. Aceita uma objeção, nosso contraditor chega a explorá-la e eis-nos de repente a um passo de perder o debate. Poderíamos então ser bons jogadores e conceder a vitória. Com um sorriso, admitimos: "Bom, vejo que não chegarei a convencer. Que assim seja: aceito sua solução". Teremos fracassado quanto ao fundo; mas, pelo menos, nosso *ethos* será salvo. Ou então podemos tentar uma última tramoia: desviar a atenção.

Trata-se de uma tática tanto simples quanto gasta. Consiste em fazer o debate sair dos trilhos. Estando irremediavelmente dominados quanto ao fundo da discussão, viramo-nos para fazê-la deslizar para uma questão totalmente diferente, com a qual esperamos retomar a vantagem. Em suma: cometemos uma descontextualização e esperamos que passe despercebida. Na medida em que for desenvolvida com grande sutileza, ou com muito aprumo, a manobra é perfeitamente capaz de nos tirar dos apuros. É conhecida pelo nome de *estratagema do arenque vermelho*.

ESTUDO DE CASO: Por ocasião de um fim de tarde regado a muita bebida, travo um debate acalorado com um gritalhão que defendia, ardorosamente, a reabertura das casas de prostituição. Infelizmente, o energúmeno se revelou menos ignaro do que me parecia: todo sorridente, ele está me fazendo passar por um tolo. Se não quero me ver humilhado diante de meus amigos, será necessário encontrar uma saída. Eu poderia tentar simplesmente mudar de assunto: "Bom, compreendemos sua posição: as mulheres são livres, elas têm o direito de fazer o que quiserem com seu corpo. Imagino que, em nome da liberdade, você é também a favor da legalização da maconha?" Se meu interlocutor morder a isca, isto abrirá uma nova frente em nossa discussão: a oportunidade para eu jogar uma nova partida, argumentando desta vez mais precavidamente. A isca, no entanto, é grosseira. Para evitar a armadilha, e continuar a me atormentar, bastaria ele responder: "Ora, isto não tem nenhuma relação com o assunto. Voltemos às casas de prostituição..." Uma outra possibilidade consistiria em tornar pessoal o debate. Eu poderia tentar algo como: "Você tem uma filha? Não? Então imaginemos que você tivesse uma filha. Imagino que para você não seria nenhum problema se, apenas chegada à maioridade, ela lhe anunciasse que deseja trabalhar numa casa de prostituição!" O golpe é mais sutil. Se responder "É evidente que isso me traria problema!", meu adversário dá a impressão de ser um hipócrita inconsequente, e eu retomo a vantagem. Se ele me diz "Não, isso não me traria problema!", ele se mostra um pai pouco protetor: posso agora fazer a discussão deslisar para o terreno da educação dos filhos. Evidentemente, minha interpelação não seria senão um puro sofisma do homem de palha. Eu me teria contentado em partir da afirmação de meu adversário "sou a favor da reabertura das casas de prostituição", e ampliá-la até se tornar dificilmente defensável: "desejo que minha filha se torne uma trabalhadora do sexo". Para arejá-la bastaria explicitar a distinção: "Ora, isto não tem nenhuma relação com o assunto. Sou a favor das casas de prostituição porque penso que oferecem condições decentes de trabalho às mulheres e aos homens que, de qualquer maneira, fizeram a escolha de se prostituir. Isto não impede de sonhar um outro destino para minha filha". Caso sinta que meu contraditor é afiado demais para cair numa ou noutra destas trapaças, resta-me uma última opção: passar à agressão, utilizar insinuações baixas, ou mesmo injúrias caracterizadas. Na medida em que falta ao adversário domínio de si, meu dardo poderia atingi-lo. Então ele vai enervar-se, enfurecer-se, perder o controle. A interação cairá inevitavelmente no conflito. Ou mesmo na violência física. Mas, pelo menos, terei evitado a derrota. Talvez até, inebriado pela cólera, meu interlocutor cometerá um erro que poderei explorar para reativar o debate. Atenção, no entanto: na medida em que mantiver sua fleugma, ele voltará facilmente o procedimento contra mim: "Injúrias agora? Bravo! Vejo que o senhor tem definitivamente escassez de argumentos!" Mais do que passar por um cretino, passo agora por um malcriado.

DECODIFICAÇÃO: Estratagema terrível e odioso o do arenque vermelho! Quando coroado de sucesso, nos permitirá roubar uma vitória que fora conquistada por nosso adversário. Tomemos cuidado, no entanto: como acabamos de ver, ele pode facilmente voltar-se contra nós. É o que acontece especialmente com sua versão mais agressiva: se ela fracassa em efetuar o deslocamento do debate para o furor, somos nós que saímos golpeados por indignação. Aliás, o autor do mais célebre manual de debate, Arthur Schopenhauer, não se enganara neste ponto. Em *A arte de ter razão*, ele recomenda só utilizá-lo à guisa de último procedimento: "Quando percebemos que o adversário é superior e não conseguiremos ter razão, nós então nos tornamos pessoais, ofensivos, grosseiros. Tornar-se pessoal consiste em abandonar o objeto da disputa (porque se trata de um jogo perdido) e atacar de alguma maneira o adversário, sua pessoa, [...] abandonamos o objeto por completo [...] tornando-nos ofensivos, maldosos, abusivos, grosseiros"[208].

V. A invasão

No quadro do debate contraditório, as estratégias de invasão são as que nos permitirão não marcar pontos, mas antes alcançar a vitória. Para isso procuraremos infligir somente as feridas das quais é impossível restabelecer-se: as que afetam o *ethos* do adversário. Se chegarmos a desacreditá-lo aos olhos dos ouvintes, é toda a sua argumentação que será, instantaneamente, neutralizada. Sejamos claros: trata-se de técnicas muito agressivas. No entanto, é crucial conhecê-las: se não é para utilizá-las, ao menos para não se expor a elas.

---

208. SCHOPENHAUER, A. *A arte de ter razão. 38 estratagemas*. Petrópolis: Vozes, ⁹2003, p. 46s.

1. Triunfar sobre um argumento refutado

Lembremo-nos do que vimos: no decurso de um debate, é melhor apresentar um único argumento de cada vez. Caso contrário, daríamos ao nosso adversário a oportunidade de atacar a prova que ele escolher, e depois pretender ter refutado a integralidade de nossa demonstração. Esta estratégia é, certamente, tanto eficaz quanto falaciosa. Ela pode, no entanto, ser levada mais um passo adiante. Se desejamos definitivamente optar pela vitória, podemos apoiar-nos numa refutação pontual para invadir não mais para a argumentação de nosso adversário, mas seu *ethos*. Não nos contentamos em dizer: "Este argumento é falso". Nem mesmo: "Este argumento é falso; portanto, toda a argumentação é caduca". Mas antes: "Este argumento é tão falso que seu autor só pode ser incompetente".

ESTUDO DE CASO: Candidato à eleição presidencial, enfrento minha concorrente no tradicional debate entre os dois turnos. Após alguns golpes de esgrima, ela tenta questionar brutalmente a gestão de um espinhoso dossiê industrial do governo anterior. Ora, franzo as sobrancelhas: acontece que eu não era ainda ministro naquele momento. Quando ela reitera suas acusações, compreendo enfim donde vem seu erro e, todo sorridente, apresso-me a informá-la: "Mas enfim, cara madame, a senhora se engana de dossiês! As frases que a senhora cita, eu as pronunciei efetivamente, mas no momento do resgate de outra companhia! A senhora está confundindo uma empresa de telefonia com outra que fabrica turbinas, e a senhora sabe que não é exatamente a mesma coisa!" Enquanto a crivo com meus dardos, minha adversária vasculha freneticamente suas fichas, em busca de um elemento ao qual se agarrar. Consciente da imagem deplorável que ela está dando, decido desfechar-lhe o golpe de misericórdia: "É surpreendente, ainda assim, um tal nível de amadorismo. Agora compreendo por que a senhora veio com um dossiê tão encorpado: a senhora nem sequer foi capaz de memorizar suas fichas! Então, ou é por falta de trabalho, ou por falta de competência; mas, tanto num caso como no outro, como a senhora poderia ter a pretensão de administrar um país? Nossos concidadãos merecem algo melhor do que isso!" Após esta troca, estou sereno. Sei que, a não ser que cometa um erro colossal, serei o próximo presidente da República[209].

DECODIFICAÇÃO: Se queremos desenvolver essa estratégia, precisaremos aguardar um erro flagrante da parte de nosso interlocutor. Um argumento fraco, uma leve imprecisão ou uma pequena confusão não bastariam: daríamos a impressão de ser arrogantes e altivos e o procedimento se voltaria contra nós. Em compensação, se o procedimento for desenvolvido no momento certo e com suficiente segurança, esta estratégia atuará como um veneno mortal: solapará a credibilidade de tudo o que nosso adversário poderá dizer em seguida.

2. Triunfar sobre uma contradição desvendada

Esta estratégia é muito semelhante à precedente, exceto que, em vez de explorar um argumento reprovado, nos apoiaremos numa contradição ou numa incoerência. Para dizê-lo em termos retóricos: utilizamos uma objeção *ad hominem*, e não mais *ad rem*, para invadir o *ethos* do adversário. Não nos contentamos em dizer: "Estes dois argumentos não podem ser sustentados ao mesmo tempo: é preciso resolver a contradição". Nem mesmo: "Estes dois argumentos não podem ser sustentados ao mesmo tempo; portanto, toda a argumentação é caduca". Mas antes: "Esta argumentação está tão cheia de incoerências e de contradições que seu autor só pode ser incapaz ou insincero".

ESTUDO DE CASO: Epidemiologista, fui convidado a participar de um debate num canal de notícias a fim de comentar um novo ressurgimento da epidemia de coronavírus. Defendo uma posição moderada: de acordo com os dados de que disponho, parece-me que ainda é muito cedo para tomar medidas drásticas de restrição. Diante de mim se encontra um outro médico, muito midiático. Ele explica que, pelo contrário, é necessário confinar novamente o país, procurando de passagem fazer-me

---

209. Inspirado diretamente no debate entre Emmanuel Macron e Marine Le Pen, no dia 3 de maio de 2017.

passar por um irresponsável. Tenho a experiência dos debates: sei que, se não reajo rapidamente, minha palavra vai perder em credibilidade. Portanto, passo ao ataque: "Perdão, caro confrade; mas, se não me engano, não foi justamente o senhor que falava há poucos meses de uma gripezinha? Acredito até que o senhor recomendava aos franceses que saíssem e aproveitassem a vida, não é?" Sentindo seu mal-estar, decido bater na mesma tecla: "Escute, até agora o senhor se enganou completamente. Nenhuma de suas previsões se revelou exata. Talvez seja necessário parar de brincar com sua bola de cristal e começar a trabalhar, em vez de dar um passeio pelos canais de TV". Vermelho de raiva, ele tenta replicar que algumas evoluções da epidemia eram simplesmente impossíveis de prever. Tarde demais, no entanto: ambos sabemos que sua palavra não tem mais nenhum peso.

DECODIFICAÇÃO: Se desejamos operar esse aumento da generalidade, precisaremos atualizar uma incoerência massiva na argumentação de nosso interlocutor, ou uma contradição gritante entre o que ele sustenta hoje e o que ele dizia ontem. Entretanto, quando coroada de êxito, esta estratégia desferirá um golpe decisivo na credibilidade do adversário. Ele corre um grande risco de não se recuperar.

3. Triunfar sobre uma injúria oportuna

A última estratégia é de longe a mais violenta: consiste em atacar diretamente o *ethos* do adversário. Não nos preocupamos nem mesmo em utilizar uma refutação ou uma contradição: injuriamos, brutalmente, com o único objetivo de desacreditar. Trata-se, em suma, de uma pura objeção *ad personam*. No entanto, se nos contentamos em lançar um insulto no rosto de nosso interlocutor, nós é que seremos considerados o agressor. Será necessário, portanto, também aqui, utilizar um fundamento a partir do qual invadir o *ethos*.

Esta alavanca nos será fornecida pelo interlocutor, através de sua própria conduta. Se sentimos que ele próprio está transmitindo uma imagem ridícula, irritante ou detestável, podemos apoiar-nos nela para forjar uma injúria sob medida, e com ela golpeá-lo com todas as nossas forças. Para isso, será necessário dar prova de um senso aguçado da afronta. Chegar a cristalizar as torpezas de nosso alvo numa fórmula engraçada, cruel e selvagem. Tornar-se poeta do ultraje. Se chegarmos a apontar exatamente com o dedo o comportamento que torna antipático nosso adversário, nossos ouvintes de repente não verão mais do que isso. Eles poderiam, até então, experimentar apenas uma forma de mal-estar surdo e difuso. Mas, desde que chegamos a dizer uma palavra sobre o conjunto dos seus sentimentos, estes lhes saltarão aos olhos. Reencontramos, aqui, aquilo que já vimos a respeito da função proferencial da linguagem: o simples fato de nomear uma realidade contribui para fazê-la existir. Muitas vezes é quando o dizemos em voz alta que nossos ouvintes tomam consciência daquilo que pensavam baixinho[210].

ESTUDO DE CASO: Responsável político e chefe da oposição, participo de um debate televisionado contra o atual primeiro-ministro. Ele é um homem jovem e dinâmico, muito competente sobre o conteúdo dos dossiês, mas pouco à vontade na polêmica. Quanto a mim, tenho uma grande experiência dos debates. Desde o início do confronto sinto meu adversário febril. Mal se mantém na cadeira, se agita e não cessa de me interromper. Quanto mais o percebo nervoso, tanto mais, por contraste, me empenho em refletir uma imagem de calma e de serenidade. Já lhe pedi várias vezes o favor de me deixar falar. Em vão. Imagino que nossos ouvintes devem começar a compartilhar minha irritação. Quando, mais uma vez, ele me corta a palavra, resolvo partir para o ataque: "Ouça, a tática que consiste em interromper continuamente seu adversário, porque se está incomodado, não funcionará comigo. Neste terreno, meu jovem, acredito ter um pouco mais de experiência do que o senhor. Então seja gentil, deixe de se comportar como um mequetrefe e deixe-me falar!" Lancei meu dardo com um grande sorriso. Meu adversário fulmina: "Mas, afinal, o que

---

210. Cf. cap. 4, II-2, "Pôr as conotações a seu favor".

é esse comportamento!" Ele nunca se assemelhou tanto a um adolescente vexado. E eu, ao futuro chefe do governo[211].

DECODIFICAÇÃO: Evidentemente, esta estratégia é tanto violenta quanto eficaz. No entanto, não é fácil de implementar. Não bastará apenas esperar que a ocasião se apresente. Devemos também, chegado o momento, conseguir captá-lo! Isto exige que estejamos permanentemente conscientes da imagem que nosso interlocutor está refletindo de si mesmo, mas permanecendo plenamente concentrados no fundo da discussão. Ou seja: um verdadeiro desafio lançado às nossas faculdades cognitivas. Sejamos prudentes, portanto. Porque, se uma injúria bem colocada basta para vencer o debate, um insulto inoportuno, por sua vez, nos desqualificará.

4. Defender-se contra uma estratégia de invasão

Por mais agressivas que sejam, as estratégias de invasão podem nos oferecer a vitória num debate contraditório. O que fazer, em compensação, se somos suas vítimas? Se é o adversário que, aproveitando uma idiotice, uma incoerência ou um deslize, se dispõe a nos transpassar com seu dito espirituoso? Infelizmente, não grande coisa. Uma vez cometido o erro inicial, na medida em que for suficientemente hábil, nosso interlocutor poderá introduzir-se na brecha.

Evidentemente, poderíamos sempre tentar uma defesa improvisada. A mais evidente consistiria em desvendar a característica pessoal do ataque a fim de esperar atenuar sua eficácia. Mas, na medida em que, por nossa culpa, tivermos exposto nosso flanco à contraofensiva, esta denúncia perderia grande parte de sua legitimidade. Só existe, portanto, uma única solução verdadeira: evitar colocar-nos numa situação tão ruim. Debater com desenvoltura, certamente, e com determinação, mas permanecendo prudentes e concentrados. Nunca deblaterar com leviandade. As estra-

---

211. Inspirado diretamente no debate entre Jacques Chirac e Laurent Fabius, no dia 27 de outubro de 1985.

tégias de invasão podem ser terríveis: não queremos precisar pagar seu preço. Algumas carreiras foram interrompidas com uma única réplica.

VI. Responder às perguntas

Estou sozinho no palco. A conferência decorreu bem. Os ouvintes ouviram atentamente, meus ditos espirituosos acertaram na mosca, a conclusão foi vivamente aplaudida. A convite do apresentador, instalo-me na poltrona reservada para a última sequência da reunião noturna: um intercâmbio com o público. Algumas mãos se levantam, tímidas. As primeiras perguntas irrompem. Respondo com entusiasmo, aproveito para insinuar algumas explicitações às quais precisei renunciar em minha apresentação, por falta de tempo. Então, de repente, tudo balança. Um indivíduo obtém a palavra. Manifestamente, ele conhece bem o tema; não aprecia a maneira como o tratei; e me chama a atenção para o fato. Emenda as críticas e depois se senta novamente. Todos os olhares doravante estão voltados para mim. Uma gota de suor escorre pelo meu pescoço. Será necessário responder. Mas como?

Todas as oradoras e todos os oradores tiveram o pesadelo desta cena. Quando devemos tomar a palavra, evidentemente, temos medo de não ser suficientemente competentes, de titubear, de ter um lapso de memória. Com a experiência estas angústias se atenuam. Adquirimos progressivamente confiança em nossa capacidade de preparar e pronunciar uma intervenção. Resta-nos ainda sobreviver à sessão de perguntas. É ela que, muitas vezes, receamos. Temos medo de ser contestados, destroçados ou, pior ainda, pegos em flagrante delito de ignorância. O público nos parece um pelotão silencioso, do qual, a qualquer momento, um tiro pode chegar a nos fulminar. Tranquilizemo-nos, no entanto. Como para toda situação retórica, existem técnicas nas quais poderemos nos apoiar.

Não importa se nos encontramos no quadro de uma conferência, de uma apresentação numa reunião, de uma conversação diante de diversos examinadores, ou mesmo de uma entrevista: nosso primeiro desafio será chegar a identificar as perguntas perigosas. Aquelas, precisamente, que exigem uma resposta estratégica.

1. Identificar as perguntas perigosas

Observemos primeiramente que uma seção de perguntas é um exercício híbrido. Não é nem uma conversa nem um debate, porque ali a distribuição da palavra é gravemente desequilibrada. Também não é um discurso, porque interagimos continuamente com interlocutores. Neste contexto particular, as perguntas capazes de representar para nós um perigo podem assumir duas formas muito diferentes, conforme dependam da malevolência ou nos confrontem com nossa ignorância.

Comecemos pelas perguntas malévolas, as que visam, intencionalmente, nos fazer cambalear. Os autores não desejam absolutamente obter um acréscimo de informação, mas sim nos ridicularizar. De um ponto de vista teórico, estas interações não criam dificuldades particulares: elas se aproximam, na realidade, de um confronto contraditório. Todas as estratégias que acabamos de examinar se aplicam, portanto, e podem ser utilizadas para triunfar. Dispomos até de trunfos suplementares, que decorrem justamente do caráter assimétrico da situação. Na medida em que tivermos conseguido nos tornar simpáticos durante nossa intervenção, o público tenderá a se colocar espontaneamente de nosso lado se perceber uma vontade nítida de nos prejudicar. Podemos servir-nos disso para forjar nossa resposta, por exemplo utilizando a ironia: teremos a aprovação da maioria. De qualquer maneira, há pouca chance de sermos ameaçados seriamente, porque, na maioria das vezes, nosso interlocutor terá pouca oportunidade de reagir ao que responderemos. Se, por acaso, continuasse agarrado ao microfone, voltando à carga sem cessar, estaremos geralmente habilitados a interromper: "Escute, acredito já ter respondido. E o senhor não é o único, caro cavalheiro: outras pessoas querem intervir, vamos dar-lhes a palavra. Próxima pergunta?" Enfim, e sobretudo, lembremo-nos de que este tipo de desventuras continua extremamente raro. A imensa maioria das oradoras e dos oradores não encontrará, em sua carreira, senão um punhado de ouvintes que se comportarão como adversários. Se isso nos acontecesse com maior frequência, sem procurarmos dividir ou provocar deliberadamente, deveríamos começar a nos questionar: é talvez nosso *ethos* que suscita irritação.

Em compensação, seremos muito mais frequentemente confrontados com o segundo tipo de perguntas delicadas: aquelas às quais não podemos responder, seja por ignorância, seja porque nos exporíamos ao perigo. Na imensa maioria dos casos, estas perguntas delicadas não terão nada de ameaçador... contanto que aceitemos ser honestos! Contentar-nos-emos em confessar as fronteiras de nosso saber: "Obrigado por esta pergunta pertinente. Confesso que ela está um pouco longe de minha área de competência: eu não gostaria de lhe dizer alguma besteira; prefiro, portanto, deixá-la de lado". Ou expor nossos limites com toda a clareza: "Ouça, compreendo que o senhor me pergunte isso; mas prefiro evitar falar de política. Por favor, proponho-lhe passar para a próxima pergunta". Basta que, em nossa intervenção, tenhamos chegado a impor nosso *ethos* de competência e de sinceridade, para que estas respostas sejam aceitas com toda serenidade. Na imensa maioria dos casos, é a transparência que será nossa melhor arma.

Acontecerá, no entanto, que a clareza não seja uma opção. Existem algumas perguntas às quais não podemos nos subtrair: confessar nossa ignorância, ou nossa falta de convicções, arriscaria desqualificar-nos imediatamente. Pode ocorrer igualmente que tenhamos interesse na ambiguidade. Responder sinceramente arriscaria alienar de nós uma parte dos nossos ouvintes, quando precisamos de todos os apoios possíveis. Numa situação destas, será necessário dar a impressão de responder, sem fazê-lo realmente. Não ser acusados de ter-nos esquivado, mas não expor-nos ao perigo. É aqui que precisaremos de estratégia. Felizmente, temos à nossa disposição dois instrumentos: o enquadramento e o contornamento.

2. Dominar o tempo: as estratégias de enquadramento

O primeiro erro, diante de uma pergunta difícil, seria reagir bruscamente. Pegos desprevenidos, correríamos o risco de dizer um disparate. Ora, não estamos num jogo televisionado. Nada nos obriga a responder imediatamente. Retomemos o domínio do tempo, e escolhamos nosso ritmo: de preferência, afastando-nos o máximo possível de nossa verdadeira resposta à pergunta que nos foi feita.

Enquanto oradoras ou oradores, introduzir um adiamento apresenta um duplo interesse. O primeiro, e o mais evidente, é que isso nos dará a oportunidade de refletir. Poderemos assim avaliar o perigo que uma resposta sincera nos faria correr e, se necessário, reservar o tempo de elaborar uma solução para sair do atoleiro. Mas, sobretudo, o segundo interesse é que, quanto mais tarde respondermos, tanto menos os ouvintes se lembrarão da pergunta com precisão. Com efeito, bastam alguns segundos para que as informações comecem a se deteriorar em nosso cérebro. Quanto mais adiarmos, tanto mais disporemos de uma margem de manobra para escolher a resposta que melhor nos convém – voltaremos ao tema.

É preciso também saber como fazer. Porque, evidentemente, não podemos esperar sem nada dizer: a manobra seria um pouco gritante demais. E terrivelmente incômoda. Para ganhar tempo, antes de responder, vamos começar, portanto, dando elementos de *enquadramento*. Trata-se de informações que, embora diretamente ligadas ao tema, não trazem absolutamente nada sobre o fundo. Podemos assim divulgá-las sem correr o menor risco. Nossos ouvintes não serão trouxas: eles verão muito bem que ainda não estamos respondendo. Mas dificilmente poderão nos recriminar por ter desejado começar lembrando especificações inocentes.

Temos à nossa disposição três tipos diferentes de enquadramentos. Podemos optar, primeiramente, por um *enquadramento geral*: antes de responder, aumentamos a generalidade, a fim de resgatar os grandes problemas políticos, ou mesmo filosóficos, que estão implicados na pergunta – ainda que, em seguida, não retornemos mais a eles. Podemos também optar por desenvolver um *enquadramento contextual*: fingimos ser obrigados a lembrar, em primeiro lugar, informações ou fatos ligados ao tema – ainda que, posteriormente, se revelem totalmente inúteis para nossa demonstração. Enfim, temos também a possibilidade de utilizar um *enquadramento anedótico*: a pergunta nos evoca repentinamente uma história, que não podemos abster-nos de contar – ainda que se revele, *a posteriori*, sem nenhum interesse. Evidentemente, podemos utilizar cada um destes três enquadramentos para introduzir elementos que nos serão realmente úteis para articular nossa resposta. Mas, mesmo que isso não seja o caso, teremos, de qualquer maneira, ganho um tempo precioso: é tudo o que queríamos.

ESTUDO DE CASO: Candidato à eleição presidencial, sou entrevistado por uma grande rádio. Diante de mim, a jornalista passa em revista os principais temas da atualidade. Eu não me sinto ameaçado. Sua última pergunta, no entanto, é mais delicada: "Há dois anos nosso país foi alvo de terríveis atentados. Desde então vivemos sob um dispositivo de estado de emergência. Se o senhor for eleito presidente, irá tomar a decisão de sair deste regime jurídico, que – vale lembrar – foi concebido como uma exceção e não como a norma?" Estou diante de uma armadilha. Se me pronuncio pelo fim do estado de emergência, eu poderia ser acusado de laxismo diante do terrorismo. Mas, se me declaro favorável a uma manutenção do dispositivo, corro o risco de fustigarem minha posição liberticida. Tanto num caso como no outro perderei eleitores. Preciso de tempo para refletir. E preciso absolutamente afastar de mim esta pergunta tremendamente bem-formulada. Para isso, posso começar com um enquadramento geral: "A senhora tem razão, madame, de evocar os terríveis atentados que nos atingiram há dois anos. É preciso começar lembrando esta realidade, da qual devemos todos ter consciência: nossas sociedades democráticas devem doravante enfrentar um inimigo invisível, o terrorismo, que pretende combater nosso modo de vida, nossos valores e até mesmo nossa civilização". Posso igualmente utilizar um enquadramento contextual: "A senhora tem razão em evocar o regime de estado de emergência. Eu gostaria de começar lembrando do que estamos falando: mais de 4.000 buscas em dois anos, 700 prisões domiciliares, 650 proibições de residência no país. Este foi, sem a menor dúvida, um instrumento crucial na luta contra o terrorismo". Ou então posso preferir um enquadramento anedótico: "É, com efeito, uma pergunta muito importante. E eu gostaria de começar prestando uma homenagem às nossas forças de segurança, que fizeram um trabalho formidável. Como a senhora sabe, fiz uma visita, na última semana, a uma delegacia de Marselha. Discuti longamente com os policiais. Todos me confidenciaram seu orgulho de serem protetores da nação".

DECODIFICAÇÃO: Notemos que começamos, cada vez, nossa tomada da palavra com uma discreta bajulação à nossa interlocutora. Não é um acaso: tratada com consideração, ou mesmo com gentileza, ser-lhe-á mais difícil nos tratar com dureza quando ela compreender que estamos enrolando para ganhar tempo. Cada um destes enquadramentos nos permitirá, com efeito, ganhar uns trinta segundos sem termos sequer começado a responder à pergunta que nos foi feita. Teremos, em compensação, aproveitado para reforçar nosso *ethos* de homem de Estado. Quanto à interrogação inicial, não há nenhuma dúvida de que, na mente dos ouvintes, ela já começa a tornar-se vaga.

3. *Dominar o espaço: as estratégias de contornamento*

Quando somos confrontados com uma pergunta perigosa, o pior erro seria... querer responder a ela! Isso equivaleria a aceitar pôr-nos em apuros. Vamos, portanto, trazer uma verdadeira resposta, mas a uma outra pergunta, ao mesmo tempo ligeiramente diferente e muito mais fácil, que nós mesmos teremos escolhido: é o que se denomina *contornamento*. Eis a razão pela qual era tão crucial ganhar tempo: os ouvintes se lembrarão do tema da pergunta, mas mais exatamente de sua formulação. É a oportunidade que esperávamos: vamos poder retomar o controle de nosso espaço.

Para esquivar-nos de uma interrogação difícil, podemos utilizar quatro grandes estratégias de contornamento. A primeira é *colocar em perspectiva*: vamos responder efetivamente à pergunta que nos foi feita, mas num degrau de generalidade superior, que nos permite formular grandes declarações que sobressaem, com as quais ninguém poderá estar em desacordo. Já vimos como fazer: basta evocar um rosário de conceitos mobilizadores. A segunda estratégia é o *distanciamento*: Falamos de um tema completamente diferente, suficientemente ligado ao primeiro para que a transição pareça natural, mas suficientemente afastado para que não corramos mais perigo.

A terceira estratégia é a *focalização*: mergulhamos no cerne da pergunta que nos foi feita, para responder de maneira precisa, mas parcial, deixando deliberadamente na sombra todos os aspectos que nos poriam em dificuldade. A última estratégia é a do *campo/contracampo*: consiste em dar consecutivamente duas respostas, incompatíveis entre si, que trarão, cada qual, satisfação a uma parte de nosso público. Em suma: dizemos algo e seu contrário. Esse último procedimento poderia parecer acrobático. Apoia-se, no entanto, num viés cognitivo amplamente documentado: a tendência natural dos seres humanos de reter sobretudo as informações que os confrontam em suas opiniões iniciais, o que lhes poupa precisar mudar de opinião. É o que se denomina um viés de confirmação[212].

Para dar uma introdução a estas estratégias, uma vez que tomamos o cuidado de afastar a pergunta inicial, basta uma simples fórmula de transição. Temos à nossa disposição um grande número delas: "No fundo, o senhor levanta o problema de..."; "Sua pergunta é interessante, sobretudo se a vemos sob o ângulo de..."; "Para mim, o verdadeiro problema é sobretudo..." Ou mesmo, se nos sentimos particularmente audaciosos: "Penso que é melhor formular esta pergunta de outra maneira..."; "Ouça, não sei se isso responde à sua pergunta, mas o que posso dizer é que..."

ESTUDO DE CASO (SEQUÊNCIA): Evidentemente, a entrevistadora não é trouxa. Ela vê muito bem que estou ganhando tempo e se dispõe a me interromper. Isso seria uma catástrofe: ela poderia então recolocar sua pergunta em seus próprios termos e todos os meus esforços seriam descobertos. Retomo o fio do discurso, portanto, começando por tranquilizá-la: "Mas eu não quereria sobretudo deixar sua interrogação sem resposta!" Todas as opções estão doravante abertas. Posso colocar as coisas em perspectiva: "A pergunta que a senhora faz é, no fundo, a da segurança de nossos compatriotas. Ela é essencial. Nos próximos cinco anos será necessário redobrar os esforços para lutar con-

---

212. Para uma introdução à abundante literatura referente aos diferentes vieses de confirmação: OSWALD, Margit E. & GROSJEAN, Stefan, 2004, "Confirmation bias", em POHL, Rüdiger F. (ed.). *Cognitive Illusions. A Handbook on Fallacies and Biases in Thinking, Judgment and Memory*, Psychology Press, p. 79-96.

tra o terrorismo, mas também contra a violência e a delinquência, que inquietam, com razão, todos os franceses. Continuando, evidentemente, a preservar o que temos de mais precioso: nossas liberdades e nosso estado de direito". Posso também fazer um distanciamento: "Para mim, o verdadeiro problema é sobretudo o combate contra o jihadismo. Devemos continuar a lutar contra todas as redes que impulsionam, financiam e estruturam o terrorismo internacional. Será a única solução para afastar, duradouramente, os riscos de atentados em nosso solo". Se percebo que minha interlocutora é particularmente esperta, posso tentar uma focalização: "Ouça, a senhora me faz uma pergunta precisa; penso que é necessário responder com precisão. O estado de emergência nos protege: já lembrei o número de prisões domiciliares e as proibições de residência no país que foram decretadas. Mas é preciso também admitir que existem interrogações acerca de certas buscas que talvez não eram indispensáveis. Proporei, portanto, num primeiro tempo, reforçar os controles sobre este ponto, a fim de garantir plenamente os direitos fundamentais dos cidadãos". Por fim, posso igualmente tentar um campo/contracampo: "Como a senhora sabe, madame, existe uma coisa com a qual não se pode brincar na democracia: são os direitos fundamentais dos cidadãos. Não podemos aceitar que um regime de exceção se torne a norma. Portanto, precisaremos necessariamente, no futuro, considerar uma saída do estado de emergência. E, ao mesmo tempo, a ameaça terrorista permanece muito elevada. Vimos os horrores a que ela leva. Existe uma outra coisa que precisamos proteger a todo custo: é a segurança dos nossos concidadãos. Neste momento o estado de emergência contribui para assegurar esta proteção".

DECODIFICAÇÃO: Sairemos do estado de emergência se formos eleitos? É impossível saber. Os ouvintes, e a jornalista, nunca terão obtido a resposta a esta pergunta. Isto não nos terá impedido de evocar o tema durante vários minutos. Aos olhos de uma pessoa pouco atenta, poderíamos ser acusados de não ter sido muito precisos, mas não de termos descartado a questão. É tudo o que desejávamos: não conquistar a convicção, mas, simplesmente, evitar a desunião.

Enquanto ouvintes, enfim, o que pensar desses estratagemas? Se identificamos que um ator do debate está se esquivando habilmente de uma pergunta: deveremos reservar-lhe nossa desconfiança? Ou mesmo nossa aversão? Tudo dependerá, na realidade, da interrogação que lhe foi submetida. Se ela o punha realmente em perigo, se lhe era impossível responder sem se comprometer, poderíamos optar por compreendê-lo. Admitir que, em seu lugar, teríamos provavelmente feito a mesma coisa. Levando em consideração, evidentemente, o ato da esquiva e lembrando-nos que, acerca deste tema, não sabemos o que esta pessoa pensa. Em compensação, poderíamos ser mais severos quando estes procedimentos são utilizados por pura conveniência. A pergunta feita era justificada e formulada decentemente. Ainda que ela colocasse seu destinatário em posição de desagradar uma parte do público, estaríamos legitimamente no direito de esperar uma resposta franca. Nesse caso, a utilização de técnicas de contornamento poderia atrair, de nossa parte, uma denúncia mais viva.

Como ocorre sempre na retórica, no entanto, a fronteira entre estas duas situações é tudo menos límpida. Nunca disporemos de um critério irrefutável para distinguir a habilidade da deslealdade. Esta questão é mais ética do que técnica. Em definitivo, cabe a cada uma e a cada um de nós escolher aquilo a que aceitamos ser expostos. E aquilo que decidimos condenar.

Conclusão: as normas da discussão deliberativa

Debater é fazer a experiência da incerteza. Mesmo perfeitamente preparados e muito experientes, nunca poderemos prever o que vai acontecer. Saber quais trapaças, pilhérias ou asneiras o adversário nos reserva. Sem falar, evidentemente, de nossa própria imprevisibilidade. Chegaremos a encontrar as palavras? A forjar as réplicas? A combater com determinação sem nos deixar inundar pelas emoções? Em vez de um tabuleiro de xadrez bem-ordenado, o debate contraditório é uma selva impenetrável, na qual avançamos sem jamais saber o que nos espera. No entanto, não estamos sem recursos. Dispomos de uma bússola para nos orientar: 4 princípios, que se articulam em 18 fundamentos estratégicos. Juntos, não constituem um manual que bastaria abrir na página certa para saber o que fazer em todas as circunstâncias. Mas antes uma linha de conduta, uma inspiração, que deve nos ajudar a elaborar uma solução adaptada a cada situação. Cada uma e cada um de nós é livre para repertoriar cuidadosamente, mês após mês, ano após ano, nossas invenções, descobertas e intrigas. É assim que comporemos progressivamente, não mais um guia estratégico, mas nossa própria coletânea *tática*, adaptada ao nosso *ethos* e à nossa eloquência. Talvez, um dia, o autor destas linhas publicará a sua: seria um livro totalmente diferente.

Terminemos com o que, até este momento, deixamos de lado: as discussões deliberativas. Elas são, convém lembrar, os intercâmbios nos quais não procuramos vencer, mas antes convencer nosso interlocutor, aceitando em troca a eventualidade de sermos convencidos por ele. Trata-se, naturalmente, de um ambiente muito menos estratégico do que os debates competitivos. Aqui não procuramos o triunfo, mas o consenso. Mas não deixa de haver um conjunto de quatro *normas* específicas à deliberação. Infringi-las não causaria nossa perda, como ocorria no caso dos quatro *princípios* do enfrentamento contraditório, Em compensação, aumentaria radicalmente o risco de a discussão cair na competição, ou mesmo no conflito. Se desejamos nos empenhar na busca de uma solução compartilhada com nosso interlocutor, portanto, será necessário interiorizar esses poucos preceitos. Nós os resgatamos por ocasião de um trabalho precedente de pesquisa: contentemo-nos, aqui, em lembrá-los brevemente[213].

A primeira norma é a *interação das argumentações*. Numa discussão deliberativa não podemos permitir-nos ignorar uma parte das provas apresentadas pelo interlocutor, e contentar-nos em atacar os elos mais fracos de sua cadeia. Também não podemos reivindicar arrogantemen-

---

213. VIKTOROVITCH, Clément, 2021, "Saisir et définir la délibération par l'argumentation: l'exemple des débats parlementaires français", em BLONDIAUX, Loïc & MANIN, Bernard, *Le Tournant délibératif de la démocratie*, Presses des Sciences Po, p. 227-252. Para o estudo *in extenso*, VIKTOROVITCH, Clément, 2013, *Parler, pour quoi faire? La délibération parlementaire à l'Assemblée nationale et au sénat (2008-2012)*, tese de doutorado em ciências políticas, Sciences Po Paris.

te a vitória após termos atacado o elemento menor de seu raciocínio. Ele ficaria legitimamente irritado com isso: não teríamos feito mais de que degradar nossas chances de conquistar a convicção. Será necessário, portanto, tomar o tempo de compreender a estrutura das diferentes linhas argumentativas, provar a solidez das pedras angulares, sem nos deixar distrair pelos pontos acessórios. Precisaremos até dignar-nos conceder, resolver-nos a abdicar sem rodeios dos argumentos que tiverem sido fragilizados por nosso contraditor. E evidentemente exigir dele que aplique a si o mesmo rigor.

A segunda norma é a *refutação das posições*. Numa dinâmica deliberativa, devemos abster-nos de procurar a desqualificação do interlocutor. Renunciar a atacar seu *ethos*, seja diretamente ou extravasando a partir de um argumento reprovado ou de uma contradição revelada. Ao fazê-lo não faríamos mais do que enfurecê-lo. Será necessário, portanto, obrigar-nos a refutar sua posição e nunca a procurar desacreditá-lo. Observemos que, contrariamente ao que às vezes pensamos, a exigência de refutação não é em nada incompatível com a utilização do *pathos*. Como vimos, as emoções fazem parte integrante da razão: elas têm seu lugar legítimo na deliberação.

A terceira norma é a *subjetivação das intervenções*. No debate contraditório temos todo o interesse de nos impor com força, parecer resolutamente convencidos, para tornar-nos abertamente convincentes. Isto nos estimula a dessubjetivar nossas posições: temos a tendência de apresentá-las como certezas incontestáveis. Ora, se esta técnica se revela eficaz para ter um impacto sobre os ouvintes, ela tenderá irremediavelmente a fazer a interação cair no conflito. Quando dois contraditores opõem entre si verdades gerais, não há mais lugar para a deliberação. Esta supõe que sejamos capazes de ouvir as objeções e, eventualmente, fazer concessões. Ora, uma verdade não pode ser nem concedida nem corrigida: somente imposta contra a verdade apresentada pelo interlocutor. Se queremos ter uma chance de convencer, portanto, devemos aprender a subjetivar nossas intervenções. Apresentá-las não como julgamentos certos e infalíveis, mas como nossas próprias opiniões. Podemos continuar atendo-nos firmemente a elas e defendê-las ferozmente. Tudo o que precisamos é admitir que se possa pensar de maneira diferente. Em vez de afirmar "Esta é a posição certa; esta é a constatação verdadeira", nos contentaremos em dizer: "Eu penso que esta posição é a certa; parece-me que esta constatação é a verdadeira". Esse "eu" parece anódino, mas é ele que fará toda a diferença entre uma discussão e uma disputa.

A quarta norma é a *redução dos desacordos*. No decurso de um debate contraditório temos todo o interesse em dramatizar o confronto, em acentuar os problemas, em dar ao nosso intercâmbio ares de uma luta homérica para, em caso de vitória, parecer triunfar no perigo e, portanto, com glória. Ao contrário, a discussão deliberativa supõe que aceitemos diminuir, o quanto possível, a amplitude da controvérsia. Para isso, podemos começar modalizando nossos enunciados e utilizando eufemismos – a figura da atenuação. Não afirmar "Precisamos adotar esta solução; não estou absolutamente de acordo com o senhor", mas antes "Poderíamos adotar esta solução; não estou totalmente de acordo com o senhor". Também aqui trata-se de instrumentos tanto simples quanto cruciais: quanto menor parecer o fosso entre nossas posições, tanto mais teremos chances de atravessá-lo.

Eis aqui, portanto, as quatro normas que é preciso respeitar se pretendemos empenhar-nos numa deliberação sincera com um interlocutor. Evidentemente elas não garantem de modo algum que cheguemos ao consenso. Encontraremos às vezes divergências de interesses ou de valores que nos será impossível superar. Mas, pelo menos, teremos descoberto o fundamento de nosso desacordo. Saberemos por que vemos o mundo de maneira diferente. Mesmo opondo-nos, teremos chegado a nos compreender. E quem sabe: talvez, amanhã, chegaremos a nos convencer.

CONCLUSÃO

O alquimista e o jardineiro

Concluímos a jornada. Dominamos o verbo e a argumentação, sabemos manejar a imagem e as emoções, frustrar os procedimentos sofísticos e triunfar nos debates caóticos. Conhecemos a retórica. É talvez o início de uma nova vida? Possuímos a chave que comanda o outro? As portas do poder vão enfim abrir-se para nós? Infelizmente, não. É ainda muito cedo para cantar vitória. Porque nos resta uma última lição a adquirir. De longe, a mais temível. Precisamos aprender a humildade.

Desde o início deste livro, tratamos a convicção como um momento. Um parêntese que se abre, no qual entramos com nossos ouvintes e do qual eles saem mudados. Haveria um antes: o reino da discórdia. E um depois: o império do consenso. Entre os dois, nas trevas de nosso laboratório, misturaríamos as palavras e os sons até extrair a mais preciosa das poções; aquela que, uma vez oferecida e bebida por inteiro, forçaria a conceder: "Você tem razão". Seríamos, no fundo, os novos alquimistas, versados na arte de mudar não o chumbo em ouro, mas o "não" em "sim". Pelo menos, é a história com a qual gostamos de nos iludir. A realidade, por sua vez, é totalmente diferente.

Porque, se essas transformações acontecem, elas se revelam desesperadamente raras. No vasto oceano das discussões e dos discursos de todos os dias, as conversões perfeitas e brutais não são a regra, mas a exceção. Na maioria das vezes, não chegaremos a abalar as opiniões dos nossos interlocutores apenas com a força de nossa intervenção. Pelo menos, não imediatamente. Este milagre exige constância e paciência. Em vez de um momento, a convicção é um processo. Lento, repetido, nunca totalmente concluído. Muitas vezes, a melhor estratégia será valorizar nossos argumentos e nossas informações. Dar a entrever as conclusões a tirar deles. Em seguida, esperar que nossos ouvintes atravessem o fosso. Deixar nossa proposta se instilar lentamente em sua mente, sob a torrente da consciência, até que ela lhes apareça como uma evidência. Então não teremos conquistado a adesão. Mas criado as condições para que os indivíduos se persuadam eles próprios, em seu foro interior. Retórica superior.

Subsiste, evidentemente, a grande pergunta: O que fazer se isso não funciona? Se a infusão não pega? Não deveríamos, neste caso, utilizar todos os meios à disposição, até que o interlocutor ceda sob a coação de nossa argumentação? Poderíamos tentar. Mas não esqueçamos esta norma elementar: quanto mais pressionamos, tanto mais suscitamos resistência. De tanto forçar a convicção, testar até à ruptura as faculdades críticas dos nossos ouvintes, eles correm o risco de rejeitar pura e simplesmente nossa comunicação. Esperávamos sua adesão, colheremos apenas sua irritação. E mesmo que funcionasse. Admitamos que, cansados de guerra, eles acabem por conceder. Isso será sempre apenas uma vitória de Pirro. Dificilmente nossos interlocutores nos perdoarão por tê-los maltratado tanto. Para o futuro corremos sempre o risco de precisar contar com sua animosidade. Teremos triunfado no essencial, mas ao preço da relação. Era, realmente, o que queríamos?

Eis, portanto, esta lição de humildade. Sonhávamos ser alquimistas dos argumentos: deveríamos, antes, ser jardineiros honestos. Na maioria das vezes, tudo o que faremos será plantar uma semente na mente de nossos interlocutores, e esperar em seguida que chova suficientemente para que ela germine. Talvez nunca colheremos os frutos. A terra não oferece garantia. Mas podemos ter uma certeza: se empunharmos um regador e despejarmos litros de discursos sobre nossa frágil pequena ideia, ela acabará afogada. Jamais a veremos crescer.

Afinal, uma última observação, no fim do caminho, para retornar ao ponto de partida: a definição da retórica. A retórica é, evidentemente, uma *técnica*. Podemos aprendê-la e trabalhá-la: essa era precisamente a meta deste livro. Ela é igualmente uma *sensibilidade*. A arte de convencer exige tato, elegância, às vezes até beleza: será necessário chegarmos, progressivamente, a despertar para ela. Mas é também um *mistério*. A convicção, quando ocorre, é irremediavelmente uma caixa-preta. Podemos ter consciência do que fizemos, dos procedimentos que desenvolvemos. Em compensação, nunca saberemos o que funcionou. Qual átomo de argumentação terá pesado suficientemente para fazer a balança pender para o nosso lado e, assim, transformar a resistência em assentimento. O "não" em "sim". Aprender a retórica é fazer a experiência da modéstia, partir em busca de uma pedra filosofal, de um poder jamais adquirido. Ele não cessa de esquivar-se à medida que acreditamos penetrar seus segredos. Feitas as contas, talvez sejamos um pouco alquimistas.

GLOSSÁRIO

Ação oratória: A pronunciação do discurso. Ela passa por três dimensões. O verbal: as palavras pronunciadas. O paraverbal: o ritmo, o volume e as entonações da voz. O não verbal: a postura e os gestos.

Afirmação do consequente ou *raciocínio por abdução*: Sofisma que consiste em partir de uma observação e, depois, apresentar uma causa que a explica, deixando deliberadamente todas as outras hipóteses na sombra. Exemplo: "Se chove, então o chão fica molhado. Ora, o chão está molhado. É, portanto, porque choveu".

Alegoria: Figura que consiste em desenvolver uma analogia no nível de uma sequência de palavras: uma frase, um parágrafo, ou mesmo um texto inteiro. Ela permite construir propostas de duplo sentido: o primeiro, literal, assume muitas vezes a forma de um relato concreto; o segundo, implícito, possui geralmente implicações morais, espirituais ou políticas. Exemplo: as *Fábulas* de La Fontaine.

Anadiplose: Figura que consiste em utilizar a mesma palavra no fim de uma proposição e no início da seguinte. Exemplo: "O medo leva à cólera, a cólera leva ao ódio, o ódio leva ao sofrimento" (George Lucas).

Anáfora: Figura que consiste em começar uma série de frases pela mesma sequência de palavras. Se a fórmula-eixo está no fim da frase, fala-se de epífora. Exemplo: "Paris! Paris ultrajada! Paris despedaçada! Paris martirizada! Mas Paris libertada!" (Charles de Gaulle).

Antítese ou *oposição binária*: Figura que consiste em opor dois termos ou duas proposições. Exemplo: "Ou a doença vos matará ou será o médico!" (Beaumarchais).

Apelo à maioria ou argumento ad populum: Sofisma que consiste em pretender que uma posição seria justificada porque é compartilhada pela grande maioria das pessoas. Exemplo: "Evidentemente é um grande cantor: seu clip foi visto milhões de vezes!"

Argumento: Uma prova apresentada com o apoio de uma proposta.

Argumento da ausência de antecedente: Sofisma que consiste em pretender que uma coisa é impossível, porque nunca aconteceu. Exemplo: "Posso guiar um carro depois de beber: eu o faço há dez anos e nunca tive um acidente!"

Argumentos de autoridade: Consiste em fundamentar a validade de uma proposta na credibilidade de uma pessoa ou de uma instituição.

Argumentos de comunidade: Consistem em fundamentar a validade de uma proposta na adesão prévia a crenças ou valores.

Argumentos de enquadramento: Consistem em fundamentar a validade de uma proposta na estrutura do real ou, pelo menos, na apresentação que lhe é dada.

Argumento por etimologia: Sofisma que consiste em utilizar a etimologia de um conceito, ou seja, sua raiz *histórica*, para pretender extrair ensinamentos atuais e gerais. Exemplo: "A palavra histérico tem a mesma raiz de *útero*. É justamente a prova que se trata sobretudo de um desvio próprio das mulheres!"

Argumentos por analogia: Consistem em fundamentar a validade de uma proposta numa aproximação operada entre a situação presente e outra situação, considerada similar.

Assonância: Termo utilizado de maneira genérica. Empregamo-lo para designar toda figura fundamentada na repetição de um mesmo som numa sequência de palavras aproximadas. Se desejamos ser mais precisos, podemos fazer a distinção entre a *assonância* propriamente dita, onde a repetição recai sobre vogais; a *aliteração*, onde ela recai sobre consoantes; e a *paronomásia*, onde ela recai sobre palavras inteiras. Exemplo: "Tout m'afflige et me nuit et conspire à me nuire" (Tudo me aflige e me prejudica e conspira para me prejudicar) (Racine).

Claptraps ou *artifícios para conquistar aplausos*: As técnicas que permitem despertar o entusiasmo dos ouvintes. Apoiam-se em dois elementos consecutivos: um efeito de saliência e um sentimento de resolução.

Cleuasmo: Figura da falsa modéstia. Consiste em fingir confessar suas insuficiências ou suas faltas, a fim de enternecer ou atrair cumprimentos. Exemplo: "– Cansado. Eu sou um tolo que se mataria de vergonha. – Não, você não é um tolo, porque se dá conta!" (Edmond Rostand).

Conceitos mobilizadores: Palavras vagas e congeladas, que evocam representações positivas para todo mundo, embora tendo um significado diferente para cada um. Trata-se de um procedimento sofístico, que permite criar enunciados consensuais, mas vazios de sentido.

Congruência: Característica de uma comunicação na qual toda a ação oratória está alinhada. As informações transmitidas de maneira verbal, paraverbal e não verbal convergem para uma mesma direção.

Contágio emocional: Técnica de indução dos afetos, que utiliza sua tendência natural a se transmitir, automaticamente, de indivíduo para indivíduo.

Conteúdo conotativo ou *conotações*: O conjunto das representações ligadas a uma palavra e sobre as quais pode haver divergências, ou mesmo desacordos.

Conteúdo denotativo ou *denotações*: O sentido literal de uma palavra, que se pode definir, e sobre o qual todo mundo se entende.

Contra-argumento: Uma prova apresentada como desmentido de uma proposta.

Contraintuição: Figura que consiste em produzir um enunciado paradoxal, seja dizendo o inverso do que deveríamos querer demonstrar, seja dando a entender que estamos nos enganando de tema.

Crescendo: Figura que consiste em organizar um aumento progressivo em intensidade no discurso. Ela pode se desdobrar sobre todas as dimensões da ação oratória: as palavras, a voz ou os gestos.

Diatipose: Figura que consiste em desenvolver uma descrição viva e condensada.

Dinâmica competitiva: As situações nas quais diversos oradores são, uns para os outros, interlocutores, mas não ouvintes. Eles confrontam suas posições, sabendo que não têm nenhuma chance de se convencerem mutuamente. Portanto, um procura vencer o outro e vice-versa, a fim de conquistar a adesão dos que os ouvem.

Dinâmica conflitual: As situações nas quais diversos interlocutores confrontam suas posições, mesmo sabendo de antemão que nunca encontrarão acordo, e sem que haja um público exterior a convencer. São, portanto, os contextos nos quais só subsistem o confronto, a violência e o conflito.

Dinâmica deliberativa: As situações nas quais os indivíduos são, uns para os outros, ao mesmo tempo oradores, interlocutores e ouvintes. São, portanto, os contextos onde a conflitualidade é excluída, mas onde o acordo é necessário. Em caso de fracasso, eles se transformam progressivamente em negociação.

Dinâmica monológica: As situações nas quais um orador procura convencer ouvintes silenciosos, na ausência de qualquer interlocutor. Trata-se de um contexto unilateral: o dos discursos, das alocuções e das apresentações.

Divisão abusiva: Sofisma que consiste em pretender que o que vale para o todo vale também para suas partes. Exemplo: "As grandes religiões monoteístas pregam a paz; portanto, as pessoas religiosas são pacíficas".

Efeito halo: Viés cognitivo que consiste no seguinte: a fim de emitir um julgamento sobre um indivíduo, deixar-se influenciar por uma ou diversas características marcantes que vêm colorir toda a percepção que se tem dele. Foi demonstrado, por exemplo, que basta alguém usar óculos para parecer, subitamente, mais competente.

Eixo emocional: Técnica de influência do comportamento mediante os afetos, associando uma emoção desconfortável a um apelo à ação, que permite resolver a tensão. Existem principalmente três: medo-solução, esperança-realização, indignação-mobilização.

Eloquência: A arte de falar em público, de chamar a atenção, com estilo, graça e virtuosidade.

Encantamento: Procedimento que consiste em descrever a realidade tal como gostaríamos que ela fosse, e não como ela é. Assume a forma de um discurso muito assertivo, utilizado para descrever uma realidade muito mais incerta.

Entimemas: Raciocínios dedutivos nos quais uma parte das premissas, ou mesmo a própria conclusão, não são expressas explicitamente.

Enumeração ternária: Figura que consiste em elaborar uma lista que acumula três termos e apenas três termos. Exemplo: "Vim, vi e venci".

Epanalepse: Figura de repetição, que consiste em martelar um elemento-chave do discurso. Exemplo: "É preciso de audácia, mais audácia, sempre audácia, e a França está salva" (Danton).

Espectadores: O conjunto dos indivíduos que assistem a um intercâmbio retórico, sem nele tomar parte nem serem o objeto de uma vontade de convicção.

Ethos: Uma das dimensões da retórica, no caso a imagem que o orador reflete de si mesmo.

Ethos coletivo: A imagem à qual um orador é remetido, voluntariamente ou não, pelo fato de sua pertença a um grupo pré-constituído.

Ethos discursivo: A imagem que o orador constrói de si mesmo no decurso de sua tomada da palavra.

Ethos prévio ou *ethos pré-discursivo*: A imagem que os ouvintes têm do orador antes de ele tomar a palavra.

Etopeia: Figura que consiste em desenvolver a descrição de um personagem, relatando sua biografia, exibindo seus costumes ou esboçando seus valores.

Eufemismo: Figura que consiste em atenuar a expressão de fatos ou de ideias desagradáveis, com a finalidade de suavizar a realidade.

Ex abrupto: Transição viva e brutal, que visa captar a atenção. Utilizada à guisa de exórdio, consiste em entrar imediatamente no cerne do tema, desprezando as conveniências e as apresentações de praxe.

Exórdio ou gancho: Etapa do discurso que consiste em dar início ao discurso, chamar a atenção do público e suscitar sua benevolência.

Falsa causa: Sofisma que consiste em pretender que, pelo fato de um acontecimento ter ocorrido após um outro, ele seria diretamente sua consequência. Isto equivale a fazer uma antecedência passar por uma causalidade, sem que isso tenha sido demonstrado. Exemplo: "A homeopatia é eficaz: eu a uso cada vez que tenho um resfriado e, depois de três dias, estou curado!"

Falso dilema: Sofisma que consiste em pretender que um problema só teria duas soluções, deixando deliberadamente todas as outras na sombra. Exemplo: "Deixo-lhe a escolha: você está comigo ou contra mim?"

Generalização apressada: Raciocínio por indução, cujas provas não deveriam ser consideradas suficientes para estabelecer uma conclusão. Exemplo: "Um assassinato terrível acaba de acontecer. É justamente a prova de que nossa sociedade se torna cada vez mais violenta".

Heurísticas de julgamento: As operações de simplificação utilizadas pelo cérebro em seu modo intuitivo. Consistem em substituir as perguntas demasiado complicadas por outras, mais simples de manipular.

Hipérbole: Figura do exagero, ela consiste em acentuar deliberadamente a expressão de uma ideia ou de uma realidade, a fim de realçá-la. Exemplo: "Vou contar-lhes a coisa mais admirável, a mais maravilhosa, a mais surpreendente, a mais milagrosa, a mais triunfante, a mais estarrecedora, a mais inaudita, a mais singular, a mais extraordinária..." (Marquesa de Sévigné).

Hipotipose: Figura que consiste em desenvolver uma descrição rica e detalhada.

Homem de palha: Sofisma que consiste em apresentar a tese do adversário de uma maneira tão caricatural que ela chega a refutar-se por si mesma.

Honra e *desonra por associação*: Sofismas que consistem em considerar que, desde que dois indivíduos compartilham um ponto comum, o que se aplica a um se aplica também ao outro. Permitem assim glorificar ou desacreditar, sem razão, um interlocutor. Exemplo: "Ele é amigo desse homem, condenado por malversação. Portanto, não há dúvida que ele próprio deve ser desonesto!"

Implícito: Uma dimensão da linguagem. Designa as mensagens que chegamos a fazer compreender sem precisar formulá-las.

Interlocutores: O conjunto dos indivíduos que interagem uns com os outros no quadro de uma dinâmica de convicção.

Invocação emocional: Técnica de indução dos afetos que consiste em produzi-los só com a força do discurso.

Ladeira escorregadia: Sofisma que consiste em pretender que um acontecimento relativamente anódino vai acarretar uma corrente de consequências que levará, de maneira inelutável, a um desfecho horrível. Exemplo: "Quem rouba um tostão, rouba um milhão!"

Linha argumentativa: Um conjunto de argumentos articulados uns com os outros num sistema coerente.

Lógica informal: Os fundamentos dos nossos raciocínios no cotidiano.

Logos: Uma das dimensões da retórica, no caso os argumentos que o orador apresenta.

Manipulação: A arte de influenciar os indivíduos contornando, alterando ou neutralizando suas faculdades críticas.

Metáfora: Termo utilizado de maneira genérica. Empregamo-lo para designar toda analogia – ou seja, uma aproximação entre duas coisas diferentes – que gira em torno de uma única palavra. Se desejamos ser mais precisos, podemos fazer a distinção entre a comparação, a metonímia, a sinédoque e a metáfora propriamente dita. Do ponto de vista da retórica, no entanto, estas quatro figuras produzem efeitos semelhantes. Exemplo: "Vossa Senhoria não tem o monopólio do coração" (Valéry Giscard d'Estaing).

Modalização: O conjunto dos procedimentos que permitem a um locutor indicar o julgamento que ele faz sobre seus próprios enunciados, do ponto de vista da plausibilidade, da importância e da exatidão. Por cuidado de simplificação, falamos de um discurso modalizado quando ele tende a se apresentar a si mesmo como incerto, e de um discurso assertivo quando ele é matraqueado de maneira segura.

Objeção: Uma prova apresentada como desmentido de um argumento.

Objeção ad hominem: Uma prova que questiona a coerência da linha argumentativa desenvolvida pelo interlocutor. Existem dois tipos. O *ad hominem interno* revela uma contradição endógena à argumentação. O *ad hominem externo* realça uma incoerência entre a argumentação e outros elementos que lhe são exógenos.

Objeção ad personam: Uma prova que questiona a credibilidade do próprio interlocutor. Existem dois tipos. O *ad personam interno* denuncia, num indivíduo, uma característica diretamente ligada à argumentação que está sendo desenvolvida. O *ad personam externo* fustiga, *a contrario*, uma característica que não tem nenhuma relação com o tema em discussão.

Objeção ad rem: Uma prova que questiona a validade dos argumentos desenvolvidos pelo interlocutor.

Oradores: O conjunto dos indivíduos que procuram conquistar a convicção, tanto oralmente quanto por escrito.

Ouvintes: O conjunto dos indivíduos que um orador procura convencer, oralmente ou por escrito.

Palavra-valise: Procedimento poético e retórico que consiste em fundir duas palavras existentes, a fim de criar uma nova. Exemplos: Brexit, flexisseguridade, islamo-esquerdismo...

Paralogismos: Os erros involuntários de raciocínio.

Pathos: Uma das dimensões da retórica, no caso as emoções que o orador suscita em seus ouvintes.

Pensamento deliberado ou *pensamento analítico*: Modo de funcionamento utilizado pelo cérebro para resolver os problemas complexos ou as situações novas, que precisam da emissão de um julgamento inédito ou do encontro de uma solução original. Ele é lento e penoso.

Pensamento intuitivo ou *pensamento heurístico*: Modo de funcionamento utilizado pelo cérebro para resolver os problemas que ele identifica como ordinários, simples ou pouco importantes. Fundamentado em atalhos e em simplificações, parece fluido e natural.

Pergunta com pressuposto ou *pergunta-armadilha*: Sofisma que consiste em emitir uma interrogação que contém, entre suas premissas, a afirmação que desejamos fazer aceitar. Exemplo: "Você deixou de consumir drogas?"

Pergunta retórica ou *pergunta oratória*: Figura que consiste em se fazer uma pergunta a si mesmo, antes de responder a ela imediatamente. Exemplo: "Eu me pergunto como este homem se tornou tão rico. Foi-lhe deixado um amplo patrimônio? Não, todos os bens de seu pai foram vendidos. Coube-lhe alguma herança? Não, todos os seus ascendentes o deserdaram" (*Retórica a Herênio*).

Peroração ou *encerramento*: Etapa do discurso que consiste em resumir a fala e concluí-la com elegância.

Personificação: Figura que consiste em fazer agir ou falar, em seu discurso, um personagem falecido, um animal, uma abstração ou um objeto.

Petição de princípio ou *tautologia*: Sofisma que consiste em utilizar, como premissas, a conclusão à qual se pretende chegar. Trata-se, portanto, de um raciocínio circular, que não demonstra nada. Exemplo: "Deus existe porque está escrito na Bíblia, e a Bíblia diz a verdade porque ela é a Palavra de Deus".

Plano analítico: Organiza o pensamento de acordo com uma lógica linear.

Plano cronológico: Organiza o pensamento de acordo com uma lógica temporal.

Plano dialético: Organiza o pensamento de acordo com uma lógica de oposição.

Plano enumerativo: Organiza o pensamento de acordo com uma simples acumulação.

Plano narrativo: Organiza o pensamento de acordo com os códigos da narrativa.

Plano por concatenação: Organiza o pensamento contentando-se em articular cada ideia com a precedente, sem se preocupar com a coerência de conjunto.

Plano temático: Organiza o pensamento de acordo com uma lógica de classificação.

Preterição: Procedimento que consiste em enunciar um argumento, pretendendo renunciar a ele. Exemplo: "Eu poderia ter lembrado que, muitas vezes, o senhor teve que se haver com a justiça. O senhor notará que tive a gentileza de não fazê-lo".

Proferência ou *função proferencial da linguagem*: Designa a propriedade da linguagem de acordo com a qual o simples fato de enunciar uma palavra basta para materializar a realidade que ela designa.

Prolepse: Procedimento que consiste em formular uma objeção contrária a seu próprio discurso, a fim de responder a ela e de expô-la antes que um interlocutor tenha tido a oportunidade de enunciá-la. Exemplo: "Evidentemente, alguém me dirá que este projeto é irrealizável. Mas saibam que..."

Quiasmo: Figura próxima da antítese, que consiste em estruturar uma oposição binária em torno de uma dupla repetição por ordem inversa (A-B; B-A). Exemplo: "É preciso comer para viver e não viver para comer" (Molière).

Raciocínios dedutivos: Consistem em construir conclusões novas relacionando proposições antigas, chamadas premissas.

Raciocínios indutivos: Consistem em construir conclusões gerais a partir de observações particulares.

Reactância: Mecanismo de defesa psicológica de acordo com o qual, quando percebe que uma de suas liberdades é ameaçada ou abolida, um indivíduo tende a envidar esforços para reconquistá-la.

Reductio ad hitlerum: Forma paroxística de desonra por associação, na qual um interlocutor é diretamente remetido ao nazismo. Exemplo: "Você é vegetariano? Você sabe quem mais não comia carne? Adolf Hitler! Isto diz muito sobre as propensões totalitárias de pessoas como você!"

Silogismos: Raciocínios dedutivos nos quais todas as premissas são explícitas e ligadas a uma conclusão. Exemplo: "Os homens são mortais; ora, Sócrates é um homem; portanto, Sócrates é mortal". "Todos os homens são mortais. Ora, Sócrates é um homem. Portanto, Sócrates é mortal".

Sofisma da solução perfeita ou *"Tudo ou nada"*: Consiste em rejeitar uma solução sob o pretexto de que ela comportaria defeitos, ou não responderia ao problema em sua integralidade. Exemplo: "A assistência social é às vezes vítima de fraudadores, que se aproveitam do sistema. Seria necessário, portanto, suprimi-la".

Sofisma do verdadeiro escocês: Consiste em descartar uma objeção, pretendendo arbitrariamente que o exemplo sobre o qual ela se fundamenta não pertenceria realmente ao grupo considerado. Exemplo: "– Nenhum escocês põe açúcar em seu mingau. – No entanto, meu tio Angus, que é escocês, põe açúcar em seu mingau. – Nesse caso, teu tio Angus não é um verdadeiro escocês!"

Sofisma por ignorância: Consiste em pretender que, pelo fato de não podermos provar que uma coisa existe, ela não existe. Ou inversamente, pelo fato de não podermos provar que uma coisa não existe, então ela de fato existe. Isto equivale a confundir a ausência de prova e a prova da ausência. Exemplo: "Os cientistas nunca puderam provar a existência dos fantasmas; portanto, os fantasmas não existem".

Sofismas: Os procedimentos falaciosos, que violam uma ou diversas normas da lógica.

Sugestão: Descrição injuntiva que consiste em enunciar uma realidade falsa, mas que, pelo próprio fato de ter sido proferida, obriga o interlocutor a se conformar com ela.

Sugestão emocional: Técnica de indução dos afetos, que consiste em descrever as emoções que os ouvintes deveriam sentir, a fim de a eles transmiti-las.

Suspensão: Figura que consiste em falar alguma coisa sem precisar, num primeiro momento, do que se trata. Exemplo: "Vou dizer-lhes quem é meu verdadeiro adversário. Ele não tem nome, não tem rosto, não tem partido, não apresentará nunca sua candidatura, nunca, portanto, será eleito e, no entanto, governa. Este adversário... é o mundo das finanças" (François Hollande).

Vieses cognitivos: Armadilhas que o cérebro prepara para o pensamento, tratando certas informações de maneira distorcida e acarretando assim erros sistemáticos de raciocínio. Trata-se das consequências nefastas das heurísticas de julgamento.

AGRADECIMENTOS

Este livro é o resultado de quinze anos de estudo, de ensino e de prática da retórica. No momento de concluir a escrita, meus primeiros pensamentos vão para meu amigo e compadre David Jarousseau. Seu apoio foi mais precioso do que ele pode imaginar.

Agradeço calorosamente a Julie Clarini, minha editora, bem como a Antoine Böhm. No labirinto de uma primeira obra, eles souberam ser meu fio de Ariadne. Agradeço igualmente a Frédérique-Anne Ray e Gaëtan Beghin pela ajuda considerável que me deram acerca da psicologia das emoções; como também a Thibaut Chozard, que orientou meus primeiros passos no mundo da edição. Um pensamento particular é destinado a Mouloud Achour: ele sabe o quanto lhe devo.

Obrigado àquelas e àqueles que, ao longo dos meses, melhoraram este texto com suas sugestões: Nicolas, Lea, Raphaël, Béligh, Aurore e todo o grupo do condado de Périgord. Obrigado a Mathilde e Erwan, que, sem forçosamente saber, irrigaram minhas primeiras páginas. Obrigado a Guillaume, que me acompanha e me estimula desde o início. Obrigado aos amigos dos saraus Torneios oratórios, como também à equipe dos Oradores livres de Montreuil: quanto caminho percorremos juntos. Obrigado a Noélie, por sua escuta, sua paciência, seus conselhos e muito mais ainda. Obrigado a meus pais, infatigáveis revisores desde tanto tempo.

Enfim, obrigado aos meus vizinhos, que aceitaram ver-me desaparecer na espiral da escrita e estavam sempre presentes quando eu saí. Toda a retórica do mundo não poderia exprimir até que ponto estou apegado a vocês.

Conecte-se conosco:

f facebook.com/editoravozes

◎ @editoravozes

𝕏 @editora_vozes

▶ youtube.com/editoravozes

✆ +55 24 2233-9033

www.vozes.com.br

Conheça nossas lojas:

www.livrariavozes.com.br

Belo Horizonte – Brasília – Campinas – Cuiabá – Curitiba
Fortaleza – Juiz de Fora – Petrópolis – Recife – São Paulo

EDITORA VOZES   VOZES NOBILIS   Vozes de Bolso   Vozes Acadêmica

EDITORA VOZES LTDA.
Rua Frei Luís, 100 – Centro – Cep 25689-900 – Petrópolis, RJ
Tel.: (24) 2233-9000 – E-mail: vendas@vozes.com.br